Angstfrei leben für Dummies - Schummelseite

Leiden Sie unter Ängsten? Überprüfen Sie Ihre Symptome

Ängste machen sich bei verschiedenen Menschen in unterschiedlicher Form bemerkbar. Sie können sich auf Ihr Denken, Ihr Verhalten und Ihre Gefühle auswirken. Zu den verbreiteten Symptomen gehören die folgenden:

Ihr Denken wird von Angst bestimmt, wenn Sie ...

- eine düstere Zukunft vorhersehen.
- denken, dass Sie nicht klarkommen.
- sich häufig Sorgen machen, wie Sie andere Menschen zufriedenstellen können.
- denken, dass Sie perfekt sein müssen.
- sich übertriebene Sorgen machen, dass Sie nicht alles unter Kontrolle haben.

Ihr Verhalten wird von Angst bestimmt, wenn Sie ...

- viele gesellige Ereignisse meiden.
- Situationen fliehen, die Ihnen Angst machen könnten.
- nie in vernünftigem Maße Risiken eingehen.
- sich von gefürchteten Objekten oder Ereignissen fernhalten, etwa Spinnen oder dem Fliegen.

Ihr Fühlen wird von Angst bestimmt, wenn ...

- Sie Schmetterlinge im Bauch haben.
- Sie unter Schwindel leiden.
- Ihre Muskeln verspannt sind.
- Ihr Herz rast.
- Sie sich zittrig fühlen.
- Ihre Hände schwitzen.

Vorsicht: Körperliche Angstsymptome können auch durch medizinische Probleme hervorgerufen werden. Wenn Sie einige dieser Symptome bei sich feststellen, sollten Sie sich zunächst von Ihrem Hausarzt beraten und untersuchen lassen.

Angstvolle Gedanken unterdrücken

Wenn Ihr Kopf voller Sorgen und Befürchtungen ist, stellen Sie sich folgende Fragen:

- Wie werde ich über diese Sorgen in einem halben Jahr denken?
- Hatte ich diese Sorgen schon einmal und habe dann festgestellt, dass meine Befürchtungen nicht eingetreten sind?
- Welche Anhaltspunkte unterstützen oder entkräften meine Sorgen?
- Welchen Rat würde ich einem Freund geben, der solche Gedanken hat?
- Könnte ich irgendwie damit fertig werden, wenn das Schlimmste eintritt?

Vernünftige Antworten auf diese Fragen finden Sie in Kapitel 5.

Angstfrei leben für Dummies – Schummelseite

Drei schnelle Möglichkeiten, Ängste zu mindern

- ✔ 20 Minuten aerobes Training
- ✔ Mit einem Freund spazieren gehen
- ✔ Ein warmes Bad

Mehr Vorschläge finden Sie in Kapitel 10.

Angstvolle Gefühle besänftigen

Wenn Ihr Körper Angstsymptome wie Zittern, schwitzende Hände, eine zittrige Stimme, Herzrasen oder Magenprobleme zeigt, versuchen Sie es einmal mit entspannendem Atmen:

1. Legen Sie eine Hand auf Ihren Bauch.
2. Atmen Sie langsam und tief ein und achten Sie darauf, wie sich Ihr Bauch dehnt.
3. Halten Sie den Atem fünf oder sechs Sekunden lang an.
4. Atmen Sie langsam aus und lassen Sie die Schultern hängen.
5. Sagen Sie beim Ausatmen das Wort »entspannen«.
6. Wiederholen Sie das Ganze zehn Mal.

Mehr Entspannungstechniken finden Sie in Kapitel 12.

Angstvolles Verhalten überwinden

Wenn Sie den Eindruck haben, dass Sie wichtige Ereignisse oder Möglichkeiten im Leben meiden, ist es an der Zeit, etwas zu tun. Versuchen Sie es für den Anfang damit:

1. **Analysieren Sie, was Sie meiden.**

   Wenn Sie beispielsweise Angst vor geselligen Zusammenkünften haben, denken Sie über jeden einzelnen Bestandteil dieser Angst nach – sich mit anderen unterhalten, mit anderen zusammen essen, die Menge der Anwesenden, den Verlust der Kontrolle über sich selbst, das Zugehen auf andere Menschen.

2. **Teilen Sie Ihr Vermeidungsverhalten in kleine Bausteine auf.**

   Gesellige Zusammenkünfte etwa gibt es in allen möglichen Größen und mit mehr oder weniger Angstpotenzial.

3. **Bringen Sie diese Bausteine in eine Rangordnung bezüglich ihres Angstpotenzials.**

   Sie haben vielleicht keine Angst vor Familientreffen, aber Feiern mit Arbeitskollegen machen Ihnen schon ein wenig Angst und Partys mit Leuten, die Sie gar nicht kennen, sind der absolute Horror.

4. **Gehen Sie kleine Schritte und bewältigen Sie jeden einzelnen Schritt, bevor Sie zum nächsten weitergehen.**

Mehr darüber, wie Sie Ihre Ängste in den Griff bekommen, erfahren Sie in Kapitel 8.

Angstfrei leben für Dummies

200 Jahre Wiley – Wissen für Generationen

Jede Generation hat besondere Bedürfnisse und Ziele. Als Charles Wiley 1807 eine kleine Druckerei in Manhattan gründete, hatte seine Generation Aufbruchsmöglichkeiten wie keine zuvor. Wiley half, die neue amerikanische Literatur zu etablieren. Etwa ein halbes Jahrhundert später, während der »zweiten industriellen Revolution« in den Vereinigten Staaten, konzentrierte sich die nächste Generation auf den Aufbau dieser industriellen Zukunft. Wiley bot die notwendigen Fachinformationen für Techniker, Ingenieure und Wissenschaftler. Das ganze 20. Jahrhundert wurde durch die Internationalisierung vieler Beziehungen geprägt – auch Wiley verstärkte seine verlegerischen Aktivitäten und schuf ein internationales Netzwerk, um den Austausch von Ideen, Informationen und Wissen rund um den Globus zu unterstützen.

Wiley begleitete während der vergangenen 200 Jahre jede Generation auf ihrer Reise und fördert heute den weltweit vernetzten Informationsfluss, damit auch die Ansprüche unserer global wirkenden Generation erfüllt werden und sie ihr Ziel erreicht. Immer rascher verändert sich unsere Welt, und es entstehen neue Technologien, die unser Leben und Lernen zum Teil tiefgreifend verändern. Beständig nimmt Wiley diese Herausforderungen an und stellt für Sie das notwendige Wissen bereit, das Sie neue Welten, neue Möglichkeiten und neue Gelegenheiten erschließen lässt.

Generationen kommen und gehen: Aber Sie können sich darauf verlassen, dass Wiley Sie als beständiger und zuverlässiger Partner mit dem notwendigen Wissen versorgt.

William J. Pesce
President and Chief Executive Officer

Peter Booth Wiley
Chairman of the Board

Charles H. Elliott und Laura L. Smith

Angstfrei leben für Dummies

Übersetzung aus dem Amerikanischen von Hartmut Strahl

Fachkorrektur von Dr. Frank Jacobi

WILEY-VCH Verlag GmbH & Co. KGaA

Bibliografische Information Der Deutschen Nationalbibliothek
Die Deutsche Nationalbibliothek verzeichnet diese Publikation
in der Deutschen Nationalbibliografie; detaillierte bibliografische
Daten sind im Internet über http://dnb.d-nb.de abrufbar.

1. Auflage 2007

© 2007 WILEY-VCH Verlag GmbH & Co. KGaA, Weinheim

Original English language edition Copyright © 2003 by Wiley Publishing, Inc.
All rights reserved including the right of reproduction in whole or in part in any form. This translation is published by arrangement with John Wiley and Sons, Inc.

Copyright der englischsprachigen Originalausgabe © 2003 von Wiley Publishing, Inc.
Alle Rechte vorbehalten inklusive des Rechtes auf Reproduktion im Ganzen oder in Teilen und in jeglicher Form. Diese Übersetzung wird mit Genehmigung von John Wiley and Sons, Inc. publiziert.

Wiley, the Wiley logo, Für Dummies, the Dummies Man logo, and related trademarks and trade dress are trademarks or registered trademarks of John Wiley & Sons, Inc. and/or its affiliates, in the United States and other countries. Used by permission.

Wiley, die Bezeichnung »Für Dummies«, das Dummies-Mann-Logo und darauf bezogene Gestaltungen sind Marken oder eingetragene Marken von John Wiley & Sons, Inc., USA, Deutschland und in anderen Ländern.

Die Wiedergabe von Warenbezeichnungen, Handelsnamen oder sonstigen Kennzeichen in diesem Buch berechtigt nicht zu der Annahme, dass diese von jedermann frei benutzt werden dürfen. Vielmehr kann es sich dann auch um eingetragene Warenzeichen oder sonstige gesetzlich geschützte Kennzeichen handeln, wenn sie nicht eigens als solche markiert sind.

Das vorliegende Werk wurde sorgfältig erarbeitet. Dennoch übernehmen Autoren und Verlag für die Richtigkeit von Angaben, Hinweisen und Ratschlägen sowie für eventuelle Druckfehler keine Haftung.

Printed in Germany

Gedruckt auf säurefreiem Papier

Korrektur   Petra Heubach-Erdmann und Jürgen Erdmann, Düsseldorf
Satz   Lieselotte und Conrad Neumann, München
Druck und Bindung   M.P. Media-Print Informationstechnologie, Paderborn
Wiley Bicentennial Logo   Richard J. Pacifico
Cover-Illustration   PhotoDisc/Getty Images

ISBN 978-3-527-70346-3

Über die Autoren

Dr. Charles H. Eliott ist klinischer Psychologe und Mitglied der psychologischen Fakultät am Fielding Graduate Institute. Er ist Mitbegründer der Academy of Cognitive Therapy, einer international anerkannten Organisation, die Therapeuten im Hinblick auf die Behandlung von Ängsten, Panikattacken und anderen emotionalen Störungen zertifiziert. In seiner Praxis hat er sich auf die Behandlung von Ängsten und Stimmungsstörungen spezialisiert. Elliot ist ehemaliger Präsident der New Mexico Society of Biofeedback and Behavioral Medicine. Zuvor arbeitete er als Direktor des Mental Health Consultation-Liaison Service des Zentrums für Gesundheitswissenschaften an der Universität von Oklahoma sowie als Professor an der psychiatrischen Abteilung der School of Medicine an der Universität von New Mexico. Darüber hinaus hat er zahlreiche Bücher und Artikel über kognitive Verhaltenstherapie verfasst. In vielen Vorträgen referierte er über neue Entwicklungen in der Beurteilung und Therapie emotionaler Störungen.

Dr. Laura L. Smith ist klinische Psychologin bei der Presbyterian Medical Group in Albuquerque, New Mexico. An der Presbyterian Behavioral Clinic hat sie sich auf die Behandlung von Erwachsenen und Kindern spezialisiert, die an Ängsten und anderen Stimmungsstörungen leiden. Bis vor kurzem hat sie als klinische Beraterin einer Bildungseinrichtung gearbeitet. Auch sie hat in zahlreichen Vorträgen über neue Entwicklungen in der kognitiven Therapie referiert.

Cartoons im Überblick
von Rich Tennant

Seite 25

Seite 85

Seite 141

Seite 195

Seite 269

Seite 303

Fax: 001-978-546-7747
Internet: www.the5thwave.com
E-Mail: richtennant@the5thwave.com

Inhaltsverzeichnis

Über die Autoren	7

Einführung — 21

Über dieses Buch	21
Törichte Annahmen über den Leser	21
Was Sie nicht lesen müssen	22
Wie dieses Buch gegliedert ist	22
Teil I: Ängste entdecken und freilegen	22
Teil II: Gesundes Denken	22
Teil III: Handeln gegen die Angst	22
Teil IV: Zeit für Gefühle	23
Teil V: Anderen mit ihren Ängsten helfen	23
Teil VI: Der Top-Ten-Teil	23
Symbole, die in diesem Buch verwendet werden	23
Wie es weitergeht	24

Teil I
Ängste entdecken und freilegen — 25

Kapitel 1
Ängste erkennen und in Angriff nehmen — 27

Ängste: Jeder kennt sie	28
Ängste: Die Rechnung bitte	29
Was kosten Sie Ihre Ängste?	29
Gesellschaftliche Kosten	29
Angstsymptome erkennen	30
Angstvolles Denken	31
Ängste im Körper aufspüren	31
Ängstliches Verhalten	32
Suchen Sie Hilfe für Ihre Ängste	33
Symptome und Therapien	33
Wo fangen Sie am besten an?	35
Die richtige Hilfe finden	36

Kapitel 2
Ängste: Was ist normal und was nicht?   39

Die sieben wichtigsten Angststörungen   40
    Generalisierte Angststörung: Die gemeine Erkältung unter den Ängsten   41
    Sozial-Phobie – den Kontakt zu Menschen meiden   42
    Panikstörungen   43
    Der Gefährte der Panik – Agoraphobie   46
    Spezifische Phobien – Spinnen, Schlangen, Tornados, Flugzeuge und andere Angstmacher   48
    Posttraumatische Belastungsstörungen: Unheilvolle Nachwirkungen   49
    Zwangsstörungen – Mach's noch einmal   51
Was ist normal und was nicht?   54
    Angst oder nicht?   55
    Andere emotionale Störungen   55
Angstähnliche Zustände unter Drogeneinfluss und bei Krankheiten   57
    Medikamente, die angstähnliche Symptome hervorrufen können   57
    Krankheiten, die angstähnliche Symptome hervorrufen können   59
Kämpfen oder flüchten?   60

Kapitel 3
Veränderungen vorbereiten   65

Die Angst an den Wurzeln packen   65
    Den genetischen Übeltätern auf die Spur kommen   66
    Meine Eltern sind schuld!   67
    Die Welt ist schuld!   67
Von Selbstvorwürfen zur Selbstakzeptanz   68
Zweifel im Hinblick auf Veränderungen   70
Entscheiden Sie sich: Wollen Sie loslegen?   72
    Diskutieren Sie Ihre Entscheidung   73
    Auf die Plätze, fertig, los!   74

Kapitel 4
Sorgen kommen und gehen sehen   79

Folgen Sie Ihren Ängsten auf Schritt und Tritt   79
    Mustern Sie Ihre Angst von Kopf bis Fuß   79
    Schreiben Sie Ihre Sorgen auf   80
    Erfolge einschätzen   83

Teil II
Gesundes Denken — 85

Kapitel 5
Spüren Sie Ihren Gedanken nach — 87

- Gedanken von Gefühlen unterscheiden — 87
  - Niedergeschlagenheit abwehren — 88
  - Mit den eigenen Gefühlen vertraut werden — 90
  - Mit den eigenen Gedanken vertraut werden — 91
- Kommen Sie Ihren Gedanken, Auslösern und Gefühlen auf die Spur — 95
- Hinterfragen Sie Ihre Gedanken: Kognitive Therapie — 96
  - Die Beweislage sichten: Das Gedankengericht — 97
  - Die Risiken neu bewerten — 99
  - Den Supergau analysieren — 101
- Ruhiges Denken üben — 107
  - Seien Sie Ihr bester Freund — 107
  - Ruhe schaffen — 108

Kapitel 6
Schluss mit den Angst auslösenden Annahmen — 111

- Was sind Angst auslösende Annahmen? — 111
- Spüren Sie Ihre Angst auslösenden Annahmen auf — 112
- Testen Sie Ihre Überzeugungen und Annahmen — 113
- Wenn Angst auslösende Annahmen krank machen — 115
  - Die Zerstörung vernünftiger Annahmen — 116
  - Annahmen in der Kindheit erwerben — 116
- Unangenehme Annahmen in die Zange nehmen:
- Die Kosten-Nutzen-Analyse — 117
  - Astrid die Perfektionistin — 118
  - Anjas Abhängigkeit von Anerkennung — 120
  - Antons Gefühl der Verletzbarkeit — 120
  - Hermanns Kontrollbedürfnis — 121
  - Daniels Abhängigkeit — 122
- Die eigenen Angst auslösenden Annahmen in Frage stellen — 122
- Ausgewogene Annahmen entwickeln — 123
  - Für den Perfektionisten — 124
  - Anerkennungs-Junkies ins Gleichgewicht bringen — 125
  - Verletzbarkeit ins rechte Lot bringen — 126
  - Die Zügel locker lassen — 126
  - Abhängigkeiten abbauen — 127
- Und vor allem: Seien Sie nett zu sich selbst! — 128

Kapitel 7
Worte, die einem Angst einjagen können — 129

- Kleine Wörter – große Angst — 129
  - Extremwörter — 130
  - Alles-oder-nichts-Wörter: Schwarzweiß-Malerei — 131
  - Urteilende Wörter — 132
  - Opferwörter — 134
- Auf der Suche nach dem Sorgenvokabular — 134
- Den Extremwörtern den Teufel austreiben — 135
  - Alles oder nichts, das ist hier die Frage — 136
  - Urteilen Sie über den Richter — 137
  - Opferwörter ausradieren — 139

Teil III
Handeln gegen die Angst — 141

Kapitel 8
Sich der Angst Schritt für Schritt stellen — 143

- Konfrontation: Treten Sie Ihren Ängsten näher — 143
  - Schritt für Schritt zur Konfrontation — 144
  - Das Schlimmste annehmen — 148
  - Auge in Auge mit Ihrer Angst (schluck) — 149
- Besiegen Sie Ihre Ängste — 151
  - Krieg der generalisierten Angststörung — 152
  - Spezifische Phobien und soziale Ängste bekämpfen — 154
  - Boxen Sie sich durch Panik und Agoraphobie — 155
  - Zwangsstörungen hinter sich lassen — 157
- Auf der Jagd nach dem Regenbogen — 161

Kapitel 9
Gestalten Sie Ihr Leben einfacher — 163

- Was ist wichtig und was nicht? — 164
  - Finden Sie heraus, was Ihnen am Herzen liegt — 164
  - Stellen Sie zusammen, wie Sie Ihre Zeit investieren wollen — 165
- Prioritäten setzen — 166
- Zeit freischaufeln durch Delegieren — 167
- Sagen Sie einfach »Nein« — 168

Kapitel 10
Immer in Bewegung bleiben — 171

- Auf die Plätze, fertig, los! — 171
- Warten Sie nicht auf die nötige Willenskraft – tun Sie's einfach — 173
  - Wider die Miesmacherei — 174
  - Belohnen Sie sich für Ihr Training — 175
  - Hindernisse aus dem Weg räumen — 177
  - Organisieren Sie ein paar Cheerleader — 178
- Planen Sie Bewegung ein — 179
- Wählen Sie, was Ihnen Spaß macht — 180
  - Lassen Sie Herz und Lunge pumpen — 180
  - Stemmen Sie Ihre Angst — 181
  - Sehnsucht nach Yoga? — 182

Kapitel 11
Oh süßer Schlaf — 185

- Ein Name für die Schlaflosigkeit — 186
- Das ABC des guten Schlafs — 188
- Entspannende Gewohnheiten — 188
  - Schlafen ist gleich Bett — 189
  - Bevor Sie sich in die Falle hauen — 189
  - Passen Sie auf, was Sie essen und trinken — 189
  - Besänftigende Medikamente — 190
- Was tun, wenn der Schlaf einfach nicht kommen will? — 191
- Aufdringliche Albträume — 192

Teil IV
Zeit für Gefühle — 195

Kapitel 12
Entspannung: Die Fünf-Minuten-Lösung — 197

- Blasen Sie Ihre Ängste weg — 198
  - Bauchatmung – nur fünf Minuten täglich — 199
  - Buchatmung — 201
  - Panikatmung — 202
  - Mantra-Atmung — 202
  - Sanftes Ein- und Ausatmen — 203
- Chillout — 204
  - Entspannen durch Anspannen: Progressive Muskelentspannung — 204
  - Hypnotisieren Sie sich selbst: Autogenes Training — 209
  - Entspannen, wenn es darauf ankommt: Angewandte Entspannung — 211

Entspannung über die Sinne 212
Die Bestie mit Klängen besänftigen 212
Nur die Nase weiß Bescheid 213
Den Stress wegmassieren 214

Kapitel 13
Stellen Sie sich Ruhe vor 217

Lassen Sie Ihre Vorstellungskraft schweifen 218
Fühlen Sie's? 218
Hören Sie's? 219
Riechen Sie's? 220
Schmecken Sie's? 221
Malen Sie im Geiste Bilder 222
Imagination mit allen Sinnen 223
Am Strand ausspannen 224
Eine Waldfantasie 225
Eigene Bilder entwickeln 225

Kapitel 14
Kräuter und Nahrungsergänzungsmittel gegen Ängste 227

Nahrungsergänzungsmittel 227
Es leben die Vitamine! 229
Ein Meer von Nahrungsergänzungsmitteln 230
Auf der Suche nach nützlichen Kräutern 231
Kava Kava 232
Baldrian 233
Und wie steht es mit anderen Heilkräutern? 233
Mal abgesehen von den Risiken und Nebenwirkungen 235

Kapitel 15
Innerer Frieden auf Rezept 237

Soll ich oder soll ich nicht? 237
Nachteile von Medikamenten 238
Vorteile von Medikamenten 239
Möglichkeiten der Medikation 240
Antidepressiva 241
Benzodiazepine 244
Verschiedene Tranquilizer 246
Betablocker 247

Kapitel 16
Achtsamkeit und Akzeptanz — 251

- Ängste akzeptieren? Gar keine schlechte Idee! — 251
  - Bleiben Sie sachlich — 252
  - Hab Erbarmen mit mir! — 253
  - Unsicherheit ertragen — 254
  - Geduld ist eine Tugend — 256
  - Gelassenheit erreichen oder ihr wenigstens nahekommen — 256
- Das Ich Ich sein lassen — 257
  - Der Selbstwert-Ballon — 258
  - Es ist nicht leicht, grün zu sein — 258
- Hier und Jetzt — 261
  - In der Gegenwart leben — 263
  - Achtsam durchs Leben gehen und genießen — 265
- Achtsamkeit als Lebenshaltung — 267

Teil V
Anderen mit ihren Ängsten helfen — 269

Kapitel 17
Helfen Sie Ihren Kindern, Ängste zu überwinden — 271

- Was ist normal und was nicht? — 271
- Die häufigsten Angststörungen in der Kindheit — 273
  - Die Eltern verlassen: Trennungsangststörungen — 274
  - Sorgen über Sorgen: Generalisierte Angsterkrankungen — 275
  - Spezifische Phobien — 275
  - Beziehungen zu anderen: Sozialangst — 275
  - Wiederholungen aus Angst: Zwangsstörungen — 276
  - Seltene Ängste bei Kindern — 276
- Ängste im Keim ersticken — 277
  - Frühe Erfolgserlebnisse — 277
  - Emotionale Feinabstimmung — 278
  - Gegen Ängste impfen — 279
  - Vorsicht bei der Erziehung — 280
- Ängstlichen Kindern helfen — 282
  - Helfen Sie zunächst sich selbst — 282
  - Seien Sie ein beruhigendes Vorbild — 283
  - Kinder durch Ängste führen — 283
  - Entspannung mindert Ängste — 285
  - Ängste mit Sport vertreiben — 288

Kapitel 18
Wenn ein geliebter Mensch an Ängsten leidet — 291

- Leidet Ihr Partner unter Ängsten? — 291
- Miteinander über Ängste reden — 293
    - Helfen, ohne sich das Problem selbst zu eigen zu machen — 294
    - Schuld ist keine Frage — 294
    - Wenn Hilfe schadet — 294
- Den Weg weisen — 295
- Im Team gegen die Angst — 299
- Ängste liebevoll akzeptieren — 300

Teil VI
Der Top-Ten-Teil — 303

Kapitel 19
(Fast) zehn Möglichkeiten, Ängste schnell zu stoppen — 305

- Die Angst herausatmen — 305
- Mit einem Freund reden — 305
- Aerobes Training — 306
- Den Körper beruhigen — 306
- Das angstvolle Denken hinterfragen — 306
- Musik hören — 307
- Ablenkungen finden — 307
- Sex — 307
- Im Augenblick verweilen — 308

Kapitel 20
Zehn Mittel gegen Ängste, die nicht wirken — 309

- Vermeiden, was Angst macht — 309
- Jammern und Wehklagen — 310
- Bestätigung suchen — 310
- Auf Wunder hoffen — 310
- Schnelle Lösungen suchen — 311
- Auf der Couch: Die Freud'sche Psychoanalyse — 311
- Die Sorgen ertränken — 311
- Zu sehr wollen — 312
- Kräutertee schlürfen — 312
- Sich nur auf Medikamente verlassen — 312

Kapitel 21
Zehn Möglichkeiten, mit Rückfällen fertig zu werden — 313

- Ängste erwarten — 313
- Die Schwalben zählen — 313
- Herausfinden, warum die Angst zurückkommt — 314
- Einen Arzt aufsuchen — 314
- Bewährte Strategien anwenden — 314
- Etwas anderes tun — 315
- Sich um Unterstützung bemühen — 315
- Erwägen Sie eine Auffrischungssitzung — 316
- Die Stufen der Veränderung betrachten — 316
- Ängste akzeptieren — 317

Kapitel 22
Zehn Anzeichen dafür, dass Sie professionelle Hilfe brauchen — 319

- Selbstmordgedanken oder -pläne — 319
- Hoffnungslosigkeit — 320
- Ängste und Depressionen — 320
- Versuchen, versuchen, versuchen — 320
- Kämpfe im trauten Heim — 321
- Ernste Probleme am Arbeitsplatz — 321
- Zwangsgedanken und Zwänge — 321
- Posttraumatische Belastungsstörungen — 321
- Schlaflose Nächte — 322
- Auf Wolke sieben — 322
- Hilfe finden — 322

Anhang A
Weiterlesen? Empfohlene Literatur — 325

- Übergreifende Literatur — 325
- Besondere Störungen und Probleme — 326
- Etablierte Angst-Selbsthilfe — 327

Stichwortverzeichnis — 329

Einführung

In der Welt, in der wir leben, gibt es mehr als genug Gründe für Sorgen und Ängste. Das war schon immer so. Wir wollen nicht Opfer irgendwelcher Terroristen werden, können uns aber auch nicht einfach unseren Ängsten hingeben. Angst vernebelt unser Denken und hindert uns daran, ein erfülltes Leben zu führen. Wir sind uns bewusst, dass Ängste manchmal auch real und unausweichlich sind. Dennoch können wir verhindern, dass sie unser Leben bestimmen. Selbst unter Zwang können wir ein gewisses Maß an Gelassenheit bewahren. Wir können lieben und lachen.

Weil wir an die Widerstandsfähigkeit des Menschen glauben, wollen wir die Bewältigung unserer Ängste mit Humor und gelegentlicher Respektlosigkeit angehen. Unsere Botschaft gründet auf bewährten und wissenschaftlich fundierten Methoden. Wir wollen Sie aber nicht mit wissenschaftlichen Details langweilen. Was Sie erwartet, ist eine übersichtliche Sammlung wirkungsvoller Strategien für die Bekämpfung von Ängsten und allgegenwärtigen Sorgen.

Über dieses Buch

Mit diesem Buch verfolgen wir drei Ziele. Erstens möchten wir, dass Sie Ängste und ihre verschiedenen Erscheinungsformen verstehen lernen. Zweitens glauben wir, dass es gut für Sie ist zu wissen, welche Vor- und welche Nachteile Ängste für Sie haben. Und drittens beschäftigen wir uns mit dem, was Sie am meisten interessiert – mit der Frage, wie Sie Ihre Ängste überwinden oder einer anderen Person bei der Überwindung ihrer Angst helfen können.

Anders als bei den meisten Büchern müssen Sie hier nicht mit der ersten Seite anfangen und sich bis zur letzten Seite durchkämpfen. Nutzen Sie das ausführliche Inhaltsverzeichnis und entscheiden Sie selbst, was Sie lesen wollen. Zerbrechen Sie sich dabei nicht den Kopf über die Reihenfolge. Wenn Sie zum Beispiel gar nichts über das Wer, Was, Wann und Warum von Ängsten wissen wollen und ob Sie daran leiden, lassen Sie den ersten Teil einfach links liegen (nein, Sie müssen ihn dazu nicht aus dem Buch reißen). Trotzdem möchten wir Sie ermuntern, den ersten Teil wenigstens durchzublättern, denn Sie finden darin interessante Fakten und Informationen und auch Ideen, die Sie vielleicht weiterbringen.

Törichte Annahmen über den Leser

Wer könnte nach diesem Buch greifen? Wir nehmen einmal ganz unbedarft an, dass Sie oder eine Ihnen nahestehende Person Probleme mit Ängsten oder Sorgen hat. Wir hoffen auch, dass Sie sich informieren wollen, wie Sie innere Anspannungen mindern und Ängste überwinden können. Und schließlich stellen wir uns vor, dass Sie neugierig sind, welche nützlichen Strategien zu Ihrem Lebensstil und Ihrer Persönlichkeit passen.

Was Sie nicht lesen müssen

Nicht nur bei den Kapiteln können Sie selbst entscheiden, was Sie lesen wollen und was nicht. Auch bei den Symbolen und den Kästen haben Sie die freie Auswahl. Wir versuchen, Ihnen so viele und aktuelle Informationen über Ängste zur Verfügung zu stellen, wie es nur irgend möglich ist. Die für Sie weniger interessanten können Sie nach Belieben überblättern.

Wie dieses Buch gegliedert ist

Angstfrei leben für Dummies ist in 22 Kapitel gegliedert, die sich auf sechs Teile verteilen, die wir im Folgenden kurz umreißen wollen.

Teil I: Ängste entdecken und freilegen

In diesen ersten beiden Kapiteln werden Sie viel über Ängste lernen – wer darunter leidet und warum Menschen ängstlich werden. Wir erläutern die verschiedenen Angststörungen – Angststörung ist nicht gleich Angststörung – und sagen Ihnen, wer besonders anfällig dafür ist und warum.

In Kapitel 3 helfen wir Ihnen, Hindernisse aus dem Weg zu räumen, um den Weg für Veränderungen freizumachen. Sie erfahren hier, warum Menschen sich dagegen wehren, an ihren Ängsten zu arbeiten, und was Sie tun können, wenn Sie nicht weiterkommen. Kapitel 4 beschäftigt sich mit der Frage, wie Sie Ihre Fortschritte nachverfolgen können.

Teil II: Gesundes Denken

Im zweiten Teil werden Sie feststellen, wie bestimmte Gedanken Ängste beeinflussen können. Wir erläutern Ihnen einige bewährte Strategien, mit deren Hilfe Sie Angst auslösende Gedanken in ruhigeres Fahrwasser lenken können. Darüber hinaus sehen Sie, wie Ihre eigenen Worte Ihre Angst verstärken und wie Sie durch einfache Veränderungen in Ihrer Wortwahl Ihre Angst mindern können.

Teil III: Handeln gegen die Angst

Eine der wirkungsvollsten Möglichkeiten, seine Ängste in Angriff zu nehmen, besteht darin, das Heft selbst in die Hand zu nehmen. Zucken Sie nicht gleich zurück. Wir zeigen Ihnen, wie Sie Ihren Ängsten gegenübertreten und sie besiegen. Aber auch andere Initiativen gegen die Angst werden zur Sprache kommen, etwa Veränderungen im alltäglichen Umfeld.

Teil IV: Zeit für Gefühle

In diesem Teil stellen wir Ihnen zahlreiche Ideen vor, wie Sie ängstliche Gefühle unterdrücken können. Das fängt mit besonderen Atemtechniken an und reicht bis zu speziellen Getränken, die Körper und Geist entspannen. Auch an den aktuellsten Forschungsergebnissen zur Wirksamkeit von Kräutern, Nahrungsergänzungen und Medikamenten lassen wir Sie teilhaben.

Teil V: Anderen mit ihren Ängsten helfen

Was machen Sie, wenn jemand, den Sie lieben, sich zu viele Sorgen macht? Wir geben Ihnen alles an die Hand, was Sie brauchen, um zwischen normaler Furcht und Ängsten bei Kindern zu unterscheiden. Wie Sie ängstlichen Kindern helfen können, sollen Ihnen einige einfache Richtlinien näher bringen. Wir beschäftigen uns aber auch mit der Frage, wie Sie Ihnen nahestehenden Erwachsenen mit ihren Ängsten helfen können. In der Rolle eines Trainers oder einer Ein-Personen-Fankurve können Sie einem Freund oder einem Familienmitglied helfen, Ängste zu überwinden.

Teil VI: Der Top-Ten-Teil

Wenn Sie nach einer schnellen Hilfe suchen oder Ihre Kenntnisse kurz auffrischen wollen, sind Sie hier genau richtig. Im Top-Ten-Teil finden Sie zehn Möglichkeiten, Ängsten schnell Einhalt zu gebieten, zehn Mittel gegen die Angst, die garantiert nicht wirken, zehn Möglichkeiten, mit Rückfällen fertig zu werden, und zehn Anzeichen dafür, dass Sie professionelle Hilfe brauchen.

Symbole, die in diesem Buch verwendet werden

Dieses Symbol kündigt einen Tipp an, wie man Ängste loswird.

Das Frage-Symbol lädt Sie ein, Ihr Wissen zu testen. (Keine Angst, Sie werden nicht benotet.)

Mit diesem Symbol möchten wir Sie auf wichtige Informationen hinweisen.

Das Tipp-Symbol lenkt Ihre Aufmerksamkeit auf wichtige Einsichten oder Erläuterungen.

 Dieses Symbol erscheint immer dann, wenn Sie Vorsicht walten lassen oder professionelle Hilfe in Anspruch nehmen sollten.

Wie es weitergeht

Angstfrei leben für Dummies bietet Ihnen eine Menge Informationen auf der Grundlage wissenschaftlicher Erkenntnisse im Bereich der Angststörungen. Wenn Sie die in diesem Buch dargestellten Techniken und Strategien anwenden, werden Sie sich mit großer Wahrscheinlichkeit ruhiger fühlen. Für die meisten unter Ihnen bietet dieses Buch ausreichende Anleitungen zur Bekämpfung von übertriebener Aufregung und Ängsten.

Hartnäckige Ausprägungen von Ängsten brauchen allerdings mehr Aufmerksamkeit und Behandlung. Wenn Ängste und Sorgen Ihre Arbeit und Freizeit beeinflussen, sollten Sie sich Rat und Hilfe holen. Eine erste Anlaufstelle ist Ihr Hausarzt. Sie können Ihre Ängste überwinden. Geben Sie nicht auf.

Teil I

Ängste entdecken und freilegen

»Plötzliche Schweißausbrüche, flache Atmung und ein rasender Puls sind Angstsymptome. Dass diese Symptome aber nur dann auftreten, wenn der Gärtner in Ihrem Garten arbeitet, Frau Kettnagel, wirft allerdings ein paar Fragen auf.«

In diesem Teil ...

In dem Bemühen, Ihnen einen umfassenden Einblick in die Welt der Ängste zu verschaffen, werden wir uns zunächst mit den häufigsten Ängsten beschäftigen und Ihnen zeigen, wie Ängste sich auf den gesamten Körper auswirken. In diesem Teil erhalten Sie einen Überblick über die wichtigsten Angststörungen und erste Hinweise darauf, was man tun kann, um Ängste zu reduzieren. Sie werden entdecken, wie leicht man sich bei der Bekämpfung der eigenen Ängste festfahren kann, aber Sie werden auch von uns erfahren, wie man dies vermeidet. Schließlich leiten wir Sie an, Ihren Ängsten auf die Spur zu kommen, damit Sie sich auf die Fortschritte freuen können, die Sie bei der Bekämpfung Ihrer Ängste sicher machen werden.

Ängste erkennen und in Angriff nehmen

In diesem Kapitel

▶ Ängste, ein sprunghaft wachsendes Phänomen

▶ Was Sie für Ihre Ängste bezahlen

▶ Lernen Sie Angstsymptome kennen

▶ Mit Phobien spielerisch umgehen

▶ Suchen Sie Hilfe und wählen Sie die richtige Vorgehensweise

---

Angst, Stress und Sorgen. Damit haben wir alle von Zeit zu Zeit zu tun. Bei überraschend vielen Menschen verursachen Ängste hingegen wirkliches Leid. Ängste lassen Häuser im Chaos versinken, zerstören Beziehungen, schränken die Arbeitsfähigkeit ein und hindern Menschen daran, ein erfülltes und produktives Leben zu führen.

Wenn Menschen über ihre Ängste sprechen, hört man immer wieder die folgenden Beschreibungen:

✔ Ich finde nicht die richtigen Worte für meine Empfindungen. Es ist, als wenn mir ein schreckliches Unheil drohen würde, nur fühlt es sich noch tausendmal schlimmer an. Ich möchte schreien und um Hilfe rufen, aber ich bin wie gelähmt. Es ist das schlimmste Gefühl überhaupt.

✔ Wenn meine Panikattacken anfangen, fühle ich eine Enge in der Brust. Es fühlt sich an, als würde ich ertrinken oder ersticken, und ich fange an zu schwitzen. Die Angst überwältigt mich. Ich fühle mich, als wenn ich sterben müsste, und muss mich hinsetzen, um nicht in Ohnmacht zu fallen.

✔ Ich bin einsam. Ich war schon immer furchtbar schüchtern. Ich möchte Freunde haben, aber es ist mir peinlich, jemanden anzurufen. Ich glaube fast, die anderen denken, dass ich es nicht wert bin, sich mit mir zu unterhalten.

✔ Ich wache jeden Morgen mit Sorgen auf, auch am Wochenende. Ich habe nie das Gefühl, mit etwas fertig zu sein. Es gibt da immer eine Liste, immer eine Verantwortung. Ständig mache ich mir Sorgen. Manchmal, wenn es wirklich schlimm ist, möchte ich am liebsten einschlafen und nicht wieder aufwachen.

In diesem Kapitel lernen Sie, die Symptome der Angst zu erkennen. Wir werfen einen Blick auf die persönlichen und gesellschaftlichen Kosten, die Ängste verursachen können. Darüber hinaus geben wir einen groben Überblick über die Behandlungsmöglichkeiten, die in weiteren Kapiteln noch eingehender beleuchtet werden. Wir zeigen Ihnen, wie Sie den für Sie am besten geeigneten Weg finden, um sich mit Ihren Ängsten auseinanderzusetzen. Außerdem wollen wir uns kurz damit beschäftigen, wie Sie anderen, Ihnen nahestehenden Menschen helfen können, die unter starken Ängsten leiden.

Ängste: Jeder kennt sie

Störungen, die in Zusammenhang mit Ängsten stehen, machen den größten Anteil unter den so genannten psychischen Störungen aus. Schätzungsweise leidet jeder sechste Bundesbürger wenigstens einmal im Leben an einer Angsterkrankung. Zehn bis 13 Prozent der Menschen leiden an sozialen Ängsten, fünf Prozent an einer generalisierten Angststörung, und etwa vier Prozent haben Panikstörungen. Die weltweiten Statistiken weichen von Land zu Land etwas voneinander ab, aber insgesamt kann man sagen, dass Ängste zu den am weitesten verbreiteten psychischen Störungen gehören. Auch wenn Sie nicht an einer ausgeprägten Angststörung leiden, so kann es doch sein, dass Sie mehr Angst haben, als Ihnen lieb ist.

Sie sehen, Sie sind nicht alleine, wenn Ängste ungebeten an Ihre Tür klopfen. Die Zahl Ihrer Leidensgenossen ist über die Jahre beträchtlich angewachsen. Es hat in der Geschichte keine Zeit gegeben, in der mehr Menschen von Ängsten heimgesucht wurden als heute. Warum?

Unser Leben ist komplexer als je zuvor. Die Arbeitzeit ist eher länger als kürzer geworden. Kaputte oder zusammengewürfelte Familien bringen zusätzlichen Stress. Der Fernseher bringt uns die aktuellen Schreckensnachrichten täglich ins Wohnzimmer. Zeitungen und Magazine verzeichnen akribisch Verbrechen, Kriege und Korruption. Terroristen agieren weltweit und immer skrupelloser. Und oft präsentieren uns die Medien Bilder dieser modernen Plagen in beispielloser Detailliertheit.

Leider suchen in dieser stressigen und Angst erzeugenden Welt nur wenige unter Angst leidende Menschen Hilfe bei Ärzten und Therapeuten. Das ist ein Problem, denn Ängste verursachen nicht nur emotionales Leid, sondern können auch zum Tode führen, indem sie Betroffene in den Selbstmord treiben. Darüber hinaus kosten Ängste die Gesellschaft insgesamt Milliarden.

Die Auswirkungen des 11. September

Wie viele Male haben Sie sich die Zerstörung des World Trade Centers im Fernsehen angesehen? Eine Umfrage, die etwa ein halbes Jahr nach dem September 2001 durchgeführt wurde, ergab, dass fast ein Viertel der Amerikaner sich ängstlicher und depressiver fühlt als je zuvor in ihrem Leben. Etwa 16 Prozent der Befragten führten diese Veränderungen direkt auf die Ereignisse des 11. September zurück. Es ist wenig überraschend, dass gerade die New Yorker von dieser Entwicklung in größerer Zahl und Intensität berichteten.

Die Umfrage brachte jedoch auch eine positive Entwicklung ans Tageslicht. Etwa drei Viertel der Amerikaner haben seitdem versucht, ihr Leben einfacher zu gestalten, eine Perspektive zu entwickeln und ihre Ziele neu zu bewerten. Es scheint, als hätte dieses tragische Ereignis eine Neuorientierung und Neuinterpretation ermöglicht.

Ängste: Die Rechnung bitte

Ängste verursachen Kosten. Wer daran leidet, zahlt emotional, körperlich und finanziell drauf. Aber das ist noch nicht alles. Ängste belasten uns alle – auch finanziell. Stress, Sorgen und Ängste zerstören Beziehungen, Arbeitsverhältnisse und Familien.

Was kosten Sie Ihre Ängste?

Wenn Sie Probleme mit Ängsten haben, liegt es auf der Hand, dass die peinigenden Angstgefühle auf Ihre Kosten gehen. Angst ist ein elendes Gefühl. Man muss kein Buch lesen, um das zu wissen. Aber wussten Sie schon, dass unbehandelte Ängste auch in anderen Bereichen Kosten verursachen? Mit diesen Kosten müssen Sie rechnen:

- ✔ **Körperliche Einbußen:** Bluthochdruck, Spannungskopfschmerz und Magen-Darm-Probleme können Ihren Körper heimsuchen. Aktuelle Forschungsergebnisse haben sogar ergeben, dass bestimmte Arten chronischer Angststörungen zu strukturellen Veränderungen des Gehirns führen.

- ✔ **Ängstliche Eltern – ängstliche Kinder:** Eltern mit Angststörungen haben häufiger auch ängstliche Kinder. Das ist zum Teil genetisch bedingt, zum Teil lernen die Kinder aber auch durch Beobachtung und Nachahmung.

- ✔ **Übergewicht!** Angst und Stress steigern die Produktion des Stresshormons Cortisol. *Cortisol* wiederum führt zu Fettanlagerungen im Unterbauchbereich, die das Herzinfarktrisiko in die Höhe treiben. Stress führt darüber hinaus auch zu übermäßigem Essen.

- ✔ **Mehr Arztbesuche:** Wer Angst hat, stellt bei sich öfter beunruhigende körperliche Symptome fest. Außerdem machen sich ängstliche Menschen oft übertriebene Sorgen wegen ihrer Gesundheit.

- ✔ **Beziehungsprobleme:** Unter Ängsten leidende Menschen sind oft angespannt und gereizt. Manchmal ziehen sie sich emotional zurück oder verfallen in das entgegengesetzte Extrem und klammern sich an ihre Partner.

- ✔ **Fehlzeiten:** Menschen, die unter Angststörungen leiden, fallen am Arbeitsplatz öfter aus als andere Menschen, meist, weil sie ihr Leiden vorübergehend unterdrücken wollen.

Gesellschaftliche Kosten

Ängste verschlingen weltweit Milliarden Euro. Der A.U.S.-Bericht der amerikanischen Regierung besagt, dass Ängste mehr kosten als Depressionen, Schizophrenie oder jedes andere psychische Leiden. Die geschätzten Kosten belaufen sich in den USA auf über 65 Milliarden Euro. Im Jahre 2002 wurden in Großbritannien 32 Milliarden Pfund (etwa 48 Milliarden Euro) in die psychische Gesundheit investiert. Allein für den Bereich der Angststörungen entfallen in der EU geschätzt über 40 Milliarden Euro (alle psychischen Störungen: etwa 300 Milliarden).

Selbst Länder, die relativ wenig für die psychische Gesundheit ausgeben, verzeichnen erhebliche Kosten aufgrund von Angststörungen. Diese Kosten setzen sich zusammen aus:

- ✔ Verminderter Produktivität
- ✔ Psychologischer Versorgung
- ✔ Medikamenten

Der Verlust von Produktivität ist auf die gesundheitsschädlichen Auswirkungen von Ängsten und im Extremfall durch Selbstmorde bedingt. Nicht eingerechnet in den finanziellen Verlust infolge von Arbeitsausfällen und medizinischer Versorgung sind dagegen die Schäden, die durch den Missbrauch von Substanzen entstehen. Denn nur zu oft wird versucht, die nur schwer zu ertragenden Ängste durch Einnahme von Beruhigungsmitteln, Alkohol und anderen Drogen in Schach zu halten. Sie sehen, Ängste belasten den einzelnen Menschen und die Gesellschaft insgesamt direkt und indirekt mit immensen Kosten.

Ängste, die ans Herz gehen

Zwei Studien haben jüngst eine entscheidende Verbindung zwischen Ängsten und Herzerkrankungen belegt. Bei einer Untersuchung an der Duke University wurden Herzpatienten in drei Gruppen eingeteilt: eine Trainingsgruppe, eine Stressmanagement-Gruppe und eine Gruppe, die konventionell behandelt wurde. Nach fünf Jahren waren in der Stressmanagement-Gruppe weniger Herzprobleme zu verzeichnen als in den anderen beiden Gruppen. Auch wenn es sich um eine kleine Studie handelte, liegt die Schlussfolgerung nahe, dass die Bewältigung von Stress und Ängsten zu den erfolgversprechendsten Ansätzen bei der Bekämpfung von Herzerkrankungen gehören könnte. Die zweite, im Januar 2002 in der Zeitschrift *Stroke* veröffentlichte Studie ergab, dass unter Ängsten und Depressionen leidende Männer mit weit größerer Wahrscheinlichkeit an einem Herzinfarkt sterben als Männer ohne diese psychischen Probleme.

Angstsymptome erkennen

Möglicherweise wissen Sie gar nicht, dass Sie unter Ängsten oder einer Angststörung leiden. Das liegt daran, dass Ängste mit einer sehr vielfältigen Symptomatik einhergehen. Jeder Mensch hat mit einer etwas anderen Symptomkonstellation zu kämpfen. Diese spezifische Konstellation bestimmt, an welcher Angststörung Sie möglicherweise leiden. Mit den verschiedenen Angststörungen beschäftigen wir uns in Kapitel 2.

Zunächst reicht es aus zu wissen, dass einige Anzeichen von Ängsten in Form von *Gedanken* und *Überzeugungen* auftreten. Andere Hinweise auf Ängste geben uns *Körperempfindungen*. Wieder andere Angstsymptome äußern sich in ängstlichen Verhaltensweisen. Manche Menschen erleben Symptome in all diesen Bereichen, während andere ihre Angst nur in einem oder zwei Bereichen wahrnehmen.

Angstvolles Denken

 Im zweiten Teil beschäftigen wir uns eingehender mit dem angstvollen Denken. Hier wollen wir erst einmal festhalten, dass unter Ängsten leidende Menschen anders denken als andere. Sie denken möglicherweise angstvoll, wenn mehrere der folgenden Punkte auf Sie zutreffen:

- ✔ **Sie brauchen Anerkennung:** Wenn Sie von Anerkennung abhängig sind, machen Sie sich wahrscheinlich sehr viele Gedanken darüber, was andere Menschen über Sie denken.

- ✔ **Sie leben in der Zukunft und sehen grundsätzlich schwarz:** Wenn Sie das tun, machen Sie sich Gedanken über alles, was noch vor Ihnen liegt, und gehen dabei vom schlimmsten Szenario aus.

- ✔ **Sie machen aus jeder Mücke einen Elefanten:** Menschen, die negativen Ereignissen übermäßige Bedeutung zumessen, sind in der Regel ängstlicher als andere.

- ✔ **Sie möchten immer alles perfekt machen:** Wenn Sie Perfektionist sind, gehen Sie davon aus, dass ein Fehler bereits einem totalen Versagen gleichkommt.

- ✔ **Sie können sich nicht konzentrieren:** Ängstliche Menschen berichten immer wieder, dass sie Schwierigkeiten haben, konzentriert zu denken. Auch das Kurzzeitgedächtnis wird in Mitleidenschaft gezogen.

- ✔ **Sie denken in einem fort:** Durch Ihren Kopf wälzt sich ununterbrochen ein unkontrollierter Strom beunruhigender und sorgenvoller Gedanken.

Ängste im Körper aufspüren

Fast alle Menschen, die mit heftigen Ängsten zu kämpfen haben, nehmen körperliche Veränderungen wahr. Diese körperlichen Empfindungen entspringen dabei nicht etwa ihrer Vorstellungskraft. Nein, sie sind so greifbar wie dieses Buch, das Sie gerade in den Händen halten. Die Reaktionen auf Angstattacken ist von Mensch zu Mensch verschieden. Folgende Auswirkungen sind möglich:

- ✔ Beschleunigter Puls
- ✔ Vorübergehend hoher Blutdruck
- ✔ Schwindel
- ✔ Müdigkeit
- ✔ Magen-Darm-Störungen
- ✔ Allgemeine Schmerzen
- ✔ Muskelverspannungen und Krämpfe
- ✔ Schwitzen

Bei chronischer Angst können diese normalerweise vorübergehenden körperlichen Auswirkungen unbehandelt ein Gesundheitsrisiko darstellen. Die Auswirkungen auf die allgemeine Gesundheit kommen im Einzelnen in Kapitel 2 zur Sprache.

Phobie-Quiz

Phobien gehören zu den am weitesten verbreiteten Angststörungen. In Kapitel 2 werden wir uns eingehender damit beschäftigen. Eine Phobie ist eine übersteigerte Furcht vor einer relativ harmlosen Situation oder einem Gegenstand. Manchmal ist auch ein gewisses Risiko im Spiel, aber die Reaktion der Betroffenen steht in keinerlei angemessenem Verhältnis zur Gefahr. Kennen Sie ein paar Fachausdrücke für Phobien? Ziehen Sie Verbindungslinien von dem umgangssprachlichen Namen der hier aufgezählten Phobien zu den jeweiligen Fachtermini. Mal sehen, wie oft Sie richtig liegen. Die richtigen Antworten sind unten auf dem Kopf stehend abgedruckt.

Seien Sie vorsichtig, wenn Sie unter Triskaidekaphobie leiden (Angst vor der Zahl dreizehn), denn wir präsentieren Ihnen dreizehn Beispiele, die Sie zuordnen können.

Fachausdruck	Bedeutet Angst vor
1. Ophidiphobie	A. Alt werden
2. Zoophobie	B. Schlaf
3. Geraskophobie	C. Verstand
4. Acrophobie	D. Unvollkommenheit
5. Lachanophobie	E. Schlangen
6. Hypnophobie	F. Angst
7. Atelophobie	G. Neuen Dingen
8. Phobophobie	H. Tieren
9. Sequipedalophobie	I. Kleinen Dingen
10. Neophobie	J. Spiegeln
11. Psychophobie	K. Höhen
12. Tapinophobie	L. Langen Wörtern
13. Eisoptrophobie	M. Gemüse

Antworten: 1-E, 2-H, 3-A, 4-K, 5-M, 6-B, 7-D, 8-F, 9-L, 10-G, 11-C, 12-I, 13-J.

Ängstliches Verhalten

Ängstliches Verhalten lässt sich mit drei Worten beschreiben – vermeiden, vermeiden und vermeiden. Ängstliche Menschen versuchen unweigerlich, sich von allem fernzuhalten, was ihnen Angst macht. Ob es sich dabei um Schlangen, große Höhen, Menschenansammlungen, Autobahnen, das Bezahlen von Rechnungen, Erinnerungen an schlimme Zeiten oder öffentliches Reden handelt. Ängstliche Menschen suchen immer nach einem Hintertürchen, durch das sie entschlüpfen können.

Kurzfristig lässt sich die Angst durch Vermeidung mindern. Man fühlt sich ein bisschen besser. Langfristig hingegen führt Vermeidung dazu, dass die Angst aufrechterhalten wird und sogar zunimmt. Welche Rolle die Vermeidungshaltung bei der Verstärkung der Angst spielt, greifen wir im Kasten *Vermeidung macht es nur noch schlimmer* in Kapitel 2 auf. Wie Sie den Teufelskreis der Vermeidung durchbrechen können, zeigen wir Ihnen in Kapitel 8.

Am deutlichsten zeigt sich das durch Ängste bedingte Vermeidungsverhalten in den Reaktionen von Menschen mit Phobien. Haben Sie schon mal gesehen, wie jemand mit einer Spinnenphobie reagiert, wenn er auf eines der kleinen Viecher trifft? Meist sucht er sein Heil in der Flucht.

Suchen Sie Hilfe für Ihre Ängste

Wie wir bereits erwähnt haben, entscheiden sich die meisten Menschen dafür, mit ihren Ängsten zu leben, anstatt sich Hilfe zu holen. Die einen halten eine Behandlung für zwecklos. Andere glauben, dass eine wirksame Behandlung nur mit Medikamenten möglich sei, und fürchten die Nebenwirkungen. Wieder andere stören sich an den Kosten, die auf sie zukommen würden. Und schließlich gibt es nicht wenige Menschen, die sich Sorgen machen, dass eine Auseinandersetzung mit ihren Ängsten solche Angst in ihnen freisetzt, dass sie nicht mehr damit fertig würden.

Hören Sie einfach auf, sich den Kopf darüber zu zerbrechen. Es gibt viele interessante Strategien, mit denen Sie Ihre Angst reduzieren können. Viele davon kosten Sie nicht einen Cent. Wenn die eine nicht funktioniert, versuchen Sie es eben mit einer anderen. Die meisten Menschen gelangen zu der Erkenntnis, dass zumindest einige der hier vorgestellten Ansätze bei ihnen funktionieren.

Unbehandelte Ängste können zu chronischen Erkrankungen führen. Es ist nicht sinnvoll, die Auseinandersetzung mit Ihren Ängsten auf die lange Bank zu schieben.

Symptome und Therapien

Angstsymptome lassen sich in drei verschiedenen Bereichen erkennen:

✔ Im Denken: die Gedanken, die Ihnen durch den Kopf gehen

✔ Im Verhalten: wie Sie auf Ihre Angst reagieren

✔ Im Fühlen: wie Ihr Körper auf Ihre Angst reagiert

Die Behandlung entspricht jeweils einem der drei folgenden Bereiche.

Therapien, die sich mit dem Denken auseinandersetzen

Zu den wirksamsten Therapien für viele emotionale Probleme zählt die *kognitive Therapie*. Sie ist darauf ausgerichtet, wie man über das, was einem wichtig ist, denkt, wie man es wahrnimmt und interpretiert. Dazu gehören etwa

- die Ansichten über die eigene Person
- Ereignisse der Vergangenheit
- die Zukunft

 Wenn Menschen übermäßig ängstlich und beunruhigt sind, wird ihr Denken über ihre Umgebung unweigerlich verzerrt. Diese Verzerrungen sind zu einem großen Teil für ihre Ängste verantwortlich.

Liane zum Beispiel, eine Studentin im Grundstudium, wird vor jeder Klausur oder Prüfung krank. Sie muss erbrechen, hat Durchfall und Herzrasen. Sie malt sich aus, dass sie bei jeder Prüfung durchfällt und schließlich ihr Studium abbrechen muss. Ihre bisher schlechteste Note war eine 2 Minus. Eine kognitive Therapie würde ihr helfen, ihre negativen Prognosen und die sich in ihrem Kopf abspielenden Katastrophenszenarien dingfest zu machen. In einem nächsten Schritt würde sie dazu ermuntert, nach Beweisen für ihre wirkliche Leistungsfähigkeit zu suchen und die Wahrscheinlichkeit für ein Versagen realistischer einzuschätzen.

Das mag sich vielleicht allzu einfach anhören, aber hunderte von Studien belegen immer wieder, dass dieser Ansatz gut dazu geeignet ist, Ängste zu reduzieren. Im zweiten Teil dieses Buches beschreiben wir einige auf das Denken zielende kognitive Therapieverfahren.

Therapien, die am Verhalten ansetzen

Eine weitere hochwirksame Therapieform ist die so genannte *Verhaltenstherapie*. Wie der Name schon andeutet, zielt dieser Ansatz auf alles, was man aktiv tun kann, um seine Angst zu mindern. Das ist zum Teil recht einfach:

- Bewegen Sie sich mehr (siehe Kapitel 10).
- Gestalten Sie Ihr Leben einfacher (Kapitel 9).
- Schlafen Sie mehr (Kapitel 11).

Auf der anderen Seite gibt es auch Aktionen, vor denen man eher ein wenig zurückschreckt, sich nämlich seiner Angst auszusetzen, indem man sie in kleinere Häppchen aufteilt und sich diesen Stück für Stück stellt. Zu diesen Konfrontationen gehört freilich noch etwas mehr – was das ist, lesen Sie in Kapitel 8.

Therapien, die sich auf Empfindungen und Wahrnehmungen konzentrieren – den inneren Sturm besänftigen

Ängste beschwören oft einen Ansturm beunruhigender körperlicher Symptome herauf, etwa Herzrasen, Magenprobleme, Verspannungen, Schweißausbrüche, Schwindel und so weiter. Wir machen verschiedene Vorschläge, wie Sie diesen Aufruhr beschwichtigen können. Sie können beispielsweise zu Heilkräutern greifen. Wenn Sie mehr über Kräuter erfahren wollen, die gegen Angst wirken, lesen Sie Kapitel 14. Einige scheinen recht erfolgversprechend, während andere nicht mehr sind als Schall und Rauch.

Können Sie Ihrem täglichen Zeitplan fünf Minuten abtrotzen? Wenn ja, können wir Ihnen unsere Fünf-Minuten-Entspannungsstrategien anbieten. Im Kern sind alle Entspannungstechniken einfach – wenn Sie entspannt sind, können Sie kaum noch Angst empfinden. In Kapitel 12 können Sie nachlesen, wie man sich schnell und unkompliziert entspannt.

Vielleicht gehören Sie aber eher zu den Menschen, die sich lieber von Medikamenten helfen lassen. Wenn das so ist, finden Sie in Kapitel 15 alle Möglichkeiten, die Ihnen in diesem Bereich zur Verfügung stehen. Vor der Entscheidung für ein Medikament steht immer eine sorgfältige Kosten-Nutzen-Rechnung. Wir geben Ihnen das Werkzeug an die Hand, mit dem Sie diese Entscheidung fällen können.

Wo fangen Sie am besten an?

Wir haben dieses Buch so aufgebaut, dass Sie nach Belieben in die Materie einsteigen können. Aber Sie fragen sich vielleicht, welche Strategien bei Ihnen besser funktionieren als andere. Wir können zwar nicht zuverlässig vorhersagen, welcher Ansatz für Sie der beste ist, aber wir haben uns etwas überlegt, wie Sie für den Anfang die für Sie beste Wahl treffen können. Wenn Sie jedoch das Buch von vorne bis hinten lesen möchten, reden wir Ihnen das sicher nicht aus.

Kreuzen Sie im folgenden Angst-Fragenkatalog alle Punkte an, die auf Sie zutreffen. Wenn Sie in einer Kategorie mehr Punkte ankreuzen als in anderen, können Sie sich entscheiden, mit dem entsprechenden Teil des Buches anzufangen. Der zweite Teil beispielsweise ist speziell dem Denken gewidmet und präsentiert die entsprechenden Therapieansätze, also die kognitiven Therapien. Der dritte Teil zielt auf das Handeln ab und macht Sie mit den Grundzügen der Verhaltenstherapie und anderen Handlungen bekannt, die Sie Ihren Ängsten entgegensetzen können. Der vierte Teil beschäftigt sich mit dem Fühlen und damit, wie man mit beunruhigenden Körperempfindungen und Gefühlen umgeht. Wenn Sie in zwei oder mehreren Kategorien gleich viele Punkte angekreuzt haben, stellen Sie sich die Frage, was auf Sie am ehesten zutrifft, und fangen Sie dort an.

Denker (siehe Teil II)

__ Ich denke gerne über Probleme nach.

__ Ich wäge gerne Vor- und Nachteile ab.

__ Ich beschäftige mich gerne mit Tatsachen.

__ Ich gehe gerne logisch vor.

__ Ich plane die Dinge gerne im Voraus.

Macher (siehe Teil III)

__ Wenn ich ein Problem habe, tue ich gleich etwas daran.

__ Ich schaffe gerne etwas vom Tisch.

__ Ich bin voller Energie.

__ Ich bin ein aktiver Mensch.

__ Ich hasse es, herumzusitzen, ohne etwas zu tun.

Fühler (siehe Teil IV)

__ Ich spüre auch das kleinste Unbehagen in meinem Körper.

__ Ich hasse Angstgefühle.

__ Ich vertiefe mich gerne in alles, was mit Kunst zu tun hat.

__ Musik spricht mich an.

__ Ich lasse mich gerne massieren oder genieße ein heißes Bad.

Die richtige Hilfe finden

Wenn Sie nun herausgefunden haben sollten, dass Sie Hilfe brauchen, wohin wenden Sie sich? Wir gehen einmal davon aus, dass es nicht ganz falsch ist anzunehmen, dass Sie dieses Buch lesen, weil entweder Sie selbst oder jemand, den Sie kennen, unter Ängsten leidet. Und wahrscheinlich möchten Sie Ihre Ängste selbst in Angriff nehmen. Schließlich ist dies ein Selbsthilfebuch.

Die gute Nachricht ist, dass Selbsthilfe durchaus funktioniert. Viele Studien unterstreichen, dass Menschen mit ernsten und schwierigen Problemen fertig werden können, ohne professionelle Hilfe in Anspruch nehmen zu müssen. Sie profitieren eindeutig von der Selbsthilfe. Sie schreiten voran auf dem Weg der Besserung und können ihre Erfolge auch stabilisieren.

1 ➤ Ängste erkennen und in Angriff nehmen

Es kommt aber auch vor, dass alle Bemühungen, sich aus eigener Kraft aus dem Sumpf zu ziehen, letztlich nicht die erhoffte Besserung bringen. Im Top-Ten-Teil in Kapitel 22 können Sie zehn wichtige Anzeichen nachlesen, wann professionelle Hilfe erforderlich sein kann. Sollte es so sein, dass Sie diese Hilfe in Anspruch nehmen müssen, werden viele qualifizierte Therapeuten mit Ihnen auf der Grundlage der in diesem Buch vorgestellten Konzepte arbeiten.

Die meisten Therapeuten werden das hier vorgestellte umfassende Material und die auf bewährten Methoden gründenden Strategien zu schätzen wissen. Sollte ein vorgestelltes Konzept noch nicht hinreichend belegt sein, werden wir Ihnen das deutlich erläutern. In Kapitel 20 machen wir aber auch auf den zweifelhaften Nutzen von zehn überschätzten Techniken aufmerksam. Wir sind eben der Meinung, dass Sie viel besser dran sind, wenn Sie sich an bewährte Strategien halten und alles andere links liegen lassen.

Freunde und Familie sind eine weitere Anlaufstelle, wenn es darum geht, Hilfe zu finden. In den Kapiteln 17 und 18 geht es um die Frage, wie man einem unter Ängsten leidenden Kind oder Erwachsenen hilft. Wenn Sie einen Freund oder ein Familienmitglied um Hilfe bitten, sollten Sie diese Kapitel – noch besser mehr – gemeinsam lesen. Die Hilfe von Freunden und Familienmitgliedern ist darüber hinaus als Ergänzung zu professioneller Hilfe oder den eigenen Bemühungen immer willkommen.

Welche Quellen, Techniken und Strategien Sie auch immer wählen, die Überwindung Ihrer Angst wird eine der lohnendsten Herausforderungen sein, der Sie sich je gestellt haben. Zunächst werden Sie möglicherweise davor zurückschrecken und am Anfang wird es vielleicht nur langsam voran und auch auf und ab gehen, aber wenn Sie am Ball bleiben, werden Sie sich aus dem Treibsand der Angst herauskämpfen und wieder festen Boden unter den Füßen haben und Gelassenheit an den Tag legen können.

Ängste: Was ist normal und was nicht?

In diesem Kapitel

▶ Sehen Sie sich verschiedene Arten von Ängsten an

▶ Erkennen Sie, ob Sie ein Angstproblem haben

▶ Beobachten Sie, wie sich Ängste auf Ihren Körper auswirken

Die körperlichen Symptome von Ängsten können sich in den Reigen normaler Alltagserfahrungen einreihen. Manchmal weisen sie aber auf etwas Ernsteres hin. Wie ist das mit Ihnen? Haben Sie schon einmal gedacht, Sie würden einen Nervenzusammenbruch erleiden, oder sich gesorgt, Sie könnten nicht mehr ganz normal sein?

In diesem Kapitel helfen wir Ihnen herauszufinden, was los ist – ob Sie an einer Angststörung leiden, normale Angst empfinden oder ob es sich um etwas anderes handelt. Wir werden außerdem einen Blick darauf werfen, wie Ihr Körper auf Angst reagiert.

Um sich den Unterschied zwischen einer Angststörung und einer normalen Reaktion klarzumachen, lesen Sie bitte die folgende Beschreibung und versetzen Sie sich zehn Minuten in das Leben von Charlotte.

Zunächst fühlt sich **Charlotte** rastlos und leicht gelangweilt. Sie steht da und tritt von einem Fuß auf den anderen. Sie bewegt sich ein wenig nach vorne und bemerkt eine leichte Enge in der Brust. Ihr Atem wird schneller. Sie empfindet eine merkwürdige Mischung aus Aufregung und steigender Anspannung. Sie setzt sich hin und versucht, sich zu entspannen, aber ihre Angst wächst weiter. Plötzlich schnellt ihr Körper nach vorne. Sie klammert sich am Sitz fest und beißt die Zähne zusammen, um nicht laut aufzuschreien. Sie hat das Gefühl, ihr Magen hängt ihr gleich im Hals. Dann beruhigt er sich wieder. Ihr Herz rast und ihr Gesicht ist heiß und gerötet. Wieder scheint ihr Magen nach oben zu wandern. Charlottes Gefühle überschlagen sich. Schwindel, Angst und die auf sie einstürzenden Empfindungen überwältigen sie. Wie Wellen bricht es über sie hinein – eine nach der anderen.

Sie werden sich fragen, was denn mit der armen Charlotte los ist. Möglicherweise hat sie eine Angststörung. Oder vielleicht einen Nervenzusammenbruch. Oder dreht sie völlig durch?

Weit gefehlt. Charlotte verbrachte diese zehn Minuten und noch viele mehr in einem Vergnügungspark. Zuerst stand sie in einer Schlange, um eine Karte zu kaufen, und langweilte sich. Dann gab sie ihre Karte an den Platzanweiser ab und zwängte sich in den Wagen der Achterbahn. Ist der Groschen gefallen? Charlotte hat keine Angststörung. Sie hat auch keinen Nervenzusammenbruch erlitten und wird auch nicht verrückt. Wie ihre Geschichte uns klarmacht, können Angstsymptome eine ganz normale Reaktion auf Erlebnisse sein.

Die sieben wichtigsten Angststörungen

Angst zeigt sich in verschiedenen Ausprägungen. Das Wort *Angst* stammt von dem lateinischen Wort *angere* ab, was so viel heißt wie beengen oder würgen. Das Gefühl von Enge im Hals oder in der Brust ist ein verbreitetes Angstsymptom. Angst äußert sich aber auch in anderen Symptomen wie Schweißausbrüchen, Zittern, Übelkeit und Herzrasen. Angst kann aber auch Furcht mit sich bringen, etwa Furcht davor, die Kontrolle zu verlieren, oder Furcht vor Krankheit oder Tod. Darüber hinaus meiden unter übertriebener Angst leidende Menschen bestimmte Situationen, Menschen, Tiere oder Gegenstände völlig unnötig. Psychologen und Psychiater haben Angststörungen in sieben Hauptkategorien differenziert:

- ✔ Generalisierte Angststörung (GAS)
- ✔ Soziale Phobien
- ✔ Panikstörungen
- ✔ Agoraphobie bzw. Platzangst
- ✔ Spezifische Phobien
- ✔ Posttraumatische Belastungsstörungen (PTBS)
- ✔ Zwangsstörungen

In diesem Kapitel beschreiben wir die Anzeichen und Anhaltspunkte für den jeweiligen Angststörungstyp. Medizinstudenten sind bekannt dafür, dass sie Symptome jeder Krankheit, mit der sie sich beschäftigen, an sich selbst feststellen. Dasselbe gilt manchmal für Leser von psychologischer Literatur. Regen Sie sich nicht auf, wenn Sie oder einer Ihrer Lieben einige der hier erwähnten Symptome bei sich beobachten. Das ist bei den meisten Menschen so.

Sie brauchen keine allumfassende Diagnostik, um das Gefühl zu haben, Sie hätten das eine oder andere Problem mit Ängsten. Viele Menschen haben mehr Angst, als ihnen lieb ist, und passen trotzdem nicht in die Kategorie einer echten Angststörung.

Nur ein ausgebildeter Psychologe oder Psychiater kann Ihnen sicher sagen, an welcher Angststörung Sie leiden, weil verschiedene andere Störungen recht ähnlich aussehen, darunter auch medizinische Probleme, auf die wir weiter hinten in diesem Kapitel unter der Überschrift *Krankheiten, die angstähnliche Symptome hervorrufen können* kommen.

Auch wenn wir Ihnen die Hauptanzeichen und -symptome der jeweiligen Angsttypen nennen, damit Sie eine ungefähre Vorstellung davon entwickeln können, in welche Kategorie Ihre Angst fallen könnte, sollten Sie sich professionellen Rat holen, um zuverlässig herauszufinden, woher Ihre spezifische Angst rührt (siehe Kapitel 22). Wenn Sie professionelle Hilfe in Anspruch nehmen, können die in diesem Buch zusammengestellten Konzepte Ihnen dabei helfen, Ihre Probleme mit der Angst zu lindern.

Generalisierte Angststörung: Die gemeine Erkältung unter den Ängsten

Manchmal wird die *Generalisierte Angststörung* als die Erkältung unter den Angststörungen bezeichnet. Eine Generalisierte Angststörung (GAS) zählt zu den häufigsten Angststörungen. Wer daran leidet, befindet sich in jedem Fall in guter Gesellschaft. Zur GAS gehören lang anhaltende, fast dauerhafte Zustände der Anspannung und Sorge. Wenn Sie reale Sorgen haben, bedeutet das jedoch keineswegs, dass Sie an einer Generalisierten Angststörung leiden. Haben Sie zum Beispiel Geldsorgen und gerade Ihre Arbeit verloren, ist das ein existenzielles Problem und keine Angsterkrankung. Wenn Sie sich aber ständig um Ihre finanzielle Lage sorgen und Bill Gates heißen, dann könnte das schon eine GAS sein!

Sie könnten an einer GAS leiden, wenn Ihre Angst im letzten halben Jahr fast täglich präsent war. Sie versuchen, sich zu beruhigen, aber Sie können nicht. Dazu kommen noch eine Reihe anderer Probleme:

- Sie fühlen sich ruhelos, sind oft gereizt, genervt, zappelig oder aufgedreht.
- Sie ermüden schnell.
- Ihre Muskeln fühlen sich angespannt an, besonders im Rücken-, Nacken- und Schulterbereich.
- Sie haben Probleme, sich zu konzentrieren, einzuschlafen oder durchzuschlafen.

Nicht jeder erlebt Angst auf die gleiche Weise. Deshalb kann nur ein professioneller Therapeut eine verlässliche Diagnose stellen. Manche Menschen klagen über andere Probleme wie Zuckungen, Zittern, Kurzatmigkeit, Schwitzen, Mundtrockenheit, Magenprobleme, Schwächegefühle, Schreckhaftigkeit und Schluckbeschwerden, ohne zu erkennen, dass sie eigentlich unter einer GAS leiden.

Das folgende Profil soll beispielhaft zeigen, worum es bei einer GAS geht.

In der U-Bahn wippt **Jan** nervös mit dem Fuß. Er macht einen Katzenbuckel, um seine verspannten Schultermuskeln zu dehnen, und schaut auf die Uhr. Er sorgt sich, dass er drei oder vier Minuten zu spät zur Arbeit erscheinen könnte. Er kommt nicht gerne zu spät. Letzte Nacht hat er nicht viel geschlafen, weil er mit seinen Gedanken bei der Präsentation seines Entwurfs für das neue Alaskaprojekt war. Irgendwas hält Jan immer vom Schlafen ab. Er versucht krampfhaft, sich auf die Zeitung zu konzentrieren, die er in der Hand hält, und merkt, dass er sich nicht mehr an das erinnern kann, was er gerade gelesen hat.

Als Jan im Büro erscheint, blafft er gleich seine neue Assistentin an. Nachdem er die Beherrschung verloren hat, tut es ihm schon wieder leid. Er macht sich Vorwürfe und verstärkt damit seine Angst weiter. Seine Kollegen sagen ihm oft, er soll alles etwas lockerer angehen. Seine Leistungen haben immer die Erwartungen seiner Arbeitgeber übertroffen, so dass er eigentlich keinen Grund hat, sich deshalb Sorgen zu machen. Aber er tut es. Jan leidet an einer *Generalisierten Angststörung*.

Sozial-Phobie – den Kontakt zu Menschen meiden

Wer an einer sozialen Phobie leidet, fürchtet sich davor, in aller Öffentlichkeit im Mittelpunkt zu stehen. Die Betroffenen meiden es, sich zu präsentieren, zu Partys zu gehen, neue Bekanntschaften zu machen, sich Gruppen anzuschließen, das Telefon zu benutzen, Schecks vor anderen Menschen auszuschreiben, in der Öffentlichkeit zu essen oder mit ihnen übergeordneten Personen zu tun zu haben. Sie betrachten all diese Situationen als unangenehm, weil sie erwarten, von anderen erniedrigende oder beschämende Beurteilungen zu erhalten. Unter Sozialangst leidende Menschen glauben, sie seien irgendwie fehlerhaft und unzureichend. Deshalb gehen sie davon aus, dass sie sich beim Reden verhaspeln, ihre Getränke verschütten, beim Händeschütteln feuchte Hände haben oder irgendeinen gesellschaftlichen Fauxpas begehen und sich unsterblich blamieren werden.

Jeder ist von Zeit zu Zeit einmal unruhig und nervös. Wenn Sie sich beispielsweise weniger als sechs Monate lang in Gesellschaft anderer Menschen nicht wohl gefühlt haben, müssen Sie noch nicht unter einer sozialen Phobie leiden. Das kann auch eine vorübergehende Reaktion auf ungewohnten Stress sein, etwa der Umzug in eine neue Umgebung oder eine neue Arbeitsstelle. Sie könnten aber an Sozialangst leiden, wenn Sie die folgenden Symptome über längere Zeit an sich feststellen:

✔ Sie haben Angst vor Situationen, in denen Sie mit Ihnen unbekannten Menschen zu tun haben oder in denen Sie beobachtet oder bewertet werden.

✔ Wenn man Sie in eine unangenehme Situation drängt, nimmt Ihre Angst stark zu. Wenn Sie zum Beispiel Angst davor haben, öffentlich zu reden, zittern Ihre Stimme und Ihre Knie, sobald Sie die ersten Worte über die Lippen bringen.

✔ Sie erkennen, dass Ihre Angst größer ist, als die Situation eigentlich rechtfertigt. Wenn Sie etwa Angst davor haben, neue Kontakte zu knüpfen, wissen Sie vom Kopf her, dass nichts Schreckliches passieren wird. Dennoch wallt Adrenalin durch Ihre Adern und dunkle Ahnungen steigen in Ihnen hoch.

✔ Sie meiden Furcht einflößende Situationen so gut es eben geht oder ertragen sie nur mit großer Verzweiflung.

Sehen Sie sich das folgende Paradebeispiel einer sozialen Phobie an und überlegen Sie, ob Ihnen daran etwas bekannt vorkommt.

Uwe, ein 35-jähriger Junggeselle, ist an einer ernsthaften Beziehung interessiert. Er sieht gut aus, ist immer gut gekleidet und hat einen hoch bezahlten Job. Uwes Freunde laden ihn regelmäßig zu ihren Partys und anderen gesellschaftlichen Ereignissen ein, um ihn endlich unter die Haube zu bringen. Leider sträubt sich in Uwe alles dagegen, ihren Einladungen nachzukommen. Kaum ist Weihnachten vorbei, fürchtet er die Silvesterfeten. Er hat immer ein paar gute Ausreden in petto, die es ihm erlauben, einen Rückzieher zu machen. Sein Wunsch, irgendwann eine Partnerin zu treffen, gewinnt schließlich die Oberhand. Immer wieder spielt er Szenen im Kopf durch, in denen er sich mit Frauen trifft. Dabei fühlt er jedes Mal eine intensive, ängstliche Erwartung. Er verflucht sich dafür und sieht ein, dass seine Angst absurd ist. Dennoch sieht er keinen Weg, etwas daran zu ändern.

2 ▶ Ängste: Was ist normal und was nicht?

Am Nachmittag vor der Party bringt er Stunden damit zu, sich fertig zu machen. Er verspürt keinerlei Appetit. Kaum angekommen, strebt er zur Bar, um seine aufkommende Angst zu unterdrücken. Ihm zittern die Hände, als er sein erstes Glas in der Hand hält. Er leert es in einem Zug und bestellt gleich noch einen Drink, um seine Gefühle zu betäuben. Nach einer Stunde Trinken fühlt er sich endlich der Situation gewachsen. Er drängt sich in eine Traube attraktiver Frauen und spult eine Reihe Witze herunter, die er eigens für diese Party auswendig gelernt hatte. Im weiteren Verlauf der Nacht pirscht er sich an mehrere Frauen heran und macht dabei auch die eine oder andere kokette bis anzügliche Bemerkung. Er kommt damit nicht allzu weit, aber er hat das Gefühl, sich gut zu schlagen.

Am nächsten Tag wacht Uwe in einem ihm unbekannten Schlafzimmer auf und erinnert sich nicht mehr, wie er dort hingekommen ist. Sein Kumpel steckt den Kopf zur Tür herein und meint: »Du warst dermaßen breit gestern Nacht, dass wir lieber deine Schlüssel kassiert und dich ins Bett gebracht haben. Kannst du dich an irgendetwas erinnern?« Uwe schüttelt den Kopf und wird rot. Sein Kumpel erzählt weiter: »Ich sage dir das nur ungern, aber du hast Bettina einige Male ganz schön grenzwertig angebaggert. Sie war ziemlich sauer. Ihr Bruder hat beinahe die Geduld mit dir verloren und ihr hättet euch fast geprügelt. Das war kein schöner Anblick.«

Uwe leidet unter sozialen Ängsten. Drogen- und Alkoholmissbrauch gehen meist mit Sozialangst einher. Vielleicht können Sie jetzt verstehen, warum das so ist.

Das Paradoxe an der sozialen Phobie

Aufgrund ihrer Angst vor der erwarteten Demütigung ziehen sich Sozialphobiker zurück und meiden die Gesellschaft anderer, wo sie nur können. Werden sie gezwungen, sich zu anderen zu gesellen, halten sie sich um jeden Preis zurück, um nur ja nichts zu tun oder zu sagen, was von anderen als dumm betrachtet werden muss. Oft vermeiden sie Blickkontakte, stehen alleine herum, tragen wenig zur Konversation bei und machen einen steifen Eindruck.

Leider lässt diese Angst davor, sich selbst auszudrücken, die Betroffenen unfreundlich, kalt, abweisend und egozentrisch erscheinen. Unter Sozialangst leidende Menschen erleben unter diesen Umständen intensive Angst und sind überrascht, wenn man ihnen sagt, dass sie auf andere egozentrisch und abweisend wirken. Manchmal merken sie, dass sie von anderen als unfreundlich wahrgenommen werden. Aber das nährt nur ihre Angst und bestärkt sie in dem Glauben, dass andere Menschen sie nicht mögen und dass sie einfach nicht gut mit anderen umgehen können. So geraten sie in einen Teufelskreis – je vehementer sie versuchen, negative Reaktionen zu vermeiden, desto negativer reagieren die anderen.

Panikstörungen

Jeder gerät irgendwann einmal in Panik. Manche berichten von Panik angesichts eines immer näher kommenden Termins, einer bevorstehenden Präsentation oder der Vorbereitung einer

Party. Meistens hört man das Wort Panik im Zusammenhang mit Sorgen, die solche doch eher banalen Ereignisse mit sich bringen.

Menschen, die unter Panikstörungen leiden, berichten allerdings von ganz anderen Erlebnissen. Sie durchleben Phasen überwältigender Angst und Furcht. Wenn Sie noch nie eine solche Panikattacke hatten, seien Sie froh – wir wünschen es Ihnen jedenfalls nicht. Die Attacken dauern meist um die zehn Minuten, während derer viele Betroffene absolut sicher sind, dass sie sterben werden. Das sind sicher nicht gerade die besten zehn Minuten ihres Lebens. Panikattacken haben in der Regel eine Reihe deutlicher, auffälliger Symptome im Gepäck, wie

- unregelmäßiger, beschleunigter oder heftiger Puls
- Schweißausbrüche
- Atemnot oder Kurzatmigkeit
- Schwindel oder Benommenheit
- Schmerzen oder Unbehagen im Brustbereich
- Das Gefühl, neben sich zu stehen oder zu träumen
- Taubheitsgefühle oder Kribbeln
- Heiße oder kalte Wellen
- Unbegründete Todesangst
- Übelkeit
- Nervosität oder Zittern
- Gedanken, dass man verrückt wird oder völlig die Kontrolle verliert

Die Fachleute sind sich darüber einig, dass man mehr als eine Panikattacke gehabt haben muss, bevor man von einer echten Panikstörung sprechen kann. Menschen mit Panikstörungen sind beunruhigt, wann wohl die nächste Attacke kommen wird und ob sie die Kontrolle über sich verlieren und sich blamieren werden. Und schließlich fangen sie an, ihr Leben zu ändern, indem sie bestimmte Orte und Handlungen meiden.

Panikattacken fangen mit einem Ereignis an, das eine bestimmte Empfindung auslöst, etwa eine körperlichen Betätigung oder normale körperliche Reaktion. Dieses auslösende Ereignis ruft körperliche Reaktionen wie die vermehrte Ausschüttung von Adrenalin hervor. Das ist alles noch kein Problem.

Beim nächsten Schritt geht in diesem ansonsten normalen Prozess etwas schief – wenn die betroffene Person nämlich die Bedeutung der körperlichen Symptome falsch interpretiert. Anstatt das Ereignis als normal einzustufen, betrachtet ein Mensch mit einer Panikstörung es als Zeichen einer drohenden Gefahr, beispielsweise eines Herzinfarkts oder eines Anfalls. Diese Interpretation löst Angst aus und führt zu noch mehr körperlicher Erregung. Es entsteht ein Teufelskreis. Zum Glück kann unser Körper eine solche Aufregung nur für eine gewisse Zeit aufrechterhalten und beruhigt sich schließlich wieder.

2 ➤ Ängste: Was ist normal und was nicht?

 Gute Neuigkeiten: Viele Menschen erleben eine einzige Panikattacke und haben danach nie wieder etwas damit zu tun. Also keine Panik, wenn Sie eine Panikattacke durchmachen.

Marias Geschichte ist ein gutes Beispiel für eine einmalige Panikattacke.

Maria besucht ihre Nachbarin im Krankenhaus. Für sie ist es unfassbar, dass man schon mit 42 Jahren einen Herzinfarkt bekommen kann. Maria, die sich wegen ihrer Gesundheit nie große Sorgen gemacht hat, denkt daran, dass sie erst vor kurzem ihren 46. Geburtstag gefeiert hat. Sie beschließt, ihre 20 Pfund Übergewicht abzunehmen und regelmäßig Sport zu treiben.

Bei ihren dritten Besuch im Fitnessstudio stellt sie am Laufband Stufe 6 ein. Ihr Puls schnellt beinahe unmittelbar hoch. Sie ist alarmiert und schaltet sofort auf Stufe 3 herunter. Ihr Atem ist flach und schnell, dennoch hat sie das Gefühl, keine Luft zu bekommen. Es scheint auch nicht zu helfen, dass sie das Laufband noch langsamer einstellt. Schließlich hält sie das Laufband an und geht zum Umkleideraum. Der Schweiß rinnt ihr in Bächen von der Stirn und ihr wird übel. Sie setzt sich in eine leere Umkleidekabine und denkt, dass sie es mit dem Laufen vielleicht etwas übertrieben hat. Aber die Symptome verschlimmern sich derart, dass ihre Brust sich beengt fühlt. Sie möchte schreien, bekommt aber nicht genug Luft. Sie hat das sichere Gefühl, gleich in Ohnmacht zu fallen, und hofft, dass jemand sie findet, bevor sie stirbt. Sie hört jemanden und ruft mit schwacher Stimme um Hilfe. Ein Krankenwagen bringt sie zur nächstgelegenen Notaufnahme. Auf dem Weg betet sie, dass sie den Herzinfarkt überleben wird.

In der Notaufnahme lassen Marias Symptome nach. Ein Arzt kommt und erklärt ihr die Ergebnisse der Untersuchungen. Er klärt sie darüber auf, dass sie wohl eine Panikattacke erlitten habe, und fragt sie nach einer möglichen Ursache. Sie erzählt ihm, dass sie mit dem Training angefangen habe, weil sie mehr für ihre Gesundheit und ihr Gewicht tun möchte, und erwähnt dabei den Herzinfarkt ihrer Nachbarin.

»Ah ja, das erklärt alles«, versichert der Arzt, »Ihre Sorgen wegen Ihrer Gesundheit haben dazu geführt, dass Sie auf jegliche Körpersymptome äußerst sensibel reagieren. Als sich Ihr Puls auf dem Laufband ganz natürlich beschleunigt hat, haben bei Ihnen die Alarmglocken geschrillt. Ihre Angst führte dazu, dass Ihr Körper vermehrt Adrenalin ausschüttete, das wiederum weitere Symptome auslöste. Je mehr Symptome Sie aber wahrnahmen, desto mehr wuchs Ihre Angst und desto mehr Adrenalin wurde ausgeschüttet. Jetzt, wo Sie das wissen, können Sie auf normale körperliche Veränderungen in Zukunft gelassener reagieren. Ihr Herz ist in ausgezeichneter Verfassung. Am besten machen Sie mit dem Training weiter, aber achten Sie darauf, dass Sie die Intensität nur langsam steigern. Sie könnten es auch mit einfachen Entspannungstechniken versuchen. Die Schwester kann Ihnen gleich mehr dazu sagen. Ich gehe davon aus, dass dieses Erlebnis das letzte seiner Art für Sie war. Ach, übrigens, vielleicht sollten Sie mal *Angstfrei leben für Dummies* von Charles Elliot und Laura Smith lesen, das ist ein wirklich gutes Buch!«

Bei Maria wurde keine Panikstörung diagnostiziert, weil sie nur diese eine Attacke erlebte und keinen Rückfall mehr hatte. Wenn sie dem Arzt vertraut und seinen Rat befolgt, wird sie das nächste Mal, wenn sich ihr Puls beschleunigt, nicht gleich in Angst geraten. Vielleicht versucht sie es sogar mit den Entspannungstechniken, die ihr die Schwester erklärt hat.

Wenn Sie sich Sorgen machen, Sie könnten eine Panikstörung haben, denken Sie daran, dass diese Störung behandelt werden kann. In diesem Kapitel erfahren Sie alles, was Sie dazu wissen müssen. Andere Kapitel (siehe besonders Kapitel 8 und 10) klären Sie darüber auf, wie Sie Ihr Wissen mit Ihrem Handeln in Einklang bringen können.

Der Gefährte der Panik - Agoraphobie

Ungefähr die Hälfte derer, die an einer Panikstörung leiden, haben ein damit zusammenhängendes Problem: Agoraphobie. Anders als die meisten Ängste oder Phobien beginnt diese merkwürdige Störung in der Regel im Erwachsenenalter. Unter Agoraphobie leidende Menschen leben in der Angst, in eine ausweglose Situation zu geraten. Dazu kommt, dass sie befürchten, in der Öffentlichkeit eine Panikattacke zu bekommen, sich erbrechen zu müssen oder Durchfall zu bekommen. Sie meiden Situationen, denen sie nicht jederzeit entfliehen können, wie die Pest und fürchten sich an Orten, an denen sie nicht sicher damit rechnen können, dass man ihnen im Ernstfall sofort helfen kann. Eine Agoraphobie kann mit nur einer Angst anfangen, etwa sich in einer Menschenmasse aufzuhalten. In den meisten Fällen wächst die Zahl der gefürchteten Situationen bis zu einem Punkt an, in der die Betroffenen Angst haben, ihre Wohnung zu verlassen.

Wenn Agoraphobie und Panikstörungen sich zueinander gesellen, haben die Betroffenen Angst vor jeder Situation, in der sie eine Panikattacke erleiden könnten. Dabei führt die Angst, hilflos ausgeliefert zu sein, und der Horror davor, keinen Ausweg mehr zu haben, oft in eine lähmende Isolation.

Sie oder eine Ihnen nahestehende Person könnte unter Agoraphobie leiden, wenn

✔ Sie beunruhigt sind, sich an einem Ort aufzuhalten, den Sie im Notfall nicht verlassen können, etwa wenn Sie eine Panikattacke erleiden.

✔ Sie vor alltäglichen Dingen, wie das Haus verlassen, sich in Menschenmengen aufhalten oder Reisen, zurückschrecken.

✔ Aufgrund Ihrer Angst gefürchtete Orte meiden und so zu einem Gefangenen Ihrer Angst werden.

 Vielleicht machen Sie sich ja Sorgen, in ausweglose Situationen zu geraten, oder Sie fühlen sich in Menschenmengen nicht wohl oder halten sich am liebsten zu Hause auf. Das ist bei vielen Menschen so. Wenn Sie Ihr Leben jedoch ohne große Veränderungen oder Einschränkungen führen können, leiden Sie wahrscheinlich nicht an Agoraphobie.

Wie dem auch sei, Sie könnten in diesem Bereich dennoch Probleme mit Ihren Ängsten haben oder vielleicht auch nicht. So könnte es zum Beispiel sein, dass Sie bei dem Gedanken daran, ein großes Sportstadion zu betreten, das Gruseln packt. Sie sehen bildlich vor sich, wie die Massen schieben und drängeln, Sie zu Fall bringen und auf Ihnen herumtrampeln, während Sie um Hilfe schreien. Wenn das so wäre, könnten Sie trotzdem ein glückliches Leben führen, indem Sie Sportstadien einfach fernbleiben. Ihre Ängste würden Sie nicht weiter behelligen.

2 ➤ Ängste: Was ist normal und was nicht?

Wenn Sie aber ein eingefleischter Fan sportlicher Live-Ereignisse sind oder den Beruf eines Sportreporters ausüben, wären Ihre Ängste für Sie eine schlimme Sache.

Das nachfolgende Beispiel von Sigrid zeigt, wie überwältigend die Angst ist, die Agoraphobiker oft gefangen nimmt.

Sigrid hat gerade ihren 40. Geburtstag gefeiert, ohne dass das für sie mit emotionalen Problemen verbunden wäre. Sie hat die üblichen Klippen des Lebens umschifft, etwa den Verlust eines Elternteils, ein Kind mit Lernschwäche und vor zehn Jahren eine Scheidung. Sie ist stolz darauf, dass sie mit allen Herausforderungen fertig geworden ist, vor die sie das Leben gestellt hat.

In letzter Zeit bemerkt sie, dass sie angespannt ist, wenn sie im Einkaufszentrum shoppen geht. Sie muss ein Geburtstagsgeschenk besorgen, mag aber nicht ins Einkaufszentrum, weil es da am Wochenende so voll ist. Schließlich fährt sie doch und findet einen Parkplatz am Ende einer Reihe. Ihre Hände schwitzen und hinterlassen einen feuchten Abdruck auf der Drehtür. Sie fühlt sich, als ob die Masse der einkaufenden Menschen auf ihr lastet. Sigrid fühlt sich gefangen. Sie hat solche Angst, dass sie nicht in der Lage ist, ein Geschenk zu kaufen. Fluchtartig verlässt sie das Einkaufszentrum.

In den folgenden Monaten weiten sich ihre Ängste aus. Betraf es zunächst nur das Einkaufszentrum, überwältigen sie Angst und Furcht nun auch in kleineren Geschäften, wenn es dort voll ist. Ein wenig später kann sie es nicht mehr aushalten, am Straßenverkehr teilzunehmen. Sigrid leidet an Agoraphobie. Wenn sie sich nicht in Behandlung begibt, wird sie irgendwann möglicherweise nicht mehr vor die Tür gehen.

 Oft befallen Panik, Agoraphobie und Ängste Menschen, die ansonsten keinerlei ernste, tief verwurzelte emotionale Probleme haben. Wenn Sie also an Ängsten leiden, heißt das nicht unbedingt, dass Sie jahrelang zum Psychiater laufen müssen. Angst ist sicher nichts Angenehmes, aber Sie müssen nicht denken, dass Sie deshalb verrückt sind!

Hilfe! Ich sterbe!

Symptome von Panikattacken wie Schmerzen in der Brust, Atemnot, Übelkeit und intensive Angst lassen oft an einen Herzinfarkt denken. Viele, die diese erschreckenden Empfindungen erleben, suchen schnell die nächste Notaufnahme auf. Wenn dann die zahlreichen Testergebnisse vorliegen, hören die Betroffenen von überarbeiteten Ärzten, dass es sich um eine Panikattacke handelte. »Das spielt sich alles in Ihrem Kopf ab.« Die ungläubigen Patienten sind sicher, dass da etwas übersehen worden ist. Sie werden deshalb bei der nächsten Attacke wahrscheinlich wieder in der Notaufnahme auftauchen. Das ist frustrierend für die an Panikattacken Leidenden und für das Personal in der Notaufnahme. Eine einfache 20- bis 30-minütige psychologische Beratung in der Notaufnahme dagegen reduziert die Zahl der weiteren Besuche erheblich. Worum geht es bei dieser Beratung? Den Patienten wird einfach erklärt, worum es bei dieser Störung eigentlich geht und wie man sich mit Entspannungstechniken selbst helfen kann, wenn die Panik zuschlägt. (Sie werden im weiteren Verlauf des Kapitels noch ähnliche Anregungen finden. Lesen Sie weiter.)

Spezifische Phobien – Spinnen, Schlangen, Tornados, Flugzeuge und andere Angstmacher

Viele Ängste scheinen im menschlichen Gehirn vorinstalliert zu sein. Die Höhlenmenschen hatten sicher gute Gründe, Angst vor Schlangen, Fremden, Höhen, Dunkelheit, offenen Flächen und dem Anblick von Blut zu haben – Schlangen konnten giftig und Fremde konnten Feinde sein, Menschen konnten aus großer Höhe zu Tode stürzen, in der Dunkelheit konnten sich unbekannte Gefahren verbergen, auf offenen Flächen waren primitive Stämme Angriffen schutzlos ausgeliefert und der Anblick von Blut konnte auf eine Krise, wenn nicht gar auf den bevorstehenden Tod hindeuten. Die Ängstlichen hatten unter diesen Umständen eine bessere Überlebenschance als die Naiven und Tapferen.

Die heute am weitesten verbreiteten Ängste reflektieren immer noch die Gefahren, mit denen die Menschen sich vor tausenden Jahren herumplagen mussten. Auch heute macht es noch Sinn, eine Spinne vorsichtig zu identifizieren, bevor man sie anfasst. Manchmal geht die Angst aber so weit, dass sie das Leben behindert. Es könnte sein, dass Sie an einer spezifischen Phobie leiden, wenn Sie

- eine übertriebene Angst vor einer bestimmten Situation oder einem bestimmten Objekt haben.
- in bedrohlichen Situationen unmittelbar übertriebene Angst empfinden. Dazu gehören *unter Umständen* die Symptome Schweißausbrüche, Herzrasen, Fluchtimpulse, Enge in der Brust oder Kehle oder die Vorstellung, dass etwas Schreckliches passieren wird.
- wissen, dass Ihre Angst unbegründet ist. Auf der anderen Seite wissen Kinder mit spezifischen Phobien nicht immer, dass ihre Angst unbegründet ist. Sie denken möglicherweise tatsächlich, dass *alle* Hunde beißen.
- das gefürchtete Objekt oder die gefürchtete Situation meiden, so weit es eben geht.
- Sie aufgrund der Intensität Ihrer Ängste Ihr alltägliches Verhalten am Arbeitsplatz, zu Hause und in Beziehungen ändern. Auf diese Weise macht Ihnen und vielleicht auch anderen Menschen Ihre Angst das Leben schwer und führt zu Beeinträchtigungen.

Fast zwei Drittel aller Menschen haben vor irgendetwas Angst. Ich zum Beispiel, **Laura** Smith (die ich dieses Buch mitverfasst habe), hasse Insekten. Wenn irgendwo im Haus ein Grashüpfer sitzt, mache ich einen großen Bogen darum oder beauftrage jemanden, ihn zu entfernen. Ich hatte einmal ein Büro in einem alten Gebäude. Jeden Morgen war der Boden voller toter Schaben. Ich lernte schließlich, wie ich die Leichen mit jeder Menge Papierhandtücher aus dem Büro entfernen konnte. Hätte ich stattdessen wegen der Schaben meine Stelle gekündigt, wäre bei mir eine spezifische Phobie diagnostiziert worden. Aber meine Ängste beeinflussen mein Leben nicht nennenswert. Auch Sie haben vielleicht übertriebene Angst vor irgendetwas. Das heißt nicht, dass man bei Ihnen von einer spezifischen Phobie sprechen müsste, solange Ihre Lebensführung nicht in größerem Umfang davon betroffen ist. Falls es Sie interessiert, ich mache mir nicht viel daraus, dass es mich beim Anblick krabbelnder Insekten schüttelt. Ich habe vor, es mein restliches Leben lang dabei zu belassen, und möchte gar nicht weiter an diesem Problem arbeiten.

2 ➤ Ängste: Was ist normal und was nicht?

Die folgende Beschreibung aus dem Leben von Bernhard vermittelt einen guten Eindruck davon, was jemand mit einer spezifischen Phobie durchmacht.

Bernhard stapft jeden Morgen die acht Stockwerke bis zu seinem Büro hoch und erzählt jedem, der es nicht hören will, dass er diese körperliche Anstrengung genießt. Immer wenn Bernhard auf dem Weg zur Treppe an den Aufzügen vorbeikommt, schlägt ihm das Herz bis zum Hals und er hat ein unheilvolles Gefühl. Er stellt sich vor, wie er die enge Kabine betritt, die Türen sich langsam schließen und er nicht mehr heraus kann. In seiner Vorstellung erhebt sich der an rostigen Seilen hängende Fahrstuhl, schnellt plötzlich nach oben, sackt dann wieder ab und stürzt schließlich in die Tiefe.

Eine solche Katastrophe hat Bernhard allerdings noch nie erlebt. Er kennt auch niemanden, der von ähnlichen Vorfällen berichtet hätte. Bernhard konnte sich nie mit Aufzügen anfreunden, aber erst vor ein paar Jahren begann er, sie zu meiden. Es hat den Anschein, dass seine Ängste zunehmen, je länger er sich von Aufzügen fernhält. Früher war es für ihn kein Problem, Rolltreppen zu benutzen, aber heute meidet er auch diese Art des Transports. Als er vor einigen Wochen am Flughafen war, hatte er keine andere Wahl, als die Rolltreppe zu nehmen. Er konnte sich zwar überwinden, hatte aber solche Angst, dass er sich auf der zweiten Etage erst eine Weile hinsetzen musste, um sich zu erholen.

Eines Nachmittags hat Bernhard es nach der Arbeit eilig und stürzt auf der Treppe. Glücklicherweise bricht er sich nur ein Bein. Mit seinem Gips bis zum Oberschenkel sieht sich Bernhard jetzt der Herausforderung seines Lebens gegenüber. Bernhard hat eine spezielle Phobie.

Posttraumatische Belastungsstörungen: Unheilvolle Nachwirkungen

So furchtbar es auch ist, Krieg, Vergewaltigungen, Terror, Unfälle, Brutalität, Folter und Naturkatastrophen gehören zum Leben. Vielleicht haben Sie oder jemand, den Sie kennen, ein solches traumatisches Erlebnis gehabt. Niemand kann mit Sicherheit sagen, warum manche Menschen sich von solchen Erlebnissen erholen, ohne dass etwas zurückzubleiben scheint. Viele andere jedoch leiden erheblich an den Folgen einer Tragödie, manchmal ein Leben lang.

In der Mehrzahl der Fälle bringt ein Trauma zumindest einige unangenehme vorübergehende emotionale oder körperliche Begleiterscheinungen mit sich. Diese können unmittelbar nach dem auslösenden Erlebnis, manchmal aber auch Jahre später auftreten. In diesen Symptomen äußert sich die Art und Weise, in der Körper und Geist das Erlebte verarbeiten. Nach einem sehr unglücklichen Ereignis sind starke Reaktionen durchaus normal.

 Posttraumatische Belastungsstörungen sind nicht einfach zu diagnostizieren. Wenn Sie den Verdacht haben, dass Sie daran leiden, sollten Sie professionelle Hilfe in Anspruch nehmen. Andererseits beobachten Sie vielleicht an sich einige Symptome, aber beileibe nicht alle. Wenn dem so ist und Sie nur geringe Schwierigkeiten haben, die sich nicht auf Ihr Leben auswirken, möchten Sie vielleicht lieber eine Weile allein daran arbeiten. Aber Sie sollten sich Hilfe holen, wenn Sie nicht weiterkommen.

Sie können an einer posttraumatischen Belastungsstörung leiden, wenn Sie eine potenziell lebensbedrohliche oder ernsthafte Verletzungen verursachende Situation persönlich erlebt oder mitangesehen haben oder eine Ihnen nahestehende Person ein solches Erlebnis hatte. Wenn Sie mit Schrecken, Entsetzen oder Hilflosigkeit reagiert haben, tauchen im Falle einer posttraumatischen Belastungsstörung drei weitere Problemtypen auf:

✔ Sie *durchleben* das Ereignis immer wieder:
- Sie erinnern sich tagsüber oder in Ihren Träumen ungewollt an das Ereignis.
- Sie haben das Gefühl, das traumatische Erlebnis wiederholt sich.
- Sie reagieren körperlich oder emotional auf alles, was Sie an das Ereignis erinnert.

✔ Sie *meiden* alles, was Sie an das traumatische Erlebnis erinnert, und versuchen, Ihre Gefühle zu unterdrücken oder zu betäuben:
- Sie versuchen, Gedanken oder Gespräche zu dem Ereignis abzublocken, weil Sie die Erinnerung daran aufregt.
- Sie meiden Menschen oder Orte, die Sie an Ihr Trauma erinnern.
- Sie verlieren das Interesse am Leben und fühlen eine Distanz zu Ihren Mitmenschen.
- Sie haben das unbestimmte Gefühl, dass Sie nicht sehr alt werden.
- Sie fühlen sich benommen oder losgelöst.

✔ Sie sind in mehrerlei Hinsicht ständig auf der Hut und aufgebracht:
- Sie sind schreckhafter.
- Sie verlieren schneller die Beherrschung und sind reizbarer.
- Sie können sich nicht so gut konzentrieren wie früher.
- Sie haben Schlafprobleme

Wie lebt es sich mit einer posttraumatischen Belastungsstörung? Für Michael ist es ein ständiger Kampf.

Michael ist im Alter von 40 Jahren im Rang eines Oberst aus dem Militärdienst ausgeschieden. Vor seinem Ausscheiden waren die Jahre nach dem Einsatz in Bosnien ein einziger Kampf für Michael. Er schlief schlecht und erwachte häufig aus Albträumen. Er verlor schnell die Beherrschung und fühlte sich vom Leben abgeschnitten.

Michael nimmt an, dass seine Probleme in seiner militärischen Vergangenheit wurzeln: die langen Arbeitszeiten, die häufigen Trennungen von der Familie, zahlreiche Umzüge in andere Länder und der unbarmherzige Karrieredruck. Er freut sich auf sein Leben nach dem Militärdienst und auf ein entspannteres Leben. Er verspricht seiner Frau und seinen Kindern, dass an erster Stelle für ihn steht, mehr Zeit mit ihnen zu verbringen.

Leider empfindet Michael seinen beruflichen Ausstieg weniger erfreulich als angenommen. Nach wie vor schläft er schlecht. Er versucht, sein Versprechen an die Familie einzulösen,

2 ➤ Ängste: Was ist normal und was nicht?

kann aber keinerlei Begeisterung für familiäre Aktivitäten entwickeln. Er findet nichts, worauf er sich freuen kann, und distanziert sich zunehmend von seiner Familie. Gereizt und nervös ist er immer noch. Nach sechs Monaten zu Hause besteht Michaels Frau darauf, dass sie zur Eheberatung gehen.

Bei der Ergründung der Geschichte der beiden fragt der Psychologe Michael nach seinen Erfahrungen in Bosnien. Michael sagt, er wolle nicht darüber sprechen. Das ist seine Art, mit den verstörenden Erinnerungen des Krieges umzugehen. Diese Antwort verweist den Psychologen auf Michaels Problem. Er leidet an posttraumatischen Belastungsstörungen.

Die Top Ten der Ängste

Es gibt einige Umfragen und Untersuchungen über das, was Menschen am meisten fürchten. Im Folgenden haben wir die zehn häufigsten Ängste zusammengestellt. Vielleicht ist für Sie auch etwas dabei.

10 Hunde

9 Nachts alleine sein

8 Blitz und Donner

7 Spinnen und Insekten

6 In einem engen Raum eingesperrt sein

5 Fliegen

4 Nagetiere

3 Höhen

2 Eine Rede halten

Und schließlich die Nummer eins: Schlangen

Zwangsstörungen – Mach's noch einmal

Zwangsstörungen richten im Leben der betroffenen Menschen großen Schaden an, weil sie nicht nur die daran Leidenden frustrieren und verwirren, sondern auch deren Familien und Partner. Wenn man nichts daran tut, dauert eine Zwangsstörung ein Leben lang. Und selbst wenn man sie therapiert, flammen die Symptome oft wieder auf. Das sind unerfreuliche Nachrichten. Gott sei Dank gibt es aber auch wirksame Behandlungsmethoden.

Ein an Zwangsstörungen leidender Mensch ist von etwas besessen oder folgt einem Zwang oder beides. (In Tabelle 2.1 finden Sie häufig vorkommende Zwangsgedanken und Zwänge aufgelistet.)

Zwangsgedanken sind immer wieder ungewollt auftauchende Bilder, Impulse oder Gedanken, die sich in den Kopf drängen. Die Betroffenen empfinden diese Gedanken und Bilder als störend, können sie aber nicht loswerden. So kann ein religiöser Mann beispielsweise von Gedanken heimgesucht werden, die ihn dazu drängen, während des Gottesdienstes obszöne Flüche auszustoßen. Einer fürsorglichen Mutter drängen sich Gedanken auf, ihrem Baby Schaden zuzufügen. Zum Glück setzen diese Menschen ihre Gedanken nicht in die Tat um, aber für die von diesen Zwangsgedanken Geplagten sind diese Gedanken und Bilder eine Qual.

Zwänge sind immer wieder ungewollt ausgeführte Handlungen oder gedankliche Strategien, mit deren Hilfe Ängste gemindert werden sollen. Manchmal werden Ängste durch Zwangsgedanken ausgelöst, ein anderes Mal rührt die Angst von einem gefürchteten Ereignis oder einer Situation her, die den Zwang auslöst.

Manche Menschen waschen ihre Hände tatsächlich täglich hunderte Male, um ihre Angst vor Bakterien zu unterdrücken, andere haben sich ein ganz bestimmtes Ritual zurechtgelegt, indem sie etwa jeden Abend vor dem Zubettgehen bestimmte Gegenstände berühren, ihre Kleidung in einer festgelegten Anordnung hinlegen, ihre Brieftasche in einer bestimmten Ausrichtung neben den Schlüsselbund legen, ihr Kleingeld ordentlich stapeln, peinlich genau darauf achten, »richtig« ins Bett zu steigen oder einen Abschnitt in der Bibel zu lesen, bevor sie das Licht ausmachen. Und wenn sie auch nur einen Teil dieses Rituals nicht perfekt ausführen, sehen sie sich gezwungen, noch einmal von vorne anzufangen, bis alles seine Ordnung hat.

Es kann sein, dass Sie an einer Zwangsstörung leiden, wenn Sie bei sich Zwangsgedanken, einen Zwang oder beides feststellen. Zu den *Zwangsgedanken* ist dabei Folgendes auszuführen:

✔ **Die Gedanken, von denen Sie besessen sind, haben nichts mit Problemen des wirklichen Lebens zu tun.**

Wenn Sie sich beispielsweise Gedanken über Bakterien an Ihren Händen machen und als Gehirnchirurg arbeiten, entspricht das Ihrer Lebenswirklichkeit, und wir sind sehr froh darüber. Wenn Sie aber in einer Bibliothek arbeiten, kann der ständige Gedanke an Bakterien an Ihren Händen auf eine Besessenheit hinweisen.

✔ **Wenn die Gedanken auftauchen, versuchen Sie, sie abzuwehren, indem Sie an etwas anderes denken oder etwas anderes tun.**

Vielleicht haben Sie für diesen Zweck ein bestimmtes Gebet oder einen Spruch, den Sie im Kopf immer wieder aufsagen.

✔ **Sie wissen, dass Ihre zwanghaften Gedanken Ihrem eigenen Denken entspringen und nicht von außen an Sie herangetragen werden.**

Mit anderen Worten: Wenn Sie glauben, dass außerirdische Mächte Ihr Denken steuern, haben Sie ein Problem, das in diesem Buch nicht behandelt wird. Sie sollten sich schleunigst Hilfe holen.

✔ **Die Gedanken beschäftigen Sie ständig.**

Für *Zwänge* gelten folgende Bedingungen:

✓ Zwänge sind Handlungen, Verhaltensweisen oder gedankliche Konstrukte, die Sie zwanghaft als Reaktion auf einen zwanghaften Gedanken oder aufgrund Ihres Glaubens an eine bestimmte Regel ausführen, die Ihrer Ansicht nach nicht gebrochen werden darf.

✓ Sie glauben, dass Ihre zwanghaften Handlungen irgendwie verhindern können, dass etwas Schreckliches passiert, oder dass dadurch Ihre Angst nachlässt. Was Sie tun, ist allerdings nicht wirklich sinnvoll.

Der Teufelskreis der Zwänge

Oft entwickelt sich das folgende Muster: Zwanghafte Gedanken erzeugen Angst. Die Betroffenen führen eine Zwangshandlung aus, um den Druck dieser Angst zu reduzieren. Die kurzzeitig erreichte Erleichterung führt dazu, dass die Betroffenen felsenfest daran glauben, dass die Zwangshandlung ihnen hilft. Alles fängt jedoch wieder von vorne an, sobald die Zwangsgedanken wieder auftauchen.

Zwangsgedanken	Zwänge
Befürchtungen, durch Schmutz, Bakterien, Strahlung und Chemikalien verseucht zu werden	Übersteigertes Händewaschen und -säubern aufgrund der Angst vor Verseuchung
Zweifel, dass man vergessen hat, den Herd abzustellen, die Türen abzuschließen und so weiter	Immer wieder nachsehen, ob der Herd abgestellt ist, die Türen abgeschlossen sind und so weiter
Pervertierte sexuelle Vorstellungen, für die man sich schämt	Horten von Gegenständen, die keinen Sammelcharakter haben und nicht viel wert sind, etwa Müll, Stapel von Magazinen, Schnüre, Batterien und so weiter
Ungewollte Gedanken, jemandem wehzutun, den man liebt	Ständig wiederholte Rituale, die in dem Glauben ausgeführt werden, es werde etwas Schreckliches passieren, wenn man sie unterlässt
Gedanken, die die eigenen religiösen Überzeugungen in beschämender Weise verletzen	Arrangieren von Gegenständen nach starrem, festgelegtem Schema. Oft wird so lange daran gearbeitet, bis alles perfekt angeordnet ist.
Gedanken, die befremdliches und gesellschaftlich unakzeptables Verhalten fordern	Zählen von Treppenstufen, Deckenplatten, gelaufene Schritte und Ähnlichem

Tabelle 2.1: Die häufigsten Zwangsgedanken und Zwänge

Zwänge sehen, wo keine sind

Vielleicht haben Sie als Kind auf dem Schulweg mit Ihren Freunden gespielt, dass man nicht auf die Fugen zwischen den Gehwegplatten treten darf. Wenn dann doch einer daneben trat, riefen die anderen »Wer drauf tritt, ist tot.« Später ist dieser Gedanke vielleicht auch aufgetaucht, wenn Sie alleine auf dem Weg zur Schule waren, und Sie bemühten sich, nicht auf die Fugen zu treten. Natürlich war Ihnen klar, dass Sie nicht sterben würden, wenn Sie auf eine Fuge traten. Es hatte also schon etwas Zwanghaftes, nicht auf die Fugen zu treten, insbesondere dann, wenn Sie es immer wieder taten, obwohl Sie wussten, dass nichts Schlimmes passieren würde. Handelte es sich aber einfach um ein Spiel, das Sie nicht weiter kümmerte, war nichts dabei, auf die Fugen zu achten. Abgesehen davon haben Kinder oft »magische« oder abergläubische Gedanken, denen sie später gewöhnlich entwachsen.

Wenn ein Teil von Ihnen aber wirklich beunruhigt war, dass Sie sterben könnten, wenn Sie auf eine Fuge traten, und Sie sich sogar sträubten, zur Schule zu gehen, dann war das wahrscheinlich schon ein echter Zwang. Viele Menschen vergewissern sich mehrmals, ob sie abgeschlossen haben, sehen mehrmals nach, ob sie die Kaffeemaschine ausgemacht haben, oder zählen überflüssigerweise Treppenstufen oder ihre Schritte. Erst wenn solche Verhaltensweisen übermäßig viel Zeit beanspruchen oder sich auf Beziehungen, die Arbeit oder das Alltagsleben auswirken, wird ein Problem daraus.

Lilo hat eine Zwangsstörung. Sie kann sich nicht von wertlosen Gegenständen trennen, die sich dann überall im Haus ansammeln und Platz wegnehmen. Lilo ist eine Sammlerin, aber nicht ein Sammler im herkömmlichen Sinn, denn was sie zusammenträgt, hat für niemanden einen besonderen Wert. Sie behält jeden Gummi, der irgendetwas zusammenhält, was sie kauft. Sie wirft nie eine Zeitung weg, die sie gelesen hat. Ihre Garage ist vollgestopft mit Batterien, Schnüren, Kieselsteinen, Drahtstücken, Schrauben, Nägeln und Papierfetzen. Lilo kann sich nicht dazu durchringen, etwas wegzuwerfen. Ihr Haus ist voll mit nutzlosem Zeug und platzt aus allen Nähten.

Lilo denkt, dass sie das eine oder andere davon irgendwann noch brauchen kann. Wenn ihr dann etwas einfällt, was sie brauchen könnte, kann sie es in dem ganzen Durcheinander nicht finden. Mit den Jahren hat sich Lilo immer mehr isoliert. Sie kann niemanden mehr einladen, weil es ihr peinlich ist, wie es bei ihr zu Hause aussieht. Lilos denkt zwanghaft, dass ihr etwas fehlen könnte, was sie braucht. Daraus hat sich der Zwang entwickelt, nie etwas wegzuwerfen. Lilo leidet an einer Zwangsstörung.

Was ist normal und was nicht?

Stellen Sie sich ein Leben ohne Angst vor. Wäre das nicht herrlich? Sie wachen morgens auf und haben nur Angenehmes zu erwarten. Es gibt nichts, wovor Sie sich fürchten. Die Zukunft hält nur Friede, Freude, Eierkuchen für Sie bereit.

Überlegen Sie sich das lieber noch mal. Ohne Angst würden Sie nicht so schnell reagieren, wenn der Typ vor Ihnen plötzlich auf die Bremse tritt, und schon hängen Sie drauf. Ohne den sorgenvollen Blick in die Zukunft könnte es sein, dass Ihr Ruhestand eine traurige Angelegenheit wird. Das Fehlen jeglicher Angst könnte dazu führen, dass Sie völlig unvorbereitet zur Arbeit erscheinen und Ihre Präsentation in den Sand setzen.

Angst ist gut für Sie! Sie bereitet Sie darauf vor, zu handeln. Sie mobilisiert Ihren Körper, wenn Not am Mann ist. Sie warnt Sie vor drohenden Gefahren. Seien Sie froh, dass Sie sich fürchten können. Ihre Angst hilft Ihnen, mögliche Gefahren zu umschiffen.

Angst ist nur dann ein Problem, wenn

- ✔ sie unangenehm lange anhält oder zu oft auftritt.
- ✔ sie Sie daran hindert, dass zu tun, was Sie tun wollen.
- ✔ sie das Maß der tatsächlichen Gefahr oder des Risikos weit übertrifft. Wenn Ihr Körper und Ihr Denken Ihnen sagt, dass Sie gleich von einer Lawine überrollt werden, Sie aber nur einen kleinen Vokabeltest schreiben müssen, dann ist Ihre Angst übertrieben.
- ✔ Sie gegen Ihre Befürchtungen ankämpfen, diese aber weiter an Ihnen nagen und nie aufhören.

Angst oder nicht?

Angstsymptome reisen manchmal in Gesellschaft. Es kann also sein, dass Sie neben anderen emotionalen Störungen auch unter Ängsten leiden. Die Hälfte aller Menschen, die an Angststörungen leiden, entwickeln Depressionen, besonders, wenn ihre Ängste nicht behandelt werden. Die Behandlung anderer emotionaler Störungen unterscheidet sich in einigen Punkten von der Behandlung bei Ängsten. Es ist also wichtig, sorgfältig zwischen diesen Problemen und Ängsten zu unterscheiden. Natürlich kann es auch sein, dass Menschen unter beidem leiden.

Auch Medikamente und Krankheiten können Angstsymptome hervorrufen. Sie denken, dass Sie furchtbare Angst haben, sind aber eigentlich krank oder leiden unter den Nebenwirkungen eines Medikaments.

Andere emotionale Störungen

Angst geht oft mit anderen emotionalen Problemen einher. Wenn Sie unter Ängsten leiden, sagt das aber mit Sicherheit nichts darüber aus, ob Sie auch noch an einer der anderen Störungen leiden. Angst gehört nicht zu einer der folgenden emotionalen Störungen.

- ✔ **Depressionen:** Depressionen können Ihr Leben auf Zeitlupentempo verlangsamen. Sie verlieren jegliches Interesse an allem, was Ihnen einmal Freude gemacht hat. Sie empfinden Trauer. Sehr wahrscheinlich sind Sie müde und haben Schlafprobleme. Ihr Appetit kann nachlassen und Ihr Sexualtrieb auf Sparflamme schalten. Anders als Ängste legen Depressionen Ihren Antrieb und Ihre Motivation lahm.
- ✔ **Bipolare Störungen:** Diese Störungen lassen Sie wie ein Jojo zwischen Hochphasen und Tiefs hin und her schwanken. Manchmal schweben Sie im siebten Himmel, haben grandiose Ideen und brauchen kaum Schlaf. Sie machen riskante Investitionen, kaufen ohne Rücksicht auf Verluste, lassen sich auf sexuelle Abenteuer ein oder lassen in anderer Hinsicht ein gesundes Urteilsvermögen vermissen. Vielleicht beginnen Sie, wie ein Wilder an wichtigen Projekten zu arbeiten, und die Ideen fliegen Ihnen nur so zu. Dann ist das Strohfeuer plötzlich verloschen und alles bricht zusammen. Ihre Stimmung schlägt um und Sie versinken in Depressionen.

Die Vermeidung der Angst macht die Angst nur noch schlimmer

Vermeidung liegt allen Angststörungen zugrunde. Niemand empfindet gerne Angst. In der Regel reagieren Menschen auf Angst so, dass sie alles meiden, was Angst bei ihnen auslöst. Das ist sinnvoll, oder nicht?

Ja und Nein. In dem Moment, wo man eine Angst auslösende Situation vermeidet, lässt die Angst nach. Problematisch ist, dass die Erleichterung angesichts der nachlassenden Angst den Wunsch verstärkt, die jeweilige Situation weiterhin zu vermeiden. Außerdem nimmt die Zahl der gefürchteten Ereignisse mit der Zeit zu. Sehen Sie sich das folgende Beispiel an:

Paul geht nicht gerne zu Feiern, besonders nicht zu Hochzeitsfeiern. Er befürchtet, dass er zum Tanzen aufgefordert wird und sich auf der Tanzfläche blamiert. Er macht sich auch Sorgen, dass er in Unterhaltungen nicht die richtigen Worte finden und nicht die passende Kleidung tragen könnte. Anfangs fällt es ihm nicht schwer, sich von Hochzeitsfeiern fernzuhalten. Er erfindet einfach einen Grund, warum er nicht kommen kann, und atmet erleichtert auf, wenn er sich wieder einmal aus einer Einladung herauslaviert hat.

Das Gefühl der Erleichterung ermutigt Paul, auch andere gesellige Situationen zu meiden und Einladungen zu anderen Festen und Treffen mit der Familie und Arbeitskollegen auszuschlagen. Jedes Mal tritt seine Angst dabei vorübergehend in den Hintergrund.

Die Kehrseite der Medaille ist, dass Paul sich immer weiter isoliert und seine Angst jetzt bei fast jeder Gelegenheit zum Vorschein kommt, an der andere Menschen beteiligt sind. Er ist angespannt, wenn er am Arbeitsplatz etwas sagen soll, er telefoniert nur, wenn er unbedingt muss, und er bleibt dem Pausenraum fern. Was als kontrollierbare Angst begann, hält jetzt sein ganzes Leben in der Hand.

So ist das mit der Vermeidung. Vermeidung lässt Ihre Ängste wachsen. Und wenn Sie nur oft genug vermeiden, wird Ihre Angst schließlich unkontrollierbar.

Jeder meidet irgendetwas. Vielleicht meiden Sie Schlangen, was kein großes Problem ist, weil man ihnen leicht aus dem Weg gehen kann. Vielleicht meiden Sie sogar gelegentlich ein gesellschaftliches Ereignis, vor dem Sie Muffensausen haben. So lange Sie sich aber überwinden können, wenigstens zu einigen geselligen Anlässen zu erscheinen, wird Ihre Angst wahrscheinlich keine Blüten treiben.

✔ **Psychosen:** Psychosen lassen vielleicht Angst in Ihnen aufkommen, aber ihre Symptome stellen Ihr Leben völlig auf den Kopf. Psychosen durchsetzen den Alltag mit Halluzinationen. Manche Menschen hören zum Beispiel Stimmen oder sehen schemenhafte Figuren, obwohl niemand da ist. Wahnvorstellungen, ein anderes Merkmal von Psychosen, verzerren die Wirklichkeit ebenfalls. Verbreitete Wahnvorstellungen sind unter anderem, dass man vom Geheimdienst oder Außerirdischen verfolgt wird. Andere Betroffene halten sich für Jesus oder meinen, sie seien dazu ausersehen, die Welt zu retten.

Wenn Sie beim Haareföhnen oder Duschen meinen, das Telefon klingeln gehört zu haben, und dann feststellen, dass es nicht so war, haben Sie keine Psychose. Die meisten Menschen sehen oder hören gelegentlich etwas, was gar nicht da ist. Erst wenn diese Wahr-

2 ➤ Ängste: Was ist normal und was nicht?

nehmungen Sie ernsthaft der Wirklichkeit entrücken, haben Sie einen Grund, sich über eine Psychose Gedanken zu machen.

✔ **Drogenmissbrauch:** Bei Menschen, die von Drogen oder Alkohol abhängig geworden sind, kann ein Entzug der jeweiligen Substanz Angst hervorrufen. Zu den Entzugssymptomen gehören Zittern, Schlafprobleme, Schweißausbrüche, erhöhter Puls, gesteigerte Erregbarkeit und Anspannung. Wenn diese Symptome jedoch eindeutig auf den kürzlichen Entzug einer bisher eingenommenen Substanz zurückzuführen sind, handelt es sich nicht um eine Angststörung. Auf der anderen Seite missbrauchen unter Angststörungen leidende Menschen Drogen und Alkohol manchmal, um vermeintlich ihre Angst unter Kontrolle zu bringen.

Angstähnliche Zustände unter Drogeneinfluss und bei Krankheiten

Angststörungen treten heutzutage so oft auf, dass man allzu schnell überzeugt ist, an Ängsten zu leiden, obwohl das gar nicht der Fall ist. Verschreibungspflichtige Medikamente können zahlreiche Nebenwirkungen haben, die unter anderem einigen Angstsymptomen nahekommen. Auch die eine oder andere Krankheit ruft Symptome hervor, die den Anzeichen von Angst ähnlich sind.

Medikamente, die angstähnliche Symptome hervorrufen können

Jahr für Jahr berichtet die Pharma-Industrie darüber, welche Kategorien von Medikamenten am häufigsten verschrieben wurden. Um Ihnen zu zeigen, wie schnell Nebenwirkungen von Medikamenten mit Angstsymptomen verwechselt werden können, haben wir in Tabelle 2.2 die zehn am häufigsten verschriebenen Medikamentengruppen mit ihren angstähnlichen Nebenwirkungen aufgelistet. Darüber hinaus können diese Medikamente aber auch noch andere Nebenwirkungen haben, die hier nicht verzeichnet sind.

Ranglistenplatz	Name	Zweck	Angstähnliche Nebenwirkungen
1	Kodein	Schmerzlinderung und Linderung trockenen Hustens	Erregungszustände, Schwindel, Übelkeit, Appetitmangel, Herzklopfen, Hitzewallungen und Rastlosigkeit
2	Kalziumblocker	Stabilisierung bei Angina pectoris, Blutdrucksenkung	Schwindel, Hitzewallungen, Herzklopfen, Durchfall, Magenprobleme, Schlaflosigkeit, Angst, Verwirrung, Benommenheit und Müdigkeit
3	Ulkustherapeutika	Behandlung von Geschwüren	Schwindel, Angst, Verwirrung, Kopfschmerzen, Schwächegefühl, Durchfall, Hitzewallungen, Schweißausbrüche und Zittern

Rang-listenplatz	Name	Zweck	Angstähnliche Nebenwirkungen
4	ACE-Inhibitoren	Blutdrucksenkung	Impotenz, Schwindel, Schlaflosigkeit, Kopfschmerzen, Übelkeit, Erbrechen und Schwäche
5	Selektive Serotonin-Wiederaufnahmehemmer	Behandlung von Depressionen, Ängsten, Bulimie	Kopfschmerzen, Schlaflosigkeit, Angst, Zittern, Schwindel, Nervosität, Müdigkeit, Konzentrationsschwäche, Erregungszustände, Übelkeit, Durchfall, Appetitlosigkeit, Schweißausbrüche, Hitzewallungen, Herzklopfen, Zuckungen und Impotenz
6	Cholesterin-Synthese-Hemmer (Statine)	Cholesterinreduzierung	Kopfschmerzen, Schwindel, Durchfall, Übelkeit, Muskelkrämpfe und Zittern
7	Betablocker	Reduzierung der Angina pectoris und Blutdrucksenkung Behandlung von Herzrhythmusstörungen	Schwindel, Durchfall, Übelkeit, Herzklopfen, Impotenz und Orientierungslosigkeit
8	Hormonersatzpräparate	Behandlung von Wechseljahresbeschwerden, Osteoporose und Eierstockfehlfunktionen	Schwindel, Kopfschmerzen, Übelkeit, Erbrechen, Durchfall und Appetitschwankungen
9	Arthritis- und entzündungshemmende Medikamente	Behandlung von Arthritis und Schmerzen	Müdigkeit, Angst, Schwindel, Nervosität, Schlaflosigkeit, Übelkeit, Erbrechen, Schweißausbrüche, Zittern, Verwirrungszustände und Kurzatmigkeit
10	Benzodiazepine	Behandlung von Ängsten	Schwindel, Kopfschmerzen, Angst, Zittern, Müdigkeit, aber manchmal auch Übererregung und Schlaflosigkeit, Übelkeit und Durchfall

Tabelle 2.2: Angst im Medizinschrank

Das ist schon interessant, nicht wahr? Selbst Medikamente, die bei der Behandlung von Ängsten eingesetzt werden, können angstähnliche Nebenwirkungen erzeugen. Natürlich betreffen diese Nebenwirkungen nicht die Mehrzahl der Patienten, aber sie treten auf. Wenn Sie eines oder mehrere dieser oft verschriebenen Medikamente einnehmen und sich ängstlich fühlen, sollten Sie mit Ihrem Arzt darüber sprechen.

Auch einige frei verkäufliche Medikamente können Symptome hervorrufen, die Angstsymptomen ähnlich sind. Dazu zählen Erkältungspräparate, Bronchotherapeutika und Präparate mit abschwellenden Wirkstoffen. Es gibt auch Schmerzmittel, die Koffein enthalten, das auch Angstsymptome auslösen kann, wenn man zu viel davon einnimmt. Diese Medikamente können Rastlosigkeit, Herzklopfen, Spannungszustände, Kurzatmigkeit und Reizbarkeit auslösen.

Angst durch nicht apothekenpflichtige Medikamente

Einer der häufigsten Bestandteile in nicht apothekenpflichtigen Erkältungspräparaten ist *Pseudoephedrin*, ein weit verbreiteter und wirksamer abschwellender Wirkstoff. Ich, Charles Elliott (der männliche Teil des Autorenteams dieses Buches), habe mich auf die Behandlung von Panik- und Angststörungen spezialisiert. Vor ein paar Jahren hatte ich eine schwere Erkältung mit hartnäckigem Husten, der so gar nicht besser werden wollte. Ich besorgte mir die stärksten frei verkäuflichen Erkältungsmittel, die ich finden konnte. Und nicht nur das, ich nahm auch etwas mehr davon, als auf der Packung als maximale Tagesdosis empfohlen wurde, damit ich meine Klienten behandeln konnte, ohne ständig husten zu müssen. Eines Tages fiel mir auf, dass mein Puls auffällig schnell und meine Atemwege ziemlich eng waren. Eine Zeit lang überlegte ich, ob es sich um eine Panikattacke handeln könnte. Eigentlich war das nicht möglich, aber die Symptome waren unübersehbar. Könnte ich mich bei einem meiner Patienten angesteckt haben?

Natürlich nicht. Ich kam schnell darauf, dass ich mehr als nur ein bisschen zu viel von dem Erkältungsmittel mit Pseudoephedrin genommen hatte. Ich hörte sofort auf, die Kapseln zu schlucken, und die Symptome verschwanden schnell auf Nimmerwiedersehen.

Passen Sie also auf bei nicht apothekenpflichtigen Medikamenten. Lesen Sie sich die Packungsanweisungen genau durch. Und versuchen Sie nicht, sich unter allen Umständen selbst zu kurieren, wie ich es getan habe!

Krankheiten, die angstähnliche Symptome hervorrufen können

Nicht wenige Krankheiten können ebenfalls angstähnliche Symptome auslösen. Deshalb raten wir Ihnen dringend, besonders wenn Sie zum ersten Mal erhebliche Angst empfinden, Ihren Arzt zu Rate zu ziehen. Er kann Ihnen helfen herauszufinden, ob es sich um ein körperliches Problem, eine Reaktion auf eine medikamentöse Therapie, ein emotionales Problem oder gar eine Kombination handelt.

Tabelle 2.3 zeigt einige Krankheiten, die Angstsymptome auslösen können. Abgesehen davon kann schon das bloße Krankwerden Angst vor der betreffenden Krankheit hervorrufen. Wenn Sie zum Beispiel erfahren, dass bei Ihnen eine Herzerkrankung, eine bestimmte Krebsart oder eine chronische progressive Störung diagnostiziert wurde, werden Sie der Zukunft auch nicht ohne jegliche Angst entgegensehen. Die in diesem Buch vorgestellten Techniken für den Umgang mit Ängsten können Ihnen auch bei dieser Art Angst helfen.

Krankheit	Was sie bedeutet	Angstähnliche Symptome
Hypoglykämie	Niedrige Blutzuckerwerte, manchmal begleitet von anderen Störungen. Häufig vorkommend bei Diabetes.	Verwirrungszustände, Reizbarkeit, Zittern, Schweißausbrüche, Herzrasen, Schwäche und ein kaltes, klammes Gefühl

Krankheit	Was sie bedeutet	Angstähnliche Symptome
Schilddrüsenüberfunktion	Zu hoher Anteil von Schilddrüsenhormonen. Dafür gibt es verschiedene Ursachen.	Nervosität, Rastlosigkeit, Schweißausbrüche, Müdigkeit, Schlafstörungen, Übelkeit, Zittern und Durchfall
Andere Hormonstörungen	Verschiedene Zustände in Verbindung mit hormonellen Schwankungen, etwa prämenstruelles Syndrom (PMS), Wechseljahre oder Wochenbettdepressionen. Große Bandbreite an unterschiedlichen Symptomen.	Anspannung, Reizbarkeit, Kopfschmerzen, Stimmungsschwankungen, zwanghaftes Verhalten, Müdigkeit und Panik
Lupus	Eine Autoimmunerkrankung, in deren Verlauf das Immunsystem der Betroffenen bestimmte körpereigene Zellen angreift.	Angst, Konzentrationsschwächen, Reizbarkeit, Kopfschmerzen, unregelmäßiger Puls und Gedächtnisstörungen
Mitralklappenprolapssyndrom	Die Mitralklappe des Herzens schließt nicht richtig, wodurch Blut in den linken Vorhof zurückfließt. Wird bei der Diagnose oft mit Panikstörungen verwechselt.	Herzklopfen, Kurzatmigkeit, Müdigkeit, Schmerzen in der Brust, Atemnot
Morbus Ménière	Erkrankung des Innenohrs mit Drehschwindel, Hörverlust, Klingeln und anderen Ohrgeräuschen	Drehschwindel, begleitet von abnormen Empfindungen bei Bewegungen, Schwindel, Übelkeit, Erbrechen und Schweißausbrüche

Tabelle 2.3: Erkrankungen, die Angstsymptome hervorrufen

Kämpfen oder flüchten?

Auf Bedrohungen reagiert unser Körper, indem er sich in dreierlei Hinsicht auf eine Aktion vorbereitet: körperlich, mental und verhaltensmäßig. Wenn eine Gefahr auftritt, bereiten Sie sich reflexartig auf eine direkte Auseinandersetzung oder eine Flucht vor. Ihr Körper wird dabei durch komplexe Vorgänge auf geradezu fantastische Weise mobilisiert. Abbildung 2.1 zeigt Ihnen die Details.

Zunächst versetzt das Gehirn den Körper über das Nervensystem in Alarmbereitschaft. Es befiehlt den Nebennieren, die Produktion von Adrenalin und Noradrenalin anzukurbeln. Diese beiden Hormone regen den Körper unterschiedlich an. Das Herz schlägt schneller und die Atemfrequenz wird erhöht, damit die Lungen besser mit Sauerstoff versorgt und die großen Muskeln gut durchblutet werden. So sind Sie bestens auf einen Kampf oder die Flucht vorbereitet.

Die Verdauung macht Pause, um Energie für die kommenden Herausforderungen einzusparen, und die Pupillen weiten sich, um die Sicht zu verbessern. Der Blutfluss zu den Händen und Füßen wird gedrosselt, um bei Verletzungen den Blutverlust zu minimieren und eine optimale Blutversorgung der großen Muskeln zu gewährleisten. Die Schweißproduktion nimmt zu, damit der Körper nicht überhitzt und so schlüpfrig wird, dass er für Angreifer nur schwer zu packen ist. Alle Muskeln sind angespannt und bereit zu handeln.

2 ▶ Ängste: Was ist normal und was nicht?

Abbildung 2.1: Wer die Wahl hat ...

Auf der mentalen Ebene überwachen Sie intensiv Ihre Umgebung. Ihre Aufmerksamkeit ist ausschließlich auf die Bedrohung gerichtet. Sie können in diesem Moment gar nicht auf andere Dinge achten.

Was das Verhalten betrifft, sind Sie nun bereit für einen Kampf oder für eine Flucht. Diese Vorbereitungen sind angesichts der Gefahr notwendig. Wenn Sie es mit einem Bären, einem Löwen oder einem Krieger aufnehmen müssen, ist es besser, alle verfügbaren Ressourcen optimal zu aktivieren.

Es gibt nur ein Problem – heutzutage treffen die meisten Menschen nicht auf Bären oder Löwen. Leider reagiert Ihr Körper allzu leicht mit den eben geschilderten Vorbereitungen auch auf den Straßenverkehr, Abgabetermine, Reden vor Publikum und andere Widrigkeiten des Alltags.

Wenn Menschen nichts haben, wogegen sie kämpfen oder wovor sie fliehen müssen, muss die ganze Energie ja irgendwohin. So kommt es, dass Sie vielleicht den Drang verspüren, mit Ihren Füßen und Händen herumzuzappeln. Oder Sie haben das Gefühl, Sie müssten aus Ihrer Haut heraus. Oder aber Sie geraten ständig mit Ihren Mitmenschen aneinander.

Die meisten Fachleute sind sich einig, dass es nicht gut sein kann, wenn diese körperlichen Auswirkungen von Ängsten häufig oder dauernd auftreten. Verschiedene Studien legen nahe, dass es durchaus vorstellbar ist, dass chronische Ängste und Stress zu zahlreichen körperlichen Problemen beitragen, etwa Herzrhythmusstörungen, Bluthochdruck, Reizdarmsyndrom, Asthma, Geschwüre, Magenbeschwerden, Ösophagusreflux, chronische Muskelkrämpfe, Zittern, chronische Rückenschmerzen, Spannungskopfschmerz und ein geschwächtes Immunsystem. Abbildung 2.2 illustriert die Auswirkungen chronischer Angst auf den Körper.

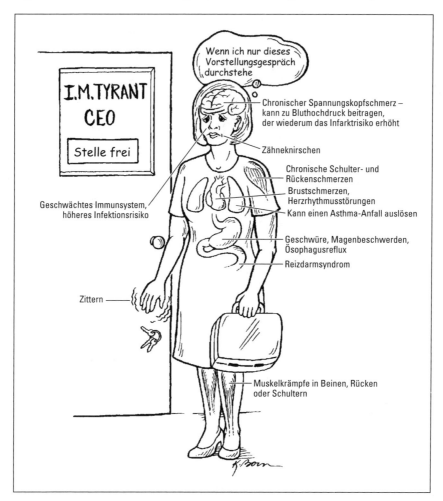

Abbildung 2.2: Die chronischen Auswirkungen von Ängsten

Bevor es Ihnen aber aufgrund Ihrer Angst allzu bange wird, müssen Sie wissen, dass es keine belastbaren Beweise dafür gibt, dass Angst eine Hauptursache für die Mehrzahl dieser Probleme ist. Was ausreichend viele Studien indes belegen, ist, dass Angst zu einer Verschlimmerung dieser Störungen beiträgt und dass chronische Angst ernst genommen werden sollte. Anders ausgedrückt: Achten Sie darauf, aber verfallen Sie nicht in Panik.

Das Huhn oder das Ei: Das Reizdarmsyndrom

Das Reizdarmsyndrom ist ein allgemeiner Zustand, der mit verschiedenen Problemen einhergeht, in der Regel mit Krämpfen und Schmerzen im Unterleib, Durchfall und/oder Verstopfung. Es kommt bei Menschen vor, die keine bekannten körperlichen Probleme mit ihrem Verdauungstrakt haben. Viele Jahre lang haben Ärzte den meisten ihrer Patienten erklärt, dass das Reizdarmsyndrom ausschließlich durch Stress, Sorgen und Ängste verursacht würde.

1999 entdeckte Dr. med Catherine Woodman zusammen mit einigen Kollegen, dass bei Patienten mit Reizdarmsyndrom ein mutiertes Gen häufiger vorkommt als bei nicht von diesem Syndrom Betroffenen. Interessanterweise tritt dieses unliebsame Gen auch bei Menschen mit Panikstörungen überzufällig häufig auf. Andere mögliche Ursachen des Reizdarmsyndroms haben mit einer schlechten Kommunikation zwischen Muskeln und Nerven im Darm zu tun.

Es gibt mittlerweile einige Medikamente, mit denen man die schlimmsten Symptome des Reizdarmsyndroms lindern kann. Ergänzend dazu bietet die Psychotherapie Entspannungstechniken, Biofeedback und Techniken für den Umgang mit Angst und Stress, die ebenfalls lindernd wirken. Bis heute kann niemand zuverlässig sagen, wie groß der Anteil physischer Ursachen sowie der von Ängsten und Stress am Reizdarmsyndrom ist. Wahrscheinlich ist jedoch, dass das Zusammenspiel von Körper und Geist in wichtigen Bereichen so komplex ist, dass man es nicht immer auseinanderdividieren kann.

Ein Schutzwall gegen den Diabetes

Wenn Ihnen die Leiden chronischer Angst noch nicht genug sind, präsentieren wir Ihnen hier weitere Gründe, warum Sie überflüssigen Stress vermeiden sollten:

- ✔ Menschen mit Dauerstress erkranken häufiger an Diabetes 2.
- ✔ Das überrascht nicht, denn Stress erhöht den Glukosespiegel im Blut.

Forscher an der Duke University haben im Verlauf einer Studie mit über 100 Teilnehmern Folgendes herausgefunden: Wenn in die Therapie erwachsener Diabetes-Patienten Übungen zur Stressbewältigung einbezogen wurden, ging deren Blutzuckerwert herunter. Dabei waren die angewandten Techniken nicht sehr komplex oder zeitaufwändig. Viele davon stellen wir auch in diesem Buch vor.

Überraschend an den Ergebnissen dieser Studie war, dass der Glukosespiegel bei den »stressbewältigenden« Probanden genau so stark sank wie bei Probanden, die ein Medikament für die Regulierung des Blutzuckerspiegels eingenommen hatten. Und die Moral von der Geschichte? Wenn Sie kein Diabetes haben, sollten Sie sich davor schützen, indem Sie Ihre Ängste überwinden. Wenn Sie Diabetes haben, kann ein ruhiger Denkstil Ihnen und Ihrem Arzt den Umgang mit Ihrer Krankheit erleichtern.

Veränderungen vorbereiten

In diesem Kapitel

▶ Finden Sie heraus, woher Ihre Angst kommt
▶ Entdecken Sie, dass Sie keine Schuld trifft
▶ Verstehen Sie, warum Menschen sich gegen Veränderungen sträuben
▶ Überwinden Sie Hindernisse

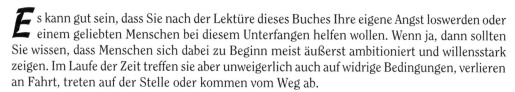

Es kann gut sein, dass Sie nach der Lektüre dieses Buches Ihre eigene Angst loswerden oder einem geliebten Menschen bei diesem Unterfangen helfen wollen. Wenn ja, dann sollten Sie wissen, dass Menschen sich dabei zu Beginn meist äußerst ambitioniert und willensstark zeigen. Im Laufe der Zeit treffen sie aber unweigerlich auch auf widrige Bedingungen, verlieren an Fahrt, treten auf der Stelle oder kommen vom Weg ab.

Dieses Kapitel zeigt Ihnen, wie Sie trotz aller Widrigkeiten weiter vorwärtskommen können. Zunächst stellen wir die Frage, wie die Ängste entstanden. Wenn Sie die Ursprünge Ihrer Ängste kennen, können Sie aufhören, sich die Schuld zu geben, und sich selbst akzeptieren. Sie ermöglichen sich dadurch, Ihre Energie nicht länger gegen sich, sondern für sinnvollere Aktivitäten einzusetzen. Danach wenden wir uns anderen großen Hindernissen zu, die solche Veränderungen erschweren. Und schließlich geben wir Ihnen wirksame Strategien mit auf den Weg, die Ihnen helfen, Ihr Ziel – die Überwindung Ihrer Angst – nicht aus dem Blickfeld zu verlieren.

Die Angst an den Wurzeln packen

Die drei Hauptursachen von Ängsten sind

✔ **Gene:** Ihr biologisches Erbe

✔ **Erziehung:** Wie Sie aufgewachsen sind

✔ **Traumata:** Quälende Ereignisse des Alltagslebens

Studien zeigen, dass von den Menschen, die ein unerwartetes Trauma erleben, nur wenige unter schweren Ängsten leiden. Das liegt daran, dass Ängste in der Regel einer Kombination mehrerer Ursachen entwachsen – die Gene und ein Trauma oder ein Trauma und die Erziehung oder manchmal auch alle drei tun sich zusammen und schaffen den Nährboden für das Erleben von starken Ängsten. So kann ein einziger Furcht erregender Faktor ausreichen, um das ganze Problem auszulösen.

Barbara ist in einer Gegend aufgewachsen, in der sich Dealerbanden Grabenkämpfe lieferten, ohne besonders besorgniserregende Symptome zu entwickeln. Eines Nachts ist sogar eine

Kugel durch ihr Schlafzimmerfenster gedrungen und hat sie am Unterleib erwischt. Während ihrer Genesung zeigt sie eine erstaunliche Widerstandsfähigkeit. Sie verfügt sicher über stabile, angstresistente Gene und hat wahrscheinlich auch einen guten Rückhalt bei ihren Eltern, wenn sie ein solches Erlebnis so gut übersteht. Als sie allerdings mit 16 Jahren vergewaltigt wird, entwickelt sich bei ihr ein ernstes Angstproblem – das war dann wohl doch ein traumatisches Erlebnis zu viel.

Man kann den genauen Grund, warum jemand Ängste entwickelt, nie mit letzter Sicherheit ermitteln. Wenn man sich aber die Beziehung eines Betroffenen zu seinen Eltern während der Kindheit, die Familiengeschichte und verschiedene Ereignisse in seinem Leben (etwas Unfälle, Krieg, Krankheit und so weiter) ansieht, hat man in der Regel einen ungefähren Eindruck, warum Angst zu einem bestimmten Zeitpunkt Probleme verursacht. Wenn Sie unter Ängsten leiden, sollten Sie diese Leidensstifter aus Ihrer biographischen Vergangenheit unter die Lupe nehmen und darüber nachdenken, welcher Ihnen den meisten Ärger gemacht hat.

Sie fragen sich vielleicht, was es für eine Rolle spielt, woher Ihre Ängste kommen? Sie müssen nicht unbedingt wissen, wo dieser Ursprung liegt, um Ihre Ängste überwinden zu können. Der Therapieansatz bei einer angeborenen Angst unterscheidet sich kaum von dem bei einer später erworbenen.

Das Wissen um die Quelle Ihrer Angst kann Ihnen aber helfen zu erkennen, dass Sie sich Ihre Angst nicht selbst eingebrockt haben. Ängste entwickeln sich aus guten, stichhaltigen Gründen. Die Schuld liegt nicht bei der Person, die unter der Angst leidet.

Schuld und Schuldzuweisungen zapfen Ihnen nur Energie ab. Sie erschöpfen Ihre Ressourcen und lenken von den Bemühungen ab, die nötig sind, um Ihre Angst herauszufordern. Sich selbst zu vergeben und sich anzunehmen, verstärken und beleben hingegen Ihre Bemühungen.

Den genetischen Übeltätern auf die Spur kommen

Wenn Sie unter übertriebener Sorge und Anspannung leiden, sehen Sie sich einmal in Ihrer Familie um. Bei unter Angststörungen leidenden Menschen sind in der Regel ein Viertel der Verwandtschaft Leidensgenossen. Onkel Ferdinand scheint mit Ängsten nichts am Hut zu haben, aber bei Tante Sophie und Ihrer Schwester Gabi könnte etwas dran sein.

Nun könnten Sie einwenden, dass Onkel Ferdinand, Tante Sophie und Ihre Schwester Gabi alle bei Ihrer Großmutter leben mussten, die jeden in Angst und Schrecken versetzen würde. Mit anderen Worten, sie lebten in einer Angst auslösenden Umgebung. Vielleicht hat es also gar nichts mit den Genen zu tun?

Mehrere Forscher haben zusammenlebende Geschwister und Zwillinge untersucht, um zu verifizieren, ob Gene für das Erleben und den Umgang mit Ängsten eine zentrale Rolle spielen. Die Annahme, dass eineiige Zwillinge im Umgang mit Ängsten mehr Gemeinsamkeiten aufweisen würden als zweieiige Zwillinge oder Geschwister, wurde bestätigt. Aber selbst wenn Sie mit einer genetischen Prädisposition für Ängste geboren wurden, spielen auch andere Faktoren wie die Umgebung, der Umgang mit Gleichaltrigen und die Erziehung im Elternhaus eine Rolle.

Genetische Pannen

Studien haben gezeigt, dass bei Menschen mit Angststörungen eine genetische Mutation vorkommen kann, die sich auf die Verfügbarkeit des Neurotransmitters *Serotonin* auswirkt, der für das emotionale Wohlergehen mit verantwortlich ist. Wenn Ihrem Gehirn nicht ausreichend Serotonin zur Verfügung steht, sind Sie anfälliger für Sorgen, Ängste oder Melancholie. Mit Medikamenten lässt sich der Serotoninspiegel im Gehirn erhöhen (siehe Kapitel 15).

Meine Eltern sind schuld!

Es ist gerade »in«, auf die Eltern einzudreschen. Dabei ist es leicht, seinen Eltern die Schuld für alles in die Schuhe zu schieben, was Probleme macht. Eltern tun meistens ihr Bestes. Es ist keine leichte Aufgabe, Kinder großzuziehen. In den meisten Fällen verdienen es Eltern nicht, verteufelt zu werden. Nichtsdestoweniger tragen Ihre Eltern Verantwortung für Ihre Erziehung und können natürlich zu Ihren Leiden beigetragen haben.

Drei Erziehungsformen scheinen Ängste bei Kindern zu begünstigen:

- ✔ **Übertrieben behütend:** Diese Eltern schirmen ihre Kinder vor allem nur erdenklichen Stress und Leiden ab. Stolpert ein Kind, wird es aufgefangen, bevor es den Boden berühren kann. Stoßen die Kleinen auf ein Problem, wird es flugs für sie gelöst. So können die Kinder nicht lernen, wie man Furcht, Angst oder Frustrationen erträgt.

- ✔ **Übertrieben kontrollierend:** Diese Eltern regeln die Aktivitäten ihrer Kinder bis ins kleinste Detail. Sie sagen ihnen, wie sie spielen, was sie anziehen und wie sie Mathematikaufgaben lösen sollen. Sie begünstigen damit Abhängigkeit und Angst und erschweren es den Kindern, eigenständig zu werden.

- ✔ **Inkonsequent:** Diese Eltern konfrontieren ihre Kinder mit unberechenbaren Regeln und Grenzen. Mal reagieren sie mit Verständnis, wenn ihre Kinder Probleme mit den Hausaufgaben haben, ein anderes Mal explodieren sie, wenn die Kinder um Hilfe bitten. Die Kinder können keine Verbindung zwischen ihren eigenen Bemühungen und einem vorhersagbaren Ergebnis herstellen. Sie haben das Gefühl, kaum Einfluss darauf zu haben, wie ihr Leben verläuft. Da ist es kein Wunder, dass sie ängstlich sind.

Die Welt ist schuld!

Die Welt von heute ist schnelllebiger als je zuvor, und die Arbeitszeit ist auch nicht gerade weniger geworden. Unser modernes Leben steckt voller Komplexität und Gefahren. Vielleicht ist das auch ein Grund, warum immer mehr Menschen mit Angstproblemen in die Praxen von Psychologen und Psychiatern strömen. Man kann zwischen vier verschiedenen Typen quälender Ereignisse unterscheiden, die ein Angstproblem auslösen können, selbst wenn man vorher nie viel mit Angst zu tun hatte:

✔ **Unvorhergesehene Bedrohungen:** Vorhersagbarkeit und Stabilität wirken Ängsten entgegen, während das Gegenteil Angst begünstigend wirkt. Karl beispielsweise macht viele Überstunden, um einigermaßen angenehm leben zu können. Trotzdem reicht es nicht, um etwas auf die hohe Kante legen. Ein kleiner Ausrutscher auf winterlichen Straßen zieht ihn sechs Wochen lang aus dem Verkehr. Leider ist er nicht optimal krankenversichert und kann den Ausfall nicht voll kompensieren. Nun macht er sich große Sorgen, ob er seine Rechnungen bezahlen kann. Selbst nachdem er wieder arbeitet, sorgt er sich mehr als zuvor, wann wohl die nächste finanzielle Überraschung auf ihn zukommt.

✔ **Steigende Anforderungen:** Nichts ist besser als eine Beförderung. Das denkt Thorsten jedenfalls, als sein Chef ihm die einmalige Chance gibt, die neue Forschungs- und Entwicklungsabteilung zu leiten. Thorsten hätte nie erwartet, in einem so frühen Stadium seiner Karriere schon eine so hohe Position mit doppelt so hohem Gehalt innezuhaben. Natürlich muss er sich dafür neuen Pflichten, Erwartungen und Verantwortlichkeiten stellen. Und das macht Thorsten schon einige Sorgen. Was ist, wenn er der Herausforderung nicht gewachsen ist? Angst drängt sich in sein Leben.

✔ **Bröckelndes Selbstvertrauen:** Mara schwebt auf Wolke sieben. Sie hat eine gute Stelle und ist wegen ihrer bevorstehenden Heirat ganz aufgeregt. Als ihr Verlobter dann aber die Verlobung löst, ist sie wie vor den Kopf geschlagen. Sie fragt sich unablässig, ob irgendetwas mit ihr nicht stimmt. Vielleicht wird ihr Leben nun doch nicht so werden, wie sie sich das immer erträumt hat.

✔ **Schreckliches Trauma:** Niemand möchte etwas Schreckliches oder gar Lebensbedrohliches erleben. Dennoch muss man manchmal eine solche bittere Pille schlucken. Sexueller Missbrauch, schreckliche Unfälle, Kriegsverletzungen und Vergewaltigungen hat es in der Geschichte immer gegeben, und wahrscheinlich wird sich daran auch nichts ändern. Nach solchen Erlebnissen treten oft ernste Angstprobleme auf. (In Kapitel 2 können Sie mehr über posttraumatische Belastungsstörungen nachlesen.)

Von Selbstvorwürfen zur Selbstakzeptanz

Immer wieder haben wir mit beunruhigten, angespannten Menschen zu tun, die aus eigentlich nichtigen Gründen Angst haben. Die Angst, die sie erleiden, ist schon schlimm genug. Aber die meisten hacken auch noch auf sich selbst herum, *weil* sie Angst haben. Wenn Ihnen das auch so geht, schlagen wir Ihnen vor, es Manfred nachzumachen und zu versuchen, sich selbst zu akzeptieren.

Bei **Manfred** hat sich eine Panikstörung entwickelt. Seine Attacken, während der er unter Übelkeit, Schwindel und Atemnot leidet und denkt, dass er verrückt wird, sind in letzter Zeit häufiger aufgetreten. Als er auch am Arbeitsplatz Panikattacken erleidet, holt er sich endlich professionelle Hilfe. Seinem behandelnden Psychologen gegenüber äußert er, dass ein echter Mann nie solche Probleme haben würde. Der Psychologe hilft Manfred, mehr Verständnis für sich selbst aufzubringen. Er bittet Manfred, die drei Hauptursachen seiner Angst aufzuschreiben. Weiter soll er gründlich über sein Leben nachdenken und so viele Dinge wie möglich sammeln, die zu seiner Beunruhigung beitragen. In Tabelle 3.1 können Sie nachlesen, was Manfred zusammengetragen hat.

Mögliche genetische Einflüsse	Erziehung	Ereignisse: alte und neue
Meine Tante Maria verlässt ihr Haus kaum noch. Vielleicht hat sie so etwas wie ich.	Mein Vater war ziemlich unberechenbar. Ich wusste nie, wann er in die Luft gehen würde.	Als ich sechs Jahre alt war, hatten wir einen schrecklichen Autounfall. Ich war drei Tage lang im Krankenhaus und war total verschreckt.
Meine Mutter ist ein nervöser Typ.	Meine Mutter hatte starke Stimmungsschwankungen Ich konnte nie einschätzen, wie sie reagieren würde, wenn ich sie etwas fragte.	Meine Schule lag in einer unangenehmen Gegend. Dort herrschten Banden. Ich musste dauernd nach Gefahren Ausschau halten.
Meine Cousine Elisabeth ist recht schüchtern. Vielleicht hat sie zu viel Angst.		Meine erste Ehe endete, als ich herausfand, dass meine Frau mich betrog. Ich konnte nicht fassen, dass sie das getan hatte. Auch wenn ich meiner jetzigen Frau vertraue, mache ich mir zu viele Gedanken über ihre Treue.
Mein Bruder macht sich andauernd Sorgen. Er wirkt total gestresst.		Vor zwei Jahren wurde bei mir Diabetes festgestellt. Ich mache mir im Moment zu viele Sorgen wegen meiner Gesundheit.

Tabelle 3.1: Manfred nennt die Gründe für seine Angst.

Wenn Sie verstehen wollen, warum Sie Angst haben, schreiben Sie mögliche Ursachen auf, wie Manfred es getan hat. Teilen Sie ein Blatt Papier in drei Spalten mit den Überschriften »Mögliche genetische Einflüsse«, »Erziehung« und »Ereignisse: alte und neue«. Nehmen Sie sich Zeit. Sie müssen nichts überstürzen. Vielleicht müssen Sie auch mehrere Entwürfe anfertigen, bevor Sie alles zusammen haben. Nehmen Sie sich ruhig ein paar Tage Zeit dafür.

Wenn Sie die möglichen Übeltäter notiert haben, die Ihr Leiden herbeigeführt haben, stellen Sie sich die folgenden Fragen:

✔ Habe ich um meine Angst gebeten?

✔ Hat es in meinem Leben jemals eine Zeit gegeben, in der ich Angst haben wollte?

✔ Trage ich die Hauptschuld an meinen Sorgen?

✔ Welchen Teil der Schuld kann ich mir im Verhältnis zu meinen Genen, meiner Erziehung und alten und neuen Ereignissen realistisch selbst zuschreiben?

✔ Wenn meine Freunde Angstprobleme hätten, was würde ich Ihnen sagen?

• Würde ich denken, sie seien selber schuld?

• Würde ich so schlecht von ihnen denken, wie ich von mir selbst denke?

✔ Hilft es mir, meine Angst zu überwinden, wenn ich schlecht von mir denke?

✔ Wenn ich mich entschließen würde, nicht weiter selbst auf mich einzuprügeln, hätte ich dann mehr Kraft, meine Probleme in Angriff zu nehmen?

Hoffentlich können diese Fragen Sie dazu bewegen, sich selbst mehr anzunehmen. Wenn Sie entdecken, dass Angst zu haben nichts über Ihren Wert als Mensch aussagt, können Sie mit sich selbst vielleicht etwas lockerer umgehen. Wir können Ihnen das nur empfehlen. Sollten Sie absolut nicht in der Lage sein, von Ihren Selbstvorwürfen abzulassen, raten wir Ihnen, professionelle Hilfe in Anspruch zu nehmen. Verstehen Sie uns nicht falsch, es ist durchaus normal, ab und zu mit sich selbst ins Gericht zu gehen. Etwas anderes ist es aber, wenn man sich andauernd selbst Vorwürfe macht. Mehr über Selbstakzeptanz im weiteren Sinne können Sie in Kapitel 16 nachlesen.

Auch die Reichen und Berühmten haben Ängste

Erstaunlich viele unserer Klienten scheinen zu glauben, dass sie die einzigen Menschen auf der Welt sind, die mit Ängsten zu kämpfen haben. Wir klären sie dann immer darüber auf, dass Millionen anderer Menschen auch unter Ängsten leiden. Vielleicht fühlen Sie sich nicht so alleine, wenn Sie daran denken, dass es in der Geschichte der Menschheit auch berühmte Zeitgenossen gegeben hat, die an einer der in diesem Buch beschriebenen Angststörungen gelitten haben.

Berichten zufolge sollen Albert Einstein und Eleanor Roosevelt sich vor gesellschaftlichen Auftritten gefürchtet haben. Charles Darwin wurde schließlich zum Einsiedler, weil ihn seine Agoraphobie daran hinderte, sein Haus zu verlassen. Und auch der Dichter Robert Frost hatte mit Ängsten zu kämpfen.

Der Milliardär Howard Hughes hatte viele emotionale Probleme, darunter offensichtlich auch starke Zwangsstörungen (siehe Kapitel 2). So bestand er beispielsweise darauf, dass man ihm immer drei Ausgaben desselben Magazins auf den Tisch legte. Er fischte dann mit Papierhandschuhen das mittlere Magazin heraus und befahl einem Bediensteten, die anderen beiden zu verbrennen. Außerdem war Hughes zahlreichen bizarren Zwängen ausgeliefert, was die Zubereitung seiner Speisen, die Behandlung von Gegenständen und die tägliche Toilette betraf. Und schließlich offenbart eine schnelle Suche im Internet, dass angeblich Hunderte Stars und Sternchen an allen möglichen Angstproblemen leiden. Geben Sie einfach in eine der bekannten Suchmaschinen die Begriffe »Stars« und »Angst« ein. Sie werden erstaunt sein, was Sie da alles finden.

Zweifel im Hinblick auf Veränderungen

Natürlich hat niemand gerne Angst oder fühlt sich angespannt und nervös. Angst kann so stark werden, dass sie die Kraft eines Menschen übersteigt und er nicht mehr damit fertig wird. Chronische Angst ist oft nur eine Vorstufe zu gravierenden Depressionen. Es liegt auf der Hand, dass jeder, der durch diese Hölle geht, die erste sich bietende Chance ergreift, da wieder herauszukommen.

Mit den besten Absichten kaufen Betroffene Selbsthilfebücher, nehmen an Workshops teil und suchen sogar nach Therapiemöglichkeiten. Sie haben wirklich vor, ihr Leben entscheidend zu ändern. Aber Sie kennen sicher auch das alte Sprichwort: »Der Weg zur Hölle ist mit guten Vorsätzen gepflastert.«

Sind Sie schon einmal im Januar in ein Fitness-Studio gegangen? Die quellen nur so über vor neuen, begeisterten Mitgliedern. Bis Mitte März hat sich dann alles wieder auf einem normalen Niveau eingependelt. Wie bei so vielen Neujahrsvorsätzen ist die anfängliche Entschlossenheit schnell verpufft. Was passiert nur damit?

Als Sie dieses Buch gekauft haben, haben Sie sich vielleicht geschworen, ein für alle Mal etwas an Ihrer Angst zu tun. Wie die Fitness-Enthusiasten im Januar sind Sie vielleicht immer noch motiviert und voll bei der Sache. Wenn das so ist, können Sie diesen Abschnitt gerne überspringen.

 Wann immer Sie Ihre Willenskraft und Ihren Glauben in Ihre Fähigkeiten, Ihre Angst zu überwinden, zu verlieren drohen, lesen Sie diesen Abschnitt! Er kann dazu beitragen, dass Sie wieder auf Touren kommen.

Was passiert mit den Leuten in den Fitness-Studios, wenn der März herannaht? In der Regel meinen sie, sie hätten einfach nur ihre Willenskraft eingebüßt. Tatsächlich aber unterwandern störende Gedanken ihr Denken und berauben sie ihrer Motivation. Es fällt ihnen ein, dass sie nicht genügend Zeit oder Geld haben oder dass sie sich auch später noch in Form bringen können. Solche Gedanken verführen sie dazu, ihre Ziele aufzugeben.

Es kann sein, dass Sie auf dem Weg zur Überwindung Ihrer Angst an einem bestimmten Punkt darüber nachdenken, Ihr Ziel aufzugeben und Ihre Bemühungen einzustellen. Wenn Sie diesen Punkt erreichen, müssen Sie zunächst herausfinden, welche Gedanken Ihnen durch den Kopf gehen. Anschließend machen wir Sie mit Strategien vertraut, mit deren Hilfe Sie sich gegen die jeweiligen Gedanken wehren können. Hier sind erst einmal die zehn häufigsten Ausreden, warum man nicht weitermachen will:

10. Angst ist für mich eigentlich nicht so ein großes Problem. Das hatte ich zwar zuerst gedacht, als ich dieses Buch kaufte, aber meine Angst ist nicht so schlimm wie die anderer Menschen, über die ich gelesen habe. Vielleicht ist es bei mir ja gar nicht so eine große Sache.

9. Wenn ich es versuche und dann nicht schaffe, stehe ich ganz schön dumm da. Meine Freunde und meine Familie würden denken, es sei dumm von mir gewesen, es überhaupt zu versuchen.

8. Meine Angst ist zu überwältigend, um etwas dagegen zu tun. Ich weiß nicht, ob ich den zusätzlichen Stress ertragen kann, auch nur darüber nachzudenken.

7. Ich habe Angst, dass ich es versuche und nicht weiterkomme. Das wäre schlimmer für mich, als alles beim Alten zu lassen. Ich käme mir wie ein Versager vor.

6. Gefühle kann man nicht steuern. Man macht sich etwas vor, wenn man das glaubt. Man fühlt halt, wie man fühlt.

5. Ich mache erst dann etwas gegen meine Angst, wenn ich die nötige Motivation aufbringe. Im Moment fühle ich mich nicht danach. Sicher wird die Motivation irgendwann da sein, ich muss nur noch ein bisschen warten.

4. Wer wäre ich ohne meine Angst? Ich bin nun einmal so – ich bin ein ängstlicher Mensch.

3. Ich glaube nicht, dass ich mich wirklich ändern kann. Ich bin doch schon mein ganzes Leben lang so. Bücher wie dieses können sowieso nicht helfen.

2. Ich habe zu viel zu tun, um mich um meine Angst zu kümmern. Diese ganzen Aktivitäten scheinen mir doch sehr viel Zeit zu beanspruchen. Das könnte ich nie mit meinen Terminen vereinbaren.

1. Und hier ist der häufigste Grund, warum Menschen nicht weiterkommen: Ich habe zu viel Angst, etwas an meiner Angst zu ändern. Immer wenn ich daran denke, mich meiner Angst zu stellen, fühle ich mich noch miserabler.

Sehen Sie sich diese Liste gut an. Denken Sie über jede dieser Ausreden nach und kreuzen Sie alle die an, die Ihnen irgendwie vertraut oder vernünftig erscheinen. Jede Ausrede, mit der Sie übereinstimmen, wird Sie daran hindern, weiterzukommen. Jetzt aber zu der Frage, wie Sie diese Ausreden in Frage stellen, egal wie vernünftig Sie Ihnen auch erscheinen mögen.

Entscheiden Sie sich: Wollen Sie loslegen?

Wenn eine der eben aufgezählten Ausreden bei Ihnen auf Resonanz stößt, ist Ihre Entscheidung, Ihre Ängste zu überwinden, nicht gefestigt. Solche Gedanken können die besten Absichten sabotieren. Unterschätzen Sie nicht ihre Wirkungskraft.

Drei strategische Richtungen können Ihnen helfen, Ihre Absichten auch in die Tat umzusetzen:

✔ **Diskutieren Sie Ihre Entscheidung mit sich selbst.**

   Schreiben Sie Ihre Ausreden auf und stellen Sie ihnen Gründe gegenüber, weiterzumachen.

✔ **Warten Sie nicht auf den magischen motivierenden Augenblick.**

✔ **Legen Sie mit Ihrem Programm einfach los.**

Halbherzige Entscheidungen führen dazu, dass die anstehenden Aufgaben aufgeschoben und letztlich vermieden werden. Angst tut weh, aber Veränderungen sind nur mit Anstrengungen zu erreichen. Der folgende Abschnitt zeigt Ihnen, wie Sie Ihre Angst vor Veränderungen beiseiteschieben können.

Diskutieren Sie Ihre Entscheidung

Stellen Sie sich vor, Sie beurteilen eine Debatte. Die eine Seite spricht für den Status quo, also keine Veränderung. Die andere Seite ergreift Partei für eine Veränderung. Fragen Sie sich, welche Seite die besseren Argumente hat. Entscheiden Sie dann, wer gewonnen hat.

Bastian macht sich über alles Sorgen. Schon wenn er morgens früh aufwacht, denkt er daran, was er an diesem Tag für die Schule machen muss. Er träumt oft, dass er ohne Hausaufgaben in der Schule erscheint und von seinem Lehrer vor versammelter Mannschaft heruntergemacht wird. Er traut sich nicht, sich für eine Aufnahmeprüfung anzumelden, weil er Angst hat, nicht genommen zu werden, dabei sind seine Noten und Testergebnisse kein Problem. In letzter Zeit treten seine Sorgen so in den Vordergrund, dass er während des Unterrichts völlig abdriftet. Seine Eltern bestehen darauf, dass er wegen seiner Angst zu einer Beratung geht, aber Bastian glaubt nicht, dass das helfen wird. Die Beraterin legt mit ihm eine Tabelle an, wie sie in Tabelle 3.2 zu sehen ist, und diskutiert mit ihm seine Widerstände gegen den Versuch, seine Angst zu überwinden.

Ausreden für den Status quo	Argumente für eine Weiterentwicklung
Wenn ich es versuche und dann nicht schaffe, stehe ich ganz schön dumm da. Meine Freunde und meine Familie würden denken, es sei dumm von mir gewesen, es überhaupt zu versuchen.	Viele meiner Freunde haben eine Beratung mitgemacht, und ich habe nie schlecht von ihnen gedacht, auch wenn der eine oder andere anscheinend nicht viel weitergekommen ist. Sie haben es wenigstens versucht. Abgesehen davon habe ich relativ gute Erfolgschancen. Wenn ich an etwas arbeite, bin ich meistens erfolgreich.
Ich habe Angst, dass ich es versuche und nicht weiterkomme. Das wäre schlimmer für mich, als alles beim Alten zu lassen. Ich käme mir wie ein Versager vor.	Versagen würde ich, wenn ich gar nichts tun würde. Diese Angst hindert mich daran, in der Schule optimale Ergebnisse zu erzielen. Wenn ich nichts ändere, ist das Risiko größer, einen schlechten Abschluss hinzulegen.
Gefühle kann man nicht steuern. Man macht sich etwas vor, wenn man das glaubt. Man fühlt halt, wie man fühlt.	Nur weil ich glaube, es ist hoffnungslos, etwas an meiner Angst zu tun, ist es noch nicht so. Viele Menschen nehmen aus unterschiedlichen Gründen Therapieangebote wahr. Sicher fühlen sie sich dann besser, sonst gäbe es nicht Millionen Therapeuten auf der Welt.
Wer wäre ich ohne meine Angst? Ich bin nun einmal so. Ich bin ein ängstlicher Mensch.	Meine Angst bestimmt nicht, wer ich bin. Sie steht mir nur im Weg. Ich habe viele gute Eigenschaften, die sich nicht ändern werden.

Tabelle 3.2: Bastians große Debatte

Welche Seite gewinnt die Debatte? Wir sind der Ansicht, dass die Argumente für eine Veränderung den klaren Sieg davontragen.

Wenn Sie Ausreden haben, die dafür sprechen, alles beim Alten zu lassen, versuchen Sie es mal mit einer Debatte, wie es Bastian in Tabelle 3.2 getan hat. Schreiben Sie Ihre »Ausreden für den Status quo« auf die linke Seite eines Blatt Papiers und Ihre »Argumente für eine Weiterentwicklung« auf die rechte Seite.

Folgende Fragen sollen Ihnen helfen, Argumente für eine Weiterentwicklung zu finden.

- ✔ Katastrophisiere ich bei meinen Ausreden? Oder, anders ausgedrückt, übertreibe ich die Wahrheit?
- ✔ Lassen sich Anhaltspunkte finden, die meiner Ausrede widersprechen?
- ✔ Kenne ich Menschen, auf die meine Ausrede nicht zutrifft? Und wenn sie auf diese Menschen nicht zutrifft, warum sollte sie dann auf mich zutreffen?
- ✔ Versuche ich, die Zukunft durch negatives Denken vorherzusagen, wo doch niemand sicher sagen kann, wie sich die Dinge entwickeln?

Auf die Plätze, fertig, los!

Einige Ausreden, mit denen man es sich in der bestehenden Situation bequem machen möchte, untergraben die Motivation und den Willen zur Veränderung. Für eine der weiter vorne präsentierten zehn häufigsten Ausreden dieser Art, die Nummer fünf, trifft dies besonders zu: »Ich mache erst dann etwas gegen meine Angst, wenn ich die nötige Motivation aufbringe. Im Moment fühle ich mich nicht danach. Sicher wird die Motivation irgendwann da sein, ich muss nur noch ein bisschen warten.«

Diese Ausrede basiert auf einer verbreiteten, aber schädlichen Fehleinschätzung. Die meisten Menschen denken, dass sie warten müssen, bis sie von der Motivation mitgerissen werden, bevor sie etwas in die Tat umsetzen können. Wenn Sie davon ausgehen, können Sie unter Umständen lange warten. Es ist nun einmal so, dass die Konfrontation mit den eigenen Ängsten kein besonderes Wohlgefühl erwarten lässt. Es kann sogar sein, dass die Ängste dadurch vorübergehend schlimmer werden. Sie werden sich also möglicherweise nie *danach fühlen*, Ihre Ängste anzugehen. Wenn Sie dagegen die ersten Schritte machen und erste Fortschritte feststellen, wächst auch Ihre Motivation.

Ellen kann sich nicht überwinden, auf der Autobahn zu fahren. Sie nimmt jeden Morgen eine Stunde Fahrzeit zusätzlich auf sich, weil sie Landstraßen benutzt. Eigentlich kann sie sich das weder zeitlich noch finanziell leisten.

Ellen beschließt, ihre Angst ein für alle Mal zu überwinden. Aber immer wenn sie morgens ins Auto steigt, wird ihr bei dem Gedanken an die Autobahn angst und bange und ihre Entschlusskraft bröckelt. Sie sagt sich, dass sie das Problem in Angriff nimmt, wenn der morgendliche Weg zur Arbeit so stark nervt, dass sie sich genügend motiviert fühlt, ihre Angst zu überwinden.

Viele Monate gehen ins Land, aber die Fahrt zur Arbeit bleibt unverändert. Unverändert ist aber auch Ellens Angst, die Autobahn zu benutzen. Sie erkennt, dass sie auf diese Weise nie so weit kommt, sich ihrer Angst zu stellen. Sie beschließt also, sich dazu zu zwingen, wenigstens eine kurze Strecke auf der Autobahn hinter sich zu bringen, unabhängig davon, wie sie sich gerade fühlt. Zunächst fährt sie an einem Sonntagnachmittag ein etwa ein Kilometer langes Stück Autobahn in der Nähe ihrer Wohnung. Als sie wieder zu Hause ankommt, stellt sie überrascht fest, dass sie angesichts ihres kleinen Erfolges Stolz empfindet. Das möchte sie öfter. Und siehe da, mit jedem weiteren Schritt nach vorne wächst ihre Motivation.

 In der Regel geht die Aktivität der Motivation voraus. Wenn Sie warten, bis Sie sich danach fühlen, sich Ihren Ängsten zu stellen, warten Sie vielleicht ein Leben lang.

Mit kleinen Schritten zum Erfolg

Wenn Ihnen die Vorstellung, sich Ihren Ängsten zu stellen, eine Nummer zu groß vorkommt, kämpfen Sie möglicherweise mit der achten Ausrede in unserer Hitliste: »Meine Angst ist zu überwältigend, um etwas dagegen zu tun. Ich weiß nicht, ob ich den zusätzlichen Stress ertragen kann, auch nur darüber nachzudenken.« Wenn das so ist, kann es sinnvoll sein, einfach einen Fuß vor den anderen zu setzen und kleine erste Schritte zu machen.

Denken Sie nicht an die gesamte Aufgabe, die Sie vor sich haben. Wenn Sie sich beispielsweise alle Schritte vergegenwärtigen, die Sie in den nächsten fünf Jahren zurücklegen werden, ist das ein sehr langer Weg. Da kommen schnell Hunderte, wenn nicht gar Tausende Kilometer zusammen. Schon der Gedanke an diese Kilometer könnte Ihnen die Schweißperlen auf die Stirn treiben (von den Socken ganz zu schweigen).

Es gibt Tage, da wacht man morgens auf und hat eine lange Liste mit Dingen im Kopf, die in der nächsten Woche unbedingt erledigt werden müssen. Puh. Man fühlt sich gleich niedergeschlagen und möchte eigentlich lieber im Bett bleiben. Von Enthusiasmus keine Spur, es regiert das nackte Grauen. Wenn man nun aber die komplette Liste beiseiteschiebt und sich nur auf das konzentriert, was an erster Stelle stand, verschwinden Stress und Hektik, zumindest ein Teil davon.

Paula ist dabei, diese Strategie in die Tat umzusetzen. Paula leidet an Sozialangst. Sie sträubt sich vehement dagegen, an Veranstaltungen teilzunehmen. Sie hat das Gefühl, dass in dem Moment, in dem sie sich einer Gruppe Menschen nähert, sich alle Augen auf sie richten. Das macht ihr Angst. Es ist ihr viel daran gelegen, dies zu ändern. Aber der Gedanke, an großen Partys oder Unternehmensveranstaltungen teilzunehmen, lässt sie vor Angst erstarren. In Tabelle 3.3 können Sie sich ansehen, wie Paula die vor ihr liegende Aufgabe in kleine Schritte aufgeteilt hat.

Ziele	Handlungsschritte
Fernziel	An einer großen Party teilnehmen, die ganze Zeit dort bleiben und mit vielen Menschen ohne Angst reden.
Zwischenziel	An einer kleinen Party teilnehmen, eine Zeit lang bleiben und trotz einer gewissen Angst mit ein paar Leuten reden.
Kleines Ziel	Zu einem Beisammensein mit Arbeitskollegen gehen, 30 Minuten lang bleiben und trotz Angst mit wenigstens einer Person reden.
Erster kleiner Schritt	Eine Freundin anrufen und sie trotz Angst fragen, ob sie mit zum Essen geht.

Tabelle 3.3: Paulas kleine Schritte zum Erfolg

Diese einfache Strategie funktioniert, weil die riesige Aufgabe in kleinere, leichter lösbare Teilaufgaben aufgeteilt wurde. Setzen Sie sich hin und schreiben Sie Ihr Fernziel auf. Überlegen Sie sich dann ein Ziel, das nicht ganz so weit entfernt ist und das Sie als Trittbrett benutzen können – ein Zwischenziel. Überlegen Sie nun, was Sie tun müssen, um dieses kleine Ziel zu erreichen. Wenn dieses Zwischenziel Ihnen erreichbar erscheint, können Sie es angehen. Wenn nicht, teilen Sie es weiter auf. Es spielt dabei keine Rolle, wie klein Ihr erster Schritt ist. Alles, was Sie auch nur ein kleines Stück in die richtige Richtung voranbringt, kann Sie in Fahrt bringen und Ihr Selbstvertrauen stärken.

Höhen und Tiefen durchstehen

Eine Gruppe Psychologen hat eingehend untersucht, wie Menschen wichtige Veränderungen, wie das Aufhören mit dem Rauchen, die Gewichtsreduzierung und die Überwindung emotionaler Probleme in die Tat umsetzen. Das Ergebnis war, dass Veränderungen keineswegs geradlinige Prozesse sind. Vielmehr vollzieht sich die Entwicklung stufenweise.

Präkontemplation (mangelndes Problembewusstsein): Auf dieser Stufe haben die Betroffenen noch gar nicht daran gedacht, etwas an ihrem Problem zu tun. Unter Umständen leugnen sie sogar, dass sie ein Problem haben. Wenn Sie dieses Buch lesen, befinden Sie sich wahrscheinlich nicht auf dieser Stufe.

Kontemplation (Problembewusstsein vorhanden): Die Betroffenen fangen an darüber nachzudenken, etwas an ihrem Problem zu tun. Allerdings herrscht auf dieser Stufe das Gefühl vor, nicht wirklich etwas tun zu können.

Vorbereitung: In der Vorbereitungsphase entwickeln die Betroffenen einen Plan, mit dessen Hilfe sie eine Veränderung herbeiführen wollen. Sie werden sich ihrer Möglichkeiten bewusst und fassen Entschlüsse.

Handlung: Hier fängt die eigentliche Arbeit an. Der Plan wird umgesetzt.

Aufrechterhaltung: In dieser Phase muss das Erreichte gesichert werden. Die Betroffenen müssen durchhalten, um nicht wieder in die alten Muster zurückzufallen.

Beendigung: Die Veränderung hat sich so weit eingeschliffen, dass ein Rückfall unwahrscheinlich ist und weitere Bemühungen nicht mehr dringend erforderlich sind.

Diese Stufen legen auf den ersten Blick eine kontinuierliche Entwicklung nahe. Nun haben die Untersuchungen aber belegt, dass Menschen verschieden zwischen diesen Stufen hin- und herwechseln. Manche springen von der Kontemplation ohne eine angemessene Vorbereitung gleich zur Phase der Handlung. Andere erreichen die Stufe der Aufrechterhaltung, geben ihre Bemühungen auf und finden sich bald in der Präkontemplation wieder.

Viele, die am Ende erfolgreich sind, wechseln zwischen diesen Stufen hin und her, bis sie schließlich am Ziel ankommen. Lassen Sie sich also nicht entmutigen, wenn Ihnen das auch passiert. Behalten Sie Ihr Ziel im Auge und lassen Sie in Ihrem Bemühungen auch dann nicht nach, wenn Sie zurückfallen. Ja! Sie müssen es unermüdlich versuchen.

Vor- und Nachteile abwägen

Vielleicht leiden Sie unter Ängsten, wollen aber nicht wirklich etwas daran tun, weil Sie sich letztlich immer sagen, dass es ja eigentlich bei Ihnen gar nicht so schlimm ist. Möglicherweise ist das eine Rationalisierung, mit der Sie Ausrede Nummer zehn zum Zuge kommen lassen: »Angst ist für mich eigentlich nicht so ein großes Problem. Das hatte ich zwar zuerst gedacht, als ich dieses Buch kaufte, aber meine Angst ist nicht so schlimm wie die anderer Menschen, über die ich gelesen habe. Vielleicht ist es bei mir ja gar nicht so eine große Sache.«

Es kann natürlich auch sein, dass Ihre Angst so beschaffen ist, dass Sie nichts daran tun müssen. Wenn das so ist, umso besser für Sie! Geben Sie dieses Buch an einen Freund oder Bekannten weiter, der es nötiger braucht als Sie! Aber wie finden Sie heraus, ob Sie das Ausmaß Ihrer Angst verleugnen oder nicht? Vielleicht ist es nützlich, wenn Sie sich vor Augen führen, welche Vor- und welche Nachteile es für Sie hat, Ihre Angst zu überwinden.

Stefan leitet die Buchhaltung einer großen Fabrik. Er trägt große Verantwortung, muss viele Termine einhalten und beaufsichtigt nicht wenige »schwierige« Mitarbeiter. Seine Arbeit hängt davon ab, dass viele Mitarbeiter ihm die Zahlen für seinen Quartalsbericht liefern. Manchmal kommen diese Zahlen nicht rechtzeitig und Stefan muss die jeweiligen Mitarbeiter zur Rede stellen. Zu seinem Leidwesen scheut Stefan Konflikte und sagt nicht, was Sache ist. Das Warten auf die überfälligen Zahlen schlägt ihm auf den Magen und macht ihn angespannt und reizbar. Er weiß, dass er Angst hat, aber er sagt sich, dass er bis jetzt damit klargekommen ist, und zweifelt deshalb daran, dass eine Veränderung die Anstrengungen wert ist.

Stefan denkt über die Vor- und Nachteile nach, die eine Inangriffnahme seiner Angst mit sich brächten. Um seine Besorgnisse in die richtige Perspektive zu rücken, schreibt er auf, was dafür spricht, die Sache anzupacken, und welche Befürchtungen dem entgegenstehen. (Das Ergebnis sehen Sie in Tabelle 3.4.) Stefan schreibt zunächst die Nachteile auf, weil diese ihm präsenter sind als die Vorteile.

Nachteile einer Veränderung	Vorteile einer Veränderung
Ich werde mehr Angst haben, den Mitarbeitern gegenüberzutreten.	Ich habe sowieso Angst und habe ständig Sorgen, dass ich die Leute nicht dazu kriege, die Zahlen pünktlich zu liefern. Wenn ich die fraglichen Mitarbeiter zur Rede stelle, werde ich mehr Unterstützung bekommen.
Die Mitarbeiter werden mich nicht mögen, wenn ich sie zur Rede stelle.	Ich meide die Mitarbeiter so konsequent, dass sie mich meistens gar nicht kennen. Was ist so schlimm daran, wenn mich einige Mitarbeiter nicht mögen? Es hört sich gut an, sich weniger Sorgen darum machen zu müssen, ob die anderen mich mögen.
Meistens bin ich mit meiner Arbeit zufrieden. Meinen Quartalsbericht muss ich ja nur einmal im Quartal machen.	Sicher steht der Quartalsbericht nur einmal in Quartal an, aber ich denke schon Wochen vorher mit Schrecken daran. Es wäre schon der Mühe wert, diesen Schrecken loszuwerden.

Tabelle 3.4: Stefans Vor- und Nachteile einer Veränderung

Nachdem Stefan die Auflistung der Vor- und Nachteile sorgfältig erwogen hat, entschließt er sich, sein Unbehagen in Angriff zu nehmen. Sie können Tabelle 3.4 als Muster für Ihre eigenen Gründe für oder wider eine Veränderung verwenden. Wenn Ihre Motivation darunter leidet, dass Sie sich nicht sicher sind, wie ernst Ihre Probleme sind, sollten Sie sich die Zeit nehmen, gründlich darüber nachzudenken. Finden Sie so viele Gründe, wie Sie können.

Sorgen kommen und gehen sehen

In diesem Kapitel

▶ Beobachten Sie Ihre Angst und gewinnen Sie die Kontrolle
▶ Schreiben Sie Ihre stärksten Emotionen nieder
▶ Verzeichnen Sie jeden Tag Ihre Fortschritte
▶ Sehen Sie die schönen Seiten

Angst kann sich anfühlen, als würde sie nie wieder weggehen. Man glaubt nur zu leicht, dass man keine Kontrolle über sie hat und dass der Stress jederzeit zuschlagen kann. Dieses Kapitel soll Ihnen helfen zu erkennen, dass auch Ängste so etwas wie Ebbe und Flut kennen. Wir zeigen Ihnen, dass ein paar Minuten am Tag, in denen Sie Ihre Gefühle niederschreiben, einen kleinen Teil Ihrer Angst ableiten und möglicherweise Ihren Gesundheitszustand verbessern können. Wir wollen Ihnen klarmachen, dass auch Ihre Fortschritte kommen und gehen werden.

Folgen Sie Ihren Ängsten auf Schritt und Tritt

Einer der erfolgversprechendsten ersten Schritte auf dem Weg zur Überwindung von Ängsten besteht darin, sie einfach jeden Tag unterschiedlich mitzuverfolgen. Warum sollten Sie so etwas tun? Schließlich wissen Sie doch sehr gut, dass Sie Angst haben. Mit der Beobachtung Ihrer Sorgen beginnt die Veränderung. Sie entdecken wichtige Muster, Auslöser und gewinnen Einsichten in Ihre Angst.

Mustern Sie Ihre Angst von Kopf bis Fuß

Die Beobachtung Ihrer Angst hat mehrere nützliche Funktionen. Zunächst zwingt sie dazu, sich der eigenen Gefühle bewusst zu werden. Das Weglaufen vor unangenehmen Gefühlen verstärkt diese nur. Zweitens werden Sie feststellen, dass Ihre Angst den Tag über auf- und abschwillt – das ist schon nicht mehr so schlimm, als wenn sie jeden Moment Ihres Tages dominiert. Wahrscheinlich werden Sie auch entdecken, dass die Aufzeichnung Ihrer Einschätzungen zu dem Gefühl beiträgt, dass Sie mehr Einfluss darauf haben, was in Ihnen vorgeht. Und schließlich werden Sie eher einen Überblick über Ihre Fortschritte bei der Überwindung Ihrer Angst gewinnen. Wie das vonstatten geht, zeigt die Geschichte von Cornelia.

Cornelia beklagt sich bei ihren Freunden, dass sie wohl das größte Nervenbündel auf der ganzen Welt sei und kurz vor einem Nervenzusammenbruch stehe. Vor kurzem musste ihr Vater eine Herzoperation über sich ergehen lassen und ihr Mann hat seine Arbeit verloren. Cornelia fühlt sich dem Schicksal völlig ausgeliefert und glaubt, dass ihre Angst nie mehr weggehen wird. Als ihr Arzt ihr vorschlägt, sie solle mal eine Art Angsttagebuch führen, sagt sie ihm: »Soll das ein Witz sein? Das brauche ich nicht. Ich kann Ihnen auch so sagen, dass ich die ganze Zeit Angst habe. Die lässt nicht locker.« Ihr Arzt überredet sie aber, es dennoch zu tun.

In Tabelle 4.1 können Sie nachlesen, was Cornelia in der ersten Woche notiert hat. Auf einer Skala von eins bis zehn – zehn steht für totale Panik und eins für völlige Ruhe – bewertet Cornelia den Grad ihrer Angst, die sie etwa zur gleichen Zeit morgens, nachmittags und spätabends empfindet.

Tag	Morgen	Nachmittag	Abend	Tagesdurchschnitt
Sonntag	4	6	8	6
Montag	6	7	9	7,3
Dienstag	5	6	6	5,7
Mittwoch	4	5	7	5,3
Donnerstag	3	8	8	6,3
Freitag	5	9	9	7,7
Samstag	3	5	5	4,3
Durchschnitt	**4,3**	**6,6**	**7,4**	**6,1**

Tabelle 4.1: Cornelias tägliche Angstniveaus

Cornelia entdeckt so einiges. Zuerst fällt ihr auf, dass ihre Angst generell morgens weniger intensiv ist. Sie neigt dazu, nachmittags anzuwachsen, und hat ihren Höhepunkt abends. Nach dieser ersten Woche kann sie noch nicht sagen, ob ihre Angst wächst, nachlässt oder auf gleichem Niveau bleibt. Sie fühlt sich allerdings ein wenig besser, weil sie das Gefühl hat, ihre Probleme in die Hand zu nehmen. Sie stellt auch fest, dass manche Tage besser sind als andere und dass ihre Angst schwankt und sie nicht die ganze Zeit in der Hand hat.

Protokollieren Sie Ihre Angst ein paar Woche lang. Achten Sie auf Muster oder unterschiedliche Intensitäten. Tragen Sie Ihr Angsttagebuch bei sich und versuchen Sie, es täglich etwa zur selben Zeit auszufüllen.

Schreiben Sie Ihre Sorgen auf

Millionen Menschen führen irgendwann in ihrem Leben ein Tagebuch. Manche Menschen machen es sich zur Gewohnheit, täglich ein paar Zeilen aufzuschreiben. Man muss davon ausgehen, dass diese Menschen glauben, etwas davon zu haben, sonst würden sie sich die Mühe nicht machen.

Die Ereignisse des Lebens aufzuschreiben, die emotional von Bedeutung sind, hat überraschende Vorteile.

✔ Das Führen eines Tagebuchs scheint die Zahl der Arztbesuche wegen körperlicher Beschwerden zu reduzieren.

✔ Tagebuchschreiben steigert die Produktion der T-Zellen, die für das Immunsystem wichtig sind.

✔ Das Festhalten emotional bedeutender Ereignisse in einem Tagebuch verbesserte die Noten einer Gruppe von Studenten im Vergleich zu einer Gruppe, die nur über triviale Ereignisse schrieb.

✔ Unlängst fanden Arbeitslose, die das traumatische Erlebnis ihres Jobverlusts in Tagebuchform festhielten, schneller eine neue Anstellung als diejenigen, die kein Tagebuch führten.

Keine überflüssigen Regeln

Für das Tagebuchschreiben gibt es keine Regeln. Sie können jederzeit und überall über alles schreiben, was Ihnen in den Sinn kommt. Wenn Sie jedoch vom vollen Nutzen des Tagebuchschreibens profitieren wollen, sollten Sie über Ihre Gefühle und die emotional bedeutsamen Ereignisse Ihres Lebens schreiben. Dazu gehört alles, was Ihnen während eines Tages und/oder in der Vergangenheit Sorgen bereitet hat. Verwenden Sie ein wenig Zeit darauf.

 Es kann eine ziemliche Erleichterung sein, sich Traumata der Vergangenheit von der Seele zu schreiben. Wenn Sie jedoch feststellen, dass Sie dabei von Trauer oder Angst übermannt werden, sollten Sie erwägen, vielleicht doch professionelle Hilfe in Anspruch zu nehmen.

Dankbarkeit: Ein Mittel gegen die Angst

Für den Anfang ist es schon ganz gut, wenn Sie Ihre unangenehmen Gefühle zu Papier bringen. Wenn Sie mehr für sich herausholen wollen, nehmen Sie sich noch ein paar Minuten mehr Zeit und schreiben Sie auf, wofür Sie an jedem Tag dankbar waren. Warum? Weil positive Gefühle ein Gegengewicht zu den negativen Gefühlen bilden. Wenn Sie über die angenehmen Seiten eines Tages schreiben, verbessern Sie damit Ihre Stimmung, steigern Ihren Optimismus und profitieren vielleicht auch gesundheitlich davon.

Im ersten Moment werden Sie vielleicht denken, dass es nicht viel gibt, wofür Sie dankbar sein könnten. Ängste können den Blick sehr leicht trüben. Hat Ihre Mutter Sie jemals ermahnt, den Teller leer zu essen, weil doch »Kinder in anderen Teilen der Welt verhungern«? Wir müssen zwar darauf hinweisen, dass man Kinder nicht zum Essen drängen sollte, aber die Idee, auch an die Menschen zu denken, die weniger Glück im Leben haben als man selbst, hat einen gewissen Wert. Nehmen Sie sich etwas Zeit, über die positiven Ereignisse und Kontakte zu anderen Menschen in Ihrem Leben nachzudenken.

✔ **Güte:** Denken Sie an all die Menschen, die gütig zu Ihnen waren.

✔ **Erziehung und Bildung:** Es scheint, als könnten Sie lesen. Das ist ein großes Glück, an dem Millionen Menschen, die keinen Zugang zu Bildung haben, nicht teilhaben können.

- ✔ **Ernährung:** Sie nagen wahrscheinlich nicht am Hungertuch, während Millionen Menschen weltweit – da müssen wir Ihrer Mutter Recht geben – nicht wissen, wie sie ihren Hunger stillen sollen.
- ✔ **Heim:** Leben Sie in einem Pappkarton oder haben Sie ein Dach über dem Kopf?
- ✔ **Genussfähigkeit:** Können Sie Blumen riechen, die Vögel singen hören oder den weichen Pelz eines Tieres streicheln?

Es gibt genügend Gründe, Dankbarkeit zu empfinden – Freiheit, Gesundheit, Freundschaften und so weiter. Jeder hat da etwas anderes auf der Liste. Sie können Ihre eigene zusammenstellen, indem Sie es Brigitte nachmachen.

Brigitte, eine allein erziehende Mutter macht sich ständig Sorgen wegen ihrer Finanzen, des Haushalts und besonders wegen ihrer Kinder Malte (15) und Julia (12). Sie denkt ständig über die Auswirkungen ihrer Scheidung auf die Kinder nach und versucht, ihnen Mutter, Vater, aber auch Lehrer und Aufseher zu sein. Manchmal ist ihr einfach nur zum Heulen. Als man sie in die Schule bestellt und ihr mitteilt, dass ihr Sohn auf dem Parkplatz der Schule beim Haschischrauchen erwischt worden sei, bricht sie zusammen. Man rät ihr zu einer Familienberatung. Der Familientherapeut schlägt vor, dass Brigitte und ihr Sohn ein Tagebuch führen, in dem sie die täglichen Schwierigkeiten und die positiven Erlebnisse festhalten. Sehen Sie sich Brigittes erste Einträge in Tabelle 4.2 an.

Tageszeit	Schwierigkeiten	Positives
Morgen	Wie üblich musste ich Malte drei oder vier Mal wecken, obwohl sein Wecker pünktlich geklingelt hatte. Beim Frühstück sprach er kaum mit mir. Beinahe hätte er den Bus verpasst. Ich mache mir solche Sorgen, dass er alles vermasselt. Was soll ich dann nur tun? Ich möchte so sehr, dass er im Leben glücklich wird.	Wenigstens kann ich froh sein, dass meine Kinder gesund sind. Wir haben ein schönes Zuhause. Ich bin zwar manchmal knapp bei Kasse, aber keiner muss hier hungern.
Nachmittag	Auf der Arbeit hat mein Chef mir einen neuen Großkunden anvertraut. Ich weiß nicht, ob ich mit dieser riesigen Verantwortung klarkomme. Ich werde ganz kribblig, wenn ich daran denke, wie ich alle daran Beteiligten unter einen Hut kriegen soll.	Na ja, ich habe eine tolle Stelle und bin befördert worden. Mein Chef muss der Meinung sein, dass ich gute Arbeit leiste, auch wenn ich mir da mehr Sorgen mache.
Abend	Zum Abendessen gab es wie gewöhnlich ein tiefgefrorenes Pfannengericht. Malte kam erst vom Training nach Hause, als schon alles kalt war. Julia hat beim Essen ferngesehen und nicht viel gesagt.	Ich bin dankbar, dass Malte sich für Fußball interessiert. So hängt er jedenfalls nicht mit den falschen Leuten herum. Julia ist ein liebes Mädchen, auch wenn sie zu viel vor der Glotze sitzt.

Tabelle 4.2: Brigittes Problem- und Dankbarkeitstagebuch

Sicher muss Brigitte mit ihrem Sohn über den Vorfall in der Schule und einige andere Dinge ernsthaft reden. Wenn ihre Angst aber übermächtig wird, kann sie nicht die Mutter sein, die sie gerne sein möchte.

Das Tagebuch hilft Brigitte, ihre Probleme aus einer anderen Perspektive zu betrachten. Sie erkennt, dass sie wegen ihrer Kinder so verkrampft war, dass sie sich nicht mehr die Zeit genommen hat, auch das Gute in ihren Kindern und ihrem Leben zu sehen. Wie bei den meisten Menschen gibt es auch in Brigittes Leben Licht und Schatten. Indem sie über die Schattenseiten schreibt, lässt sie ein wenig von dem emotionalen Druck ab, der sich aufgrund ihrer Sorgen in ihr aufstaut. Der Blick auf das, wofür sie dankbar sein kann, hilft ihr, ein Gegengewicht zu ihrer Fixierung auf das Negative zu bilden.

 Überlegen Sie, ob Sie nicht auch ein Tagebuch führen sollten wie Brigitte. Sie können dabei Tabelle 4.2 als Vorlage für Ihre eigenen täglichen Notizen verwenden. Versuchen Sie es ruhig einmal ein paar Tage lang, auch wenn Sie nicht daran glauben, dass es Ihnen helfen kann. Sie können sich ja überraschen lassen.

Stärkung des Immunsystems

Der Frage, ob das Schreiben über Gefühle in Tagebüchern helfen kann, wurde in zahlreichen und breit angelegten Untersuchungen nachgegangen. Eine sehr interessante Studie untersuchte gesunde Medizinstudenten, die noch keinen vollständigen Hepatitis-B-Impfschutz hatten. Die Ausgangsthese war, dass das Schreiben über traumatische Erfahrungen möglicherweise auch das Immunsystem verbessern könnte. Die Hepatitis-B-Impfung erfolgt durch drei Injektionen. Vor der ersten Injektion musste eine Gruppe der untersuchten Studenten vier Tage lang jeden Tag über traumatische Erfahrungen in ihrer Vergangenheit schreiben. Die andere Gruppe berichtete über banale, eher unpersönliche Ereignisse. Nach vier und auch noch nach sechs Monaten im Anschluss an die erste Injektion enthielt das Blut der Studenten in der Gruppe, die über ihre traumatischen Erfahrungen geschrieben hatte, mehr Antikörper gegen den Hepatitis-B-Virus als das Blut der Studenten in der Vergleichsgruppe.

Erfolge einschätzen

Es ist vielleicht hilfreich, wenn Sie das Maß Ihrer Angst auf der Grundlage Ihrer Tagebuchaufzeichnungen täglich einschätzen. Erwarten Sie aber keine allzu großen Verbesserungen von einem Tag auf den anderen. Veränderungen brauchen Zeit. Manchmal dauert es ein paar Wochen, bis man sich zum Positiven hinbewegt. Sie müssen bedenken, dass Sie schon lange Zeit mit Ihrer Angst leben. Geben Sie der Veränderung auch Zeit.

Es ist auch wichtig zu wissen, dass Verbesserungen nicht kontinuierlich voranschreiten. Vielmehr müssen Sie mit einem unregelmäßigen Prozess rechnen, der eher einer gezackten Gebirgskurve mit Gipfeln und Tälern ähnelt. Auf den Gipfeln fühlen Sie sich wunderbar und meinen, Sie hätten Ihre Angst so gut wie besiegt. In den Tälern dagegen werden Sie wieder am Rande des Verzagens und der Verzweiflung stehen.

 Wenn Sie sich nach ein paar Wochen noch nicht etwas besser fühlen oder wenn Sie keinerlei Hoffnung mehr am Horizont sehen, sollten Sie überlegen, professionelle Hilfe in Anspruch zu nehmen.

Die Macht der positiven Psychologie

Die Psychologie des 20. Jahrhunderts hat sich zum größten Teil auf die negativen Gefühle konzentriert. Psychologen beschäftigten sich mit Depressionen, Ängsten, Schizophrenie, Verhaltensstörungen und einer Menge anderer Krankheiten. Erst vor kurzem wandte man sich auch den Vorzügen positiver Gefühle zu, etwa den Merkmalen glücklicher Menschen und allem, was zum Wohlfühlen so dazugehört. Menschen, die Dankbarkeit empfinden, sind nach eigener Einschätzung meistens auch glücklicher.

Wir möchten eine Studie herausgreifen, die drei Probandengruppen untersuchte. Die erste Gruppe hielt ihre Schwierigkeiten im Alltag schriftlich fest. Die zweite Gruppe sollte über emotional neutrale Ereignisse berichten und die dritte Gruppe führte Tagebuch über Erfahrungen, die sie Dankbarkeit empfinden ließen. Die drei Gruppen erfüllten diese Aufgabe lediglich einmal die Woche über einen Zeitraum von zehn Wochen. Am Ende des Experiments trieb die Gruppe, die über Dankbarkeit schrieb, mehr Sport und hatte weniger körperliche Beschwerden als die anderen beiden Gruppen. Es überrascht, dass eine so leichte, einfache Aufgabe solche Vorteile bringt.

Überlegen Sie, ob Sie nicht auch die kleinen und großen Geschenke des Lebens schätzen und dankbar annehmen möchten.

Teil II

Gesundes Denken

»Wenn Klara Angst hat, macht sie immer erst mal 'ne Fliege.«

In diesem Teil ...

In den folgenden Kapiteln stellen wir die wirkungsvollsten Therapien gegen Ängste vor und vermitteln Ihnen nicht nur, wie Sie Angst erzeugenden Gedanken auf die Spur kommen, sondern auch, wie Sie von Angst geprägte Gedanken durch besonneneres Denken ersetzen. Danach richten wir unser Augenmerk auf die aufwühlenden Annahmen, die vielen ängstlichen Gedanken zugrunde liegen. Sie können herausfinden, welche aufwühlenden Gedanken Sie plagen und wie Sie etwas dagegen unternehmen können.

Darüber hinaus werden Sie feststellen, wie Ihre Wortwahl beim Nachdenken über sich selbst und die Welt um Sie herum Ihre Ängste verschärfen kann. Seien Sie beruhigt. Die gute Nachricht ist, dass Sie sich bei dieser Wortwahl bewusst für eine von Vernunft geprägte Sprache entscheiden können. Schon dadurch können Ängste gemildert werden.

Spüren Sie Ihren Gedanken nach

In diesem Kapitel

▶ Lernen Sie die Verbindung zwischen Denken und Fühlen kennen
▶ Überwachen Sie Ihre Angst auslösenden Gedanken
▶ Überdenken Sie Angst auslösende Gedanken
▶ Entwickeln Sie angenehme Gedanken

Vor einiger Zeit machten wir eine Kreuzfahrt, um uns für den Abschluss eines größeren Projekts zu belohnen. Eines Abends saßen wir an Deck in unseren Liegestühlen und genossen einen wunderschönen Sonnenuntergang: Leuchtend rote und orange Wolken verschmolzen mit dem tiefblauen Meer. Ein laues Lüftchen wehte über das Deck und das Schiff schaukelte uns sanft über die Wellen. Wir saßen ganz entspannt da und fühlten uns wie ein Baby in der Wiege. Selten hatten wir in unserem Leben solchen inneren Frieden gefühlt.

Unsere friedvolle Ruhe wurde jäh von einer Durchsage des Kapitäns unterbrochen, der sich entschuldigte und uns mitteilte, er müsse einen Hurrikan umschiffen und dieser Umweg würde uns in etwas rauere See führen. Er versicherte jedoch, dass der Sturm keinerlei Gefahr für uns bedeutete.

Plötzlich ließ uns die Brise ein wenig frösteln. Die eben noch spektakulären Wolken erschienen uns jetzt unheilverkündend. Das sanfte Schaukeln machte uns nervös. Und das, obwohl sich am Himmel und auf dem Wasser noch nichts verändert hatte.

Unsere Gedanken rissen uns aus glückseliger Entspannung in aufkeimende Angst. Wir zogen unsere Jacken zu und bestätigten uns gegenseitig, dass das Wetter gar nicht gut aussehe und wir drinnen vielleicht besser aufgehoben seien. Dabei hatte sich nur unser Denken über den Himmel, das Meer und den Wind verändert, nicht das Wetter.

In diesem Kapitel zeigen wir Ihnen, wie stark unser Denken unser Fühlen und unsere Wahrnehmung beeinflusst. Sie können hier zum Gedanken-Detektiv avancieren, jederzeit in der Lage, die Gedanken aufzudecken, die Angst auslösende Gefühle erzeugen. Wir lehren Sie, Beweise zu sammeln und Ihre Gedanken ins Kreuzverhör zu nehmen. Sie werden sehen, wie schnell Gedanken Angst auslösen, und wir machen Sie mit erprobten Techniken vertraut, mit deren Hilfe Sie Ihre Angst auslösenden Gedanken in ruhigeres Denken überführen.

Gedanken von Gefühlen unterscheiden

Psychologen bitten ihre Klienten oft, sich darüber klarzuwerden, was sie bezüglich der jüngsten Ereignisse in ihrem Leben fühlen. Oft geben die Antworten dann Auskunft darüber, was die Gefragten über die Ereignisse *denken*, und nicht darüber, was sie *fühlen*. Dr. Wolf zum

Beispiel hatte einen unter starken Ängsten leidenden Klienten namens Florian, der sich folgendermaßen über seine Ehe beklagte:

Dr. Wolf: »Wie fühlten Sie sich, als Ihre Frau Ihnen vorwarf, Sie seien verantwortungslos?«

Florian: »Ich dachte, das ist wirklich schlechtes Benehmen.«

Dr. Wolf: »Aha. Aber was fühlten Sie, als Sie das sagte?«

Florian: »Sie ist mindestens so verantwortungslos wie ich.«

Dr. Wolf: »Das kann schon sein. Aber noch mal, beschreiben Sie Ihre Gefühle, Ihre emotionale Reaktion auf das, was sie sagte. Hatten Sie Angst, waren Sie wütend oder erregt?«

Florian: »Also, ich konnte gar nicht glauben, dass sie mir das vorwarf.«

Dr. Wolf: »Ich glaube, wir sollten uns etwas Zeit nehmen, Sie mit Ihren Gefühlen vertraut zu machen. Was meinen Sie?«

Vielleicht hat Florian große Angst und befürchtet, seine Frau könnte ihn verlassen. Vielleicht ist er verärgert über sie. Vielleicht hat ihre harsche Kritik ihn verletzt. Um welches Gefühl es sich auch immer handelt, Florian und Dr. Wolf könnten viel damit anfangen, wenn sie wüssten, welche Gefühle sich in Florians Aufregung mischten.

Dieses Beispiel zeigt, dass Menschen nicht immer wissen, wie sie ihre Gefühl beschreiben sollen. Wenn Sie auch nicht immer wissen, was Sie fühlen, ist das ganz in Ordnung.

Niedergeschlagenheit abwehren

Oft ist es schwierig, die eigenen Gefühle und Empfindungen zu identifizieren und zu benennen, besonders, wenn es sich um negative handelt. Diese Schwierigkeit ist aus zweierlei Gründen verständlich.

Zunächst einmal tun Gefühle oft weh. Niemand möchte tiefe Trauer, Kummer, Angst oder Furcht empfinden. Die einfache Lösung – man *meidet* einfach alle Gefühle. Da gibt es viele kreative Möglichkeiten. Leider haben die meisten dieser Möglichkeiten eher destruktive Begleiterscheinungen.

- ✔ **Workoholismus:** Manche Menschen arbeiten lieber die ganze Zeit, als darüber nachzudenken, was sie stört.
- ✔ **Alkohol- und Missbrauch anderer Drogen:** Wenn Menschen sich schlecht fühlen, bietet die Betäubung mit Drogen und Alkohol eine vorübergehende künstliche Stimmungsverbesserung. Natürlich kann das in die Sucht, zu einem Verfall der Gesundheit und manchmal auch zum Tode führen.
- ✔ **Leugnen und Unterdrücken:** Man kann sich ein besseres Gefühl vorgaukeln, indem man sich selbst zum Narren hält und so tut, als wäre alles in Ordnung.
- ✔ **Flucht in Sensationen:** Sehr riskante Unternehmungen oder auch sexuelle Promiskuität und zwanghaftes Spielen können die Verzweiflung eine Weile vergessen lassen.

- ✔ **Ablenkung:** Sport, Unterhaltung, Hobbys, Fernsehen, Surfen im Internet und viele andere Aktivitäten können eine schlechte Gefühlslage überdecken. Anders als die vorher genannten Strategien kann Ablenkung durchaus etwas Gutes sein. Problematisch wird es nur, wenn man mit Ablenkungen zu oft unangenehme Gefühle übertüncht und vermeidet.

Der zweite Grund, warum die Identifizierung, der Ausdruck und die Benennung von Gefühlen für manche Menschen ein solcher Kampf ist, liegt darin, dass man ihnen von Kindesbeinen an eingetrichtert hat, dass sie »bestimmte« Gefühle nicht haben sollten. Eltern, Lehrer, Freunde und Verwandte bombardieren Kinder mit den entsprechenden Botschaften. Von den folgenden Beispielen haben Sie das eine oder andere sicher auch schon gehört:

- ✔ Jungs weinen nicht.
- ✔ Sei kein Baby.
- ✔ Komm endlich drüber weg!
- ✔ Das kann doch nicht so weh tun.
- ✔ Sei kein Angsthase.
- ✔ Werde endlich erwachsen.
- ✔ Sei kein Feigling.
- ✔ Heul bloß nicht, sonst gebe ich dir einen Grund zu heulen!

Ist es da ein Wunder, dass viele Menschen anscheinend den Kontakt zu ihrer Gefühlswelt verloren haben? Problematisch an der gewohnheitsmäßigen Neigung, Gefühle auf Distanz zu halten, ist, dass man nicht lernt, wie man mit dem zugrunde liegenden Problem fertig wird. Chronisches Vermeidungsverhalten führt dazu, dass man auf einem niedrigen Niveau Stress aufbaut, der sich dann mit der Zeit ansammelt.

Vom Winde verweht?

In *Vom Winde verweht* sagt Scarlett O'Hara immer wieder: »Darüber denke ich morgen nach. Morgen ist ein neuer Tag.« So lässt sich auch in schweren Zeiten jedes Problem aus dem Weg räumen. Heute weiß man mehr über die Kosten der Vermeidung und Verdrängung von Gefühlen. Forschern der Adelphi Universität und der Universität Michigan zufolge haben Menschen, die sich wider besseres Wissen für rational und verkopft erklären, einen höheren Puls und Blutdruck als Menschen, die sich ihre emotionalen Probleme eingestehen oder die wirklich keine Probleme haben. Darüber hinaus zeigen Studien, dass das Immunsystem von Menschen, die ihre Gefühle ihren Tagebüchern anvertrauen, besser funktioniert. Faszinierend, nicht wahr?

Mit den eigenen Gefühlen vertraut werden

Wenn Sie sich besser verstehen und effektivere Lösungsmöglichkeiten für Ihre Probleme finden möchten, kann es helfen, Ihre Gefühle wahrzunehmen. Denn wenn Sie Ihre Gefühle nicht kennen und nicht wissen, wann sie auftreten und was sie heraufbeschwört, dann können Sie nicht viel tun, um sie zu ändern.

Wir wissen, dass viele Menschen sich ihrer Gefühle bewusst sind und ganz genau wissen, wenn sie auch nur das kleinste bisschen Angst oder Sorge empfinden. Wenn Sie zu diesen Menschen gehören, können Sie den Rest dieses Abschnitts getrost überblättern.

Nehmen Sie sich doch jetzt einfach mal ein wenig Zeit und schätzen Sie Ihre Stimmung ein. Achten Sie zunächst auf Ihren Atem. Ist er schnell und flach oder langsam und tief? Beschreiben Sie Ihre Haltung. Sind Sie entspannt oder nimmt ein Teil Ihres Körpers eine unangenehme Position ein? Wie steht es mit Empfindungen wie Anspannung, Unwohlsein, Schwindel oder Schwere? Egal, was Sie vorfinden, untersuchen Sie es und bleiben Sie eine Weile bei dieser Empfindung. Dann können Sie sich fragen, welches *Gefühl* dem Wesen dieser Empfindungen am ehesten gerecht wird. Es kann natürlich sein, dass Sie in diesem Moment keine besonders starken Gefühle haben. In diesem Fall ist Ihr Atem rhythmisch und Ihre Haltung entspannt. Aber auch in diesem Fall können Sie einfach feststellen, wie es sich anfühlt, ruhig zu sein. Bei anderen Gelegenheiten können Sie sich dann mit Ihren stärkeren Gefühlen beschäftigen.

 Gefühlswörter beschreiben Ihre körperlichen und geistigen Reaktionen auf Ereignisse.

Vielleicht gehen wir mit unseren Annahmen ja zu weit, aber die Tatsache, dass Sie dieses Buch lesen, weist darauf hin, dass Sie oder jemand, der Ihnen nahe steht, etwas über Ängste wissen will. Wir geben Ihnen deshalb die folgende Liste mit Wörtern an die Hand, mit denen Sie angstbesetzte Gefühle beschreiben können. Wenn Sie das nächste Mal nicht die richtigen Worte finden können, um Ihre Gefühle zu beschreiben, hilft Ihnen vielleicht eines dieser Wörter auf die Sprünge.

ängstlich	sich gruseln
angespannt	neben der Kappe
aufgeregt	kopfscheu
bange	nervös
befangen	in Panik
besessen	unbehaglich
besorgt	unsicher
beunruhigt	verspannt
erschreckt	verstört
furchtsam	zitternd

Wir sind uns ziemlich sicher, dass wir einige Dutzend weitere Ausdrucksmöglichkeiten übersehen haben. Vielleicht haben Sie ja auch einen bevorzugten Ausdruck, mit dem Sie Ihre Angst beschreiben. Das ist völlig in Ordnung. Wir möchten Sie nur ermutigen, sich Ihren Gefühlen und Körperempfindungen zuzuwenden. Dazu können Sie sich die Wörterliste ein paar Mal ansehen und sich fragen, ob Sie diese Empfindungen und Gefühle in letzter Zeit hatten. Vielleicht wollen sie Ihnen etwas Wichtiges sagen.

 Angst und Furcht haben auch positive Funktionen. Sie bereiten Körper und Geist auf Gefahren vor. Unangenehme Gefühle verursachen nur dann Probleme, wenn sie auch ohne eine deutliche Bedrohung wiederholt oder andauernd auftreten.

Negative Gefühle spielen eine Rolle bei der Anpassung an die Umwelt. Sie lassen die Alarmglocken klingeln, wenn Gefahr droht. Wenn etwa King Kong an Ihre Tür klopft, durchströmt Adrenalin Ihren Körper und mobilisiert Sie für den Kampf oder die Flucht! In solchen Situationen ist das auch gut so. Wenn Sie aber regelmäßig das Gefühl haben, King Kong klopft an Ihre Tür, aber Sie haben ihn noch nie in Ihrer Gegend gesehen, dann schaden Ihnen Ihre Angst auslösenden Gefühle mehr, als sie nutzen.

Ob King Kong nun bei Ihnen anklopft oder nicht, wenn Sie Ihre Angst auslösenden oder beunruhigenden Gefühle kennen, können Sie bessere Möglichkeiten finden, damit umzugehen, als sie einfach zu meiden. Denn wenn Sie klarsehen, können Sie sich leichter auf einen Ausweg aus Ihrem Dilemma besinnen, als wenn Sie im Dunkeln tappen.

Mit den eigenen Gedanken vertraut werden

Während die einen keinen blassen Schimmer haben, was sie fühlen, wissen die anderen nicht, was sie denken, wenn sie Angst haben oder beunruhigt und gestresst sind. Weil das Denken einen großen Einfluss auf das Fühlen hat, fragen Psychologen ihre Klienten gerne, was sie denken, wenn sie beginnen sich aufzuregen. Die Klienten beschreiben dann manchmal das, was sie fühlen, anstatt das, was sie denken. Der folgende Dialog spielt sich zwischen Dr. Meyer und Susanne ab, die unter schweren Ängste leidet:

Dr. Meyer: »Als Ihr Chef Sie zurechtgewiesen hat, sagten Sie, Sie hätten Panik empfunden. Welche Gedanken gingen Ihnen dabei durch den Kopf?«

Susanne: »Ich habe mich einfach schrecklich gefühlt. Ich konnte das nicht ausstehen.«

Dr. Meyer: »Ich weiß, Sie müssen sich furchtbar gefühlt haben. Aber ich bin neugierig, was Sie dabei so gedacht haben. Was haben Sie zu sich selbst gesagt, als er das alles gesagt hat?«

Susanne: »Ich fühlte mein Herz bis zum Hals schlagen. Ich glaube nicht, dass ich wirklich irgendetwas gedacht habe.«

Dr. Meyer: »Das kann sein. Manchmal entwischen uns unsere Gedanken für eine Weile. Ich frage mich, was Sie jetzt darüber denken? Wie haben Sie diese Bemerkungen verstanden? Was, dachten Sie, würde passieren?

Susanne: »Ich zittere immer noch, wenn ich nur daran denke.«

Wie dieses Beispiel zeigt, wissen nicht immer alle Menschen, was in ihren Köpfen vorgeht, wenn sie Angst haben. Man hat nicht immer klare, erkennbare Gedanken, wenn man beunruhigt oder gestresst ist. Das ist ganz normal.

Die Herausforderung liegt darin, herauszufinden, was das jeweilige beunruhigende Ereignis für Sie *bedeutet*. Daraus können Sie dann Ihre Gedanken ableiten. In unserem Beispiel eben könnte Susanne in Panik geraten sein, weil sie Angst hatte, ihren Job zu verlieren. Oder sie dachte, die Kritik ihres Chefs müsse bedeuten, dass sie inkompetent sei. Möglich wäre auch, dass die Standpauke ihres Chefs unangenehme Erinnerungen an ihren Vater auslöste. Wenn Dr. Meyer und Susanne wüssten, welche Gedanken hinter Susannes Gefühlen stehen, könnten sie den weiteren Therapieverlauf besser planen.

Finden Sie die Auslöser

Wenn Sie, wie Susanne, nicht immer wissen, was in Ihrem Kopf vorgeht, wenn Sie Angst haben, müssen Sie sich zunächst die Situation genauer ansehen, die Ihrem Angstanfall vorausgegangen ist. Vergegenwärtigen Sie sich die letzten Momente, bevor die unangenehmen Gefühle auftauchten. Vielleicht haben Sie

- ✔ Ihre Post geöffnet und einen Kontoauszug gefunden, auf dem ein enormes Minus verzeichnet war.
- ✔ jemanden etwas sagen hören, das Sie geärgert hat.
- ✔ einen Blauen Brief für eines Ihrer Kinder gelesen.
- ✔ sich gefragt, warum Ihr Partner noch nicht zu Hause ist.
- ✔ sich gewogen und waren von der Zahl geschockt, die Sie da gesehen haben.
- ✔ bemerkt, dass Sie ein beengtes Gefühl in der Brust haben und Ihr Puls ohne besonderen Grund in die Höhe schnellt.

Auf der anderen Seite wird Angst auch von Dingen ausgelöst, die noch gar nicht passiert sind. Sie sitzen gemütlich auf dem Sofa und *krawumm* – lawinenartig werden Sie von Angst überrollt. Andere Menschen wachen nachts um vier Uhr mit beunruhigenden Gedanken auf. Was ist da der Auslöser? Es kann sich um ein Bild oder Gedanken über ein Ereignis in der Zukunft handeln. Hier sind ein paar Beispiele für solche Angst auslösenden Gedanken und Bilder:

- ✔ Ich werde im Alter nicht genug Geld haben.
- ✔ Habe ich den Herd ausgemacht, bevor ich aus dem Haus gegangen bin?
- ✔ Wir werden dieses Buch nie bis zum Abgabetermin fertig kriegen!
- ✔ Alle werden meine Rede morgen langweilig finden
- ✔ Was ist, wenn ich morgen entlassen werde?
- ✔ Was ist, wenn mein Partner mich verlässt?

Lesen Sie, wie Veronika nach Ihrem Angst auslösenden Ereignis sucht.

Veronika arbeitet in der Verwaltung einer Universität. Die Uni gewährt ihr die kostenlose Teilnahme an zwei Lehrveranstaltungen im Semester. Eines Tages meint Veronikas Chef, sie solle doch einen Verwaltungslehrgang besuchen, um ihre Chancen auf eine Beförderung innerhalb der Abteilung zu verbessern. Etwas später merkt sie, dass sie ungewöhnlich beunruhigt ist, weiß aber nicht, warum.

Nachdem sie eine Weile darüber nachgedacht hat, erkennt sie, dass der Auslöser für ihre Angst der Gedanke an die Prüfungen ist, die sie im Verlauf der Fortbildung ablegen müsste. Sie hat solche Prüfungen immer gehasst. Aus diesem Grund hat sie auch nie ins Auge gefasst, selbst zu studieren. Veronikas Angstauslöser ist ein Ereignis in der Zukunft – die Vorstellung, eine Prüfung ablegen zu müssen.

Fangen Sie Ihre Angst auslösenden Gedanken

Wenn Sie Ihre Gefühle und deren Auslöser kennen, sind Sie so weit, ein Gedanken-Detektiv zu werden. Das Denken übt einen starken Einfluss auf das Fühlen aus. Ein Ereignis kann zwar ein Auslöser sein, aber es führt die Angst nicht unmittelbar herbei. Das macht die Bedeutung, die Sie dem jeweiligen Ereignis beimessen, und diese Bedeutung spiegelt sich in Ihrem Denken wider.

Stellen Sie sich beispielsweise vor, Ihr Ehepartner hätte bereits vor 45 Minuten von der Arbeit zurück sein sollen. Nun könnten Sie voller Angst denken:

✔ Vielleicht hatte sie einen Unfall.

✔ Wahrscheinlich hat er eine Affäre.

Es könnten Ihnen aber auch andere, weniger Angst auslösende Gedanken durch den Kopf gehen:

✔ Ich bin gerne alleine für die Kinder da.

✔ Ich habe gerne Zeit für mich alleine, in der ich mich im Haus beschäftigen kann.

✔ Heute muss auf der Straße wieder einiges los sein.

Manche Gedanken rufen Angst hervor, andere positive Gefühle, wieder andere sind in dieser Hinsicht relativ neutral. Es ist wichtig, dass Sie Ihre Gedanken erfassen und feststellen, wie sie Angst auslösen und in Verbindung mit Ihren Gefühlen stehen. Wenn Sie sich nicht sicher sind, welche Gedanken Ihnen im Kopf herumgehen, wenn Sie Angst haben, können Sie etwas tun, um ihnen auf die Schliche zu kommen.

Konzentrieren Sie sich zunächst auf den Angstauslöser. Denken Sie in Ruhe darüber nach, es gibt keinen Grund zur Eile. Stellen Sie sich dann einige Fragen zu diesem Auslöser. In der folgenden Liste haben wir für Sie ein paar Fragen zusammengestellt, mit deren Hilfe Sie die Gedanken oder Bedeutungen ermitteln können, die im Zusammenhang mit dem betreffenden Ereignis stehen:

- ✔ Was an diesem Ereignis finde ich besonders aufwühlend?
- ✔ Was ist das Schlimmste, was passieren könnte?
- ✔ Wie könnte sich dieses Ereignis auf mein Leben auswirken?
- ✔ Wie könnte sich dieses Ereignis darauf auswirken, wie andere mich sehen?
- ✔ Erinnert mich das Ereignis an etwas, das mich in der Vergangenheit geärgert hat?
- ✔ Was würden meine Eltern zu diesem Ereignis sagen?
- ✔ Wie könnte sich dieses Ereignis auf das Bild auswirken, das ich von mir selbst habe?

Veronika (ihre Geschichte finden Sie weiter vorne in diesem Kapitel) leidet an Prüfungsangst. Sehen Sie sich einige ihrer Antworten auf unsere Fragenliste an. Ihre Antworten weisen auf die Gedanken hin, die sie in Bezug auf Prüfungssituationen hat.

✔ **Was ist das Schlimmste, was passieren könnte?**

Ich könnte durchfallen, und mein Chef würde es erfahren.

✔ **Wie könnte sich dieses Ereignis darauf auswirken, wie andere mich sehen?**

Mein Chef und meine Kollegen würden sehen, wie dumm ich bin.

✔ **Wie könnte sich dieses Ereignis auf das Bild auswirken, das ich von mir selbst habe?**

Ich wüsste endlich sicher, dass ich der Versager bin, für den ich mich immer gehalten habe.

Bisher konnte Veronika nicht sagen, warum sie solche Angst vor Prüfungen hatte. Die Beantwortung dieser Fragen bringt nun ihre versteckten Gedanken in Bezug auf Prüfungssituationen ans Licht. Kein Wunder, dass sie solche Angst hat. Vielleicht entdecken Sie bei sich auch versteckte Gedanken, wenn Sie sich diese Fragen bezüglich Ihrer Angstauslöser stellen.

Hier ist Andreas' Geschichte.

Andreas liebt seine Arbeit. Er ist Programmierer und entwirft am liebsten Computersysteme, die an die Bedürfnisse der Kunden angepasst sind. Die Geschäftsführung schätzt Andreas' Kompetenz und belohnt ihn mit einer Beförderung und der Gelegenheit, ein umfassendes System für eine große Bibliothek zu entwickeln. Andreas kann es kaum erwarten, damit anzufangen, bis er feststellt, dass er im Verlaufe des Projekts mehrere Vorträge vor Geschäftsleuten und Wissenschaftlern halten muss. Bei dem Gedanken daran, vor einer Gruppe zu reden, schlägt sein Herz sofort bis zum Hals und der Schweiß bricht ihm aus. Schon seit seiner Grundschulzeit hat Andreas Angst davor, vor Zuhörern zu reden. Warum, das weiß er nicht.

Andreas' Angst ist weit verbreitet – die Angst, öffentlich eine Rede zu halten. Auch er beantwortet ein paar Fragen aus unserer Liste:

✔ **Was an diesem Ereignis finde ich besonders aufwühlend?**

Ich werde wie ein Blödmann da stehen und vergessen, was ich sagen wollte.

✔ **Wie könnte sich dieses Ereignis auf mein Leben auswirken?**

Die werden denken, ich sei nicht in der Lage, dieses System zu entwickeln, und mir den Auftrag entziehen.

✔ **Wie könnte sich dieses Ereignis darauf auswirken, wie andere mich sehen?**

Meine Angst wird offenbar werden und man wird mich für einen Trottel halten. Die Wissenschaftler wissen sowieso mehr als ich.

Wenn Sie mit unserer Frageliste arbeiten, müssen Sie Ihre Vorstellungskraft aktivieren. Nehmen Sie sich Zeit dafür und lassen Sie die Gedanken kommen. Wenn unsere Beispiele auch nicht alle Fragen beantworten, sind sie vielleicht dennoch ein nützlicher Anhaltspunkt.

Kommen Sie Ihren Gedanken, Auslösern und Gefühlen auf die Spur

Die Überwachung Ihrer Gedanken, Gefühle und Auslöser ebnet den Weg für Veränderungen. Mit Hilfe dieser einfachen Strategie können Sie in dem, was Sie stresst und in Unruhe versetzt, Muster erkennen. Indem Sie einfach nur aufmerksam sind, bringen Sie Ihre Denkprozesse ans Tageslicht. Diese Klärung hilft Ihnen, Ihr Problem mit neuen Augen zu sehen.

Wenn Sie das Gefühl haben, Ihre Angst wird durch das Aufzeichnen Ihrer Gedanken, Gefühle und Auslöser stärker, ist das in Ordnung. Das ist normal. Hilfe finden Sie in Form vieler anderer in diesem Buch vorgestellten Techniken, insbesondere der zur Herausforderung Ihres Denkens (siehe weiter hinten in diesem Kapitel).

Wenn die in diesem Buch präsentierten Techniken Ihnen nicht helfen, sollten Sie erwägen, professionelle Hilfe in Anspruch zu nehmen.

Versuchen Sie, mit der Gedankentherapie-Tabelle (siehe Tabelle 5.1) eine Verbindung zwischen Ihren Gedanken, Gefühlen und Auslösern herzustellen. Um Ihnen zu verdeutlichen, wie man mit dieser Tabelle arbeitet, haben wir einmal Veronikas Notizen als Beispiel gewählt. Bei den Auslösern sollten Sie den Tag und die Uhrzeit, den Ort, die beteiligten Personen und den Ablauf des Ereignisses vermerken. Für die Verfolgung Ihrer Gedanken können Sie die Frageliste aus dem Abschnitt *Fangen Sie Ihre Angst auslösenden Gedanken* weiter vorne in diesem Kapitel zu Rate ziehen. Notieren Sie schließlich Ihre *Angst auslösend*en Gefühle und Körperempfindungen und geben Sie deren Heftigkeit auf einer Skala von 1 bis 100 an. 1 steht für fast keine Angst und 100 für die stärkste für Sie vorstellbare Angst. (In etwa das Gefühl, das Sie haben würden, wenn 100 Klapperschlangen sich durch Ihr Schlafzimmer schlängelten.)

Dieses einfache Verfahren ermöglicht Ihnen, sich einen Überblick über Ihre Angst auslösenden Gefühle, Gedanken und Auslöser zu machen. Legen Sie sich einfach eine Tabelle mit den Überschriften von Tabelle 5.1 an, schreiben Sie alles auf und suchen Sie nach Mustern.

Angstauslöser	Angst auslösende Gedanken	Gefühle und Körperempfindungen	Heftigkeit
Anstehende Prüfungen	Wenn ich diese Fortbildung mache, werde ich durchfallen und mein Chef wird es erfahren.	Angst	70
Arbeitsplatz	Ich werde hier nie weiterkommen.	Mulmiges Gefühl im Magen	60
Mein Chef schlägt vor, dass ich eine Fortbildung mache	Ich bin wirklich dumm.	Anspannung	65

Tabelle 5.1: Gedankentherapie-Tabelle

Robert entdeckt, dass er an den meisten Montagen Angst empfindet. Er erkennt, dass er sonntags in der Regel länger schläft und aus diesem Grund sonntagabends länger zum Einschlafen braucht. Schlafmangel macht ihn meist empfänglicher für Angstauslöser. Was ihn dienstags kaum kratzt, regt ihn montags auf. Robert ändert seine Schlafgewohnheiten und ist danach an Montagen etwas weniger beunruhigt.

Grundschullehrerin **Carmen** überwacht ihre Auslöser, Gedanken und Gefühle einen Monat lang. Sie ist nicht weiter überrascht, dass sie Angst davor hat, kritisiert zu werden. Sie merkt, dass sie an dem Tag, an dem Vertreter der Schulbehörde an ihrem Unterricht teilnehmen, das große Zittern bekommt. Anfangs hat sie Schwierigkeiten, sich über ihre Gedanken zu diesem Punkt klarzuwerden, und benutzt die Frageliste, die wir im Abschnitt *Fangen Sie Ihre Angst auslösenden Gedanken* weiter vorne in diesem Kapitel präsentieren. Sie stellt sich die Frage: »Was würden meine Eltern zu diesem Ereignis sagen?« Carmen hört in ihrem Kopf, wie ihre Mutter mit sarkastischer Stimme sagt: »Du wirst es nie zu etwas bringen, solange du nicht mal in der Lage bist, dein Zimmer in Ordnung zu halten.«

Carmen erkennt, wie kritisch ihre Mutter ihr gegenüber war und wie sehr ihre Härte sie verletzt hat. Diese Erkenntnis hilft ihr herauszufinden, dass sie von den Vertretern der Schulbehörde das gleiche Verhalten erwartet wie von ihrer Mutter. Sie erinnert sich, dass man bei der letzten Lehrprobe besonders zufrieden war. Eine negative Bewertung ist also wenig wahrscheinlich. Diese Einsicht lässt ihre Angst bereits abklingen.

Wenn diese Selbstbeobachtung auch zu hilfreichen Einsichten führt, durch die sich Ihre Angst schon ein wenig mindern lässt, so kann es doch sein, dass Sie, wie die meisten Menschen, etwas mehr Unterstützung brauchen. Der folgende Abschnitt zeigt Ihnen, wie Sie Ihre Angst auslösenden Gedanken herausfordern und mit ihnen fertig werden können.

Hinterfragen Sie Ihre Gedanken: Kognitive Therapie

Wir stellen Ihnen drei einfache Strategien vor, mit deren Hilfe Sie Ihre Angst auslösenden Gedanken herausfordern können.

✔ **Das Gedankengericht:** Bringen Sie Ihre Gedanken vor Gericht und sichten Sie die Beweise.

✔ **Die Risikobewertung:** Schätzen Sie die Wahrscheinlichkeit, mit der Ihre Angst auslösenden Gedanken wahr werden, neu ein. Die meisten Menschen schätzen diese Wahrscheinlichkeit zu hoch ein.

✔ **Den ungünstigsten Fall annehmen:** Überlegen Sie, wie Sie sich schlagen würden, wenn der schlimmste Fall eintreten würde. Die meisten Menschen unterschätzen ihre Fähigkeiten, mit Schwierigkeiten fertig zu werden.

Veronika ist ihren Angst auslösenden Gedanken in Bezug auf Prüfungssituationen auf die Schliche gekommen, aber sie hat sie bisher nicht in Frage gestellt. Sie hat nach wie vor Angst und ist davon überzeugt, dass sie durchfällt, wenn sie die Fortbildung macht. Jeder wird dann merken, wie dumm sie ist. Veronika muss mehr tun, als ihre Angst auslösenden Gedanken zu beobachten. Sie muss vor Gericht ziehen und herausfinden, welche Beweise es für und gegen ihr gewohnheitsmäßiges Denken gibt.

Die Beweislage sichten: Das Gedankengericht

Die Gedanken, die Ihre Angst auslösenden Gefühle hervorrufen, gehen Ihnen sehr wahrscheinlich schon lange Zeit im Kopf herum. Die meisten Menschen gehen davon aus, dass das, was sie denken, auch wahr ist. Sie stellen es nicht in Frage. Sie werden vielleicht überrascht sein festzustellen, dass viele Ihrer Gedanken einer eingehenden Untersuchung nicht standhalten. Wenn Sie die Beweise sorgfältig sammeln und gewichten, könnten Sie herausfinden, dass Ihr Gedankengebäude auf Sand gebaut ist.

Berücksichtigen Sie, dass es nicht immer leicht ist, solche Beweise zu sammeln, wenn man akut Angst hat. Man kann sich dann nur schwer vorstellen, dass die eigenen Gedanken vielleicht nicht zutreffen. In diesem Fall warten Sie besser, bis Sie sich wieder beruhigt haben, bevor Sie beginnen, Beweise zu suchen. Ein anderes Mal können Sie vielleicht Beweise finden, wenn Ihre Angst nicht gerade völlig die Kontrolle übernommen hat. In jedem Fall können die folgenden Fragen beim Sammeln von Beweisen hilfreich sein, wenn es um die Beurteilung der Stichhaltigkeit Ihrer Angst auslösenden Gedanken geht.

✔ Hatte ich solche Gedanken früher schon einmal? Sind meine Voraussagen damals eingetroffen?

✔ Habe ich Erfahrungen gemacht, die meinen Gedanken in irgendeiner Weise entgegenstehen?

✔ Ist die Lage wirklich so schlimm, wie ich sie darstelle?

✔ Wie viele Gedanken werde ich mir in einem Jahr noch über diese Frage machen?

✔ Denke ich, dass dies passiert, weil ich mir Sorgen mache und Angst habe? Stütze ich meine Schlussfolgerungen zum größten Teil auf meine Gefühle oder auf belastbare Beweise?

Gefühle sind immer stichhaltig, insofern Sie ja fühlen, was Sie fühlen. Sie sind aber keine Beweise, die Ihre Angst steigernden Gedanken untermauern. Wenn Sie zum Beispiel wahnsinnige Angst vor Prüfungen haben, ist diese Angst kein Beweis dafür, wie Sie abschneiden werden.

Diese Fragen beim Sammeln von Beweisen können Ihnen helfen, Beweise gegen Ihre angst- und sorgenvollen Gedanken zusammenzutragen. Sehen Sie sich noch einmal Veronikas Tabelle 5.1 weiter vorne in diesem Kapitel an und lesen Sie dann in Tabelle 5.2. was sie an Beweisen gefunden hat. Veronika hat sich auf unsere Frageliste gestützt und die Gegenbeweise in der zweiten Spalte der Tabelle festgehalten.

Beweise, die das Angst auslösende Denken stützen	Beweise, die gegen das Angst auslösende Denken sprechen
Ich weiß, dass mein Chef herausfinden wird, wenn ich durchfalle, weil er die Fortbildung bezahlt.	Es gibt keine Beweise dafür, dass mein Chef nicht herausfindet, dass ich durchgefallen bin. Wenn er es herausfindet, werde ich ihm wahrscheinlich nur leidtun.
In meinen letzten Jahr auf dem Gymnasium bin ich beinahe in Chemie durchgefallen.	In der gesamten Oberstufe war Chemie das einzige Fach, in dem ich Probleme hatte. Sonst hatte ich ganz gute Noten.
Mein Vater hat immer gesagt, dass ich nur langsam lerne.	Ich fühle mich wahrscheinlich dumm, weil mein Vater mir dieses Gefühl vermittelt hat. Niemand sonst hat mir je etwas Ähnliches gesagt. Abgesehen davon sind Gefühle keine Beweise.
Ich fühle mich nicht sehr schlau.	Mein Chef hätte mir sicher nicht vorgeschlagen, die Fortbildung zu machen, wenn er mir das nicht zutrauen würde. Abgesehen davon sind Gefühle keine Beweise.
Meine beste Freundin hatte immer bessere Noten als ich und studiert jetzt. Ich muss ziemlich dämlich sein.	Meine beste Freundin hatte einfach mehr Selbstvertrauen als ich. Deshalb hat sie studiert. Meine Noten wären auch gut genug gewesen.
Ich arbeite jetzt schon zwei Jahre hier und bin immer noch nicht weitergekommen.	Niemand wird hier befördert, wenn er sich nicht fortbildet. Das ist der einzige Grund, warum ich noch nicht weitergekommen bin.

Tabelle 5.2: Gewichtung der Beweise

Nach dieser Übung bewertet Veronika ihre Angst auslösenden Gedanken neu. Sie erkennt, dass die Beweise, die ihre Angst stützen, einer näheren Untersuchung nicht standhalten. Wenn sie so darüber nachdenkt, kommt sie zu dem Schluss, dass ihre Minderwertigkeitsgefühle zum größten Teil auf ihren kritischen Vater zurückgehen. Darüber hinaus ist sie überrascht, wie viele Anhaltspunkte sie für eine alternative Betrachtungsweise gefunden hat, nämlich dass sie eigentlich recht leistungsfähig ist. Sie sieht die Sache jetzt anders und hat viel weniger Angst. Sie entschließt sich, die Fortbildung zu machen und sich nach Kräften anzustrengen.

Überlegen Sie, ob Sie nicht auch Beweise sammeln und in einer Tabelle gegenüberstellen wollen. Sie können die gleichen Spaltenüberschriften verwenden, wie sie Tabelle 5.2 zeigt. Seien Sie kreativ und sammeln Sie so viele Pros und Contras, wie Sie nur können.

Sehen Sie ruhig noch einmal in die Frageliste für das Sammeln von Beweisen weiter vorne in diesem Abschnitt, wenn Sie mit dem Sammeln nicht so richtig in die Gänge kommen.

Entscheiden Sie, ob Sie Ihre Angst schürenden Gedanken wirklich für stichhaltig halten. Wenn nicht, müssen Sie sie eigentlich nicht mehr so ernst nehmen, und Ihre Angst sollte ein wenig nachlassen.

Eine einmalige Aufzeichnung Ihrer Angst auslösenden Gedanken und die Gewichtung der Beweise mag ja nützlich sein, aber mit zunehmender Praxis wird der Effekt noch deutlicher spürbar sein. Je länger Sie am Ball bleiben und je öfter Sie Ihre Angst auslösenden Gedanken an der Wirklichkeit messen, desto mehr werden Sie davon haben. Viele unserer Patienten haben uns bestätigt, dass sie nach drei oder vier Monaten regelmäßiger Gedankengerichte ihre negativen Gefühle um ein beträchtliches Maß reduzieren konnten.

Die Risiken neu bewerten

Ein weiterer wichtiger Ansatz für die Herausforderung Angst auslösender Gedanken ist die Bewertung der Wahrscheinlichkeiten. Wenn Sie Angst empfinden, werden Sie, wie viele Menschen, die Wahrscheinlichkeit, dass die gefürchteten Ereignisse tatsächlich eintreten, überschätzen. Das ist ganz schnell passiert. Wann haben Sie beispielsweise zuletzt in den Nachrichten gehört, dass niemand von einer Schlange gebissen wurde oder dass eine halbe Million Flugzeuge problemlos gestartet und gelandet sind? Es ist kein Wunder, dass Menschen die Wahrscheinlichkeit des Eintritts von Katastrophen überschätzen. Wir haben immer eher die dramatischen Ereignisse im Blick als die routinemäßigen, weil sie unsere Aufmerksamkeit mehr erregen. Deshalb ist es hilfreich, sich die tatsächliche Wahrscheinlichkeit eines befürchteten negativen Ereignisses immer mal wieder bewusst zu machen.

 Gedanken sind nur Gedanken. Überprüfen Sie sie anhand der Wirklichkeit.

Vicki hat Angst vor dem Fliegen. Sie lebt in München. Ihr Schwiegervater, der an der Grenze zu Dänemark lebte, verstarb unerwartet. Vicki quält sich im Auto in den hohen Norden, anstatt ihren Mann zu begleiten, der sich für einen Flug entschieden hat. Vicki kann dadurch nicht nur ihrer Familie weniger helfen, sie fällt auch am Arbeitsplatz einige Tage länger aus. Ihre Entscheidung ist aberwitzig, wenn man bedenkt, dass die Wahrscheinlichkeit eines Autounfalls wesentlich höher ist als die eines Flugzeugabsturzes. Fliegen ist immer noch die sicherste Form des Reisens.

Lars geht gerne mit seinem Hund spazieren. Leider macht er sich ständig Gedanken, dass er die Haustür nicht abgeschlossen hat, wenn er unterwegs ist. Meistens geht er nach den ersten 500 Metern noch einmal zurück und sieht nach. Es kommt vor, dass er vier oder fünf Mal überprüft, ob er abgeschlossen hat. Er gerät fast in Panik bei dem Gedanken, jemand könnte in sein Haus einbrechen. Lars ist sich nicht im Klaren darüber, dass er zwei Risiken zu hoch einschätzt. Das eine ist, dass seine *Gedanken* ihm sagen, dass er wahrscheinlich vergessen hat, die Tür abzuschließen. In *Wirklichkeit* ist das noch nie passiert. Das zweite ist, dass in den letzten Jahren in seiner Wohngegend nur einige wenige Einbrüche vorgekommen sind. Die Wahrscheinlichkeit, dass ein Einbrecher ausgerechnet dann einen Einbruch plant, wenn Lars 30 Minuten mit seinem Hund unterwegs ist, ist astronomisch klein.

Lars und Vicki wenden zu viel Zeit und Mühe dafür auf, ihren Ängsten auszuweichen. Außerdem wird das, wovor sie Angst haben, wahrscheinlich nicht passieren. Stellen Sie Ihre Ängste der Wirklichkeit gegenüber und schätzen Sie die Wahrscheinlichkeiten sorgfältig ein.

Suchen Sie, wenn möglich, nach statistischen Daten, die in Bezug auf Ihre Angst verfügbar sind. Man hat bei Bedarf leider nicht immer die passende Statistik zur Hand.

Die folgende Geschichte zeigt, wie Menschen die Wahrscheinlichkeit einer katastrophalen Entwicklung der Ereignisse überschätzen.

David reißt seiner Frau **Stefanie** rüde die Pfanne aus der Hand. »Ich mach' das hier fertig. Deck' du schon mal den Tisch«, blafft er sie an. Sein schroffes Verhalten verletzt Stefanies Gefühle, aber sie weiß, wie angespannt David ist, wenn sie Gäste zum Abendessen haben. David umfasst den Stiel der Pfanne fest und achtet aufmerksam darauf, dass das Fleisch nicht zu dunkel wird. Er fühlt sich gereizt und unruhig, weil er »weiß«, dass das Abendessen in die Hose gehen wird. Das Fleisch wird zäh sein und das Gemüse matschig aussehen, weil es zu lange gekocht hat. Dieser Stress ist ansteckend und hat, als die Gäste schließlich eintreffen, auch Stefanie erfasst.

Welches Ergebnis sagt David voraus? Fast immer, wenn er und Stefanie Gäste haben, glaubt David, dass das vorbereitete Essen ungenießbar, ihre Gäste entsetzt und er blamiert sein wird. Die Wahrscheinlichkeit, dass dieser Fall eintritt, kann man leider nicht in irgendeinem Buch nachschlagen. Wie kann David aber realistisch einschätzen, mit welcher Wahrscheinlichkeit das Abendessen ein Reinfall wird? Nun, er kann sich die folgenden Fragen zur Neubewertung der Wahrscheinlichkeit stellen und entsprechend beantworten:

- ✔ Wie oft habe ich dieses Ergebnis vorhergesagt und wie oft ist es tatsächlich eingetreten?
- ✔ Wie oft passiert das Leuten, die ich kenne?
- ✔ Wenn jemand, den ich kenne, ein solches Ergebnis vorhersagen würde, würde ich ihm zustimmen?
- ✔ Gehe ich davon aus, dass es so kommt, weil ich befürchte, dass es so kommen wird, oder gibt es vernünftige Gründe dafür, dass es wahrscheinlich passieren wird?
- ✔ Habe ich in der Vergangenheit Erfahrungen gemacht, die es als unwahrscheinlich erscheinen lassen, dass es so kommt, wie ich vorhersage?

David muss eingestehen, dass weder er noch seine Frau jemals ein Abendessen in den Sand gesetzt haben, obwohl er das ein ums andere Mal vorhergesehen hatte. Er hinterfragt auch seine zweite Annahme, dass seine Gäste entsetzt wären, wenn sich das Abendessen als ungenießbar erweisen würde. Er erinnert sich, dass er mit Stefanie einmal auf einem Grillabend eingeladen war, an dem das Fleisch so verbrannt war, dass man es wirklich nicht essen konnte. Alle Gäste waren voller Mitgefühl und erzählten sich gegenseitig, was bei ihnen schon alles beim Kochen schiefgegangen war. Am Ende bestellten sie Pizza, und alle waren übereinstimmend der Meinung, lange keinen so schönen Abend verbracht zu haben. Die Gastgeber waren alles andere als blamiert und sonnten sich im allseitigen Wohlwollen.

Wie stehen die Chancen?

Die Wahrscheinlichkeit, an einem beliebigen Tag vom Blitz erschlagen zu werden, ist 1 zu 250 Millionen. Die Wahrscheinlichkeit, dass Sie irgendwann

- ✔ von einem Hund getötet werden, beträgt 1 zu 700.000.
- ✔ von einer giftigen Schlange, Echse oder Spinne gebissen werden, liegt bei 1 zu 700.000.
- ✔ durch einen Schuss aus einer Waffe zu Tode kommen, ist 1 zu 202 (in den USA, einem der diesbezüglich gefährlichsten Länder der Welt).
- ✔ bei einem Flug sterben, beträgt 1 zu 5.000.

Sie sehen, dass die tatsächlichen Wahrscheinlichkeiten nicht unbedingt das widerspiegeln, was die Menschen fürchten. Es haben mehr Menschen Angst vor Gewittern, Schlangen, Spinnen und dem Fliegen als vor dem Autofahren oder davor, von einer Kugel erwischt zu werden. Das erscheint absurd, oder nicht? Wir sollten aber noch hinzufügen, dass sich im Einzelfall natürlich andere Wahrscheinlichkeiten ergeben können. Wenn Sie regelmäßig bei Gewittern draußen herumlaufen und Ihren Golfschläger hoch in die Luft recken, können Sie etwas eher damit rechnen, dass ein Blitz Sie erwischt als der Durchschnitt.

Den Supergau analysieren

Ja, aber manchmal kommt es wirklich ganz dick. Blitze schlagen ein. Chefs geben vernichtende Beurteilungen ab. Flugzeuge stürzen ab. An manchen Tagen geht alles schief. Schiffe sinken. Menschen stolpern und werden ausgelacht. Andere Menschen verlieren ihre Arbeit. Paare trennen sich.

Die Welt um uns herum gibt uns reichlich Grund zur Sorge. Oft hilft es, sich die tatsächliche Wahrscheinlichkeit ins Bewusstsein zu rufen. Aber das vertreibt nicht das hartnäckige »Was, wenn doch?« Was ist, wenn Ihre Befürchtungen wahr werden?

Kleine-Fische-Szenarien

Worüber machen sich Menschen Sorgen? Meistens sind sie wegen Dingen beunruhigt, die kaum Konsequenzen haben – kleine Fische. Es handelt sich um Umstände, die vielleicht unangenehm, aber bei weitem nicht lebensbedrohlich sind. Dennoch erzeugen diese Kleine-Fische-Szenarien bemerkenswert viel Stress, dunkle Vorahnungen und Sorgen.

Lesen Sie, was Gerhard, Till, Patrizia und Karla Sorgen macht:

Gerhard sorgt sich wegen vieler Dinge. Am meisten beunruhigt ihn, dass er sich gesellschaftlich blamieren könnte. Wenn er zu einer Party eingeladen ist, zermartert er sich das Hirn, was er wohl anziehen soll. Ist er zu fein angezogen oder etwa zu leger? Was soll er sagen? Was, wenn er etwas Dummes sagt und alle lachen? Sie können sich vorstellen, dass Gerhard sich in geselliger Runde furchtbar fühlt. Wenn er unter Leute geht, hat er das Gefühl, ein Scheinwerfer sei auf ihn gerichtet und alle starren ihn an. Und es richten sich nicht nur alle Augen auf ihn, er wird auch von allen geringschätzig bewertet.

Till hat genauso viele Sorgen wie Gerhard, sie gehen nur in eine andere Richtung. Till ist von der Vorstellung besessen, dass er die Kontrolle über sich verliert und von dort, wo er sich gerade aufhält, weglaufen muss. Wenn er im Klassenraum sitzt, fragt er sich, wann seine Angst so groß wird, dass er den Raum verlassen muss. Natürlich geht er davon aus, dass jeder weiß, warum er hinausgeht, und denkt, dass er nicht alle beisammen hat. In vollen Einkaufszentren hat er Angst, die Nerven zu verlieren und unkontrolliert zu schreien und umherzurennen.

Die siebzehnjährige **Patrizia** macht sich ständig Sorgen, ihr Freund könnte sie eines Tages verlassen. Wenn er müde oder schlecht gelaunt ist, nimmt sie sofort an, dass er böse mit ihr ist. Kommt er eine Viertelstunde später als abgemacht, stellt sie sich vor, dass er gerade mit einer anderen zusammen ist. Sie geht nicht nur davon aus, dass ihr Freund sie schließlich verlassen wird, sondern kann sich auch nicht vorstellen, ohne ihn weiterzuleben.

Karla ist Journalistin. Sie hat fast jeden Tag Angst. Wenn der Zeitpunkt näher rückt, an dem sie einen Artikel abliefern muss, fühlt sie einen Druck in der Brust. Sie fürchtet den Tag, an dem sie es nicht schafft, rechtzeitig fertig zu sein. Noch schlimmer wird die Sache dadurch, dass sie manchmal eine Schreibblockade hat und 15 bis 20 Minuten lang kein Wort zu Papier bringt. Dabei läuft die Uhr weiter und der Abgabetermin rückt unbarmherzig näher. Sie hat mehrfach mitbekommen, wie Kollegen ihre Arbeit verloren haben, weil sie regelmäßig den Abgabetermin versäumt hatten. Nun fürchtet sie, dass es ihr eines Tages auch so gehen wird. Karla kann den Gedanken an die Abgabetermine kaum aus ihrem Kopf verdrängen.

Was haben Gerhard, Till, Patrizia und Karla gemeinsam? Zunächst einmal leiden sie an beträchtlicher Angst, an Stress und Anspannung. Sie machen sich fast jeden Tag ihres Lebens Sorgen. Sie halten die Qualen, sich mit der Möglichkeit auseinanderzusetzen, dass ihre Befürchtungen sich bewahrheiten könnten, für unvorstellbar. Noch schlimmer ist, dass sie sich um Dinge Sorgen machen, die jeden Tag passieren und die andere Menschen bewältigen, wenn sie sich damit auseinandersetzen.

Gerhard, Till, Patrizia und Karla unterschätzen ihre Fähigkeiten, mit ihren Problemen fertig zu werden. Was passiert denn, wenn Gerhard auf einer Party etwas verschüttet und alle um ihn herum das bemerken? Würde Gerhard auf den Boden fallen und sich nicht mehr bewegen können? Würden alle Umstehenden mit dem Finger auf ihn zeigen und sich kaputtlachen? Wahrscheinlich nicht. Er würde wohl rot werden und peinlich berührt sein und dann die Pfütze aufwischen. Die Party nimmt ihren Lauf und auch Gerhards Leben geht weiter. Selbst wenn ein paar Unverbesserliche über Gerhard lachen, würden die meisten den Vorfall schnell vergessen und Gerhard deswegen nicht anders beurteilen.

Karla dagegen hat eine größere Sorge. Im schlimmsten Fall wäre sie ihren Job los. Das hört sich schon ernster an. Was täte sie, wenn man ihr kündigen würde? Die folgenden *Bewältigungsfragen* helfen Karla herauszufinden, ihre tatsächlichen Widerstandskräfte zu ermitteln.

1. Hatte ich irgendwann schon einmal mit einer ähnlichen Situation zu tun?
2. Wie wird sich das auf mein Leben in einem Jahr von heute an auswirken?
3. Kenne ich jemanden, der mit einer solchen Situation fertig geworden ist, und wie hat er oder sie das gemacht?
4. Kenne ich jemanden, den ich um Hilfe oder Unterstützung bitten könnte?
5. Kann ich mir vorstellen, dass aus dieser Herausforderung kreative, neue Möglichkeiten entstehen?

In der Absicht, Ihre Ängste zu bewältigen, beantwortet Karla diese Fragen:

1. Nein, ich habe noch nie meine Arbeit verloren.

Die erste Frage konnte Karla nicht helfen, ihre verborgenen Kräfte zu entdecken, aber ihre Antwort weist darauf hin, dass sie das Risiko, ihre Stelle zu verlieren, möglicherweise überschätzt.

2. Wenn ich meine Stelle verlieren würde, hätte ich wohl eine Zeit lang finanzielle Probleme, aber ich bin sicher, dass ich eine andere Stelle finden kann.

3. Meine Freundin Jana hat vor ein paar Monaten ihre Stelle verloren.

Sie hat Arbeitslosengeld bekommen und ihre Eltern um Unterstützung gebeten. Jetzt hat sie eine neue Stelle und fühlt sich dort wohl.

4. Ich würde das nur ungern in Anspruch nehmen, aber mein Bruder würde mir immer helfen, wenn es notwendig wäre.

5. Wenn ich darüber nachdenke, hasse ich diese täglichen Abgabetermine im Zeitungsjournalismus wie die Pest.

Ich habe einen Abschluss als Lehrerin. Bei der momentanen Lehrerknappheit könnte ich bestimmt an einer weiterführenden Schule Englisch unterrichten und hätte in den Ferien frei. In den Sommerferien könnte ich endlich mit dem Roman anfangen, den ich immer schreiben wollte. Vielleicht kündige ich meine Stelle jetzt und mache das.

Überraschenderweise können diese Fragen den befürchteten Supergau entschärfen. Indem Sie die Fragen beantworten, finden Sie möglicherweise heraus, dass Sie mit den meisten Ihrer Sorgen und Befürchtungen fertig werden können – zumindest mit den kleinen Fischen. Aber wie ist das mit den wirklich schlimmen Ereignissen? Könnten Sie mit wirklichen Katastrophen umgehen?

Die schlimmsten Fälle

Manche Menschen haben Ängste, die weit über Fragen gesellschaftlicher Fehltritte oder vorübergehender finanzieller Engpässe hinausgehen. Schwere Krankheiten, Tod, Terror, Naturkatastrophen, Entstellungen, schwere Behinderungen und der Verlust geliebter Menschen gehören zu den schlimmsten Situationen, mit denen man konfrontiert werden kann. Wie würden Sie damit fertig? Wir werden nicht versuchen, Ihnen weiszumachen, dass es leicht wäre, denn das wäre es ganz und gar nicht.

Marinas Mutter und ihre Großmutter sind beide an Brustkrebs gestorben. Sie weiß, dass ihr Brustkrebsrisiko überdurchschnittlich hoch ist. Seit sie erwachsen ist, macht sie sich beinahe täglich Sorgen um ihre Gesundheit. Sie besteht darauf, monatlich untersucht zu werden, und sieht hinter jeder Magenverstimmung, jedem Kopfschmerz oder jeder kleinen Müdigkeit einen Tumor lauern.

Ihre ständige Anspannung macht ihrer Familie und ihrem Arzt Sorgen. Ihr Arzt macht ihr klar, dass sie ihr Risiko zu hoch bewertet. Anders als ihre Mutter und ihre Großmutter geht Marina jedes Jahr zur Mammographie und tastet ihre Brust regelmäßig selbst ab. Darüber hinaus hält sie sich körperlich fit und ernährt sich viel gesünder als ihre Mutter und ihre Großmutter.

Dennoch kann man nicht leugnen, dass Marina an Brustkrebs erkranken kann. Wie würde sie mit diesem schlimmsten Fall fertig werden? Lesen Sie, wie Marina die fünf Bewältigungsfragen beantwortet hat:

Frage: »Hatte ich schon einmal mit einer ähnlichen Situation zu tun?«

Marinas Antwort: »Leider ja. Ich habe meine Mutter bei ihrer Chemotherapie unterstützt. Es war furchtbar, aber ich kann mich auch erinnern, dass ich mit ihr gelacht habe, als ihr die Haare ausfielen. Ich weiß, dass die Chemotherapie heute nicht mehr so schlimm ist, wie sie früher war. Ich habe mich meiner Mutter nie so nahe gefühlt wie in dieser Zeit. Wir haben über viele wichtige Dinge gesprochen.«

Frage: »Wie wird sich das auf mein Leben in einem Jahr von heute an auswirken?«

Marinas Antwort: »Wenn ich Brustkrebs hätte, würde sich das dramatisch auf mein Leben in einem Jahr von heute an auswirken. Ich wäre wahrscheinlich noch in Behandlung oder würde mich von einer Operation erholen.«

Diese beiden ersten Fragen lenken Marinas Aufmerksamkeit auf die Möglichkeit, an Brustkrebs zu erkranken. Obwohl sie ständig an Krebs denkt und sich Sorgen macht, hat ihre Angst sie bisher davon abgehalten, darüber nachzudenken, wie sie sich verhalten würde, wenn sie tatsächlich an Krebs erkrankte. Sie denkt zwar sicher nicht gerne an Chemotherapie oder Operationen, aber als sie sich die Möglichkeit vor Augen hält, sieht sie, dass sie wahrscheinlich damit fertig würde.

 Je mehr Sie der Angst aus dem Weg gehen, desto erschreckender wirkt sie.

Frage: »Kenne ich jemanden, der mit einer solchen Situation fertig geworden ist, und wie hat er oder sie das gemacht?«

Marinas Antwort: »Ja klar, meine Mutter ist an Brustkrebs gestorben. In den letzten drei Jahren ihres Lebens hat sie jeden Moment genossen. Sie war ihren Kindern viel näher und hat neue Freundschaften geschlossen. Komisch, aber wenn ich darüber nachdenke, glaube ich, dass ich sie nie so glücklich erlebt habe wie in dieser Zeit.«

Frage: »Kenne ich jemanden, den ich um Hilfe oder Unterstützung bitten könnte?«

Marinas Antwort: »Ich kenne eine Krebs-Selbsthilfegruppe in der Stadt. Natürlich würden mein Mann und meine Schwester alles für mich tun.«

Frage: »Kann ich mir vorstellen, dass aus dieser Herausforderung kreative, neue Möglichkeiten entstehen?

Marinas Antwort: »Ich habe Krebs nie als Herausforderung betrachtet, eher als einen Fluch. Aber ich merke jetzt, dass ich es in der Hand habe, Angst und Sorgen zu empfinden oder auf mich zu achten und ein erfülltes Leben zu leben. Wenn ich Krebs bekomme, kann ich hoffentlich anderen helfen, wie meine Mutter das getan hat, und ich werde meine Zeit positiv nutzen. Abgesehen davon habe ich gute Chancen, den Krebs zu überleben, und bei dem Tempo des medizinischen Fortschritts steigen diese Chancen mit jedem Tag. In der Zwischenzeit gebe ich mir Mühe, meiner Familie näher zu kommen, bevor meine letzten Tage gekommen sind.«

Wenn Sie Angst haben, dass etwas Schreckliches passieren könnte, ist es wichtig, dass Sie nicht das Ende der Geschichte ausblenden. Sehen Sie es sich genau an. Je länger Sie sich sträuben, über den schlimmsten Fall nachzudenken, desto größer wird Ihre Angst. In unseren Gesprächen mit Klienten beobachten wir immer wieder, dass Menschen immer eine Möglichkeit finden, mit dem schlimmsten Fall umzugehen, auch wenn es wirklich hart kommt. Menschen, die sich standhaft weigern, sich mit ihren Ängsten auseinanderzusetzen, werden schließlich zu Opfern.

Georg zum Beispiel hat Angst vor dem Fliegen. Er bewertet das Risiko des Fliegens neu und kommt zu dem Ergebnis, dass es recht klein ist. Er meint: »Ich weiß, dass Fliegen im Vergleich sehr sicher ist, und das hilft mir auch, aber Angst habe ich immer noch.« Vor kurzem ist Georg befördert worden. Zu seinem Leidwesen sind mit der neuen Position auch viele Reisen verbunden. Georgs schlimmster Albtraum ist, dass er mit einem Flugzeug abstürzt. Er stellt sich die Bewältigungsfragen und beantwortet sie wie folgt:

✔ **Hatte ich schon einmal mit einer ähnlichen Situation zu tun?**

Nein, wie es aussieht, bin ich noch nie mit dem Flugzeug abgestürzt.

✔ **Wie wird sich das auf mein Leben in einem Jahr von heute an auswirken?**

Nicht viel, ich wäre tot!

✔ **Kenne ich jemanden, der mit einer solchen Situation fertig geworden ist, und wie hat er oder sie das gemacht?**

Nein. Keiner meiner Freunde, Verwandten oder Bekannten sind je mit dem Flugzeug abgestürzt.

✔ **Kenne ich jemanden, den ich um Hilfe oder Unterstützung bitten könnte?**

Natürlich nicht. Ich meine, was könnten sie tun?

✔ **Kann ich mir vorstellen, dass aus dieser Herausforderung kreative, neue Möglichkeiten entstehen?**

Wie denn? In den paar Minuten, die ich auf dem Weg nach unten noch hätte, werden sich kaum viele Möglichkeiten für mich auftun.

Hmmm. Georg haben unsere Bewältigungsfragen offensichtlich nicht viel genutzt. In einigen wenigen Katastrophenfällen bringen diese Fragen niemanden weiter. Für diese Fälle haben wir die *ultimativen Bewältigungs-fragen*:

1. Was an dieser Möglichkeit lässt Sie denken, dass Sie nicht damit fertig werden und es nicht aushalten würden?
2. Oder wäre es möglich, dass Sie doch damit fertig würden?

Georg antwortet:

1. »Ich kann mir zwei verschiedene Flugzeugabstürze vorstellen. Bei dem einen explodiert das Flugzeug, und ich würde wahrscheinlich nicht einmal mitkriegen, was passiert. Bei dem anderen passiert irgendetwas mit dem Antrieb und ich würde einige Minuten in Angst und Schrecken versetzt. Davor habe ich eigentlich Angst.«

2. »Könnte ich damit fertig werden? Ich glaube, darüber habe ich noch nie nachgedacht, weil es mir Angst macht. Wenn ich mich wirklich in ein Flugzeug setzen würde, würde ich mich wahrscheinlich an den Sitz klammern, vielleicht sogar schreien, aber das würde wohl nicht lange dauern. Ich glaube, ich kann alles für eine Weile aushalten. Jedenfalls wäre ich mir im Falle eines Absturzes sicher, dass für meine Familie gut gesorgt würde. Wenn ich wirklich darüber nachdenke, so unangenehm das auch ist, glaube ich, dass ich damit fertig werden könnte. Ich müsste es.«

Die meisten Menschen fürchten sich in irgendeiner Weise vor dem Tod – auch die mit starken religiösen Überzeugungen (die eine Hilfe sein können) denken nicht gerne daran. Aber niemand kommt darum herum, den Tod als eine Erfahrung anzuerkennen, die keinem von uns erspart bleiben wird. Die meisten von uns würden sicher einen schmerzlosen, schnellen Tod im Schlaf bevorzugen, aber es ist nicht immer so leicht, diese Welt zu verlassen.

Wenn Sie eine bestimmte Art zu sterben fürchten, ist es besser für Sie, darüber aktiv nachzudenken, als den Gedanken daran aus Ihrem Kopf zu verbannen. Wenn Sie das tun, werden Sie, wie Georg, wahrscheinlich entdecken, dass Sie damit umgehen und fast jede Möglichkeit akzeptieren können.

Wenn Sie beim Nachdenken außergewöhnliche Angst oder Unwohlsein empfinden, raten wir Ihnen, professionelle Hilfe in Anspruch zu nehmen.

Ruhiges Denken üben

Angst auslösende Gedanken nehmen Ihre Aufmerksamkeit gefangen. Sie nehmen Ihre Vernunft in Geiselhaft. Als Lösegeld verlangen sie Ihre Ruhe und Gelassenheit. Wenn Sie Angst auslösende Gedanken haben, hilft es, sie durch die Gewichtung von Beweisen, die Neubewertung der Risiken und der Betrachtung ihrer tatsächlichen Widerstandskräfte zu verfolgen und zu zerstören.

Eine andere Möglichkeit besteht darin, Angst auslösende Gedanken durch ruhige Gedanken zu verdrängen. Das können Sie mit Hilfe zweier Techniken erreichen. Zum einen können Sie die Perspektive eines Freundes einnehmen und zum anderen können Sie neue, ruhigere Gedanken entwickeln, durch die Sie die alten, Angst steigernden Gedanken ersetzen.

Seien Sie Ihr bester Freund

Manchmal wirken einfache Strategien Wunder. Die folgende ist so eine. Wenn Ihre Angst auslösenden Gedanken Ihre Vernunft als Geisel genommen haben, ist da immer noch ein Freund, an den Sie sich wenden können. Wo? In Ihnen selbst.

Nehmen Sie irgendeine Sorge. Hören Sie dieser Sorge zu und lassen Sie sie alles Schreckliche erzählen, was sie loswerden will. **Jochen** beispielsweise hat Sorgen wegen seiner Rechnungen. Sein Konto steht mit 7.000 Euro im Soll. In ein paar Wochen wird seine Autoversicherung fällig, und er kann sie nicht bezahlen. Wenn Jochen die Sorge übermannt, denkt er daran, dass er Bankrott gehen könnte und sein Auto und vielleicht sogar sein Haus verlieren wird. Er hat das Gefühl, keine Wahl zu haben und in eine hoffnungslose Lage geraten zu sein. Jochen schläft schlecht wegen seiner Sorgen. Seine Angst hindert ihn daran, über seine Situation nachzudenken und sie zu analysieren.

Wir bitten Jochen, einem alten Freund zu helfen. Er soll sich vorstellen, dass **Richard**, ein guter Freund, ihm gegenübersitzt. Richard ist in einer finanziellen Notlage und braucht einen Rat, was er tun soll. Er hat Angst alles zu verlieren, wenn er nicht das Geld für seine Autoversicherung aufbringt. Wir bitten Jochen, sich für Richards Lage etwas einfallen zu lassen.

Zu Jochens Überraschung (wir sind weniger überrascht) hat er eine ganze Fülle guter Ideen. Er rät Richard: »Sprich mit deiner Versicherung, ob du die Zahlungen nicht monatlich leisten kannst statt halbjährlich. Außerdem kannst du einen Kleinkredit aufnehmen. Gibt es keine Möglichkeiten, Überstunden zu machen? Sprich mit einem Kreditberater oder vielleicht kann dir in der Verwandtschaft einer ein paar hundert Euro leihen. Langfristig musst du dein Konto ausgleichen und bei den Ausgaben etwas zurückhaltender sein.«

Versuchen Sie es mit dieser Technik, wenn Sie alleine sind – alleine bis auf Ihren inneren Freund. Stellen Sie sich vor, Ihr Freund säße Ihnen wirklich gegenüber und sprechen Sie laut. Nehmen Sie sich Zeit und versuchen Sie wirklich, ihm zu helfen. Überlegen Sie zusammen mit Ihrem Freund. Sie müssen nicht sofort die perfekte Lösung finden. Denken Sie über jede Idee nach, die Ihnen in den Sinn kommt, auch wenn sie auf den ersten Blick dumm klingt – sie könnte zu einer kreativen Lösung führen. Dieser Ansatz funktioniert, weil er Ihnen hilft, sich der überwältigenden Gefühle zu entziehen, die jeden vernünftigen Gedanken blockieren.

Tun Sie diese Strategie nicht ab, nur weil sie so einfach erscheint!

Ruhe schaffen

Eine weitere Möglichkeit, für ruhigere Gedanken zu sorgen, besteht darin, sich seine Angst auslösenden Gedanken anzusehen und eine alternative, vernünftigere Sichtweise zu entwickeln. Wichtig bei diesem Ansatz ist, dass man das schriftlich macht. Das Ganze nur im Kopf zu vollziehen, bringt nicht annähernd so gute Ergebnisse.

Mit bloßem positivem Denken hat diese Strategie nichts zu tun, denn es wird Ihnen nicht helfen, sich einfach eine Heile-Welt-Alternative zu zimmern. Sie sollten sicher sein, dass Sie an die gefundene vernunftbetontere Perspektive wenigstens zum Teil glauben können. Will heißen: Vom Gefühl her mögen Sie Ihrer alternativen Sicht vielleicht noch nicht so ganz trauen, aber ein vernünftiger Mensch sollte sie glaubhaft finden können. Diese Aufgabe wird Ihnen leichter fallen, wenn Sie Ihre Angst auslösenden Gedanken bereits auf ihre Stichhaltigkeit überprüft, im Hinblick auf ihre Wahrscheinlichkeit untersucht und herausgefunden haben, wie es um Ihre Widerstandskräfte steht, wenn der schlimmste Fall einträte.

In Tabelle 5.3 können Sie einige Beispiele für Angst auslösende Gedanken und mögliche vernünftige Alternativen nachlesen. Daneben haben wir jeweils eine Heile-Welt-Perspektive gestellt, die unserer Meinung nach nicht funktionieren wird.

Angst auslösender Gedanke	Vernünftige Alternative	Heile-Welt-Perspektive
Wenn ich als Einziger eine Krawatte trage, mache ich mich lächerlich.	Wenn sonst niemand eine Krawatte trägt, wird das einigen Leuten sicher auffallen. Sie werden sich aber wahrscheinlich nicht groß darum kümmern. Und selbst wenn, werde ich in ein paar Wochen überhaupt nicht mehr daran denken.	Sicher wird jeder denken, wie toll ich aussehe!
Wenn ich diese Prüfung mit einer Drei abschließe, ist das demütigend. Ich muss in meiner Klasse zu den Besten gehören. Alles andere kann ich nicht ertragen.	Wenn ich eine Drei kriege, werde ich sicher nicht glücklich darüber sein. Aber ich habe immer noch einen guten Durchschnitt und eine gute Chance auf ein Stipendium. Ich werde mir beim nächsten Mal mehr Mühe geben. Ich wäre gern bei den Besten in meiner Klasse, aber das Leben geht auch weiter, wenn ich das nicht ganz schaffe.	Ich kann gar nichts anderes als eine Eins kriegen. Ich muss und ich werde.
Wenn ich meine Stelle verliere, bin ich in ein paar Wochen bankrott.	Wenn ich meine Stelle verliere, wird das sicher erst einmal schwer. Die Chancen stehen aber nicht schlecht, dass ich eine neue Stelle finde. Und meine Frau hat angeboten, im Notfall mehr Stunden zu arbeiten, wenn ich möchte.	Ich kann meine Stelle gar nicht verlieren.

Angst auslösender Gedanke	Vernünftige Alternative	Heile-Welt-Perspektive
Ich laufe lieber zwanzig Stockwerke Treppen, als den Aufzug zu nehmen. Wenn ich nur daran denke, wie sich die Türen schließen, packt mich die Angst.	Es wird Zeit, dass ich diese Angst in Angriff nehme. Es ist höchst unwahrscheinlich, dass der Aufzug abstürzt. Vielleicht kann ich für den Anfang erst einmal ein paar Etagen im Aufzug fahren und gehe den Rest zu Fuß.	Ich muss aufhören, so feige zu sein. Ich werde einfach in das Ding hineinspringen und ganz nach oben fahren!

Tabelle 5.3: Vernünftige Perspektiven entwickeln

Wir haben jeweils eine Heile-Welt-Perspektive eingefügt, damit Sie wissen, was nicht empfehlenswert ist. Auf den ersten Blick könnte die letzte Heile-Welt-Perspektive richtig gut aussehen. Man überwindet seine Angst mit einem Sprung. Das wäre sicher schön, wenn es denn so funktionieren würde. Das Problem bei dieser Vorgehensweise ist, dass Sie dabei versagen müssen, wenn Sie es versuchen. Stellen Sie sich jemanden vor, der eine Riesenangst vor Fahrstühlen hat. Er springt durch die Tür und fährt bis ganz nach oben. Mit großer Wahrscheinlichkeit macht er das einmal, erschrickt fast zu Tode und hat danach mehr Angst als vorher.

Gehen Sie sanft mit sich um. Lassen Sie es langsam angehen, wenn Sie sich Ihren Angst auslösenden Gedanken und Ängsten stellen.

Schluss mit den Angst auslösenden Annahmen

In diesem Kapitel

▶ Finden Sie heraus, wie manche Überzeugungen Angst verursachen

▶ Entdecken Sie Annahmen, die Sie quälen, anstatt Ihnen zu nutzen

▶ Stellen Sie Ihre angstvollen Vorstellungen in Frage

▶ Ersetzen Sie Ihre sorgenvollen Überzeugungen

Vielen Menschen macht es Angst, in dichtem Verkehr zu fahren, sich mit ihrem Chef zu streiten, zu fliegen, Rechnungen zu bezahlen, sich mit ihrem Partner zu zoffen, schlechte Noten zu erhalten, Vorstellungsgespräche zu führen, Reden zu halten, beim Arzt schlechte Neuigkeiten zu hören oder zu merken, dass die Hose auf ist, wenn man gerade aus der Kirche kommt. Während die einen mehr Angst im Straßenverkehr, in Flugzeugen oder um ihre Gesundheit haben, fürchten andere eher das öffentliche Reden oder gesellschaftliche Peinlichkeiten. Wieder andere geraten hingegen nur selten in Angst.

Dieses Kapitel widmet sich der Frage, warum manche Aktivitäten oder Ereignisse Ihnen Angst machen, andere aber nicht. Sie werden sehen, wie bestimmte Überzeugungen und Annahmen übermäßige Sorgen und Ängste verursachen. Diese Überzeugungen gehen auf Lebenserfahrungen zurück – sie entstehen nicht etwa, weil Sie irgendeinen Defekt hätten. Fragenkataloge helfen Ihnen herauszufinden, welche Annahmen Sie möglicherweise quälen und Ängste erzeugen. Wir nennen diese Annahmen *Angst auslösende Annahmen* – dazu gehört alles, was Sie so richtig aufwühlt. Wir zeigen Ihnen aber auch, wie Sie diese Annahmen in Frage stellen können. Indem Sie diese Angst auslösenden Annahmen durch beruhigendere Annahmen ersetzen, können Sie Ihre Ängste mindern.

Was sind Angst auslösende Annahmen?

Eine Annahme ist etwas, von dem wir annehmen, dass es wahr ist, ohne dass wir es jedes Mal hinterfragen. Über Annahmen denkt man nicht nach. Man betrachtet sie als selbstverständliche Grundlagen. Sie glauben zum Beispiel, dass nach dem Sommer der Herbst kommt und dass jemand, der lächelt, freundlich ist, und jemand, der Sie finster anblickt, unfreundlich. Ihre Annahmen sind so eine Art Landkarte, mit deren Hilfe Sie sich durchs Leben bewegen.

Das ist an und für sich keine schlechte Sache. Mit Hilfe von Annahmen kommt man mit viel weniger Mühe durch den Tag. Die meisten Menschen etwa gehen davon aus, dass ihr Gehalt mehr oder weniger pünktlich auf ihrem Konto verbucht wird. Diese Annahme erlaubt es ihnen, im Voraus zu planen, Rechnungen zu bezahlen und sich unnötige Sorgen zu ersparen. Würde man nicht von dieser Annahme ausgehen, müsste man ständig in der Buchhaltung oder beim Chef nachfragen, wie es denn nun mit dem verdienten Lohn aussieht. Das würde alle Beteiligten fürchterlich nerven.

Die meisten Menschen gehen auch davon aus, dass man die Nahrungsmittel, die man im Supermarkt kaufen kann, ohne Bedenken zu sich nehmen kann. Ansonsten müssten sie alles erst einmal erhitzen, um sich vor Bakterien und Schadstoffen zu schützen. Lecker! Alles, was man nicht abkochen kann, müsste man peinlichst genau untersuchen und probieren.

Wenn Sie zum Arzt gehen, nehmen Sie wahrscheinlich an, dass der Sie gut versorgt und immer Ihre Interessen im Auge hat. Sie würden es sich sonst sicher zweimal überlegen, ob Sie ihm Einblick in Ihre intimsten Regionen gewähren.

Leider sind nicht alle Annahmen nützlich für uns. Sie können die Wirklichkeit sogar so weit verzerren, dass sie beträchtliches Leiden verursachen. Nehmen wir an, dass Sie vor einer Rede zittern, schlottern und schwitzen. Sie haben Angst, dass Sie ins Stottern geraten, Ihr Skript fallen lassen oder aus Angst in Ohnmacht fallen könnten. Auch wenn Ihnen das bei Ihren bisherigen Reden noch nie passiert ist, nehmen Sie doch jedes Mal an, dass es diesmal der Fall sein wird. Diese Angst vor peinlichen Fehlern geht auf eine Angst auslösende Annahme zurück.

 Angst auslösende Annahmen sind nicht weiter hinterfragte Überzeugungen, an denen Sie festhalten und die von Ihnen und der Welt das Schlimmste annehmen.

Wenn diese Überzeugungen aktiv werden, verursachen sie Ängste und Sorgen. Unglücklicherweise wissen die meisten Menschen nicht einmal, dass sie diese Überzeugungen haben. Sie können deshalb ungestört viele Jahre lang im Untergrund wirken und Ängsten einen Nährboden bieten.

Spüren Sie Ihre Angst auslösenden Annahmen auf

Sie sind jetzt sicher neugierig, ob bei Ihnen auch Angst auslösende Annahmen ihr Unwesen treiben. Wenn man, wie die meisten Menschen, seine Angst auslösenden Überzeugungen nicht kennt, kann man sie nicht hinterfragen. Sie müssen also zunächst herausfinden, welche Angst auslösenden Annahmen in Ihrem Inneren schlummern. Die Arbeit mit unseren Klienten hat uns gezeigt, dass fünf Angst auslösende Annahmen am häufigsten vorkommen:

- ✔ **Perfektionismus:** Perfektionisten nehmen an, dass sie alles richtig machen müssen. Andernfalls fühlen sie sich als Versager und rechnen mit verheerenden Konsequenzen. Dabei grübeln sie auch über kleinste Details nach.

- ✔ **Anerkennung:** Von Anerkennung abhängige Menschen gehen davon aus, dass sie unter allen Umständen die Zustimmung anderer brauchen, koste es, was es wolle. Mit Kritik können sie nicht umgehen.

- ✔ **Verletzbarkeit:** Die Betroffenen fühlen sich den Mächten des Schicksals hilflos ausgeliefert. Sie machen sich ständig Sorgen über alle möglichen Katastrophen.

- ✔ **Kontrolle:** Kontrollbesessene Menschen haben das Gefühl, sie können niemandem trauen außer sich selbst. Sie wollen immer auf den Fahrersitz – Beifahrer sein kommt nicht in Frage.

- ✔ **Abhängigkeit:** Die Betroffenen fühlen sich abhängig und glauben, nicht aus eigener Kraft überleben zu können. Sie sind auf die Hilfe anderer angewiesen.

Ihre Annahmen haben einen großen Einfluss auf die Art und Weise, wie Sie auf die äußeren Umstände reagieren. Nehmen wir einmal an, dass Sie bei einer Auditierung Ihrer Arbeit überwiegend positive Bewertungen ernten, aber ein Satz weist auf ein kleines Problem hin.

- ✔ Wenn Sie annehmen, alles muss immer perfekt sein, werden Sie sich für Ihre Fehler heftig schelten. Die positiven Bemerkungen werden Sie dabei gar nicht wahrnehmen.

- ✔ Wenn Sie auf Anerkennung fixiert sind, werden Sie sich ständig fragen, ob Ihr Chef Sie noch mag.

- ✔ Fürchten Sie jedoch um Ihre Verletzbarkeit, werden Sie glauben, dass Sie bald Ihre Stelle los sind und schließlich auch Haus und Hof verlieren werden.

- ✔ Geht es Ihnen primär um Kontrolle, werden Sie sich auf die völlige Inkompetenz Ihres Chefs einschießen und sich fragen, warum man Sie nicht mit dieser Aufgabe betraut hat.

- ✔ Und wenn Sie sich für abhängig halten, werden Sie bei anderen um Unterstützung und Hilfe nachsuchen.

Das Ereignis ist das gleiche, aber verschiedene Menschen reagieren völlig unterschiedlich, je nachdem, auf welchen Annahmen ihr Denken gründet. Stellen Sie sich nun einmal einen Menschen vor, bei dem mehrere dieser Annahmen gleichzeitig wirksam werden. Da kann ein einziger Satz in einer Leistungsbeurteilung einen wahren Gefühlssturm voller Angst und Schmerz auslösen.

Vielleicht finden Sie eine oder mehrere dieser Annahmen in unterschiedlich starker Ausprägung auch bei sich selbst. Wir haben fünf Fragenkataloge für Sie zusammengestellt, mit denen Sie herausfinden können, ob und welche Angst auslösenden Annahmen Ihr Denken bestimmen.

Testen Sie Ihre Überzeugungen und Annahmen

Setzen Sie ein Häkchen in eine mit einem »R« (für »richtig«) markierten Spalte, wenn eine Aussage ganz oder überwiegend auf Sie zutrifft. Trifft eine Aussage nicht oder überwiegend nicht auf Sie zu, setzen Sie ein Häkchen in die Spalte mit dem Buchstaben »F« (für »falsch«). Entscheidend sollte dabei nicht die Frage sein, was Ihrer Meinung nach auf Sie zutreffen sollte, sondern wie Sie sich Ihrer Meinung nach tatsächlich verhalten und auf Ereignisse in Ihrem Alltag reagieren.

R	F	Perfektionismus
		Wenn ich etwas nicht gut kann, lasse ich es lieber.
		Wenn ich einen Fehler mache, ist das ganz furchtbar.
		Wenn etwas wert ist, dass man es tut, sollte es auch perfekt gemacht werden.
		Ich kann Kritik nicht vertragen.
		Ich möchte meine Arbeit nicht jemand anderem zeigen, wenn sie nicht perfekt ist.
R	F	Anerkennung
		Ich mache mir oft Gedanken darüber, was andere Leute denken.
		Ich stelle meine Bedürfnisse zurück, damit andere zufrieden sind.
		Ich spreche sehr ungern vor anderen Menschen.
		Ich muss immer nett zu anderen sein, damit sie mich mögen.
		Ich kann nicht gut »Nein« sagen.
R	F	Verletzbarkeit
		Ich mache mir immer Sorgen, dass etwas schiefgeht.
		Ich mache mir viele Sorgen um meine Sicherheit, meine Gesundheit und meine Finanzen.
		Ich fühle mich oft als Opfer der Umstände.
		Ich mache mir viele Sorgen wegen der Zukunft.
		Ich fühle mich oft ziemlich hilflos.
R	F	Kontrolle
		Ich hasse es, wenn andere mir sagen, was ich machen soll.
		Ich habe gerne überall die Finger drin.
		Ich gebe mein Schicksal sehr ungern in die Hände anderer Menschen.
		Nichts ist schlimmer für mich, als die Kontrolle zu verlieren.
		Ich bin eher ein Anführer als ein Gefolgsmann.
R	F	Abhängigkeit
		Wenn mich niemand liebt, bin ich ein Nichts.
		Alleine könnte ich nie glücklich sein.
		Ich frage bei fast allem, was ich tue, jemanden um Rat.
		Ich brauche viel Bestätigung.
		Ich mache kaum einmal etwas alleine.

Tabelle 6.1: Fragenkatalog für Angst auslösende Annahmen

Die meisten Menschen haken einen oder mehrere dieser Punkte als richtig ab. Machen Sie sich also keine allzu großen Sorgen, wenn ein paar dieser Aussagen auf Sie zutreffen. Wer zum Beispiel blamiert sich schon gerne? Und über die Zukunft machen sich die meisten Menschen wenigstens ein paar Sorgen.

6 ➤ Schluss mit den Angst auslösenden Annahmen

Wie können Sie nun herausfinden, ob Sie ein Problem mit einer dieser Annahmen haben? Nehmen Sie sich zunächst jede Annahme einzeln vor. Wenn Sie zu einer Annahme ein oder mehrere Aussagen als richtig abgehakt haben, wäre es möglich, dass die betreffende Annahme Ihnen Schwierigkeiten bereitet. Wie groß diese Schwierigkeiten sind, hängt davon ab, wie intensiv Sie darunter leiden.

Ich, **Laura** Smith, die Mitautorin von *Angstfrei leben für Dummies*, habe mit der Verletzbarkeits-Annahme zu kämpfen gehabt. Eines Abends saß ich in einem Schönheitssalon. Plötzlich stürmte ein Gangster in den Raum und verlangte, dass sich alle auf den Boden legten und ihr Geld und den Schmuck herausrückten. Dabei fuchtelte er mit einer 44er-Magnum herum, um seinen Anspruch zu untermauern. Kurze Zeit nach diesem Vorfall merkte ich, dass bei mir die Verletzbarkeits-Annahme wirksam geworden war. Ich machte mir viel mehr Gedanken über meine Sicherheit, als das in der Vergangenheit der Fall gewesen war. Ich hielt auf Parkplätzen ständig nervös Ausschau nach Bösewichten und führ bei lauten Geräuschen erschreckt zusammen. Als dann die Albträume kamen, wusste ich, dass die Verletzbarkeits-Annahme mir Probleme machte und dass ich etwas tun musste. Ich versuchte es mit einigen der in Kapitel 8 beschriebenen Techniken. Unter anderem kehrte ich zunehmend näher an den Ort des Verbrechens zurück, sprach über den Vorfall und wandte Entspannungstechniken an. Bald merkte ich, dass ich mich langsam weniger verletzlich fühlte.

Fragen Sie sich, was Ihnen besonders Angst macht und ob es mit einer der Aussagen zu tun haben könnte, die Sie als zutreffend angekreuzt haben. Wenn ja, dann macht Ihnen diese Angst auslösende Annahme wahrscheinlich Probleme.

 Wenn bei Ihnen mehrere dieser Angst auslösenden Annahmen am Werk sind, sollten Sie nicht zu hart mit sich zu Gericht gehen! Wahrscheinlich haben sie sich bei Ihnen nicht ohne guten Grund breitgemacht. Freuen Sie sich lieber, dass Sie angefangen haben, dem Problem auf den Grund zu gehen. Das ist der erste Schritt zur Besserung.

Wenn Angst auslösende Annahmen krank machen

Wenn Sie an übermäßiger Angst leiden, sind dafür ohne Zweifel eine oder mehrere Angst auslösende Annahmen die Ursache. Sie sind keineswegs verrückt, weil Sie diese Annahmen haben! Vielmehr entwickeln sich solche Annahmen bei den meisten Personen,

✔ wenn schockierende traumatische Ereignisse bisher vorherrschende Annahmen *zerbröckeln* lassen

bzw.

✔ wenn widrige Kindheitserfahrungen die Entwicklung eines normalen Empfindens für Sicherheit, Geborgenheit, Angenommensein oder Zustimmung verhindern.

Die Zerstörung vernünftiger Annahmen

Das folgende Beispiel zeigt, wie das Leben Angst auslösende Annahmen herausbilden kann.

Willi war, wie die meisten Menschen, immer davon ausgegangen, dass eine grüne Ampel garantiert, dass man eine Kreuzung sicher überqueren kann. Zwanzig Jahre lang war Willi unfallfrei im Straßenverkehr unterwegs. Eines Tages fuhr er auf dem Weg zur Arbeit über eine Kreuzung, die er schon Hunderte Male sicher überquert hatte. Plötzlich raste ein Geländewagen über die rote Ampel und rammte Willis Auto seitlich. Willi wurde mit schweren Verletzungen aus seinem Wagen geborgen, von denen er sich jedoch wieder erholen konnte.

Nach seiner Genesung kann Willi Kreuzungen nur noch ganz langsam und unter großer Angst überqueren. Es fällt ihm unendlich schwer, sich dazu aufzuraffen, mit dem Auto zur Arbeit zu fahren. Wann immer es möglich ist, meidet er sein Auto. Willis Arzt erklärt ihm, dass er jetzt unter hohem Blutdruck leidet und Stress möglichst meiden soll. Willi macht sich Sorgen wegen seiner Angst, weiß aber nicht, was er dagegen tun kann.

Willi hat eine neue Annahme ausgebildet – eine Angst auslösende Annahme. Er leidet unter der Verletzbarkeits-Annahme. Er glaubt, dass Autofahren gefährlich ist und höchste Wachsamkeit verlangt. Die Gründe dafür sind durchaus verständlich, wie bei den meisten Angst auslösenden Annahmen. Das Problem ist jedoch, wie bei allen Angst auslösenden Annahmen, dass Willi die Gefahren des Autofahrens überschätzt. Daraus resultiert seine übersteigerte Angst, wenn er ins Auto steigt.

Willis Angst ist erst im Erwachsenenalter aufgetaucht, aber grundsätzlich können Ängste in jedem Alter auftreten. Viele Menschen bilden sich ihre Angst auslösenden Annahmen allerdings schon in der Kindheit.

Annahmen in der Kindheit erwerben

Vielleicht gehören Sie zu den Glücklichen, die sich in ihrer Kindheit geliebt, angenommen, sicher und geborgen gefühlt haben. Vielleicht sind Sie in einem Haus mit Ihren liebevollen Eltern, einem Hund, einem Kombi und einem hübschen Vorgarten großgeworden. Vielleicht auch nicht. Wahrscheinlich hatten Sie keine perfekte Kindheit. Das ist bei den meisten Menschen so. In der Regel gaben Ihre Eltern Ihr Bestes, aber sie waren auch nur Menschen. Vielleicht hatten sie öfter schlechte Laune oder mit finanziellen Problemen zu kämpfen. Vielleicht waren sie abhängig oder kümmerten sich nicht so um Ihre Sicherheit, wie sie das hätten tun sollen. Aus diesen und zahlreichen anderen Gründen haben Sie möglicherweise eine oder mehrere Angst auslösende Annahmen entwickelt.

Anders als Willi musste **Harald** nicht warten, bis er erwachsen war, um an seiner Angst auslösenden Annahme zu leiden. Harald konnte nur selten die Anerkennung seiner Mutter gewinnen. Meist kritisierte sie ihn ziemlich schroff. So war sein Zimmer ihr nie sauber genug und seine Noten hätten immer noch etwas besser sein können. Selbst wenn Harald ihr ein Geschenk kaufte, mäkelte sie, es hätte die falsche Farbe oder Größe. Er hatte das Gefühl, er konnte nichts richtig machen.

6 ➤ Schluss mit den Angst auslösenden Annahmen

Langsam aber sicher bildete Harald eine Angst auslösende Annahme heraus – »Ich muss absolut perfekt sein, sonst bin ich ein totaler Versager.« Es ist ziemlich schwer, perfekt zu sein. Sie können sich also vorstellen, warum er jetzt die meiste Zeit Angst hat.

Wer unter Angst auslösenden Annahmen leidet, der stellt sie nicht in Frage. Man glaubt mit voller Überzeugung daran. So wie Harald daran glaubt, dass der Himmel blau ist, glaubt er auch daran, dass er entweder perfekt oder ein totaler Versager ist. Wenn er ein Projekt in Angriff nimmt, empfindet er aufgrund seiner übersteigerten Angst vor Fehlern intensive Furcht. Harald leidet unter der Angst auslösenden Annahme eines Perfektionismus, der dazu führt, dass er sich elend fühlt, ohne zu wissen, warum.

Autos: Ein gefährliches Fortbewegungsmittel?

Willi überschätzt das Risiko des Autofahrens. Sie müssen aber dennoch wissen, dass die Fortbewegung im Auto mit nicht unerheblichen Gefahren verbunden ist. Es ist statistisch erwiesen, dass bei Autounfällen wesentlich mehr Menschen sterben als bei Unfällen mit Bussen, Zügen und Flugzeugen zusammen. Das klingt erschreckend, nicht wahr? Alles in allem ist die Wahrscheinlichkeit, dass Sie in Ihrem Auto sterben, aber trotzdem nicht so hoch. Auf alle hundert Millionen Kilometer kommt weniger als ein Todesfall.

Unangenehme Annahmen in die Zange nehmen: Die Kosten-Nutzen-Analyse

Vielleicht haben Sie jetzt eine genauere Vorstellung davon, welche Angst auslösenden Annahmen Ihnen Probleme bereiten. Früher hätten Ihnen viele Therapeuten gesagt, dass diese Einsicht schon ausreicht. Da sind wir anderer Meinung. Nehmen wir einmal an, Sie machen einen Sehtest und finden heraus, dass Sie extrem kurzsichtig sind. Toll, Sie haben eine Einsicht gewonnen! Was ändert das? Nicht viel. Sie laufen immer noch in der Gegend herum und stoßen an die Möbel und Türrahmen.

Wir verschreiben Ihnen jetzt etwas, damit Sie Ihre problematischen Annahmen durchschauen können. Es fängt mit einer Kosten-Nutzen-Analyse an. Diese Analyse bereitet den Weg für Veränderungen.

Sie denken vielleicht, dass Ihr Angst auslösender Perfektionismus eine gute und durchaus angemessene Sache sei. Vielleicht glauben Sie, dass Sie von Ihrem Perfektionismus profitiert haben und dass er Ihnen geholfen hat, mehr im Leben zu erreichen. Wenn das so wäre, warum in aller Welt würden Sie dann etwas daran ändern wollen? Die Antwort ist einfach. Sie würden es nicht wollen.

Was Sie brauchen, ist ein nüchterner, unverblümter Blick auf die Kosten und die möglichen Nutzen des Perfektionismus. Nur wenn die Kosten den Nutzen übersteigen, ist es sinnvoll, etwas zu ändern. Sehen Sie sich das Beispiel von Astrid an, einer unverbesserlichen Perfektionistin.

Astrid die Perfektionistin

Astrid ist eine erfolgreiche Strafverteidigerin und hat eine Siebzig-Stunden-Woche. Ihr Schrank hängt voller Business-Anzüge. Sie trägt Ihren Perfektionismus wie ein Ehrenzeichen. Astrid trainiert regelmäßig, um ihre schlanke Figur zu halten, und geht zu den richtigen gesellschaftlichen Ereignissen. Im Alter von 43 Jahren ist Astrid in ihrem Beruf ganz oben angekommen. Da sie keine Zeit für eine eigene Familie hat, ist sie ganz vernarrt in ihre 9-jährige Nichte, die sie mit großzügigen Geschenken verhätschelt. Astrid ist wie vor den Kopf gestoßen, als ihr Arzt sie darüber unterrichtet, dass ihr Blutdruck viel zu hoch sei. Ihr Arzt fragt sie, ob sie etwa zu viel Stress habe. Sie antwortet, damit könne sie schon umgehen. Als er nach ihren Schlafgewohnheiten fragt, meint sie nur: »Schlaf, was ist das?«

Astrid hat ein Problem und weiß es noch nicht einmal. Sie glaubt, dass ihr hohes Einkommen mit ihren erbarmungslosen Anforderungen an sich selbst zusammenhängt und dass sie in diesem Bereich nicht im Mindesten nachlassen darf. Werfen Sie einen Blick auf Astrids Kosten-Nutzen-Rechnung bezüglich ihres Perfektionismus.

Eine Kosten-Nutzen-Analyse listet zunächst jeden nur denkbaren Nutzen einer Angst auslösenden Annahme auf. Notieren Sie alles, was Ihnen im Entferntesten als wichtig erscheint. Erst dann sollten Sie darüber nachdenken, welche Kosten Ihre Annahme verursacht. Auch hier sollten Sie alles notieren, was Sie sich vorstellen können. In Tabelle 6.2 können Sie nachlesen, was Astrid zur Rechtfertigung ihres Perfektionismus anführte.

Nutzen	Kosten
Mein Einkommen ist höher wegen meines Perfektionismus.	
Ich mache selten Fehler.	
Meine Arbeit wird fast überall respektiert.	
Ich kleide mich immer professionell und sehe gut aus.	
Andere Menschen bewundern mich.	
Ich bin ein Vorbild für meine Nichte.	

Tabelle 6.2: Astrids Kosten-Nutzen-Analyse ihres Perfektionismus

Es ist nicht verwunderlich, dass Astrid mit ihrem Perfektionismus sehr zufrieden ist. Es fiel ihr leicht, die nützlichen Aspekte der Kosten-Nutzen-Analyse auszufüllen (siehe Tabelle 6.2), aber wie sieht es mit den Kosten aus? Wahrscheinlich muss Astrid sich etwas mehr Mühe geben und graben, um sich eine Übersicht über die Kosten zu verschaffen. Vielleicht muss sie sogar andere Leute fragen, ob sie ihr Tipps geben können. Sehen Sie sich in Tabelle 6.3 an, was sie nach reiflicher Überlegung und Gesprächen mit anderen herausgefunden hat.

Machen Sie sich keinen Stress, wie Sie Ihre eigene Kosten-Nutzen-Analyse auf die Beine stellen sollen. Lesen Sie die nachfolgenden Beispiele. Sie finden dort einige gute Anregungen. Darüber hinaus geben wir Ihnen eine einfache Anleitung an die Hand.

6 ➤ Schluss mit den Angst auslösenden Annahmen

Nutzen	Kosten
Mein Einkommen ist höher wegen meines Perfektionismus.	Ich habe kaum Zeit, das Leben zu genießen.
Ich mache selten Fehler.	Ich habe Angst. Vielleicht kommt mein hoher Blutdruck daher.
Meine Arbeit wird fast überall respektiert.	Ich habe kaum Freunde.
Ich kleide mich immer professionell und sehe gut aus.	Ich gebe viel Geld für Kleidung und Kosmetika aus.
Andere Menschen bewundern mich.	Ich bin schnell gereizt, wenn andere Leute einer Sache nicht gerecht werden.
Ich bin ein Vorbild für meine Nichte.	Manche Menschen hassen mich wegen meiner hohen Standards und Erwartungen. Ich habe im letzten halben Jahr mehrere Sekretärinnen verloren.
	Ich sehe meine Nichte kaum, weil ich so viel arbeite.
	Manchmal trinke ich zu viel, um mich zu entspannen.
	Ich glaube, dass die Konzentration auf meine Arbeit bisher verhindert hat, dass ich eine echte Beziehung aufbauen konnte.

Tabelle 6.3: Astrids Kosten-Nutzen-Analyse ihres Perfektionismus

Mit einer Kosten-Nutzen-Analyse können Sie herausfinden, ob Sie Ihre Angst auslösenden Annahmen wirklich in Angriff nehmen wollen. Sie sind wahrscheinlich mit uns einer Meinung, dass Astrids Kosten-Nutzen-Analyse mehr Kosten als Nutzen aufweist. Aber warten wir noch ein wenig, sie ist noch nicht fertig. Abschließend muss noch geklärt werden, ob man den Nutzen komplett einbüßt, wenn man von einer anderen Annahme ausgeht.

Astrid zum Beispiel sieht die Basis für ihr hohes Einkommen in ihrem Arbeitseinsatz und ihren Überstunden. Da hat sie zum Teil sicher Recht. Aber würde sich ihr Einkommen in Luft auflösen, wenn sie es etwas langsamer angehen ließe? Wenn sie weniger arbeitete, würde ihr Einkommen vielleicht ein wenig geringer ausfallen. Das ließe sich möglicherweise aber ausgleichen, da sie mit weniger Angst effizienter arbeiten könnte. Wäre sie weniger gereizt, könnte sie ihr Personal länger an sich binden und auch in diesem Bereich die Effizienz steigern. Und würde Astrid tatsächlich mehr Fehler machen, wenn sie ihre Anforderungen etwas herunterschrauben würde? Untersuchungen legen nahe, dass übersteigerte Angst die Leistungsfähigkeit mindert. Was ihre Nichte betrifft, so trifft der behauptete Nutzen nicht in dem Maße zu, wie Astrid es gerne hätte, da ihre Nichte sie zu wenig sieht, um in ihr ein Vorbild haben zu können. Und schließlich wird Astrid von mehr Menschen gefürchtet als bewundert. Wie Sie sehen, kommt es oft vor, dass die angenommenen Vorteile einer Annahme sich bei näherer Betrachtung in Luft auflösen.

> ### Angst: Wie viel ist zu viel?
> Ein bisschen Angst scheint die Leistungsfähigkeit zu beflügeln und die Fehlerrate zu senken. Ein Teil der Angst lenkt die Aufmerksamkeit auf die jeweils zu lösende Aufgabe. Wenn Perfektionismus aber auf die Spitze getrieben wird, wächst auch die Angst, und die Leistungsfähigkeit nimmt ab. Übersteigerte Angst verhindert den Zugriff auf erworbenes Wissen und führt zu einer größeren Fehlerrate.

Anjas Abhängigkeit von Anerkennung

Anja sehnt sich nach Anerkennung und hat Angst vor Zurückweisung. Als Studentin des Faches Sozialarbeit trifft sie sich jede Woche mit ihrem Professor, um ihr Projekt zu besprechen. Sie hasst diese Sitzungen, weil sie die Kritik ihres Professors fürchtet. Anja tut viel für ihre Klienten, sie würde alles tun, wenn es ihnen nur hilft, und dafür auch ihre Freizeit opfern. Sie macht sogar Besorgungen, wenn sie jemand fragt. Ihr Professor sagt ihr, dass sie sich mehr zurückhalten soll, weil es weder ihren Klienten noch ihr nützt, wenn sie sich die Hacken abläuft, um ihnen zu helfen. Anja bricht nach dem Gespräch in Tränen aus. Die größte Angst hat sie jedoch vor den Präsentationen im Kreis der anderen Studenten. Davor verbringt sie immer viel Zeit auf der Toilette, weil sie sich schlecht fühlt. Wenn die Diskussion in vollem Gange ist, bleibt Anja schweigsam. Sie ergreift fast nie Partei. Anja braucht Anerkennung wie die Luft zum Atmen.

Anja verhält sich immer unauffällig. Sie wird selten kritisiert. Sie vermeidet Peinlichkeiten, indem sie keinerlei Risiken eingeht. Sie ist nett, die Menschen mögen sie. Was ist daran falsch?

Nun, eine Kosten-Nutzen-Analyse von Anjas Angst auslösender Annahme, insbesondere ihrer Abhängigkeit von Anerkennung (siehe die Auflistung im Abschnitt *Spüren Sie Ihre Angst auslösenden Annahmen auf* weiter vorne in diesem Kapitel), zeigt, dass andere Menschen Anja auf der Nase herumtanzen. Darüber hinaus ergibt sich, dass ihre Kommilitoninnen ihre Qualitäten gar nicht kennen, weil sie sich nie zu Wort meldet. Anja vernachlässigt ihre eigenen Bedürfnisse und ist ab und an verärgert, weil sie so viel für andere tut und dafür so wenig zurückbekommt. Anjas Abhängigkeit von Anerkennung bringt ihr nicht das ein, was sie erwartet. Sicher wird sie nicht oft kritisiert, aber weil sie so wenige Risiken eingeht, bekommt sie nie das Lob und die Anerkennung, nach der sie sich sehnt.

Antons Gefühl der Verletzbarkeit

Anton hat einen Abschluss in Wirtschaftsinformatik und wird für eine Stelle in der amerikanischen Zentrale seines Unternehmens vorgeschlagen. Dazu müsste er nach Kalifornien übersiedeln. Er entscheidet sich gegen diese Beförderung, weil er Angst vor großen Städten und Erdbeben hat. Anton verfolgt immer aufmerksam den Wetterbericht, bevor er von zu Hause wegfährt, und fährt lieber nicht los, wenn die Möglichkeit besteht, dass sich das Wetter stark verschlechtert. Antons Ängste schränken sein Leben ein. Ständig macht er sich Sorgen um seine Gesundheit und sucht oft seinen Arzt auf, um ihm von unklaren Symptomen wie

Übelkeit, Kopfschmerzen und Müdigkeit zu berichten. Antons Arzt meint, dass ein großer Teil seiner körperlichen Probleme auf seine Angst zurückgehe. Er schlägt vor, dass Anton eine Kosten-Nutzen-Analyse bezüglich seiner Verletzbarkeits-Annahme macht.

Nutzen	Kosten
Ich sorge für meine Sicherheit.	Ich mache mir ständig Sorgen.
Ich gebe mir große Mühe, gesund zu bleiben.	Ich kann manchmal nicht aufhören, über meine Gesundheit nachzudenken.
Ich gehe Gefahren aus dem Weg.	Ich mache mir solche Sorgen, verletzt zu werden, dass ich nie Spaß an den Dingen hatte, die andere Leute so machen, wie Skifahren oder Reisen ins Ausland.
Ich sorge mehr als andere Menschen für mein Alter vor.	Ich mache mir so viele Sorgen um die Zukunft, dass ich vergesse, die Gegenwart zu genießen.
Ich gehe keine unnötigen Risiken ein.	Mein Arzt sagt mir, dass meine Sorgen meiner Gesundheit wahrscheinlich mehr schaden als alles andere.

Tabelle 6.4: Kosten-Nutzen-Analyse von Antons Verletzbarkeits-Annahme

Jemand, der so in seiner Verletzbarkeits-Annahme gefangen ist wie Anton, wird sich sicher nicht wegen einer solchen Kosten-Nutzen-Analyse gleich aufgeben. Aber dadurch, dass Anton sieht, was seine Annahme ihn kostet, kann der Stein ins Rollen kommen. Diese Übung motiviert ihn darüber nachzudenken, ob er nicht etwas ändern will.

Hermanns Kontrollbedürfnis

Hermann ist Abteilungsleiter in einem großen Maschinenbauunternehmen und hat gerne Ordnung in seinem Leben. Seine Mitarbeiter kennen ihn als Vorgesetzten, der alles bis ins kleinste Detail selbst regelt. Hermann ist stolz darauf, dass er von sich selbst immer mehr verlangt als von seinen Untergebenen. Er ordnet an und erwartet unmittelbare Ergebnisse. Seine Abteilung ist die produktivste im gesamten Unternehmen.

Sie denken jetzt vielleicht, dass Hermann es geschafft hat. Es hat tatsächlich den Anschein, als würde sich sein Kontrollbedürfnis auszahlen. Aber wenn man an der Oberfläche kratzt, sieht es schon etwas anders aus. Seine Abteilung gilt zwar als produktiv, aber seine Mitarbeiter sind wenig kreativ und bitten öfter als in anderen Abteilungen um Versetzungen. Die tatsächlichen Kosten seines Kontrollbedürfnisses springen ihn mit einem Mal unvermittelt an, als Hermann im Alter von 46 Jahren seinen ersten Herzinfarkt erleidet.

Stress und Angst haben Hermann viele Jahre lang begleitet, aber er hat sich nie groß darum gekümmert. Sein Kontrollbedürfnis hat ihm das Gegenteil dessen eingebracht, was er anstrebte. Letztendlich hat er die Kontrolle über sein Leben und seine Gesundheit eingebüßt.

Wenn Kontrolle einer Ihrer *Angst auslösenden* Annahmen ist, machen Sie eine Kosten-Nutzen-Analyse. Hermanns Schicksal muss nicht auch das Ihre sein.

Daniels Abhängigkeit

Daniel wohnte bei seinen Eltern, bis er im Alter von 31 Jahren Miriam heiratete. Nachdem er sie in einer Single-Gruppe kennen lernte, beschloss er ohne zu zögern, sie zu heiraten. Miriam wirkte unabhängig und strahlte Sicherheit aus, Eigenschaften, die Daniel schätzte, die ihm aber völlig abgingen. Zu Beginn ihrer Beziehung genoss Miriam Daniels ständige Aufmerksamkeit. Auch heute noch ruft er sie drei oder vier Mal am Tag im Büro an, um sie wegen irgendwelcher Kleinigkeiten um Rat zu fragen oder sich zu vergewissern, dass sie ihn noch liebt. Kommt sie einmal fünf Minuten zu spät, springt Daniel schon im Dreieck. Er befürchtet oft, dass sie ihn verlassen könnte. Miriams Freunde lästern oft, dass sie sich fragten, ob Daniel überhaupt alleine aufs Klo gehen könne. Daniel glaubt, dass er ohne Miriam nicht leben kann.

Nutzen	Kosten
Ich bitte andere Menschen um Hilfe, wenn es nötig ist.	Ich lerne nie, wie man mit schwierigen Problemen, Aufgaben, Situationen oder Menschen umgeht.
Andere Menschen sorgen für mich.	Manchmal möchten sich andere nicht um mich kümmern.
Das Leben ist nicht so furchterregend, wenn ich mich an jemanden anlehnen kann.	Meine Frau mag nicht, wenn ich sie dauernd anrufe.
Es ist nicht meine Schuld, wenn Probleme auftauchen oder Pläne nicht funktionieren.	Meine Frau ist verärgert, wenn ich nichts von mir aus tue.
Ich bin nie alleine, weil ich immer darauf achte, dass jemand für mich da ist.	Womöglich vergraule ich meine Frau, wenn ich weiter so an ihrem Rockschoß hänge.
Das Leben ist viel leichter, wenn sich jemand um alles kümmert	Manchmal möchte ich mich auch um etwas kümmern, aber dann denke ich, ich mache bestimmt alles falsch.
	Es gibt nicht viel, womit ich klarkomme. Manchmal fühle ich mich wie ein Muttersöhnchen.

Tabelle 6.5: Kosten-Nutzen-Analyse von Daniels Abhängigkeits-Annahme

Jemand wie Daniel wird sicher mehr brauchen als eine Kosten-Nutzen-Analyse, um seine schädliche Abhängigkeits-Annahme aufgeben zu können. Aber seine Kosten-Nutzen-Analyse bietet einen ersten Anreiz. Sinnvolle Veränderungen brauchen Zeit und machen Mühe.

Die eigenen Angst auslösenden Annahmen in Frage stellen

Sie können Ihre eigene Kosten-Nutzen-Analyse erstellen. Sehen Sie sich die Liste mit den *Angst aus*lösenden Annahmen im Abschnitt *Spüren Sie Ihre Angst auslösenden Annahmen auf* weiter vorne in diesem Kapitel an. Welche macht Ihnen Probleme? Wenn Sie noch nicht den Fragenkatalog für *Angst aus*lösende Annahmen am Beginn des Kapitels durchgearbeitet haben, sollten Sie das jetzt tun und sich Ihre Antworten gut ansehen. Tendieren Sie zum Perfektionismus, suchen Sie Anerkennung, fühlen Sie sich verletzlich, haben Sie gerne die Zügel in der Hand oder fühlen Sie sich abhängig?

Wenn eine dieser Annahmen auf Sie zutrifft, wählen Sie diese aus. Halten Sie dann nach dem Vorbild von Tabelle 6.5 in der linken Spalte fest, welchen Nutzen Ihnen Ihre Annahme bringt. In die rechte Spalte notieren Sie dann, was Sie Ihre Annahme kostet. Wenn Sie dabei nicht weiterkommen, bitten Sie jemanden um Hilfe, dem Sie vertrauen. Als Beispiele können Sie die Kosten-Nutzen-Analysen von Astrid, Anton und Daniel zu Rate ziehen (siehe die Tabellen 6.3, 6.4 und 6.5 weiter vorne in diesem Kapitel).

Im Anschluss an die Kosten-Nutzen-Analyse gehen Sie die einzelnen Vorteile durch. Fragen Sie sich, ob der jeweilige Nutzen tatsächlich verschwinden wird, wenn Sie Ihre Annahme ändern. Astrid, die Perfektionistin, glaubt, dass ihr Einkommen aufgrund ihres Perfektionismus höher ist, aber stimmt das wirklich? Viele Menschen berichten, dass sie unter Druck viel mehr Fehler machen. Und Perfektionismus erzeugt ganz sicher Druck. Es entspricht also wahrscheinlich nicht den Tatsachen, dass Perfektionisten mehr Geld verdienen und weniger Fehler machen. Sie bleiben genauso häufig hinter ihren eigenen Möglichkeiten zurück, weil ihr Perfektionismus dazu führt, dass sie mehr Fehler machen.

Wenn Sie sich den von Ihnen wahrgenommenen Nutzen genau ansehen, erkennen Sie wahrscheinlich, dass er nicht verschwinden wird, wenn Sie Ihre Annahme ändern.

Anja glaubt, dass sie Peinlichkeiten aus dem Weg gehen kann, wenn sie in den Kolloquien nichts sagt. Im Endeffekt hat sie aber mehr Angst und bringt sich in peinlichere Situationen, wenn sie dann vor den anderen etwas präsentieren muss, als wenn sie schon früher risikofreudiger gewesen wäre. Die Vermeidung dessen, wovor sie Angst hat, scheint ihre Angst nur zu steigern. Alles in allem muss Anja die doppelte Dosis von dem schlucken, was sie so verzweifelt zu vermeiden suchte.

Angst auslösende Annahmen führen oft das *Gegenteil* dessen herbei, was man möchte. Angst auslösende Annahmen verursachen Sorgen und Stress und bringen selten einen wirklichen Nutzen. Wenn Sie Ihre Annahmen aufgeben, müssen Sie sie durch eine ausgewogenere Sichtweise ersetzen.

Ausgewogene Annahmen entwickeln

So, Sie denken also, Sie müssten perfekt sein oder alle müssten Sie immer mögen? Müssen Sie immer die Fäden in der Hand halten? Haben Sie das Gefühl, Sie kriegen Ihr Leben nicht selbst in den Griff? Oder empfinden Sie die Welt, in der Sie leben, manchmal als gefährlich und unheilvoll? Das sind alles Angst auslösende Annahmen, die Sorgen, Stress und Ängste heraufbeschwören.

Diese Annahmen sind auch insofern problematisch, als sie natürlich auch einen Funken Wahrheit enthalten. Es ist zum Beispiel eine *schöne Sache*, wenn die Menschen Sie mögen, und es macht manchmal *Spaß*, die Verantwortung für etwas zu haben. Wir brauchen auch alle ab und an mal eine Schulter, an die wir uns anlehnen können. Es ist dieses kleine Fetzchen Wahrheit, was die Betroffenen zögern lässt, sich von ihren Annahmen zu verabschieden.

Die Lösung liegt darin, neue, ausgewogenere Annahmen zu finden, die näher an der Wirklichkeit sind. Aber alte Annahmen sind wie alte Gewohnheiten – man wird sie nur schwer los. Sie müssen Ihre alte Gewohnheit durch eine neue ersetzen. Dazu bedarf es viel Übung und Selbstdisziplin, aber das ist nicht so schwer, wie es sich anhört. Wir zeigen Ihnen, wie Sie das am besten anstellen. Sie brauchen nur ein bisschen Durchhaltevermögen.

Wir gehen jetzt jede Annahme durch und zeigen Ihnen, worauf es bei der Formulierung einer alternativen, vernünftigeren Annahme ankommt. Mit diesen vernünftigen, ausgewogenen Sichtweisen können Sie sich gegen Ihre Angst auslösenden Annahmen wehren, wenn diese auftauchen. Wenn Sie eine neue Annahme entwickelt haben, kommt es entscheidend darauf an, dass Sie Ihr Verhalten auch nach dieser neuen Überzeugung ausrichten.

Für den Perfektionisten

Perfektionisten glauben, dass sie in allem, was sie tun, das Beste erreichen müssen. Sie fühlen sich miserabel, wenn sie einen Fehler machen, und werfen die Flinte meist ins Korn, wenn sie etwas nicht gleich außergewöhnlich gut machen. Glücklicherweise kann eine gute Kosten-Nutzen-Analyse die Betroffenen überzeugen helfen, dass ihr Perfektionismus einen schrecklichen Tribut fordert.

Wenn nicht perfekt, was denn dann? Manche Menschen denken da gleich an das andere Extrem. Sie nehmen an, dass sie, wenn es zur Perfektion nicht reicht, zu Faultieren mutieren, die keinerlei Anforderungen an sich stellen.

Wenn Sie sich Sorgen machen, ob Sie Ihre Perfektionismus-Annahme aufgeben sollen, haben wir gute Neuigkeiten für Sie. Die Alternative ist nicht das andere Extrem! Vielleicht hilft es Ihnen, die folgenden Aussagen – das, was wir ausgewogene Ansichten nennen – auf eine Karteikarte zu schreiben. Sie können natürlich auch eigene Alternativen formulieren. Achten Sie nur darauf, dass sie ausgewogen sind. Tragen Sie diese Karteikarte bei sich und greifen Sie immer dann dazu, wenn Sie merken, dass Ihr Perfektionismus wieder zuschlägt.

- ✔ Ich möchte alles möglichst gut machen, aber es ist dumm zu denken, dass ich immer der Beste sein muss.
- ✔ Ich werde nie alles gut können. Manchmal macht es richtig Spaß, etwas Neues auszuprobieren.
- ✔ Jeder macht Fehler. Ich muss damit fertig werden, wenn ich Fehler mache.

Wenn Sie momentan von der Annahme ausgehen, dass Sie perfekt sein und alles richtig machen müssen, weil Sie sonst als Versager dastehen, dann versuchen Sie, weniger extrem zu denken. Eine ausgewogenere Annahme wäre, dass Sie alles möglichst gut machen wollen, aber *dass alle Menschen, einschließlich Ihnen, Fehler machen.* Sie möchten nicht über allen anderen Menschen stehen. *Sammeln Sie Beweise*, die Ihre Perfektionismus-Annahme widerlegen. Denken Sie beispielsweise an all die Menschen, die Sie bewundern und die auch mit der Zeit zahlreiche Fehler machen. Betrachten Sie sie deshalb als Versager? Doch wohl nicht. Legen Sie bei sich den gleichen Maßstab an.

6 ➤ Schluss mit den Angst auslösenden Annahmen

Die tödlichen Geheimnisse des Perfektionismus

Perfektionismus macht sich bezahlt ... manchmal. Ein bisschen Perfektionismus kann die Qualität Ihrer Arbeit, Ihrer sportlichen Aktivitäten oder anderer Unternehmungen vielleicht verbessern, solange Sie Ihre Entscheidungsgewalt nicht aus der Hand geben. Wie schlimm wird es, wenn Sie den Perfektionismus zu weit treiben? Perfektionisten neigen dazu, Dinge vor sich herzuschieben, um Fehler zu vermeiden. Nicht nur das, Perfektionisten entwickeln auch oft Zwangsstörungen (siehe Kapitel 2), verschiedene Angststörungen, Depressionen, körperliche Leiden und Essstörungen. Und am schlimmsten ist, dass bei Heranwachsenden, die unter Perfektionismus leiden, die Selbstmordrate höher zu sein scheint.

Anerkennungs-Junkies ins Gleichgewicht bringen

Wer von Anerkennung abhängig ist, will immer gemocht werden. Die Betroffenen stellen ihre eigenen Bedürfnisse hinten an, um andere zufrieden zu stellen. Es fällt ihnen schwer, für die eigene Sache einzutreten, weil sie damit riskieren, andere vor den Kopf zu stoßen. Wenn sie kritisiert oder gar unfair attackiert werden, verlieren sie die Fassung.

Ist es denn nicht gut, wenn man die Anerkennung anderer sucht? Wie bei allen Angst auslösenden Annahmen kommt es auf das Ausmaß an. Wenn man es zu weit treibt, kann die Anerkennungs-Annahme ein ganzes Leben zerstören.

Was aber passiert, wenn Sie sich keine Sorgen mehr darüber machen, ob Sie die Anerkennung anderer Menschen finden? Werden Sie isoliert, zurückgewiesen und einsam enden? Sind Unhöflichkeit und rüpelhaftes Verhalten die Alternative dazu, immer nett und höflich zu sein?

Wenn Sie sich verzweifelt fragen, wie Sie von Ihrer Anerkennungs-Annahme loskommen können, haben wir eine mundgerechte Alternative für Sie, die Sie in die Tasche stecken und mitnehmen können. Wir wollen Sie aber nicht daran hindern, eigene Alternativen zu finden.

- ✔ Was andere Menschen denken, spielt schon eine Rolle, aber es ist nicht grundsätzlich ausschlaggebend.
- ✔ Es wird Menschen geben, die mich nicht mögen, egal was ich tue oder lasse. Das geht allen Menschen so.
- ✔ Ich muss meinen eigenen Bedürfnissen mindestens genau so umfassend Rechnung tragen wie denen anderer Menschen.

Darüber hinaus sollten Sie Beweise sammeln, die Ihrer Anerkennungs-Annahme widersprechen. Denken Sie beispielsweise an Menschen, die Sie mögen und bewundern und die es fertig bringen, ihre Ansichten zu vertreten und ihre eigenen Bedürfnisse zu beachten. Warum mögen Sie diese Menschen? Wahrscheinlich nicht, weil sie sich jeder Ihrer Launen unterwerfen. Jemand, der das täte, würde Sie wahrscheinlich abstoßen.

Wenn Sie sich von Anerkennung abhängig fühlen und glauben, dass Sie zu allen Zeiten und ungeachtet aller Kosten die Anerkennung anderer haben müssen, versuchen Sie es mit einer anderen Sichtweise. Sicher findet es jeder gut, gemocht zu werden, Sie müssen aber erkennen, dass es immer Menschen geben wird, die Sie nicht mögen, ganz unabhängig von Ihrem Verhalten. Versuchen Sie, sich bewusst zu machen, dass Ihre Bedürfnisse wichtig sind und dass die Ansichten anderer Menschen über Sie nichts über Ihren Wert als Mensch aussagen.

Verletzbarkeit ins rechte Lot bringen

Menschen mit Verletzbarkeits-Annahme fühlen sich unsicher und machen sich ständig Sorgen, was ihnen alles zustoßen könnte. Sie sorgen sich um ihre Sicherheit, ihre Gesundheit, vor Naturkatastrophen oder vor der Zukunft. Oft fühlen sie sich als Opfer der Umstände und haben das Gefühl, nicht viel an ihrem Schicksal ändern zu können.

Die Betroffenen verstehen nicht, dass Sorgen noch keine einzige Katastrophe verhindert haben. Sie bereiten auch nicht auf die Widrigkeiten und Unglücksfälle vor, die im Leben jedes Menschen unweigerlich irgendwann eintreten.

Es gibt bessere alternative Annahmen, mit denen man einigermaßen sicher und ohne diese ständigen Sorgen durchs Leben kommt. Wenn Sie Ihre Verletzbarkeits-Annahme zum Teufel schicken wollen, versuchen Sie es doch einmal mit einer der folgenden Vorschläge und verwenden Sie sie wie Gebetsformeln.

- ✔ Ich muss vernünftige Vorkehrungen treffen, aber ich muss mir nicht ständig Gedanken über meine Sicherheit machen. Man kann sich nur begrenzt auf etwas vorbereiten.

- ✔ Ich werde einmal im Jahr zum Arzt gehen und mich untersuchen lassen, auf meine Ernährung und Bewegung achten. Alle darüber hinaus gehenden Sorgen um meine Gesundheit machen keinen Sinn.

- ✔ Manche Unglücksfälle sind unvorhersehbar und entziehen sich meiner Kontrolle. Ich muss akzeptieren, dass es auch unangenehme Ereignisse gibt. Sorgen schützen davor nicht.

Wenn Sie unter der Verletzbarkeits-Annahme leiden und das Gefühl haben, den dunklen Mächten des Lebens ausgeliefert zu sein, sollten Sie für sich eine ausgewogenere Sichtweise entwickeln. Machen Sie sich bewusst, dass niemand die Widrigkeiten des Lebens verhindern kann und dass man meistens damit fertig wird, wenn sie auftauchen. Sammeln Sie Beweise für unangenehme Ereignisse der Vergangenheit, die Sie bereits bewältigt haben. Vielleicht hatten Sie hohen Blutdruck und konnten ihn mit Hilfe von Übungen oder Medikamenten im Zaum halten. Vielleicht haben Sie jemanden verloren, der Ihnen am Herzen lag, und Sie haben getrauert, aber den Verlust überlebt.

Die Zügel locker lassen

Manche Menschen wollen immer bestimmen, wo es langgeht. Sie können einfach keine Anordnungen entgegennehmen. Wenn sie in einer Gruppe zusammenstehen, dominieren sie das Gespräch. Sie wollen alles wissen, was um sie herum vorgeht, ob in der Familie oder am Arbeitsplatz. So können nicht delegieren. Manche haben Angst vor dem Fliegen, weil sie nicht im Cockpit sitzen.

6 ➤ Schluss mit den Angst auslösenden Annahmen

Ein solcher Controlletti zu sein, ist anstrengend und bringt auch Ängste mit sich. Vielleicht macht Ihnen diese Angst auslösende Annahme Probleme. Bei vielen erfolgreichen und intelligenten Menschen ist das so. Es ist nicht leicht, diese Annahme aufzugeben, auch wenn die Kosten für die Gesundheit, das Wohlbefinden und die Beziehungen zu anderen Menschen stark ansteigen.

Wie bei allen Angst auslösenden Annahmen schlagen wir Ihnen eine alternative, ausgewogenere Sichtweise vor, die Ihnen bessere Dienste leisten wird, als es die Kontrolle je könnte. Sehen Sie sich unsere Vorschläge an. Sollten Sie die Dinge in die Hand nehmen und sie überarbeiten wollen, ist das auch in Ordnung!

- ✔ Ich kann anderen Menschen in der Regel so weit vertrauen, dass sie tun, was sie tun sollen. Ich muss nicht jeden steuern. Man wird mich ablehnen, wenn ich es tue.
- ✔ Es bedeutet nicht das Ende der Welt, wenn man um Hilfe bittet oder eine Aufgabe delegiert. Manchmal ist es viel effizienter, Aufgaben zu delegieren.
- ✔ Ich muss nicht bis ins letzte Detail wissen, was überall passiert, um das Gefühl zu haben, verantwortlich zu sein. Loslassen reduziert den Stress.
- ✔ Anderen die Führung überlassen verbessert ihre Gefühlslage und entlastet mich.

Abhängigkeiten abbauen

Menschen mit einer Angst auslösenden Abhängigkeits-Annahme glauben, dass sie nicht alleine zurechtkommen können. Sie fragen um Rat, obwohl sie eigentlich keinen brauchen, und suchen ständig nach Bestätigung, dass sie geliebt werden und alles richtig gemacht haben. Der Gedanke, keine enge Beziehung zu einem anderen Menschen zu haben, erschreckt sie. Sie können sich kaum vorstellen, alleine zu leben. Sie werden niemanden mit einer solchen Abhängigkeits-Annahme alleine in einem Restaurant essen sehen.

Viele Angst auslösende Annahmen wenden sich ironischerweise gegen die Betroffenen. Übertrieben abhängige Menschen verärgern und nerven schließlich diejenigen, in deren Abhängigkeit sie sich begeben. Ihre Partner gehen oft auf Distanz und beenden die Beziehung, weil sie das ständige Klammern mürbe und hilflos macht.

Wenn Sie sich mit dem Gefühl der Abhängigkeit herumplagen, sollten Sie es einmal mit alternativen Gedanken versuchen. Schreiben Sie diese auf eine Karteikarte, die Sie immer griffbereit in der Tasche haben. Sie können unsere Vorschläge natürlich bearbeiten oder eigene alternative Gedanken entwickeln.

- ✔ Es ist schön, jemanden zu haben, der mich liebt, aber ich kann auch auf eigenen Füßen stehen. Das habe ich schon in der Vergangenheit gezeigt.
- ✔ Manchmal ist es nützlich, jemanden um Rat zu fragen. Es ist aber auch befriedigend, eine Aufgabe alleine zu erarbeiten.
- ✔ Ich bin lieber mit anderen Menschen zusammen, aber ich kann lernen, wie man Zeit für sich selbst schätzt und nutzt.

Wenn Sie glauben, dass Sie von anderen Menschen abhängig sind – dass Sie nicht alleine leben können und bei allem, was Sie tun, Hilfe brauchen –, sollten Sie es mit einer vernünftigeren Sichtweise versuchen. Machen Sie sich bewusst, dass es zwar schön ist, jemanden zu haben, an den man sich anlehnen kann, dass Sie aber auch fähig sind, Dinge unabhängig von anderen Menschen zu tun. Sammeln Sie Beweise für Ihre Fähigkeiten. Betanken Sie Ihr eigenes Auto? Haben Sie ein eigenes Konto, über das Sie verfügen? Fahren Sie selbstständig zur Arbeit und wieder zurück? Können Sie sich an Zeiten erinnern, in denen Sie gut ohne andere Menschen zurechtkamen? Die Erinnerung an selbstständiges Handeln und die Bewältigung schwieriger Situationen alleine können Ihr Selbstvertrauen bereits so fördern, dass Sie sich für die Zukunft mehr eigenständiges Handeln vornehmen können.

 Wenn Sie das Gefühl haben, dass Ihre Angst auslösenden Annahmen Ihr Leben bestimmen und erhebliche Angst und Leiden verursachen, sollten Sie erwägen, professionelle Hilfe in Anspruch zu nehmen. Konsultieren Sie jedoch zunächst Ihren Hausarzt, um mögliche körperliche Ursachen abzuklären. Ängste können auch auf körperliche Beeinträchtigungen zurückgehen. Sollte das bei Ihnen nicht der Fall sein, kann Ihr Hausarzt Sie sicher an einen fähigen Therapeuten weiterverweisen. Dieses Buch kann Ihnen auch gute Dienste leisten, wenn Sie eine Therapie machen. Die meisten Angst-Experten sind mit den hier vorgestellten Techniken vertraut und können Ihnen helfen, sie anzuwenden.

Und vor allem: Seien Sie nett zu sich selbst!

Im Rahmen unserer Arbeit mit Klienten haben wir festgestellt, dass diese Angst auslösenden Annahmen überraschend häufig vorkommen und dass viele erfolgreiche Menschen, die nicht an einer ausgeprägten Angststörung leiden, von einer oder mehreren dieser Annahmen beeinflusst werden. Es ist deshalb wichtig, dass Sie nicht selbst auf sich einschlagen, weil diese Einflüsse da sind.

Die Ursprünge Ihrer Annahme könnten in Ihrer Kindheit liegen oder das Ergebnis eines traumatischen Erlebnisses sein. Vielleicht haben Ihre Eltern Sie häufig kritisiert und Sie haben sich deshalb nach Anerkennung gesehnt. Vielleicht hatten Sie einen Unfall oder ein traumatisches Erlebnis, nach dem Sie sich verletzlich fühlten. Vielleicht haben Ihre Eltern sich nicht immer so um Sie gekümmert, so dass Sie Sicherheit und Geborgenheit vermisst haben und sich nach Unterstützung und Zuwendung gesehnt haben. Das sind nur einige wenige von unzähligen Erklärungsmöglichkeiten für die Entwicklung Angst auslösender Annahmen. Entscheidend ist, dass Sie nicht bewusst danach gesucht, sondern sie »ehrlich« erworben haben.

Sie sind die ersten Schritte auf dem Weg zur Überwindung Ihrer Angst gegangen. Gehen Sie Schritt für Schritt, genießen Sie die Reise und machen Sie sich bewusst, dass Veränderungen Zeit und Übung brauchen. Haben Sie Geduld mit sich.

Worte, die einem Angst einjagen können

In diesem Kapitel

▶ Identifizieren Sie Angst auslösende Wörter

▶ Verstehen Sie, wie Sprache verstören kann

▶ Kommen Sie Ihren Sorgenwörtern auf die Spur

▶ Finden Sie ruhigere Ausdrucksmöglichkeiten

Ich kriege das einfach nicht hin ... Immer verhaspele ich mich beim Sprechen ... Ich muss unbedingt abnehmen ... Wie konnte ich nur so dumm sein? ... Wenn ich die Gehaltserhöhung nicht kriege, ist das eine Katastrophe ... Ich muss das fertig machen, sonst kriege ich großen Ärger ... Und wenn ich durchfalle? ... Im Sport bin ich einfach eine Niete.

Stellen Sie sich vor, Ihre innere Stimme sagt Ihnen solche Dinge. Wie würden Sie sich dabei fühlen? Wahrscheinlich nicht so gut. In diesem Kapitel wollen wir Ihnen zeigen, wie bloße Wörter einen wahren Ansturm von Ängsten auslösen können. Wir helfen Ihnen, die Angst auslösenden Wörter zu finden, vor denen Sie sich hüten sollten. Sie tauchen in verschiedenen Formen und Bereichen auf, und Sie werden lernen, wie Sie ihnen auf die Schliche kommen. Anschließend nennen wir Ihnen alternative Wörter und Ausdrücke, mit denen Sie Ihre Ängste besänftigen können.

Kleine Wörter – große Angst

»Das hab' ich nur so gesagt.« So versucht man, den Schaden wieder gutzumachen, wenn man merkt, dass man die Gefühle eines anderen Menschen verletzt hat. Das funktioniert nicht immer, denn Worte sind mächtig. Sie können erschrecken, verurteilen und verletzen.

Schlimm genug, wenn solche verletzenden Worte von anderen Menschen kommen. Noch größere Wirkung zeigen unter Umständen die Wörter, mit denen Sie sich selbst beschreiben – Ihre Welt, Ihr Handeln und Ihre Zukunft.

Beim Frühstück erwähnt **Manuela**, die sich Sorgen wegen des Blutdrucks ihres Mannes **Bernd** macht, dass sie den Eindruck habe, er hätte ein wenig zugenommen. »Meinst du wirklich?«, fragt Bernd. »Vielleicht ein bisschen, nicht weiter schlimm. Ich mache mir nur Sorgen um deine Gesundheit«, antwortet Manuela.

Eine einfache Unterhaltung unter Eheleuten. Oder nicht? Werfen wir einen Blick in Bernds Kopf, um zu sehen, was er zu Manuelas Kommentar in den folgenden Stunden denkt. »Ich bin ein *fettes Schwein* ...Sie findet mich *total abstoßend* ... Sie wird *nie wieder* mit mir schlafen wollen ... Ich kann *unmöglich* abnehmen ... Sie wird mich *sicher* verlassen, das wäre eine *unerträgliche* Vorstellung für mich.«

Nachmittags empfindet Bernd intensive Angst und Anspannung. Er ist so aufgewühlt, dass er sich von Manuela zurückzieht und den Rest des Tages schmollt. Manuela merkt, dass etwas nicht stimmt, und macht sich Sorgen, dass Bernd das Interesse an ihr verliert.

Was ist passiert? Zunächst machte Manuela eine eher wohlwollende Bemerkung Bernd gegenüber. Dann überschüttete Bernd sich selbst mit Angst auslösenden Worten – *Schwein, total, abstoßend, unmöglich, sicher* und *unerträglich.* Anstatt Manuela zu fragen, was sie wirklich meint, wird Bernds Denken von starken Worten überschwemmt, die Manuelas ursprüngliche Intention völlig verzerren. Sein Denken hat keinen Bezug mehr zur Realität.

Das Sorgenvokabular, das Sie verwenden, wenn Sie vor sich hindenken, kann leicht Ängste aufkommen lassen und hat selten etwas mit der Wirklichkeit zu tun. Man gewöhnt es sich an und verwendet es meist unbewusst. Aber wir können Sie beruhigen: Wie jede Angewohnheit kann man auch das Angst auslösende Vokabular wieder ablegen.

Angst auslösende Wörter lassen sich in vier Kategorien einordnen. Wir werden uns jede einzelne Kategorie in Ruhe mit Ihnen ansehen:

✔ **Extreme:** Übertreibende oder katastrophisierende Wörter

✔ **Alles-oder-nichts:** Entgegengesetzte Pole ohne Zwischenstufen

✔ **Urteilen, befehlen und etikettieren:** Harsche Bewertungen und Beschimpfungen

✔ **Opferrolle:** Die eigenen Fähigkeiten zur Bewältigung unterschätzend

Extremwörter

Es ist frappierend, wie man bei der Beschreibung eines Ereignisses durch die bloße Wortwahl aus Mücken Elefanten machen kann. Extreme Worte bauschen beunruhigende Situationen unangemessen auf. Dabei verstärken sie negative Gefühle.

Katrin fährt auf dem Parkplatz des Supermarkts gerade rückwärts aus einer Parklücke, als sie eine Nachbarin vorbeilaufen sieht. Sie hupt kurz und grüßt. Die Hupe ist kaum verklungen, da hört sie das Geräusch von Metall auf Metall. Mit der Stoßstange hat sie die Tür eines neben ihr parkenden nagelneuen Geländewagens geschrammt. Katrin tritt auf die Bremse, stellt den Motor ab und steigt aus, um sich den Schaden anzusehen – ein zehn Zentimeter langer Kratzer mit Delle.

Gleich ruft sie ihren Mann Klaus auf dem Handy an. Mit hysterischer Stimme schreit sie: »Ich hatte einen schrecklichen Unfall. Das andere Auto ist völlig kaputt. Ich fühle mich furchtbar. Ich kann nicht mehr. Du musst sofort herkommen.« Klaus versucht, seine Frau zu beruhigen, und macht sich sofort auf den Weg. Als er am Unfallort ankommt, ist er nicht allzu überrascht, dass der Schaden bei weitem nicht so groß ist, wie Katrin ihn geschildert hat. Er ist sich ihres Hangs zum Extremen bewusst. Das heißt aber nicht, dass Katrin sich nicht aufgeregt hätte.

7 ➤ Worte, die einem Angst einjagen können

Sie ist völlig fertig. Aber weder Klaus noch Katrin erkennen, wie Katrins Wortwahl dazu führt, dass ihre emotionalen Sicherungen durchbrennen.

Der größte Teil von Katrins problematischem Vokabular fällt in die Kategorie Extreme. Hier sind ein paar Beispiele für extreme Ausdrucksweisen.

Abscheulich	Qualvoll
Entsetzlich	Scheußlich
Fürchterlich	Unerträglich
Furchtbar	Untragbar
Grauenhaft	Verhängnisvoll
Hoffnungslos	Verheerend
Katastrophal	Zerstörerisch

Natürlich kann die Wirklichkeit scheußlich sein, entsetzlich und richtiggehend grauenhaft. Es wäre kaum möglich, den Holocaust, den 11. September, Hungersnöte oder die weltweit wütende Aids-Epidemie mit schwächeren Ausdrücken zu beschreiben. Allerdings gestalten solche Worte die Wirklichkeit allzu oft um. Vergegenwärtigen Sie sich, wie oft Sie oder Menschen, die Sie kennen, mit diesen Worten Ereignisse beschreiben, die sicher unangenehm waren, aber kaum allen Ernstes als verhängnisvoll bezeichnet werden konnten.

Das Leben stellt uns immer wieder vor Herausforderungen, denen wir uns stellen müssen: Verluste, Frustrationen, Ärger und Schmerz sind wie ungebetene Gäste, die ungemein stören. Nicht wenige versuchen deshalb, sie aus ihrem Leben fernzuhalten. Aber was man auch versucht, man kann sie nicht verhindern. Wenn es so weit ist, haben Sie zwei Möglichkeiten. Zum einen können Sie alles aufbauschen und katastrophisieren und sich sagen, wie *schrecklich, furchtbar, grauenhaft* und *unerträglich* das alles ist. Damit verstärken Sie aber nur Ihre Angst und Ihr Leiden. Zum anderen können Sie aber auch in realistischeren Bahnen denken. (Siehe den Abschnitt *Den Extremwörtern den Teufel austreiben* weiter hinten in diesem Kapitel.)

Alles-oder-nichts-Wörter: Schwarzweiß-Malerei

Sehen Sie sich ein Schwarzweiß-Foto an. Irgendeines. Sehen Sie genau hin. Sie werden feststellen, dass viele Schattierungen der Farbe Grau das Bild bestimmen. Auf den wenigsten Bildern findet man ein reines Schwarz oder ein reines Weiß. Die Bezeichnung Schwarzweiß-Foto ist also eine übertriebene Vereinfachung, die der Komplexität und Reichhaltigkeit der Bilder bei weitem nicht gerecht wird. Ähnlich unangemessen ist es, ein Ereignis mit Schwarzweiß-Wörtern zu beschreiben. Man ignoriert dabei die volle Bandbreite menschlicher Erfahrung. Wie bei den Fotos ist auch im Leben wenig schwarz oder weiß.

Trotzdem verfallen Menschen leicht in eine übertrieben vereinfachende Schwarzweiß-Sprache. Wie Extremwörter auch, führt diese Dichotomie zu einer Verstärkung negativer Gefühle.

Thomas legt seine Zeitung hin, weil er sich nicht konzentrieren kann, und sagt zu seiner Frau, dass er sich besser auf den Weg macht. »Ich habe letzte Nacht kaum geschlafen. Meine Verkaufszahlen diesen Monat bringen mich *total* um den Verstand. Ich schaffe das *nie*. Ich habe *keine* Chance. Bei dieser schlechten Konjunktur kauft *kein Schwein* etwas, aber mein Chef will von mildernden Umständen *nichts* hören. Ich bin *sicher*, dass er mir die Hölle heiß macht. Wenn er mich feuert, gibt es für mich *absolut keine* Chance, eine neue Stelle zu finden.« Falls Thomas die Alles-oder-nichts-Wörter ausgehen, kann er sich in der folgenden Liste bedienen:

Absolut	Komplett
Alle	Nichts
Ausnahmslos	Nie
Beständig	Null
Dauernd	Total
Ewig	Unaufhörlich
Für immer	Ununterbrochen
Immer	Völlig
Jeder/Keiner	

Außer dem Tod und den jährlichen Steuern gibt es nicht viel, was absolut sicher ist. Vielleicht erinnern Sie sich an Diskussionen mit Ihren Eltern, bei denen es darum ging, abends länger wegbleiben zu dürfen. Wetten, dass Sie ihnen gesagt haben, dass *alle* länger bleiben dürfen als Sie. Dafür hatten Sie sicher einen guten Grund. Sie hofften, Ihrem Anliegen mit dieser Übertreibung mehr Nachdruck zu verleihen. Trotzdem haben Ihre Eltern diese Taktik wahrscheinlich durchschaut.

Jeder übertreibt schon einmal. Unsere Sprache bietet uns viele Möglichkeiten, die Wirklichkeit aufzubauschen. Thomas übertreibt, indem er erklärt, dass er sein Verkaufsziel *nie* erreichen wird. Seine Angst wächst dabei. Indem Thomas feststellt, dass er sein Ziel nicht erreicht und dass er unmöglich eine neue Stelle findet, konzentriert er sich auf eine negative Entwicklung der Dinge, anstatt nach Lösungswegen zu suchen. (Ein Gegenmittel gegen die Alles-oder-nichts-Perspektive finden Sie im Abschnitt *Alles-oder-nichts, das ist hier die Frage* weiter hinten in diesem Kapitel.)

Urteilende Wörter

Sie *sollten* dieses Buch aufmerksamer lesen, als Sie das bisher getan haben. Und nicht nur das, Sie *sollten* auch schon mehr gelesen haben, als Sie bis jetzt geschafft haben. Die Übungen hätten Sie auch ernster nehmen *sollen*. *Sie sind ein armseliger Wicht. Schämen* Sie sich! ... DAS IST NUR EIN SCHERZ.

Welche Autoren würden ihre Leser schon so zur Rede stellen? Wir kennen keine. Diese Form der Kritik ist beleidigend. Menschen reagieren mit Empörung, wenn sie mit ansehen, wie Eltern ihre Kinder mit Worten wie *dumm* und *verdorben* demütigen. Ein Lehrer, der seine Schüler als *Idioten* bezeichnet und ihre größten Anstrengungen als *furchtbar*, *jämmerlich* und

7 ➤ Worte, die einem Angst einjagen können

abscheulich, ist ebenfalls in den Augen vieler Menschen eine Beleidigung für seinen Beruf. Solche harschen Beurteilungen werden kaum jemanden inspirieren. Im Gegenteil, Beschimpfungen lassen jeden Willen bröckeln.

Trotzdem sprechen viele Menschen so oder noch schlimmer mit sich selbst. In so manchem Kopf herrscht ein ständiger Strom kritischer Kommentare. Sie sind möglicherweise ihr schärfster Kritiker. Viele Menschen übernehmen die kritischen Stimmen, die sie in ihrer Kindheit gehört haben, und richten sie gegen sich. Dabei wird die Kritik nicht selten schärfer.

Thorsten sieht seine Buchführung durch und bemerkt, dass er vor ein paar Tagen Geld auf ein falsches Konto gebucht hat. Nun macht er sich Sorgen, dass ein Scheck, den er danach ausgestellt hat, nicht gedeckt sein könnte. Er denkt: »Ich *muss* besser aufpassen. Es ist *lächerlich*, dass jemandem mit einem Diplom in Wirtschaftswissenschaften ein solch *dummer Fehler* unterläuft. Ich *sollte* es besser wissen. Ich bin so ein *Blödmann*. Ich bin wirklich *angewidert*. Einen solchen Fehler darf ich *nie* wieder machen.« Nach seiner Selbstbeschimpfung empfindet Thorsten mehr Angst als vorher und fühlt sich auch ein wenig niedergeschlagen.

Urteilende Wörter gibt es in drei verschiedenen Varianten. Beispiele können Sie der Tabelle 7.1 in diesem Kapitel entnehmen.

- ✔ **Urteile:** Dazu gehören harsche Urteile über die eigene Person und eigene Handlungen. Wenn Ihnen zum Beispiel ein menschlicher Fehler unterläuft und Sie das als totales Versagen brandmarken, dann urteilen Sie über Ihr Handeln, anstatt es zu beschreiben.

- ✔ **Gebote:** Zu dieser Kategorie gehören Wörter, die absolute, ausnahmslose Verhaltens- und Gefühlsregeln verkünden. Wenn Sie sich selbst einhämmern, dass Sie eine bestimmte Handlung ausführen sollen oder müssen, dann gehorchen Sie einer Art innerem militärischen Schleifer. Dieser Schleifer duldet keinerlei Abweichung von seinen dogmatischen Verhaltensregeln.

- ✔ **Etikettierungen:** Selbsterniedrigende Etikettierungen setzen dem Ganzen dann die Krone auf. Thorstens Scheckheftfehler beispielsweise zieht alle drei Verdammungsarten nach sich: Er verurteilt sein Handeln als *dumm*, er hätte es sich nicht erlauben dürfen und er bezeichnet sich als *Blödmann*, weil es doch passiert ist. Kein Wunder, dass Thorsten Angst verspürt, wenn er sein Scheckheft verwaltet. Ironischerweise macht seine zunehmende Angst weitere Fehler wahrscheinlicher.

Urteile	Gebote	Etikettierungen
Dumm	Müssen	Blödmann
Falsch	Nicht dürfen	Dummkopf
Lächerlich	Sollen	Eigenbrödler
Schlecht	Sonst!	Idiot
Unwürdig		Monster
Unzureichend		Niemand
Verachtenswert		Schwein
Versagen		

Tabelle 7.1: Drei Kategorien urteilender Wörter

Opferwörter

Die Welt ist wesentlich furchterregender, wenn Sie sich grundsätzlich als Opfer der Umstände betrachten. Bestimmte Worte wie die folgenden weisen auf ein solches Denken hin:

Am Ende	Überwältigt
Erschöpft	Unfähig
Hilflos	Unmöglich
Impotent	Verletzlich
Kann nicht	Wehrlos
Machtlos	Zerbrechlich

Marlene leidet an einer schweren generalisierten Angsterkrankung und springt erschreckt auf, wenn sie laute Geräusche hört. Seit 20 Jahren ist sie mit einem Mann verheiratet, der sie immer wieder betrogen hat, aber sie denkt nicht daran, ihn zu verlassen, weil sie Angst hat, sie *könnte nicht* alleine leben. Sie fühlt sich den Anforderungen des Lebens *hilflos* ausgeliefert und glaubt, dass sie Arbeit und Kindererziehung *unmöglich* alleine bewältigen kann. Schon jetzt fühlt sie sich von der Hausarbeit *überwältigt*.

Opferwörter zerstören die Moral. Sie bieten keinerlei Hoffnung. Ohne Hoffnung gibt es aber wenig Gründe für positives Handeln. Wenn Opfer glauben, dass sie wehrlos sind, fühlen sie sich verletzlich und haben Angst.

Allerdings genießen Menschen, die sich als Opfer sehen, ein paar Vorteile: Sie fühlen sich nicht dazu gedrängt, etwas gegen die missliche Lage zu tun, in der sie sich befinden. Ihre Mitmenschen drücken ihnen ihr Mitgefühl aus und der eine oder andere bietet ihnen seine Hilfe an.

Auf der Suche nach dem Sorgenvokabular

Wahrscheinlich ist Ihnen gar nicht bewusst, wie oft Sie in Ihrem Kopf Sorgenwörter verwenden. Da diese Wörter oft zu Stress und Angst beitragen, sollten Sie über ihre Verwendung durchaus einmal nachdenken. Lauschen Sie zunächst einmal eine Zeit lang Ihrem inneren Dialog. Stecken Sie sich einen kleinen Notizblock in die Tasche, den Sie überall dabeihaben. Hören Sie aufmerksam zu, was Sie zu sich selbst sagen, wenn Sie sich gestresst oder besorgt fühlen. Nehmen Sie sich dann ein paar Minuten Zeit, Ihre inneren Dialoge aufzuschreiben.

Durchsuchen Sie Ihre Notizen nach Sorgenwörtern. Vielleicht entdecken Sie ein paar Wörter, die wir nicht aufgelistet haben. Andere Wörter passen vielleicht auch in mehr als eine Kategorie. Das ist in Ordnung. Suchen Sie nach den wichtigen Themen. Unterstreichen Sie sie und ordnen Sie sie in die folgenden Kategorien (die wir hier noch einmal wiederholen, damit Sie nicht zum Anfang des Kapitels zurückblättern müssen):

7 ➤ Worte, die einem Angst einjagen können

- ✔ **Extreme:** Übertreibende oder katastrophisierende Wörter
- ✔ **Alles-oder-nichts:** Entgegengesetzte Pole ohne Zwischenstufen
- ✔ **Urteilen, befehlen und etikettieren:** Harsche Bewertungen und Beschimpfungen
- ✔ **Opferrolle:** Die eigenen Fähigkeiten zur Bewältigung unterschätzen

Frank, ein begnadeter Mechaniker, arbeitet in einer Autowerkstatt. Nach seiner Beförderung zum Werkstattleiter fühlt er eine enorme Verantwortung auf seinen Schultern lasten. Franks Pünktlichkeit, sein Sinn für das Detail und sein Perfektionismus gehören zu seiner vorbildlichen Arbeitsauffassung. Leider treibt er es mit seinem Perfektionismus zu weit. Er achtet streng auf die Arbeitsqualität seiner Mitarbeiter. Alles wird von ihm immer und immer wieder geprüft. Damit er das Gefühl hat, seine Arbeit ordentlich zu machen, arbeitet Frank mittlerweile 60 Stunden die Woche und mehr. Sein Blutdruck ist mittlerweile so angestiegen, dass sein Arzt ihm rät, Stress und Angst zu reduzieren.

Frank besorgt sich also eine Ausgabe von *Angstfrei leben für Dummies* und schlägt in Kapitel 7 nach, wie man seinen Sorgenwörtern auf die Spur kommt. Und so sehen seine Notizen aus:

Die Arbeitsbelastung ist erschreckend. Es ist unmöglich, Schritt zu halten. Ich bin wie überfahren. Dennoch sollte ich in der Lage sein, das alles hinzukriegen. Ich bin ein absoluter Versager, wenn ich die Arbeit nicht bewältige. Ich bin der Chef, ich muss die Verantwortung für alle Angestellten tragen. Wenn jemand seine Arbeit nicht macht, bin ich voll und ganz verantwortlich. Wenn einer einen Fehler macht, sollte ich das geradebiegen. Ich kann die Vorstellung nicht ertragen, dass ein Kunde die Werkstatt unzufrieden verlässt. Wenn sich jemand beschwert, ist das eine Katastrophe. Ich fühle mich wie ein Versager und ein Trottel, wenn der Laden nicht richtig läuft.

- ✔ **Extreme:** erschreckend, Katastrophe, kann nicht ertragen
- ✔ **Alles-oder-nichts:** absolut, voll und ganz
- ✔ **Urteile, Befehle und Etikettierungen:** Versager, Trottel, sollte, muss
- ✔ **Opfer:** überfahren, unmöglich

Frank ist überrascht, wie viele Sorgenwörter sich in seinen Gedanken finden. Dennoch ist er überzeugt, dass diese Wörter seiner Wirklichkeit entsprechen. Frank muss noch ein paar Schritte weitergehen, um seine Angst zu überwinden.

Den Extremwörtern den Teufel austreiben

Fragen Sie sich, wie Sie sich eigentlich gerne fühlen würden. Angst, Sorgen und Stress empfinden die meisten Menschen nur ungern. Wer würde sich für solche Gefühle entscheiden? Vielleicht sind Sie also mit uns der Meinung, dass Sie sich lieber ruhig und gelassen fühlen als aufgewühlt. Erklären Sie dies zu Ihrem Ziel.

Ein guter erster Schritt auf dem Weg zu diesem Ziel ist die Außerbetriebsetzung Ihrer Sorgenwörter. Allerdings ist es eher unwahrscheinlich, dass Sie auf diese Wörter verzichten, nur weil wir Ihnen gesagt haben, dass sie Ängste auslösen. Wahrscheinlicher ist, dass Sie – wie Frank – glauben, dass diese Wörter Sie und Ihre Umwelt treffend beschreiben. Da sind Sie in guter Gesellschaft. Viele Menschen leben vor sich hin, ohne ihren inneren Dialog zu hinterfragen, und gehen einfach davon aus, dass das, was sie sich so sagen, mit der Realität übereinstimmt.

 Wenn Sie in extremen Begriffen wie *unerträglich, untragbar, nicht auszuhalten, schrecklich* oder *katastrophal* denken, verlieren Sie die Hoffnung. Ihr Vertrauen in die eigenen Fähigkeiten, mit Problemen fertig zu werden, schwindet mehr und mehr. Überlegen Sie, ob sich Ihre unangenehmen Erfahrungen nicht wirklichkeitsnäher beschreiben lassen:

- ✔ Schwierig statt unerträglich
- ✔ Unangenehm statt untragbar
- ✔ Verdrießlich statt verheerend
- ✔ Besorgnis erregend statt qualvoll

Erinnern Sie sich an Katrin im Abschnitt über Extremwörter weiter vorne? Sie rammte ein anderes Auto beim Ausparken und reagierte mit extremer Verzweiflung, die zum Teil darauf zurückzuführen war, dass sie in Extremwörtern dachte. Jetzt, wo sie an ihrer übersteigerten Denkweise gearbeitet hat, kann sie kleinere Probleme als das betrachten, was sie sind – klein. Als zum Beispiel ihre Handtasche aus einer Umkleidekabine gestohlen wird, sagt sie sich: »Das ist ein ganz schönes Theater. Ich telefoniere nicht gerne in der Gegend herum, um neue Scheck- und Kreditkarten zu bestellen, und ich warte auch nicht gerne stundenlang, bis ich einen neuen Führerschein bekomme. Aber es gibt Schlimmeres. Wenigstens bin ich unverletzt geblieben.« Katrin merkt, dass sie sich viel weniger aufregt, wenn sie ihre Gedanken so formuliert. Sie kann jetzt zwischen einer Katastrophe und einer Unannehmlichkeit unterscheiden.

Denken Sie an Ihr Ziel, sich ruhiger zu fühlen. Wenn Sie nicht mehr in extremen Begriffen denken, fahren Sie auch Ihre Gefühle herunter. Gemäßigte Beschreibungen führen zu milderen Reaktionen.

Weniger extreme Darstellungen lassen Sie eher daran glauben, dass Sie mit den Problemen fertig werden können. Menschen haben erstaunliche Widerstandskräfte. Wenn Sie Hoffnung haben, haben Sie auch Zugriff auf Ihre Problemlösungskompetenz und Ihren Überlebenswillen.

Alles oder nichts, das ist hier die Frage

Menschen wählen Alles-oder-nichts-Wörter wie *nie, immer, absolut, für immer, ununterbrochen* oder *ständig*, weil sie schnell und leicht zur Hand sind und dem Gesagten einen emotionalen Kick geben. Allerdings haben diese Wörter heimtückische Nebenwirkungen: Die peitschen Ihr Denken ins Extreme und nehmen Ihre Gefühle mit auf die Reise. Darüber hinaus lenken Alles-oder-nichts-Wörter von der Bewältigung und Lösung von Problemen ab.

7 ➤ Worte, die einem Angst einjagen können

Eine sorgfältige Sichtung der Beweislage unterstützt selten die Verwendung von Alles-oder-nichts-Wörtern. Viele Menschen verwenden Alles-oder-nichts-Wörter, um zukünftige Entwicklungen vorauszusagen oder sich über die Vergangenheit zu äußern. Beispiele sind »Ich werde nie befördert« oder »Immer kritisierst du mich«. Ob Sie nun zu sich selbst oder mit jemand anderem sprechen, diese Worte schaffen weder eine ruhige Stimmung noch beschreiben sie, was passiert ist oder was passieren wird. Bleiben Sie also lieber in der Gegenwart. Tabelle 7.2 beleuchtet den Wechsel von Alles-oder-nichts-Wörtern zu ruhigen, Fakten sammelnden Wörtern, die das Gegenwärtige ohne Übertreibung schildern.

Alles oder nichts	Gegenwart ohne Übertreibung
Ich werde nie befördert.	Zum jetzigen Zeitpunkt weiß ich nicht, ob ich befördert werde. Ich tue aber, was ich kann, damit ich weiterkomme.
Immer kritisierst du mich.	Gerade jetzt fühle ich mich wegen deiner Kritik schlecht.
Ich gerate immer in Panik, wenn ich mich in einer Menschenmenge befinde.	Im Moment weiß ich nicht, ob ich in Panik gerate, wenn ich mich das nächste Mal in einer Menschenmenge befinde. Ich kann in Panik geraten, ich kann aber auch ruhig bleiben. Wenn ich Panik empfinde, ist das nicht das Schlimmste, was mir passieren kann, und ich werde nicht daran sterben.

Tabelle 7.2: Ins Hier und Jetzt wechseln

Erinnern Sie sich an Thomas, von dem wir in dem Abschnitt über Alles-oder-nichts-Wörter erzählt haben? Thomas dachte, er würde sein Verkaufsziel nie erreichen und wahrscheinlich entlassen werden. Danach würde er bestimmt keine neue Stelle finden, da war er sich ganz sicher. Nachdem Thomas *Angstfrei leben für Dummies* gelesen hat, erkennt er, dass seine eigenen Worte ihn verletzen. Er denkt an die verschiedenen Graustufen und ändert seine Ausdrucksweise. Einige Monate später schafft er tatsächlich sein Verkaufsziel nicht. Anstatt zu katastrophisieren, denkt er: »Das war alles andere als ein toller Monat. Ich bin nicht der Einzige, der sein Verkaufsziel nicht erreicht hat. Es ist also nicht sehr wahrscheinlich, dass ich gefeuert werde. Und wenn doch, dann kann ich bei meinen bisherigen Erfolgen sicher eine andere Stelle finden. Ich mache mir keine weiteren Gedanken darüber und konzentriere mich darauf, im nächsten Monat mein Verkaufsziel wieder zu erreichen.«

Statt sich der Verzweiflung zu ergeben, schafft Thomas es nun, die Lage angemessen optimistisch zu sehen. Er empfindet viel weniger Stress und kann seine Verkaufszahlen steigern. Sie können diesen Schritt auch vollziehen, egal, welche Probleme Sie haben.

Urteilen Sie über den Richter

Wörter, die Urteile, Befehle oder Etikettierungen transportieren wie *sollte*, *muss*, *Versager*, *Trottel* und *unwürdig* verursachen unnötigen Schmerz und Scham bei denen, auf die sie gemünzt sind. Sie haben solche Wörter vielleicht schon von anderen oder von ihrer inneren kritischen Stimme gehört.

> ### Von einer, die überlebt hat
>
> Bei einem schweren Sturm zerschnitt ein herabstürzender Fensterrahmen die Achillessehne von Karen Smyer. Sie musste operiert werden. Das war im Jahre 1997. 1998 wurde Karen auf dem Fahrrad von einem Lastzug angefahren, brach sich sechs Rippen und kugelte sich die Schulter aus. 1999 brach sie sich das Schlüsselbein. Bei der Behandlung des Bruchs fand man heraus, dass sie an Schilddrüsenkrebs erkrankt war. Ein Jahr nach der Entfernung der Schilddrüse entdeckten die Ärzte, dass einige Lymphknoten in ihrer Schulter von Krebs befallen waren. Aber Karen glaubt an ihr Glück. Im Oktober des Jahres 2001 gewann sie im Alter von 40 Jahren einen Triathlon in Austin, Texas. Trotz aller Widrigkeiten, denen sich andere sicher hilflos ausgeliefert gefühlt hätten, hat sie sich immer auf ihre Ziele und ihre Familie konzentriert.

Etikettierungen und Urteile beschreiben eine Person als Ganzes, obwohl sie meistens auf die Beschreibung einer spezifischen Handlung zielen sollen. Nehmen wir an, Sie machen einen Fehler und sagen zu sich selbst: »*Wie konnte ich nur so ein Idiot sein.*« Dadurch bewerten Sie Ihre gesamte Person auf der Grundlage einer einzelnen Handlung. Ist das sinnvoll? In jedem Fall ist es nicht treffend, und vor allen Dingen führt dieses Urteil nicht dazu, dass Sie sich ruhig oder gelassen fühlen.

Versuchen Sie, Ihre Urteils-, Befehls- oder Etikettierungswörter durch vernünftige, treffende und hilfreichere Alternativen zu ersetzen.

- ✔ **Urteil:** Mein Ergebnis im Eignungstest für die Uni ist lächerlich. Ich bin wohl doch dumm.

- ✔ **Vernünftige Alternative:** Dieses Ergebnis habe ich mir sicher nicht gewünscht, aber ich kann mich besser vorbereiten und den Test wiederholen. Wenn ich bedenke, dass ich nicht viel gelernt habe, geht das Ergebnis wohl in Ordnung.

- ✔ **Befehl:** Ich muss eine glückliche Ehe führen. Ich sollte alles haben, was man braucht, um dauerhaft zusammen glücklich zu sein.

- ✔ **Vernünftige Alternative:** Ich hätte zwar gerne eine glückliche Ehe, aber ich habe mich auch wohl gefühlt, bevor ich meine Frau getroffen habe, und kann das wieder lernen, wenn es sein müsste. Glücklich verheiratet zu sein ist nur meine allererste Wahl. Was daraus wird, habe ich nicht alleine in der Hand. Dazu gehören immer zwei.

Im Abschnitt über Urteilswörter weiter vorne in diesem Kapitel macht Thorsten einen Fehler in der Buchführung. Prompt beschimpfte er sich als Blödmann und schärfte sich ein, dass er einen solchen Fehler in Zukunft nicht wieder machen dürfe. Nachdem Thorsten gegen diese schlechte Angewohnheit zu Felde gezogen ist, hat er seine Sichtweise geändert. Weil er kein Übermensch ist, macht Thorsten drei Monate später wieder einen Buchhaltungsfehler. Dieses Mal ist er sich bewusst, dass das nicht das Ende der Welt und er deswegen nicht dumm ist. Er hält inne und denkt nach. Dabei findet er heraus, dass er meist dann Fehler macht, wenn er versucht, zwei oder drei Aufgaben gleichzeitig zu erledigen. Er beschließt, die Dinge etwas langsamer angehen zu lassen. Dadurch, dass Thorsten weniger hart mit sich ins Gericht geht, hat er die Möglichkeit, aus seinen Fehlern zu lernen, anstatt sich nur zu beschimpfen.

Opferwörter ausradieren

Opferwörter wie *machtlos, hilflos, verletzlich, überwältigt* und *ausgeliefert* stoßen Sie in ein tiefes Loch und lassen Sie sich verletzlich und ängstlich fühlen. Sie haben das Gefühl, dass es weder einen Ausweg noch irgendeine Hoffnung darauf gibt. Doch wie die anderen Sorgenwörter auch enthalten sie selten die ungeschminkte Wahrheit.

Trotzdem können Opferwörter zu sich selbst erfüllenden Prophezeiungen werden. Wenn Sie *denken*, dass ein Ziel außerhalb Ihrer Reichweite liegt, werden Sie es wahrscheinlich nicht erreichen. Wenn Sie sich für machtlos *halten*, werden Sie Ihre Widerstandskraft nicht mobilisieren können. Stattdessen werden Sie lieber ausgiebig Trübsal blasen. Wie wäre es denn, wenn Sie als Alternative einmal die Logik Ihrer Opferwörter hinterfragen würden? Gibt es nicht irgendetwas, das Sie tun können, um Ihr Problem zu lösen oder wenigstens zu mildern?

 Sammeln Sie Beweise, mit denen Sie die Opferwörter, die in Ihrem inneren Dialog auftauchen, widerlegen können. Fragen Sie sich, ob Sie schon einmal mit einer vergleichbaren Situation fertig geworden sind. Denken Sie an einen Freund, einen Bekannten oder irgendeine andere Person, die ein Problem wie das Ihre erfolgreich bewältigt hat.

Nachdem Sie die Logik und die Beweise bedacht haben, fragen Sie sich, ob Opferwörter dazu führen, dass Sie sich besser, ruhiger oder weniger ängstlich fühlen. Wenn nicht, ersetzen Sie sie durch andere Wörter.

- ✔ **Opfer:** Ich habe eine tödliche Krankheit und kann gar nichts dagegen tun.

    Vernünftige Alternative: Ich habe eine Krankheit, die oft tödlich verläuft. Ich kann aber alles Mögliche von klinischen Versuchen bis zu alternativer Medizin versuchen. Wenn das nicht hilft, kann ich immer noch den Rest meines Lebens sinnvoll verbringen.

- ✔ **Opfer:** Ich ertrinke in Schulden. Ich fühle mich hilflos und habe keine andere Möglichkeit, als Konkurs anzumelden.

    Vernünftige Alternative: Ich habe erhebliche Schulden. Ich könnte mich an eine Schuldnerberatungsstelle wenden, die sich auf Umschuldungen spezialisiert hat. Ich könnte einen zusätzlichen Minijob annehmen, um meine Rechnungen zahlen zu können. Wenn ich tatsächlich Konkurs anmelden muss, kann ich meine Kreditwürdigkeit langsam wieder erlangen.

Wir möchten noch einmal auf Marlene zurückkommen, die Sie im Abschnitt über die Opferwörter kennen gelernt haben. Sie ist mit einem Mann verheiratet, der sie ständig betrügt. Marlene glaubt, dass es für sie keinen Ausweg gibt, weil sie alleine nie zurechtkommen wird. Nach einer längeren Therapie betrachtet sich Marlene nicht länger als Opfer. Sie bietet ihrem Mann die Stirn und besteht darauf, dass sie gemeinsam zur Eheberatung gehen. Außerdem droht sie, ihn das nächste Mal zu verlassen, wenn er sie betrügt. Sie weiß jetzt, dass sie auch alleine leben kann. Überrascht von Marlenes neu erworbener Selbstsicherheit findet ihr Mann sie attraktiver denn je. Er stimmt der Eheberatung zu und engagiert sich wieder für seine Ehe.

Teil III

Handeln gegen die Angst

In diesem Teil ...

In diesem Teil zeigen wir Ihnen, dass Sie durch die Änderung Ihrer Handlungsweisen Ihre Ängste wirkungsvoll bekämpfen können. Dazu liefern wir Ihnen verschiedene Ansatzpunkte, die Ihnen die Konfrontation mit Ihren Ängsten ermöglichen. Kein Grund zur Sorge, das passiert ganz langsam, Schritt für Schritt. Die folgenden Kapitel sollen Ihnen helfen herauszufinden, was für Sie wichtig ist. Nur dann können Sie Wege finden, Ihr Leben an Ihre Ziele anzupassen.

Sie werden außerdem erfahren, wie Sie mit Übungen Ihre Ängste mindern können. Wenn Sie in der Vergangenheit Probleme damit hatten, sich zu Übungen durchzuringen, helfen wir Ihnen herauszufinden, warum das so war und wie Sie die richtige Motivation aufbringen können.

Nach so viel Tatendrang werden Sie müde sein und eine Mütze voll Schlaf brauchen können. Das ist einer der Gründe, warum wir Ihnen Möglichkeiten präsentieren, wie Sie Ihren Schlaf verbessern können.

Sich der Angst Schritt für Schritt stellen

In diesem Kapitel

▸ Wie Konfrontationen funktionieren

▸ Sich Ängsten mit Hilfe der Vorstellungskraft stellen

▸ Ängsten direkt ins Auge blicken

▸ Konfrontationen auf spezielle Angstprobleme anwenden

Mira will unbedingt ohne Stützräder Fahrrad fahren. Ihr Opa hält das Fahrrad fest und läuft neben ihr her. Mira strahlt vor Stolz. Sie macht das gut. Aber in dem Moment, in dem ihr Opa ihr sagt, dass sie das toll macht ohne seine Hilfe, bekommt Mira Angst. Plötzlich ist sie auf sich alleine gestellt. Bevor ihr Opa zugreifen kann, hat es Mira vom Rad gehauen. Beide Knie sind blutig und die Tränen fließen vor Schmerz.

Opa tröstet Mira und meint: »Es gibt ein altes Sprichwort, das geht so: ›Wenn du vom Pferd fällst, setz dich gleich wieder drauf.‹ Komm, wir machen die Knie sauber und zwei schöne Pflaster drauf. Und dann versuchen wir es noch mal.«

An sich ein guter Rat, aber Mira hat jetzt einfach zu viel Angst und kann nicht weitermachen. Nach ein paar Tagen jedoch rafft sie sich zu einem zweiten Anlauf auf. Nicht jeder, der im Leben Schrammen abkriegt, bringt das fertig.

Wenn das Leben dir Zitronen in die Hand drückt, mach Limonade daraus. Lässt sich dieser Rat so leicht in die Tat umsetzen, wie es den Anschein hat? Ist es realistisch, von sich zu erwarten, dass man den Spieß einfach umdreht, nachdem man mehrmals eins auf die Mütze gekriegt hat?

Dieses Kapitel zeigt Ihnen, wie Sie wieder in den Sattel kommen und Ihre Angst in überschaubaren Schritten überwinden können. Wir schreiben darüber, wie Sie sich Ihren Ängsten in Ihrer Vorstellung stellen. Das ist eine gute Vorbereitung für den nächsten Schritt – die eigenen Ängste Stückchen für Stückchen auf die Hörner nehmen. Das Rezept für die Überwindung Ihres persönlichen Angstproblems heißt *Konfrontation*: In diesem Kapitel werden Sie es kennen lernen.

Konfrontation: Treten Sie Ihren Ängsten näher

Keine der in diesem Buch vorgestellten Strategien ist für sich betrachtet wirksamer im Kampf gegen die Angst als die Konfrontation. Einfach ausgedrückt, treten Sie bei der Konfrontation in direkten Kontakt mit Ihren Angstauslösern. Das mag Ihnen vielleicht erst einmal ein wenig merkwürdig erscheinen.

Denn wahrscheinlich macht Ihnen schon die Vorstellung Angst, Ihrer Angst von Angesicht zu Angesicht gegenüberzutreten. Das ist verständlich. Sie müssen sich aber auch bewusst machen, dass Konfrontation *nicht* bedeutet, dass jemand, der etwa an Höhenangst leidet, schon morgen einen Blick über den Rand des Grand Canyon werfen muss. Genauso wenig muss jemand, der in Menschenmengen in Panik gerät, bei seiner ersten Konfrontation ein Champions-League-Spiel von Bayern München oder den Kölner Rosenmontagszug live miterleben.

Wenn Sie angesichts der Empfehlungen in diesem Kapitel zögern, lesen Sie doch einmal in Kapitel 3 nach, wie man Motivation aufbaut und Hindernisse aus dem Weg räumt, die sich Veränderungen in den Weg stellen. Können Sie sich danach immer noch nicht überwinden, sollten Sie sich vielleicht professionell beraten lassen.

Schritt für Schritt zur Konfrontation

Konfrontation besteht aus systematischen, abgestuften Schritten, die Sie sich einzeln vornehmen. Sie machen den zweiten Schritt erst dann, wenn Sie das Ziel des ersten Schrittes erreicht haben. Fühlen Sie sich mit dieser Entwicklung wohl, gehen Sie zum nächsten Schritt. Jeder neue Schritt bringt etwas Angst mit sich, aber nicht so viel, dass es Sie überwältigt.

Versuchen Sie keine Konfrontation, wenn Sie hochgradige Angst haben. Dabei brauchen Sie professionelle Hilfe. Sobald irgendein Schritt extreme Angst verursacht, sollten Sie auf keinen Fall alleine weitermachen. Nicht empfehlenswert sind Konfrontationen außerdem, wenn Sie sich mitten in einer Krise befinden oder gerade mit Alkohol- oder Drogenproblemen zu kämpfen haben.

Auf die Plätze ...

Bevor Sie loslegen, sollten Sie üben, sich zu entspannen. Wie Sie das am besten machen, können Sie in den Kapiteln 12 und 13 nachlesen. Für den Augenblick mögen auch ein paar einfache, schnelle Verfahren genügen.

Warum sollen Sie sich entspannen? Nun, Konfrontationen lösen Angst aus, da gibt es kein Vertun. Wenn Sie wissen, wie Sie sich entspannen können, gibt Ihnen das Selbstvertrauen, mit Ihrer Angst umgehen zu können. Denn mit Hilfe der Entspannung können Sie die unvermeidbare Angst in erträglichen Grenzen halten.

Zunächst sollten Sie es mit Atemübungen versuchen:

1. Atmen Sie tief und langsam durch die Nase ein.
2. Halten Sie den Atem an und zählen Sie langsam bis 6.
3. Atmen Sie langsam und leicht hörbar (zischend oder seufzend) durch den Mund aus und zählen Sie dabei langsam bis 8.
4. Wiederholen Sie diesen Atemzyklus zehn Mal.

Versuchen Sie, diese Atemübung mehrmals am Tag zu wiederholen. Achten Sie darauf, wie Sie sich dabei fühlen. Hilft sie Ihnen nicht, sich ruhiger zu fühlen, machen Sie nicht weiter damit.

Versuchen Sie stattdessen unsere nächste Übung, bei der es um die Anspannung und Entspannung von Muskelgruppen geht. Ausführlich wird diese Übung in Kapitel 12 beschrieben.

Wenn Sie unter körperlichen Problemen wie Rückenschmerzen, akuten Verletzungen, Schmerzen nach Operationen, Muskelkrämpfen oder schwerer Arthritis leiden, sollten Sie die folgenden Übungen eher nicht machen. Wenn doch, dann achten Sie darauf, dass Sie die Bewegungen sanft gestalten und schmerzhafte Muskelanspannungen unbedingt vermeiden. Auch wenn Sie in guter Verfassung sind, sollten Sie bei der Anspannung Ihrer Muskeln in der angegebenen Weise keine Schmerzen verspüren.

1. Suchen Sie sich einen Platz, an dem Sie bequem sitzen oder liegen können.
2. Lockern Sie enge Kleidung.
3. Ziehen Sie die Zehen in Richtung Knie nach oben.
4. Klemmen Sie die Beine fest zusammen
5. Spannen Sie die Bein- und Pomuskeln an.
6. Halten Sie die Spannung und zählen Sie langsam bis 8.
7. Entspannen Sie die Muskeln wieder.
8. Lassen Sie an die Stelle der Anspannung langsam die Entspannung treten.
9. Spüren Sie dem entspannten Gefühl einige Momente lang nach.
10. Als Nächstes ballen Sie die Hände zu Fäusten, heben die Hände auf Schulterhöhe, ziehen den Bauch ein und die Schulterblätter weit zurück, als wollten Sie sie hinter dem Rücken zusammenbringen. Spannen Sie alle Muskeln zwischen Hüfte und Nacken an. Halten Sie die Spannung und zählen Sie langsam bis 8.
11. Entspannen Sie die Muskeln wieder und lassen Sie an die Stelle der Anspannung langsam die Entspannung treten. Lassen Sie das Gefühl der Entspannung ein wenig nachklingen.
12. Abschließend spannen Sie die Nacken- und Gesichtsmuskeln an. Ziehen Sie ruhig eine Fratze.
13. Halten Sie die Anspannung und zählen Sie langsam bis 8.
14. Entspannen Sie die Muskeln und spüren Sie, wie an die Stelle der Anspannung langsam die Entspannung tritt.
15. Bleiben Sie ein paar Minuten mit dem Gefühl der Entspannung sitzen.
16. Wenn Sie sich immer noch angespannt fühlen, wiederholen Sie das Ganze noch einmal.

Die meisten Menschen reagieren auf eine oder beide dieser Techniken mit einer gewissen Entspannung. Sollten sie bei Ihnen nicht zu dem gewünschten Ergebnis führen oder gar in Ihnen Angst hervorrufen, sollten Sie sich die Kapitel 12 und 13 näher ansehen und gründlich durcharbeiten.

Aber selbst wenn Sie auf Entspannungstechniken überhaupt nicht ansprechen, heißt das nicht, dass eine Konfrontation bei Ihnen nichts bringt. Konfrontationen können auch für sich funktionieren. Ohne Entspannung müssen Sie einfach nur darauf achten, dass Sie langsam und bedacht vorgehen.

Bausteine

Es ist von entscheidender Bedeutung, dass Sie die Konfrontation in überschaubare Schritte aufteilen. Gehen Sie dazu folgendermaßen vor:

1. **Wählen Sie eine einzige Ihrer Ängste, wie wir sie in der folgenden Liste beispielhaft nennen:**

   Geschlossene Räume

   Finanzieller Ruin

   Fliegen

   Panikattacken (Angst vor der Angst)

   Menschen

2. **Denken Sie über jeden Aspekt dieser Angst nach, der Ihnen einfällt.**

   Was löst Ihre Angst aus? Berücksichtigen Sie alle Handlungen, die sich um Ihre Angst herum abspielen. Wenn Sie beispielsweise Angst vor dem Fliegen haben, empfinden Sie vielleicht Angst, wenn Sie zum Flughafen fahren oder Ihre Sachen packen. Wenn Sie Angst vor Hunden haben, meiden Sie ihre Nähe und werden wahrscheinlich niemanden besuchen, bei dem Hunde frei im Haus herumlaufen. Wo immer Ihre Angst ihren Anfang nimmt, machen Sie sich Notizen dazu. Denken Sie an alle möglichen Entwicklungen der Ereignisse, die Sie befürchten und sich ausmalen. Berücksichtigen Sie alle Einzelheiten – die Reaktionen anderer Leute und die Umgebung.

Lisas Geschichte ist ein gutes Beispiel dafür, wie man den Konfrontationsprozess in überschaubare Schritte aufteilen kann.

Lisa ist 32 Jahre alt und arbeitet erfolgreich als Pharmareferentin. Aufgrund ihrer Leistungen wird sie befördert. Damit verbunden sind ein höheres Gehalt, aber auch mehr Flugreisen. In den Gesprächen mit ihren Vorgesetzten hat Lisa verschwiegen, dass sie Flugangst hat, in der Hoffnung, dass sie das schon irgendwie hinkriegt. In drei Wochen steht nun der erste Flug an. In ihrer Verzweiflung sucht Lisa Hilfe.

Auf dem Weg zur Bahn sieht Lisa im Schaufenster einer Buchhandlung *Angstfrei leben für Dummies* liegen. Sie kauft sich ein Exemplar und liest dort von Konfrontation. »Das ist es«, denkt sie und beschließt, sich ihrer Flugangst zu stellen. In Tabelle 8.1 können Sie nachlesen, wie Lisa den ersten Schritt, die Beschreibung ihrer Angst, in allen Einzelheiten hinter sich gebracht hat.

8 ➤ Sich der Angst Schritt für Schritt stellen

Frage	Antwort
Wie fängt meine Angst an?	Schon der Gedanke an das Fliegen macht mir Angst. Ich werde schon kribbelig, wenn ich die Straße befahre, die zum Flughafen führt.
Welche Handlungen hängen mit meiner Angst zusammen?	Zuerst muss ich den Flug buchen. Das wäre ein Problem. Dann müsste ich meine Sachen packen, zum Flughafen fahren, die Sicherheitskontrollen passieren, einige Zeit in der Wartezone verbringen, den Aufruf für meinen Flug abwarten und ins Flugzeug steigen. Dann müsste ich mich hinsetzen und das Startmanöver überstehen. Und schließlich müsste ich den Flug aushalten.
Welche Ergebnisse male ich mir aus?	Ich habe Angst, dass ich verrückt spiele, den Fluggast neben mir vollkotze oder anfange zu schreien, so dass man mich festhalten muss. Natürlich könnte das Flugzeug abstürzen und ich würde sterben oder furchtbare Verbrennungen und Schmerzen erleiden, ohne aus dem Flugzeug fliehen zu können.

Tabelle 8.1: Wovor habe ich Angst?

Wie Sie sehen, besteht Lisas Flugangst aus mehreren Handlungen, von der Buchung bis zum Abheben. Zu den von ihr befürchteten Entwicklungen zählen eine Reihe unangenehmer Möglichkeiten.

Sie können Tabelle 8.1 als Vorlage verwenden, um Ihre eigenen Ängste zu beschreiben. Benutzen Sie Ihre Vorstellungskraft. Lassen Sie sich nicht von dem Gefühl der Peinlichkeit abhalten, auch die tiefsten, dunkelsten Aspekte Ihrer Angst zu beschreiben, selbst wenn Sie meinen, jemand anders würde sie für albern halten.

Jetzt sind Sie so weit, Ihre Angst auseinanderzunehmen und die verschiedenen Bausteine vor sich hinzustellen. Errichten Sie aus den Steinen einen Angstturm (siehe Abbildung 8.1) Zählen Sie alle Aspekte Ihrer Angst auf und bewerten Sie die jeweilige Intensität auf einer Skala von 0 bis 100. Die Null steht dabei für die völlige Abwesenheit von Angst, die 100 für unvorstellbar intensive Angst, die Sie völlig lähmt. Sortieren Sie nun Ihre Bausteine, indem Sie mit dem am niedrigsten bewerteten Baustein anfangen und den Turm mit dem am höchsten bewerteten Stein abschließen. Das ist Ihre Konfrontationshierarchie.

Abbildung 8.1 zeigt Lisas Turm mit den unterschiedlich bewerteten Aspekten ihrer Flugangst:

 Lisas Turm besteht nur aus acht Bausteinen. Sie können Ihre Aufgabe auch in 15 bis 20 Schritte aufteilen. Lisa springt vom Packen gleich zum Einchecken. Sie könnte auch ein oder zwei Zwischenschritte einfügen, etwa die Fahrt zum Flughafen und das Parken im Parkhaus.

Bei einer Phobie, wie sie Lisa hat, stehen die Bausteine für Aufgaben, die alle direkt zu ihrer schlimmsten Angst hinführen. Manche Menschen leiden aber an anders gearteten Ängsten. Jemand, der an einer generalisierten Angsterkrankung leidet (siehe Kapitel 2), hat unter Umständen ganz verschiedene Ängste – Angst vor Zurückweisung, Angst vor Verletzungen und Sorgen wegen finanzieller Notlagen. In diesem Fall sollte man eine dieser Ängste aussuchen und alles berücksichtigen, was zu dieser Angst gehört.

Abbildung 8.1: Wie Lisa die Aspekte ihrer Flugangst bewertet

So, jetzt haben Sie Ihren Angstturm vor sich. Was nun? Wählen Sie zwischen zwei verschiedenen Konfrontationsarten – eine spielt sich in Ihrer Vorstellung und die andere im wirklichen Leben ab. In gewisser Weise haben Sie die Wahl der Qual.

Das Schlimmste annehmen

Oft ist es am besten, die Konfrontation in der eigenen Vorstellung zu beginnen. Das ist deshalb so, weil die Vorstellung Ihrer Ängste in der Regel weniger Angst auslöst als die direkte Konfrontation. Ihre Vorstellungskraft können Sie auch nutzen, wenn es unmöglich ist, die echte

Angst herzustellen. Wenn Sie zum Beispiel Angst davor haben, eine Krankheit wie Hepatitis B zu bekommen, wäre es keine gute Idee, wenn Sie sich dem Virus tatsächlich aussetzten.

Vielleicht denken Sie, dass die Betrachtung Ihrer Angst vor dem geistigen Auge keine Angst bei Ihnen auslösen kann. Täuschen Sie sich nicht. Die meisten Menschen berichten, dass ihr Körper durchaus reagiert, wenn sie sich ihre Ängste in allen Einzelheiten vorstellen. Nachdem sie dann ihre Ängste nach und nach in ihrer Vorstellung gemeistert haben, ist die Angst in den meisten Fällen schon etwas geringer, wenn es an die Konfrontation in der Wirklichkeit geht.

Eine vorgestellte Konfrontation verläuft nach dem folgenden einfachen Muster:

1. Wenn Sie sich wohler damit fühlen, entspannen Sie sich vorher mit Hilfe der weiter vorne in diesem Kapitel beschriebenen Entspannungstechniken.
2. Wählen Sie den untersten Baustein in Ihrem Angstturm.
3. Stellen Sie sich vor, dass Sie Ihrer Angst tatsächlich gegenüberstehen. Lisas etwa hatte Angst davor, den Flughafen einfach so zu besuchen.
4. Stellen Sie sich so viele Einzelheiten vor wie möglich – Aussichten, Geräusche, Gerüche, alles, was Ihr imaginäres Erlebnis mit Leben füllt. Wenn Sie Schwierigkeiten damit haben, sich das Erlebnis bildlich vorzustellen, können Sie in Kapitel 13 nachlesen, wie Sie Ihr inneres Auge scharf stellen können.
5. Bewerten Sie Ihre Angst auf einer Skala von 0 bis 100, wenn Sie sich ein gutes Bild davon gemacht haben, wie es wäre, wenn Sie tatsächlich in der jeweiligen gefürchteten Situation wären.
6. Es ist wichtig, dass Sie dieses Bild im Kopf behalten, bis Ihre Angst nennenswert abgenommen hat. Am besten warten Sie, bis Ihr ursprüngliches Angstniveau um etwa die Hälfte abgesunken ist. Wenn Sie die Vorstellung der gefürchteten Situation lange genug aufrechterhalten können, wird Ihre Angst schließlich nachlassen. Bei einem anfänglichen Angstniveau von 60 sollten Sie sich eine Konfrontation vorstellen, bis das Angstniveau auf 30 abgesunken ist.
7. Beenden Sie die Sitzung mit einer kurzen Entspannungsphase, wie wir sie im Abschnitt *Schritt für Schritt zur Konfrontation* weiter vorne in diesem Kapitel beschrieben haben.
8. Wenn Ihnen die vorgestellte Konfrontation leicht gefallen ist, können Sie zum nächsten Baustein Ihres Angstturms übergehen und vielleicht sogar zum übernächsten. Üben Sie täglich. Beginnen Sie immer mit dem letzten Baustein, den Sie erfolgreich bewältigt haben (also einer, bei dem Ihr Angstniveau mindestens um die Hälfte gesunken ist).

Auge in Auge mit Ihrer Angst (schluck)

Auch wenn wir in der Regel empfehlen, die Konfrontation in der Vorstellung zu beginnen, so bleibt doch ihre wirksamste Form die im richtigen Leben. Das läuft im Wesentlichen genau so ab wie bei der vorgestellten Konfrontation. Sie zerlegen Ihre Angst in kleine Bausteine und stapeln diese zu einem Turm vom unproblematischsten bis zum meistgefürchteten Stein.

Und dann ist es an der Zeit, dass Sie Ihrer Angst von Angesicht zu Angesicht gegenübertreten. Schluck.

1. Beginnen Sie mit einer kurzen Entspannungsübung, wie wir sie weiter vorne im Kapitel beschrieben haben.
2. Wählen Sie eine Angst oder mehrere Ängste mit einem ähnlichen Hintergrund wie Angst vor Zurückweisung oder Angst vor persönlichen Verletzungen.
3. Zerlegen Sie Ihre Angst als Nächstes in eine Reihe aufeinanderfolgender Schritte – jeder Schritt soll dabei ein wenig schwieriger sein als der vorherige.
4. Nehmen Sie sich schließlich immer einen Schritt vor. Wenn Ihre Angst ein Niveau erreicht, das Sie nicht mehr bewältigen können, versuchen Sie es mit den Entspannungsübungen. An jedem Schritt arbeiten Sie so lange, bis Ihre Angst nachlässt, in der Regel etwa um die Hälfte.

Folgende Hinweise sollen Ihnen helfen, den Prozess der Konfrontation durchzustehen:

✔ Suchen Sie sich einen Konfrontationshelfer. Es muss sich um einen Menschen handeln, dem Sie wirklich vertrauen. Dieser Mensch kann Sie ermutigen und unterstützen.

✔ Wenn es unbedingt sein muss, können Sie bei einem Schritt ein wenig zurückweichen. Machen Sie nur dann einen kompletten Rückzug, wenn Sie das Gefühl haben, völlig außer Kontrolle zu geraten.

✔ Ihre innere Stimme wird Ihnen sagen: »Stopp! Du kannst das nicht. Es wird sowieso nicht funktionieren.« Hören Sie nicht auf dieses Geplapper. Achten Sie auf die Reaktionen Ihres Körpers und machen Sie sich bewusst, dass sie Ihnen keinen Schaden zufügen werden.

✔ Überlegen Sie, wie Sie sich für jeden erfolgreichen Schritt belohnen können. Sie können sich zum Beispiel etwas gönnen, was Sie sich schon lange wünschen; oder sich sonst etwas Gutes tun.

✔ Reden Sie positiv auf sich ein, um die aufkommende Angst zu besänftigen, wenn es nötig ist. Vorschläge finden Sie in Kapitel 5.

✔ Sie werden sich zeitweilig unwohl fühlen. Betrachten Sie das als Fortschritt. Es ist ein Teil der Überwindung Ihrer Ängste.

✔ Vergessen Sie nicht, vor und nach der Konfrontation kurze Entspannungsübungen zu machen.

✔ Denken Sie daran, jeden Schritt so lange zu wiederholen, bis Ihre Angst nachlässt. Machen Sie sich bewusst, dass Ihr Körper die Angst nicht ewig aufrechterhalten kann. Sie wird nachlassen, wenn Sie lange genug aushalten.

✔ Stellen Sie sich darauf ein, dass die Konfrontation Zeit braucht. Schlagen Sie ein vernünftiges Tempo an. Sie sollen zwar weiterkommen, aber Sie müssen Ihre Angst nicht in ein paar Tagen besiegen. Auch wenn man täglich übt, kann die Konfrontation einige Monate in Anspruch nehmen.

Es ist wichtig, dass Sie sich realistische Ziele setzen. Nehmen wir an, Sie haben solche Angst vor Spinnen, dass Sie keinen Raum betreten können, ohne dass er auf verborgene Krabbler untersucht wurde. Sie müssen in diesem Fall nicht so weit kommen, dass Sie Vogelspinnen auf Ihren Armen krabbeln lassen können. Es reicht völlig, wenn Sie einen Raum betreten können, ohne in allen Ecken nachzusehen.

Versuchen Sie, während einer Konfrontation ohne jegliche »Krücken« auszukommen. Viele Menschen stützen sich auf solche Krücken, etwa Alkohol und Drogen, damit sie sich den Schritten ihres Angstturms nicht voll und ganz aussetzen müssen. Zu den beliebten Krücken gehören unter anderem:

- ✔ Trinken
- ✔ Beruhigungsmittel nehmen, besonders die in Kapitel 15 vorgestellten Benzodiazepine
- ✔ Ablenkungen wie Rituale, Liedertexte oder Gesänge
- ✔ Festhalten an Gegenständen, um nicht in Ohnmacht zu fallen

Sollten Sie es als absolut notwendig empfinden, Zuflucht zu einer solchen Krücke zu nehmen, dann gehen Sie so sparsam damit um wie nur irgend möglich. Ein akzeptabler Zwischenschritt könnte so aussehen, dass Sie erst die Liedertexte oder Gesänge rezitieren und dann den nächsten Schritt in Ihrem Angstturm in Angriff nehmen – dann aber ohne Gesänge.

Bei Ihren späteren Schritten wäre es gut, wenn Sie ohne Entspannung und Selbstermutigungen auskommen könnten, um Ihre Angst vollständig überwinden zu können.

Besiegen Sie Ihre Ängste

Die unmittelbare Konfrontation ist eine der wirkungsvollsten Möglichkeiten, Ängste zu überwinden. Je nachdem, an welcher speziellen Angst Sie leiden, kann der Konfrontationsplan etwas anders aussehen. In diesem Abschnitt zeigen wir Ihnen Beispielpläne für sechs Angsttypen. Natürlich müssen diese Pläne an Ihre besonderen Umstände angepasst werden, wenn Sie sie auf Ihre Problemlage anwenden wollen. Auf jeden Fall aber können sie Ihnen für den Anfang nützlich sein.

Bei Bedarf können Sie die Beschreibung der sieben wichtigsten Angsttypen in Kapitel 2 noch einmal nachschlagen. Einen Angsttyp lassen wir an dieser Stelle unerwähnt, nämlich die posttraumatischen Belastungsstörungen. Das liegt daran, dass Menschen mit solchen Störungen in den meisten Fällen besser professionelle Hilfe in Anspruch nehmen sollten. Die folgende Aufstellung bietet einen kurzen Überblick über die Angsttypen, für die wir echte Konfrontationen empfehlen können:

✔ **Generalisierte Angststörung (GAS):** Chronische, lang anhaltende Anspannungs- und Angstzustände.

✔ **Soziale Phobie:** Angst vor Zurückweisung, Demütigung oder negativer Beurteilung durch andere Menschen.

✔ **Spezifische Phobien:** Übersteigerte, intensive Angst vor bestimmten Objekten, Tieren, Spinnen, Nadeln oder Situationen wie dem Aufenthalt in großer Höhe – Akrophobie.

✔ **Panikstörungen:** Angst vor wiederholten Panikattacken, die von verschiedenen körperlichen Symptomen begleitet werden, etwa Benommenheit, Herzrasen oder Übelkeit. Möglich sind auch Angst vor Kontrollverlust, dem Tod oder dem Verrücktwerden.

✔ **Agoraphobie:** Dieses Problem tritt oft, aber nicht immer, zusammen mit Panikstörungen auf. Man hat Angst, das Haus zu verlassen, sich eingesperrt zu fühlen oder keine Hilfe zu bekommen, wenn man sie braucht.

✔ **Zwangsstörungen:** Immer wieder drängen sich den Betroffenen ungewollte und störende Gedanken auf. Es kann zu verschiedenen Handlungen oder Ritualen kommen, die man ständig wiederholt, um zu verhindern, dass etwas Schlimmes passiert. Sinn machen diese Handlungen allerdings nicht.

Krieg der generalisierten Angststörung

Menschen mit einer generalisierten Angststörung machen sich wegen jeder Kleinigkeit Sorgen. Letztendlich führt das dazu, dass sie zahlreiche Möglichkeiten und Aufgaben des Alltags meiden. Die ständige Sorge und Angst beraubt die Betroffenen jeglicher Lebensfreude.

Marions Freunde nennen sie »Sorgenpüppchen«. Für ihre Kinder ist sie der »Gefängniswärter«. Marion macht sich ständig Sorgen. Ihre größte Sorge ist jedoch die Sicherheit ihrer 17-jährigen Söhne. Leider führt ihre Angst dazu, dass sie den Aktionskreis der Zwillinge weit mehr einschränkt als die meisten Eltern. Wenn es dunkel ist, dürfen sie nicht mehr aus dem Haus und können so kaum noch an außerschulischen Aktivitäten teilnehmen. Marion fragt sie bei jeder neuen Bekanntschaft mit anderen Kindern aus. Mit zunehmendem Alter lassen sich die beiden das nicht mehr gefallen. Kein Essen geht ohne Streit und Zankereien ab. Der größte Streitpunkt aber ist der anstehende Führerschein. Zwar sind die beiden schon alt genug für den Fahrunterricht, aber Marion besteht darauf, dass sie zumindest warten, bis sie 18 Jahre alt sind.

Marion ist überrascht, als sie nach einem Elternabend in der Schule vom Klassenlehrer ihrer Söhne angesprochen wird. Er versucht ihr klarzumachen, dass ihre Sorgen übertrieben sind. Sie weiß, dass sie ein Problem hat; und beschließt, etwas daran zu tun.

Der Klassenlehrer hatte ihr vorgeschlagen, doch einmal andere Eltern anzusprechen, um herauszufinden, was realistisch sein könnte. Sie erfährt dabei, dass die meisten Eltern ihren 17-jährigen Kindern erlauben, abends an beaufsichtigten Veranstaltungen teilzunehmen und auch Fahrstunden zu nehmen.

Marion errichtet ihren Angstturm und ordnet die Bausteine nach der Intensität ihrer Angst (siehe Abbildung 8.2). Sie bewertet das Angstniveau für jeden einzelnen Baustein auf einer Skala von 0 bis 100. Nach einigen Konfrontationen bewertet sie das Angstniveau erneut. Sie schreitet immer erst dann zum nächsten Baustein weiter, wenn ihre Angst etwa um die Hälfte nachgelassen hat.

Abbildung 8.2: Marions Angstturm mit ihrer größten Angst an der Spitze

Marions Angstturm besteht aus 20 Bausteinen. Sie hat versucht, die Verteilung so zu gestalten, dass der jeweils nächste Schritt nicht mehr als fünf bis zehn Punkte auf der Skala vom vorigen Schritt entfernt ist.

Wenn Sie an generalisierten Ängsten leiden, sollten Sie sich eine Ihrer Sorgen auswählen und einen eigenen Angstturm aufbauen.

 Teilen Sie Ihre Angst in ausreichend viele Bausteine auf, damit die Schritte klein und gangbar bleiben. Erscheint Ihnen ein Schritt als unüberwindlich, versuchen Sie, einen Zwischenschritt einzurichten. Ist das nicht möglich, versuchen Sie es zunächst mit einer vorgestellten Konfrontation, bevor Sie sich Ihrer Angst im wirklichen Leben stellen.

Spezifische Phobien und soziale Ängste bekämpfen

Martins Geschichte ist ein gutes Beispiel, wie der Angstturm bei einer spezifischen Phobie helfen kann – der Höhenangst.

Martin und Greta haben sich in einem Chatroom für Singles kennen gelernt. Nachdem sie sich einige Wochen lang E-Mails geschrieben haben, beschließen sie eines Tages, sich auf einen Kaffee zu treffen. Die Stunden vergehen wie Minuten und schließlich bietet Martin an, Greta nach Hause zu bringen.

Als er die Tür für sie aufhält, berühren sich ihre Körper. Sie sehen sich in die Augen und Martin ist kurz davor, sie bereits an der Haustür zu küssen. Im Treppenhaus fragt Greta ihn, ob er an Liebe auf den ersten Blick glaube. »Ja«, antwortet Martin ohne zu zögern und nimmt sie in seine Arme. Sie küssen sich so intensiv, dass Martin die Knie weich werden.

»Ich habe das noch nie bei einem ersten Treffen getan, aber ich glaube, ich hätte gerne, dass du mit zu mir kommst«, meint Greta ein wenig verschämt. »Von meiner Wohnung hat man einen wunderschönen Blick über die ganze Stadt.«

Martin hat das 25-stöckige Gebäude vor Augen. Sein Verlangen schwindet. »Äh, ja, ich muss noch meine Mutter, ich meine, meine Katze vom Tierarzt abholen«, stammelt er. Greta, die offensichtlich verletzt und überrascht ist, entgegnet schnippisch: »Gut. Ich muss eigentlich auch noch dringend meine Socken waschen.«

Martin beschließt, dass es an der Zeit ist, etwas gegen seine Höhenangst zu tun. Er stellt seinen Angstturm auf und ordnet die Bausteine nach der Intensität seiner Angst übereinander an:

- ✔ Greta in ihrer Wohnung besuchen und einen Blick vom Balkon werfen. Angst: 95
- ✔ Greta in ihrer Wohnung besuchen, aber nicht auf den Balkon gehen. Stattdessen von ihrem Wohnzimmer oder besser, von ihrem Schlafzimmer aus über die Stadt blicken! Angst: 82 im Wohnzimmer, 92 im Schlafzimmer
- ✔ Im gläsernen Fahrstuhl im Stadthotel ganz allein in den 10. Stock fahren und nach draußen schauen. Angst: 80

- ✔ Zusammen mit Greta mit dem gläsernen Fahrstuhl im Stadthotel in den 10. Stock fahren und nach draußen schauen. Angst: 75
- ✔ Vorstellung, Greta in ihrer Wohnung zu besuchen, auf den Balkon zu gehen und herunterzuschauen. Angst: 68
- ✔ Drei Etagen nach oben steigen und herunterschauen. Angst: 62
- ✔ Über eine Fußgängerbrücke mit Maschendrahtzaun gehen. Angst: 55
- ✔ Vorstellung, Greta in ihrer Wohnung zu besuchen, ohne auf den Balkon zu gehen. Angst: 53
- ✔ Greta anrufen und ihr von meiner Phobie erzählen. Hoffentlich auf Verständnis stoßen und Unterstützung bekommen. Angst: 48

Die Schilderung seines Problems Greta gegenüber ist ein Baustein, der auf den ersten Blick keinerlei Beziehung zu Martins Angst zu haben scheint. Seine Angst nicht zuzugeben, erfüllt jedoch den Tatbestand der Vermeidung, die wiederum Ängsten weitere Nahrung gibt. Es ist gut, Bausteine einzubauen, die eine Verbindung zu Ihrer Angst haben. Martin hat darüber hinaus auch Bausteine in seinen Angstturm aufgenommen, die eine Konfrontation seiner Angst in seiner Vorstellung beinhalten. Das ist ganz in Ordnung. Manchmal kann eine vorgestellte Konfrontation den nächsten Schritt im konkreten Verhalten vorbereiten.

 Es tut nicht weh, sich die tatsächlichen Schritte vorzustellen, bevor man sie dann macht.

Boxen Sie sich durch Panik und Agoraphobie

Auch Panikstörungen ohne Agoraphobie lassen sich im Großen und Ganzen genau so angehen wie eine Agoraphobie. Das liegt daran, dass Panikattacken in den meisten Fällen vorhersagbare Auslöser haben. Diese Auslöser können das Fundament Ihres Angstturms bilden.

Tanja beispielsweise erlebte ihre erste Panikattacke kurz nach der Geburt ihres Kindes. Da sie schon immer sehr zögerlich und scheu war, macht sie sich Sorgen, dass etwas passieren könnte, wenn sie das Neugeborene aus dem Bettchen nimmt. Sie hat Angst, in Ohnmacht zu fallen oder die Kontrolle über sich zu verlieren und das Baby dann nicht vor Verletzungen schützen zu können.

Ihre Panikattacken fangen mit einem nervösen Gefühl und schwitzenden Händen an. Dann kommen ein flacher, schneller Atem, Herzrasen, Benommenheit und das Gefühl eines herannahenden Unheils hinzu. Unternehmungen außer Haus lösen solche Attacken aus, besonders dann, wenn am Zielort viele Menschen zusammenkommen. Sechs Wochen nach ihrer ersten Attacke verlässt sie das Haus kaum noch ohne ihren Ehemann.

Eines Tages hat Tanjas Baby so hohes Fieber, dass sie mit ihm die Notaufnahme der Kinderklinik aufsuchen muss. Panik erfasst sie. In ihrer Verzweiflung ruft sie ihren Mann an, aber der ist gerade auf dem Weg zu einem Kunden. Sie beschließt, ein Taxi zu rufen, was sie sich angesichts ihrer knappen Finanzen eigentlich nicht leisten kann.

Tanja weiß, dass sie etwas gegen ihre Panikstörung und ihre Agoraphobie tun muss. Indem sie von ihrer kleinsten zur größten Angst fortschreitet, schichtet sie ihre Bausteine zu einem Angstturm auf.

✔ Alleine mit meinem Kind am Samstagnachmittag ins Einkaufszentrum gehen, wenn es am vollsten ist. Angst: 98

✔ Mit dem Kind tagsüber in den Supermarkt gehen, wenn mäßig Betrieb ist. Angst: 92

✔ Alleine ins Einkaufszentrum gehen, wenn viel Betrieb ist. Angst: 88

✔ Mit dem Kind in den Supermarkt gehen, wenn morgens geöffnet wird und noch kaum jemand da ist. Angst: 86

✔ Alleine in den Supermarkt gehen, wenn mäßig Betrieb ist. Angst: 80

✔ Mit dem Kind drei kleine Dinge außer Haus erledigen. Angst: 74

✔ Mit dem Kind zur Bank gehen, wenn dort viel Betrieb ist. Angst: 65

✔ Mit dem Kind nachmittags im Auto zu meiner Mutter fahren, die 8 km entfernt wohnt. Angst: 30

✔ Mit dem Kind einmal um den Block gehen. Angst: 25

Wie Sie sehen, weist Tanjas Angstturm relativ viele Bausteine mit einer Wertigkeit zwischen 80 und 98 auf. Das liegt daran, dass sie diese Schritte sehr fein abstufen musste, damit sie den Mut aufbringen konnte, den jeweils nächsten Schritt zu gehen. Sie hätte auch noch kleinere Schritte wählen können, wenn es nötig gewesen wäre.

 Sie können Ihren Angstturm aus beliebig vielen und kleinen Bausteinen errichten. Wichtig ist, dass Sie sich nicht von einem einzelnen Schritt überfordert fühlen.

Eine letzte Art der Konfrontation besteht darin, die mit den Panikattacken verbundenen Körperempfindungen zu erleben. Wie macht man das? Man ruft sie durch einige einfache Übungen einfach hervor:

✔ **Joggen Sie auf der Stelle:** Dadurch beschleunigt sich der Puls, wie es bei vielen Panikattacken auch der Fall ist.

✔ **Drehen Sie sich auf der Stelle, bis Ihnen schwindelig wird:** Bei Panikattacken empfinden viele Betroffenen Schwindel und Benommenheit.

✔ **Atmen Sie durch einen schmalen Strohhalm:** Diese Übung vermittelt das Gefühl, nicht genug Luft zu bekommen, ähnlich wie bei einer Panikattacke.

✔ **Stecken Sie den Kopf zwischen Ihre Knie und stehen Sie plötzlich auf:** Dabei fühlen Sie sich möglicherweise benommen oder schwindelig.

Wenn Sie diese Übungen häufiger wiederholen, werden Sie feststellen, dass die daraus resultierenden Körperempfindungen keinen Schaden anrichten. Sie werden weder verrückt, noch verlieren Sie die Kontrolle oder erleiden einen Herzinfarkt. Häufige und längere Konfrontationen dieser Art sagen Ihrem Kopf, dass Empfindungen nichts weiter sind als Empfindungen.

Führen Sie diese Körperempfindungen nicht in der beschriebenen Weise herbei, wenn Sie eine Herzerkrankung oder andere körperliche Probleme haben, die dadurch verschlimmert werden könnten. Bei Asthma oder Rückenproblemen etwa wären Sie schlecht beraten, einige dieser Übungen durchzuführen. Fragen Sie im Zweifelsfall Ihren Arzt um Rat.

Zwangsstörungen hinter sich lassen

Nicht selten krempeln Zwangsstörungen das Leben der Betroffenen völlig um. In der Regel ist dann eine professionelle Behandlung durch einen erfahrenen Psychologen oder Psychiater erforderlich. Versuchen Sie es mit den hier vorgestellten Strategien nur dann, wenn Ihre Probleme mit Zwangsstörungen relativ gering ausgeprägt sind. Selbst dann sollten Sie einen Freund oder Ihren Partner bitten, Ihnen zur Seite zu stehen.

In Kapitel 2 beschäftigen wir uns ebenfalls mit dieser Störung, die oft mit zwanghaften, ungewollten Gedanken beginnt, die Ängste verursachen. Die Betroffenen versuchen dann, ihre Angst dadurch zu mindern, dass sie eine Reihe von Zwangshandlungen ausführen. Die Erleichterung, die aus dieser Zwangshandlung resultiert, führt aber in einen Teufelskreis, der sie weiter fördert.

Bei Zwangsstörungen ist die Konfrontation deshalb nur ein erster Schritt. Danach müssen Sie noch etwas Schwierigeres in Angriff nehmen – die zwanghafte, scheinbar Angst mindernde Handlung unterlassen. Diese Strategie hat auch einen Namen: *Konfrontation mit Reaktionsverhinderung*.

Fangen wir mit dem ersten Schritt an, der Konfrontation. Weil Zwangsstörungen eine zwanghafte Komponente haben, also angstbesetzte Gedanken, Bilder und Impulse, beginnt die Konfrontation oft mit einer vorgestellten Konfrontation, wie wir sie im Abschnitt *Das Schlimmste annehmen* weiter vorne in diesem Kapitel beschrieben haben. Vorgestellte Konfrontationen können auch die einzige mögliche Vorgehensweise sein, wenn Sie Ihre Zwangsgedanken nicht im wirklichen Leben ausleben können oder sollten, wie bei den folgenden Beispielen:

✔ Gedanken, die Sie zur Übertretung Ihrer religiösen Überzeugungen nötigen.

✔ Immer wieder auftauchende Gedanken, dass Ihrer Familie oder geliebten Menschen etwas Schlimmes passiert.

✔ Häufige Angst, bei lebendigem Leib zu Hause (Grill, Kamin etc.) zu verbrennen.

✔ Zwanghafte Gedanken, an Krebs oder einer anderen gefürchteten Krankheit zu erkranken.

Gehen Sie nun folgendermaßen vor:

1. **Schreiben Sie die Sie bedrängenden Gedanken und Bilder auf und bewerten Sie jeweils das Leiden, das sie verursachen.**
2. **Wählen Sie als Nächstes den Gedanken, der Sie am wenigsten aufwühlt, und denken Sie so lange daran, bis Ihre Bedrängnis wenigstens um die Hälfte nachgelassen hat.**

   Manchmal kann man sich damit behelfen, dass man eine Beschreibung des Zwangsgedankens auf Band aufnimmt und dieses immer und immer wieder anhört.
3. **Gehen Sie dann zum nächsten Punkt Ihrer Liste über, der ein wenig mehr Leiden verursacht, und arbeiten Sie sich so immer weiter vor.**

Diese Vorgehensweise ist das Gegenteil dessen, was unter Zwangsstörungen leidenden Menschen sonst mit ihren unerwünschten Zwangsgedanken machen. Normalerweise verdrängen sie die sich aufdrängenden Gedanken in dem Moment, in dem sie auftauchen. Das bringt aber nur kurzfristige Erleichterung und hält den Teufelskreis aufrecht.

Lassen Sie sich bei der vorgestellten Konfrontation Zeit – beschäftigen Sie sich so lange im Kopf mit den unerwünschten Gedanken und Bildern, bis Ihre Angst wenigstens um die Hälfte nachgelassen hat, bevor Sie den nächsten Schritt machen.

Wenn Sie aufgrund zwanghafter Gedanken auch unter Zwangshandlungen oder zwanghafter Vermeidung leiden, ist es nun an der Zeit für den schwierigeren zweiten Schritt – die Konfrontation mit Reaktionsverhinderung. Auch hier stellen Sie zunächst eine Hierarchie der von Ihnen gefürchteten Ereignisse und Situationen auf, die Sie in der Regel meiden. Den aufgestellten Angstturm arbeiten Sie dann von unten nach oben durch, ohne die gewohnte Zwangshandlung auszuführen.

Wenn Sie zum Beispiel Angst vor bakterieller Verseuchung durch Schmutz haben, gehen Sie zum Strand und bauen eine Burg im Sand oder Sie gehen in den Garten und pflanzen oder jäten Unkraut, ohne sich gleich die Hände zu waschen. Halten Sie diese Situation aufrecht, bis Ihre Angst um die Hälfte geringer ist. Lässt Ihre Angst nicht so weit nach, warten Sie wenigstens eineinhalb Stunden und geben Sie nicht auf, bis zumindest ein Drittel Ihrer Angst weg ist. Machen Sie den jeweils nächsten Schritt immer erst, wenn Sie den Baustein, an dem Sie gerade arbeiten, bewältigt haben.

Bei den ersten Versuchen mit Konfrontationen sind Entspannungsübungen eine gute Sache, nicht jedoch, wenn es um Konfrontationen und Reaktionsverhinderung im Zusammenhang mit Zwangsstörungen geht. Denn hier ist es wichtig zu lernen, dass die Angst nur dann nachlassen wird, wenn man die Konfrontation lange genug aufrechterhält. Darüber hinaus verwenden manche von Zwangsstörungen Betroffene Entspannungstechniken als Zwangsrituale. Bei Ängsten ohne damit verbundene Zwangsstörungen sind Entspannungsübungen also durchaus sinnvoll, bei Konfrontationen mit Reaktionsverhinderung nicht.

Vorbereitung auf Konfrontationen mit Reaktionsverhinderung

Vor der eigentlichen Konfrontation mit Reaktionsverhinderung ist es nützlich, Ihre Zwangsrituale so zu verändern, dass ihr Einfluss auf Sie abgeschwächt und verändert wird. Dazu bieten sich die folgenden Methoden an:

- ✔ Zögern Sie die Ausführung des Rituals hinaus, wenn Sie den Drang dazu verspüren. Wenn Sie beispielsweise den Zwang verspüren, die Türgriffe und die Telefonhörer mit Sagrotan abzuwischen, versuchen Sie, etwa eine halbe Stunde damit zu warten. Beim nächsten Mal peilen Sie dann 45 Minuten an.

- ✔ Führen Sie die jeweilige Zwangshandlung viel langsamer aus als gewöhnlich. Wenn Sie zum Beispiel den Drang verspüren, Gegenstände in einer bestimmten Anordnung zu arrangieren, machen Sie das, aber arrangieren Sie sie quälend langsam.

- ✔ Verändern Sie Ihre Zwangshandlung in irgendeiner Weise. Wenn es sich um ein Ritual handelt, ändern Sie die Anzahl der Ausführungen. Kontrollieren Sie die Türen im Haus in einer bestimmten Reihenfolge, gehen Sie in einer anderen Reihenfolge vor.

Versuchen Sie's mit der Konfrontation mit Reaktionsverhinderung

Jutta ist von dem Gedanken besessen, von Schmutz, Bakterien und Pestiziden krank zu werden. Immer wenn sie meint, mit irgendetwas in dieser Art in Kontakt gekommen zu sein, fühlt sie sich gezwungen, ihre Hände gründlich zu waschen, zunächst mit Scheuermilch, um den Dreck von der Haut zu rubbeln, und dann mit antibakterieller Waschlotion, um die Bakterien abzutöten. Dieses Ritual hinterlässt ihre Hände leider rissig, wund und blutend. In der Öffentlichkeit trägt sie Handschuhe, um ihre Hautschäden zu verbergen. Darüber hinaus hat sie festgestellt, dass ihr Händewaschen immer mehr Zeit in Anspruch nimmt. Die 15-minütigen Pausen am Arbeitsplatz reichen für ihr Ritual nicht mehr aus. Als ihr Vorgesetzter sie ermahnt, sie müsse sich an die Pausenzeiten halten, kommt Jutta zu dem Entschluss, etwas gegen ihren Zwang zu tun. Sie bereitet sich eine Woche lang folgendermaßen auf die Konfrontation mit Reaktionsverhinderung vor:

- ✔ Sie schiebt das Händewaschen 30 Minuten lang auf, wenn sie den Drang dazu verspürt, und dehnt diese Verzögerung auf 45 Minuten aus.

- ✔ Sie verändert den Waschvorgang, indem sie eine andere Seife verwendet und die antibakterielle Waschlotion zuerst benutzt statt am Schluss.

Jutta ist überrascht, dass diese kleinen Veränderungen ihren Drang zum Händewaschen weniger häufig aufkommen lassen. Dennoch ist er nicht verschwunden und verursacht weiterhin beträchtliches Leiden. Sie muss den Mut für eine Konfrontation mit Reaktionsverhinderung aufbringen.

Zunächst spricht sie mit Doris, ihrer besten Freundin. Sie erzählt von ihrem Problem und bittet um Unterstützung und Zuspruch bei ihren Übungen. Dann stellt sie einen Angstturm auf, der sie mit dem folgenden »Dreckigen Dutzend« in Berührung bringt:

- ✔ Toilettensitze mit bloßen Händen. Angst: 99
- ✔ Dosen mit Pestiziden. Angst: 92
- ✔ Die Katzentoilette ihrer Katze. Angst: 90
- ✔ Motoröl. Angst: 87
- ✔ Schmutzige Teppiche. Angst: 86
- ✔ Türgriffe. Angst: 80
- ✔ Handlauf einer Rolltreppe. Angst: 78
- ✔ Lenkrad eines Autos, das jemand anders gefahren ist. Angst: 72
- ✔ Ungewaschenes Obst und Gemüse. Angst: 70
- ✔ Sitzfläche eines Stuhls, auf dem eine kranke Person gesessen hat. Angst: 67
- ✔ Sitzfläche eines Stuhls, auf dem eine gesunde Person gesessen hat. Angst: 60
- ✔ Telefonhörer, den jemand anders benutzt hat. Angst: 53

Doris hilft Jutta mit ihrem Angstturm und lässt sie mit dem leichtesten Baustein beginnen – sie berührt einen Telefonhörer, den jemand anders benutzt hat. Sie lässt Jutta dies mehrere Male wiederholen und ermutigt sie, ihrem Waschzwang zu widerstehen. Nach eineinhalb Stunden lässt der Zwang erheblich nach. Am nächsten Tag nehmen Doris und Jutta den nächsten Baustein in Angriff.

Sie nehmen sich immer dann einen neuen Baustein vor, wenn Jutta den vorhergehenden Baustein bewältigt hat. Als es so weit ist, die Katzentoilette zu berühren, scheut Jutta erst einmal zurück. Doris versichert ihr, sie werde sie nicht dazu zwingen, aber sie denke, es könne ihr weiterhelfen. Damit spornt sie Jutta an. Die Katzentoilette ist ein harter Brocken. Schließlich aber schafft Jutta es, sie zu berühren und »dranzubleiben«. Letztlich dauert es aber drei Stunden, bis Jutta die Katzentoilette mehrmals jeweils zehn Minuten lang berühren kann und ihre Angst etwa um die Hälfte nachlässt.

Es kommt immer wieder einmal vor, dass Konfrontationen mit Reaktionsverhinderung etwas mehr Zeit in Anspruch nehmen, die Sie sich dann auch nehmen sollten. Jutta brauchte für die letzten beiden Bausteine nicht so viel Zeit und Mühe, weil die Vorarbeit anscheinend den Zwang so weit geknackt hatte, dass ein Einfluss auf Jutta nicht mehr so groß war.

Noch eins obendrauf

Nachdem Jutta ihren Angstturm abgearbeitet hat, ergreift sie noch einmal die Initiative. Sie nimmt sich die schwierigsten Bausteine noch einmal vor. Diesmal aber bittet sie Doris, ihr während der Konfrontation auszumalen, wie sie aufgrund einer Infektion krank wird und einen langsamen Tod stirbt.

Wir nennen das »noch einen draufsetzen«. Sie haben dabei die Möglichkeit, sich Ihren Ängsten zu stellen, während Sie sich mit Ihren schlimmsten Befürchtungen bombardieren. Warum in aller Welt sollte man so etwas tun? Hauptsächlich deshalb, weil dadurch der Einfluss Ihrer Ängste auf Sie geschwächt wird. Das funktioniert natürlich *nur dann*, wenn Sie die Konfrontation aufrechterhalten, solange Sie das befürchtete Ergebnis vor Ihrem geistigen Auge haben.

Wenn Sie das nicht alleine oder mit einem Freund hinbekommen, sollten Sie nicht zögern, professionelle Hilfe in Anspruch zu nehmen.

Wenn Sie mit der Konfrontation mit Reaktionsverhinderung nicht weiterkommen, sollten Sie vielleicht Kapitel 5 lesen und durcharbeiten. Besondere Aufmerksamkeit gilt dabei dem Abschnitt über die Risikobewertung. Gewöhnlich überschätzen Menschen mit Zwangsstörungen die Wahrscheinlichkeit des Eintretens katastrophaler Ergebnisse, wenn sie ihre Zwangshandlungen einstellen. In diesem Kapitel können Sie lernen, die Risiken neu zu bewerten.

Auf der Jagd nach dem Regenbogen

Es kommt vor, dass Menschen zu uns kommen und uns bitten, mal eben schnell ihre Angstprobleme zu beheben. Man hat den Eindruck, sie denken, wir müssten nur mal kurz mit dem Zauberstab herumfuchteln und alles wird besser. Das wäre sicher eine schöne Sache, hat aber mit der Realität überhaupt nichts zu tun.

Andere Menschen hoffen, dass sie mit ein wenig Hilfe ihre Angst komplett loswerden könnten – auch ein Trugschluss. Manche Ängste bereiten Sie auf Handlungen vor, warnen Sie vor Gefahr und mobilisieren Ihre Kräfte. Wer überhaupt keine Angst hat, ist entweder bewusstlos oder tot.

Ängste zu überwinden verlangt Einsatz und bringt Unannehmlichkeiten mit sich. Wir kennen da weder eine Abkürzung noch einen Zauberspruch. Wir wissen aber, dass die, die die Herausforderung annehmen, die Anstrengungen auf sich nehmen und die Unannehmlichkeiten ertragen, mit neuer Zuversicht belohnt werden.

Gestalten Sie Ihr Leben einfacher

In diesem Kapitel

▶ Was ist Ihnen wichtig?

▶ Prioritäten setzen

▶ Sich von anderen helfen lassen

▶ »Nein« sagen

---

*P*hilipp nimmt jetzt schon den dritten Anruf entgegen, seit er sich mit seiner Familie zum Abendessen an den Tisch gesetzt hat. »Klar«, versichert er, »ich kann beim Jugendfußballturnier am Samstag ein paar Spiele pfeifen.« Seine Frau stöhnt: »Ich dachte, du würdest meinem Bruder am Wochenende beim Umzug helfen, und außerdem wollten wir zusammen den Keller aufräumen.«

»Ach, Papa, du hattest mir doch versprochen, dass du mitgehen würdest, wenn ich in der Nachbarschaft die Martinslose verkaufe«, jammert seine Tochter, »und du musst mich in einer viertel Stunde zum Ballettunterricht fahren.« Philipp bekommt Sodbrennen und nimmt eine seiner Tabletten dagegen ein. »Wir können dich auf dem Weg zum Supermarkt dort absetzen und holen dich auf dem Rückweg wieder ab«, antwortet er.

Philipp und seine Frau arbeiten beide ganztags. Ihre beiden Kinder haben viele Termine. Philipp versucht, ein guter Vater zu sein, aber manchmal ist er einfach nur noch müde. Kommt Ihnen das bekannt vor? Haben Sie auch zu viel zu tun? Wenn ja, dann erleben Sie wahrscheinlich mehr Stress und Angst, wenn die Anforderungen von allen Seiten die Regie übernehmen. In diesem Kapitel stellen wir Ihnen vier gute Strategien vor, mit denen Sie Ihr Leben einfacher gestalten können:

✔ **Nehmen Sie Ihre Werte unter die Lupe.** Beantworten Sie unseren Werte-Fragenkatalog und entscheiden Sie, welche Lebensbereiche Ihnen wichtig sind und wie Sie es schaffen, mehr Zeit und Energie in diese Bereiche zu stecken als in andere.

✔ **Setzen Sie Prioritäten und Ziele.** Nachdem Sie festgelegt haben, was Ihnen wichtig ist, sollten Sie den damit verbundenen Zielen die oberste Priorität einräumen, damit Sie auch bekommen, was Sie wollen.

✔ **Entdecken Sie, wie wichtig es ist, zu delegieren.** Alles selbst zu erledigen, kann mühsam und manchmal auch unmöglich sein. Sie verbessern Ihre Lebensqualität, wenn Sie auch andere beteiligen.

✔ **Entdecken Sie die Macht des Wörtchens »Nein«.** Es sind nur vier Buchstaben, aber die können dafür sorgen, dass Sie Ihr Leben wieder in der Hand haben.

Was ist wichtig und was nicht?

Jeder hätte am liebsten alles, und nicht wenige Buchtitel und Werbespots versprechen, dass das auch geht. Es ist eine verführerische Idee. Wer hätte nicht gerne alles, was das Leben so bietet?

- ✔ Abenteuer
- ✔ Anerkennung
- ✔ Erfolg
- ✔ Erfolgreiche, glückliche Kinder
- ✔ Eine liebevolle Familie
- ✔ Freizeit
- ✔ Freunde
- ✔ Gesundheit
- ✔ Glück
- ✔ Befriedigende Hobbys
- ✔ Wahre und ewige Liebe
- ✔ Macht
- ✔ Reichtum
- ✔ Spiritualität

Ist das nicht eine schöne Liste? Kann sein, dass es einige wenige Menschen gibt, die das fast alles haben. Aber dieses Buch beschäftigt sich mit der Wirklichkeit, und die Wirklichkeit kann ziemlich gemein sein. Dazu kommt, dass der Tag nun einmal nur 24 Stunden hat, in denen wir unseren Pflichten nachkommen müssen. Da ist es nicht immer leicht zu entscheiden, wofür man seine Zeit nutzen möchte.

Finden Sie heraus, was Ihnen am Herzen liegt

Wir können Ihnen helfen, die Wahl einzugrenzen und Prioritäten zu setzen. Gehen Sie unseren Werte-Fragenkatalog durch und vergleichen Sie das Ergebnis mit Ihrer aktuellen Zeiteinteilung. Sie werden vielleicht überrascht sein, wie groß der Unterschied zwischen dem ist, was Sie tatsächlich tun, und was Ihnen wichtig ist.

Sehen Sie sich die folgende Liste gut an. Kreisen Sie die acht Werte ein, die Ihnen am wichtigsten sind. Unterstreichen Sie von diesen acht die drei allerwichtigsten.

Abwechslung	Gut aussehen
Anderen Geld und Zeit schenken	Intellektuelle Interessen
Anerkennung	Kreativität
Befriedigende Arbeit	Kunst
Besitz	Liebevoller Partner
Ehrlichkeit	Muße
Einfluss auf andere	Politisch aktiv sein
Erfolg	Risiken eingehen
Erholung	Saubere Umwelt
Familienleben	Sicherheit
Geistige oder körperliche Anregung	Spiritualität
Geld	Unabhängigkeit
Gesundheit	Unterhaltung
Glückliche Kinder	Vergnügen
Güte demonstrieren	Vorhersagbarkeit
Gute Freunde	Wettbewerb
Gutes Essen	Wirtschaftliche Sicherheit

Stellen Sie zusammen, wie Sie Ihre Zeit investieren wollen

Welche Werte sind Ihnen am wichtigsten? Sehen Sie sich einen Monat in Ihrem Leben einmal genauer an. Einen guten Überblick erhalten Sie, wenn Sie ein Zeit-Logbuch führen:

1. **Schreiben Sie auf, was Sie tun und wie viel Zeit Sie dafür brauchen.**

   Es geht dabei nicht um banale Dinge wie Händewaschen (es sei denn, Sie hätten einen Waschzwang).

2. **Wenn Sie einige Stunden vergessen sollten, Ihre Aktivitäten aufzuschreiben, versuchen Sie, sich daran zu erinnern.**

   Sie können Ihre Aktivitäten auch einmal am Tag, etwa vor dem Schlafengehen, protokollieren. Es kommt dabei nicht auf die Minute an.

3. **Addieren Sie nach einem Monat die Zeit, die Sie für die jeweiligen Aktivitäten gebraucht haben.**

   Wichtig ist, dass Sie herausfinden, wie viel Zeit Sie für das verwenden, was Ihnen am Herzen liegt. Wie verhalten sich Ihre Werte zu der Zeit, die Sie dafür aufwenden?

Hedwig zum Beispiel fühlt sich gestresst und angespannt und hat das Gefühl, für nichts richtig Zeit zu haben. Sie arbeitet unseren Werte-Fragenkatalog durch und wählt *Gute Freunde*,

Befriedigende Arbeit und *Familienleben* als ihre wichtigsten Anliegen. Dann protokolliert sie einen Monat lang ihre Aktivitäten. Die folgende Übersicht zeigt, wie Hedwig ihre Zeit verbringt:

- Arbeit: 205 Stunden
- Fernsehen: 60 Stunden
- Mahlzeiten: 45 Stunden
- Fahrt zur Arbeit und Kindertagesstätte: 44 Stunden
- Duschen und sich morgens fertig machen: 30 Stunden
- Mahlzeiten vorbereiten: 30 Stunden
- Kinder zu Freizeitveranstaltungen bringen: 24 Stunden
- Hausarbeit: 22 Stunden
- Einkaufen/Besorgungen: 10 Stunden
- Sport: 4 Stunden
- Rechnungen bezahlen: 3 Stunden
- Zeit mit Freunden: 2 Stunden
- Zeit mit ihrem Mann: 1 Stunde

Als sie sich ihr Zeit-Logbuch ansieht, erkennt Hedwig, dass sie 50 Stunden in der Woche in ihre Arbeit als Finanzberaterin investiert. Ihre Arbeit fordert sie zwar, ist befriedigend und bringt einiges ein, aber besonders wichtig oder sinnvoll findet Hedwig eigentlich nicht, was sie da tut. Entsetzt stellt sie fest, dass sie gerade mal 30 Minuten in der Woche mit Freunden verbringt. Noch schlimmer, sie hat fast keine Zeit alleine mit ihrem Mann. Die Zeit mit ihren Kindern geht für die Fahrten zur Kindertagesstätte und die verschiedenen Freizeitaktivitäten drauf. Das ist sicher nicht das, was Hedwig unter Familienleben versteht.

Hedwig ist betroffen und schämt sich, als sie sieht, dass ihr Fernsehkonsum mehr Zeit beansprucht als jede andere Aktivität außerhalb ihrer Arbeit. Sie weiß, dass ihr Leben nicht so aussieht, wie sie sich das vorgestellt hatte. Hedwig beschließt, etwas anderes zu machen.

Prioritäten setzen

Sie müssen sich nicht betroffen fühlen und schämen wie Hedwig, wenn Sie sich Ihre Werte ansehen und merken, dass Sie vom Kurs abgekommen sind. Die meisten Menschen müssen sich irgendwann eingestehen, dass sie ihre Zeit deutlich anders verbringen als die Werte, die sie hochhalten, vermuten lassen würden. Wenn Sie wollen, können Sie Ihr Leben wieder auf Kurs bringen.

Wenn Sie das Zeit-Logbuch fertiggestellt haben, können Sie Ihre Werte mit dem vergleichen, was Sie tatsächlich tun. Driften Wollen und Tun auseinander, müssen Sie sich Prioritäten und Ziele setzen. Gestalten Sie Ihr Leben einfacher. Achten Sie darauf, dass Ihre Ziele präzise formuliert und erreichbar sind. Ziele wie »Ich werde glücklicher sein« oder »Ich werde mehr Geld sparen« sind zu schwammig. Formulieren Sie genau, wie Sie Ihr Glück steigern wollen, etwa zwei Mal in der Woche Tennis spielen oder wenigstens einmal im Monat ein Buch lesen. Oder lassen Sie per Dauerauftrag jeden Monat 100 Euro Ihres Einkommens auf Ihr Sparbuch überweisen.

Hedwig setzt sich erst einmal hin und sieht sich ihr Zeit-Logbuch genau an. Als Erstes will sie die Zeit vor der Glotze beschneiden und mehr Zeit mit der Familie verbringen. Sie formuliert die folgenden konkreten Ziele:

✔ Ich werde nur noch meine Lieblingsnachrichtensendung sehen, die anfängt, wenn die Kinder im Bett sind.

✔ Der Freitagabend ist Familienabend. Wir lassen uns etwas zu essen kommen, spielen und unterhalten uns.

✔ An zwei Abenden im Monat werden mein Mann und ich einen Babysitter kommen lassen und gemeinsam ausgehen.

✔ An zwei Samstagen im Monat machen wir etwas mit der ganzen Familie, zum Beispiel Skaten, Wandern oder ins Kino gehen.

Hedwig fühlt sich gut mit ihren neuen Zielen und Prioritäten. Sie sieht aber auch, dass sie immer noch zu viel arbeitet und noch keine Möglichkeit gefunden hat, ihre Freunde in ihrem Leben unterzubringen. Seit der Geburt der Kinder hat sie den Kontakt zu den meisten Freunden verloren. Wenn sie sich ihren Terminkalender ansieht, weiß sie keinen Rat mehr.

Zeit freischaufeln durch Delegieren

Viele unter Ängsten leidende Menschen haben das Gefühl, dass sie zu jeder Zeit die Verantwortung für ihre Arbeit, ihre Familien und ihr Heim übernehmen müssen. Wenn sie nicht überall die Finger im Spiel haben, argwöhnen sie, dass die Sache nicht läuft. Und wenn jemand anders eine Aufgabe übernimmt, befürchten sie, dass das Ergebnis nicht ihren Ansprüchen gerecht wird.

Hedwig macht oft Überstunden und meint immer noch, sie müsste kochen, putzen, die Kinder umherfahren und die meisten Besorgungen für den Haushalt erledigen. Ihr Mann bietet ihr immer mal wieder an, die Wäsche zu waschen oder zu kochen, aber sie lehnt jedes Mal dankend ab, weil sie meint, dass er sowieso alles falsch machen wird. Aber jetzt, wo sie beschlossen hat, ihr Leben neu zu sortieren, ist sie sich klar darüber, dass sie auch delegieren muss.

Sie macht sich Gedanken über das Was, Wie, Wer und Wann. In einigen Workshops, die sie im Rahmen ihrer Arbeit mitgemacht hat, hat sie Brainstorming-Techniken kennen gelernt. Sie lädt einige ihrer Freunde ein und setzt sich mit ihnen und ihrem Mann zusammen. Gemeinsam mit ihnen möchte sie herausfinden, wie sie einen Teil ihrer drückenden Arbeitsbelastung abgeben kann. Das Ergebnis zeigt die folgende Liste:

- ✔ **Lass deinen Mann ruhig einen Teil der Wäsche und das Kochen übernehmen.** Wenn er Fehler dabei macht, kannst du ihm sagen, wie er es beim nächsten Mal besser machen kann.
- ✔ **Stelle eine Putzkraft ein, die ein oder zwei Mal in der Woche kommt.** Das kostet zwar Geld, aber bei deinem Verdienst ist das allemal drin.
- ✔ **Lass dir von einer Gaststätte mit Mittagstisch sieben oder acht Mahlzeiten für die ganze Familie kochen und friere sie ein.** Eine Freundin erzählt, dass sie eine Köchin bei sich zu Hause kochen lässt. Sie meint, sie hätten so oft auswärts gegessen, dass sie dabei tatsächlich Geld sparen kann.
- ✔ **Die ganze Familie kann eine Stunde in der Woche eine gemeinsame Putzaktion durchführen.** Ihr Mann schlägt vor, dass es Spaß machen könnte, wenn jeder zur gleichen Zeit putzt.
- ✔ **Deine Sekretärin könnte mehr Verantwortung übernehmen, etwa Klienten anrufen und die Termine planen.** Hedwig glaubt, das ist möglich, weil die Sekretärin nicht gerade in Arbeit ertrinkt.
- ✔ **Lasse jemanden für die Gartenarbeit kommen.** Hedwigs Mann sagt, dass es ihm nichts ausmacht, den Rasen zu mähen. Ein Gärtner könnte den Rasen aber besser mähen, düngen, belüften und vertikutieren als er. Außerdem hätten sie so mehr Zeit füreinander.

Wir sind uns im Klaren darüber, dass einige dieser Ideen Geld kosten. Das ist nicht immer so viel, wie Sie vielleicht denken, aber Sie müssen in die Tasche greifen. Zum Teil kommt es darauf an, wie hoch Geld in Ihrer Prioritätenliste steht. Wägen Sie ab, ob Ihnen die Zeit für das, was Ihnen am Herzen liegt, das Geld wert ist.

Wie dem auch sei, nicht allen Familien stehen solche Optionen offen. Vielleicht ist Ihnen aufgefallen, dass nicht alle Möglichkeiten Geld kosten. Seien Sie kreativ. Fragen Sie Ihre Freunde, Kollegen und Ihre Familie, was Sie delegieren könnten. Ihr Leben könnte sich dadurch ändern.

Nennen Sie zwei Aufgaben, die Sie an jemanden delegieren könnten. Das muss kein Geld kosten. Es geht nur darum, einen Teil Ihrer Last loszuwerden, damit Sie Zeit gewinnen.

Sagen Sie einfach »Nein«

Wir hätten da noch eine Idee. Sagen Sie »Nein«. Wenn Sie unter Ängsten leiden, finden Sie es vielleicht schwierig, für Ihre Rechte einzustehen. Angst hält Menschen oft davon ab, ihre Gefühle und Bedürfnisse zu äußern. Wenn das passiert, gesellt sich Verbitterung zu Ihrer Angst und begünstigt das Aufkommen von Frustration und Wut. Außerdem sind Sie leicht auszunutzen, wenn andere wissen, dass Sie nicht »Nein« sagen können. Sie sind dann nicht länger Herr über Ihre Zeit und Ihr Leben.

Hedwig stimmt fast immer zu, wenn jemand etwas von ihr verlangt. Wenn Ihr Chef kurz vor Toresschluss kommt und sie bittet, Überstunden zu machen, dann bleibt sie da. Selbst wenn das bedeutet, dass sie etwas, was ihr wichtig war, nicht machen kann, äußert sie kaum einmal ihren Unmut. Schwierigkeiten hat sie auch, nervende Telefonverkäufer abzuwimmeln. Jedem, der sie um eine Spende bittet, gibt sie ein paar Euro, auch wenn sie von der jeweiligen Organisation noch nie etwas gehört hat. Sie fährt die Kinder öfter zu Freizeitaktivitäten als die anderen Eltern in der Nachbarschaft. Und wenn ihre Kinder in der letzten Minute noch mit Problemen bei den Hausaufgaben kommen, weil sie vorher gebummelt haben, dann lässt sie sich trotz Müdigkeit und pädagogischer Bedenken breitschlagen zu helfen.

Wenn Sie ähnliche Erfahrungen haben wie Hedwig, haben wir einige Vorschläge für Sie, wie Sie lernen können, »Nein« zu sagen. Sie müssen sich klarmachen, dass es einige Zeit dauern wird, diese neue Gewohnheit zu verinnerlichen. Wahrscheinlich haben Sie sich jahrelang einverstanden erklärt, jedem seinen Willen zu tun. Es wird deshalb eine Weile dauern, das zu ändern.

Machen Sie sich zunächst die Situationen bewusst, in denen Sie einer Sache zustimmen, obwohl Sie es eigentlich nicht wollen. Kommt das öfter am Arbeitsplatz, zu Hause, bei Freunden oder bei Fremden vor? Wenn Sie gebeten werden, etwas zu tun, versuchen Sie es einmal mit den folgenden Strategien:

- ✔ **Bestätigen Sie den Wunsch oder die Bitte des Fragenden.** Wenn beispielsweise jemand fragt, ob Sie auf dem Nachhauseweg etwas mit zur Post nehmen könnten, sagen Sie: »Sicher wäre das für Sie bequemer, wenn ich das auf der Post abgebe.« Dadurch gewinnen Sie Zeit, in der Sie überlegen können, ob Sie der Bitte wirklich entsprechen wollen.

- ✔ **Wenn Sie sich entschieden haben, blicken Sie der fragenden Person in die Augen.** Sie können sich mit Ihrer Antwort ruhig etwas Zeit lassen.

- ✔ **Geben Sie eine kurze Erklärung, besonders, wenn es sich um einen Freund oder jemanden aus der Familie handelt.** Machen Sie sich jedoch bewusst, dass Sie niemandem eine Erklärung schuldig sind, es ist nur höflicher. Sie können sagen, dass Sie gerne helfen würden, aber nicht können, oder einfach antworten, dass Sie das lieber nicht machen wollen.

- ✔ **Machen Sie deutlich, dass Sie der Bitte nicht entsprechen können oder werden.** Jeder hat das Recht, »Nein« zu sagen.

Hedwig nimmt das Telefon ab und eine übertrieben gut gelaunte Stimme möchte ihr etwas verkaufen. Der Mann spricht so schnell, dass Hedwig ihn unterbrechen muss, um zu Wort zu kommen. Dann macht sie sich klar, dass sie jedes Recht dazu hat, ihn zu unterbrechen. Er hat schließlich auch ihr Abendessen unterbrochen. Sie nimmt ihren ganzen Mut zusammen und erklärt: »Danke für Ihren Anruf, aber ich bin nicht interessiert.« Der Verkäufer am anderen Ende entgegnet prompt: »Darf ich fragen, warum nicht?« »Nein«, antwortet Hedwig und legt auf. Ihr Mann und ihre Kinder sehen sich überrascht an.

Wenn Sie zu Ihrem Chef oder Ihrer Familie »Nein« sagen, kann das vorübergehend Missstimmungen verursachen. Sollten Sie überreagieren und jemanden vor den Kopf stoßen, kann das an einer quälenden Annahme liegen. Mehr darüber können Sie in Kapitel 6 erfahren.

Immer in Bewegung bleiben

In diesem Kapitel

▸ Bewegung vermindert Ängste

▸ Was Sie antreibt: Motivation

▸ Ein Trainingsplan muss her

▸ Trainingsformen, die man durchhalten kann

Im Alter von 50 Jahren kämpft **Marianne** immer noch oft mit Anspannung und starker Nervosität. Natürlich geht es ihr schon viel besser als in der Zeit vor ihrer Therapie wegen ihrer Panikattacken. Sie war damals aufgrund ihrer Angststörung einige Zeit arbeitsunfähig und erlitt im Durchschnitt vier Panikattacken in der Woche. Ihr Therapeut machte sie mit vielen Strategien vertraut, die wir in den Kapiteln 5, 6, 7, 8 und 16 vorstellen. Diese Techniken versetzten sie in die Lage, ihre Panikattacken tatsächlich loszuwerden. Was geblieben zu sein scheint, ist ein sehr dünnes Nervenkostüm.

Marianne probiert es mit verschiedenen Medikamenten, findet die Nebenwirkungen aber sehr störend. Dazu kommt, dass sie einige Pfunde zulegt, was bei Frauen in ihrem Alter nicht untypisch ist. Eine Freundin überredet sie, sich in einem Fitness-Club anzumelden. Für die neuen Mitglieder werden vier Stunden mit einem Personal Trainer angeboten. In nur sechs Wochen entdeckt Marianne eine neue Leidenschaft für sportliche Aktivitäten. Ihre Stimmung bessert sich, und Angst und Stress lassen nach. Sie nimmt sogar ein paar Pfunde ab und fühlt sich wunderbar.

In diesem Kapitel sehen wir uns die vielen Vorteile sportlicher Aktivitäten an. Ein guter Trainingsplan kann Ihnen nicht nur im Kampf gegen Ängste helfen, sondern fördert auch Ihre Gesundheit, lässt Sie besser aussehen und bringt mehr Wohlbehagen. Der schwierigste Schritt ist für die meisten Menschen, die nötige Motivation aufzubringen und das Training zu einer Gewohnheit zu machen. Wir möchten Ihrer Motivation auf die Sprünge helfen und Ihnen zeigen, wie Sie einen vernünftigen Plan auf die Beine stellen, der auch funktionieren kann. Außerdem stellen wir Ihnen verschiedene Optionen für Trainingspläne vor. Im Großen und Ganzen hängt alles davon ab, wie Ihr Gesundheitszustand ist und welche persönlichen Ziele Sie sich stecken.

Auf die Plätze, fertig, los!

Sport mindert Ängste. Je intensiver und länger Sie Sport treiben – ob Sie nun schwimmen, joggen, walken, im Garten arbeiten oder im Haushalt, Squash oder Tennis spielen oder nur die Treppen hinauf- und hinuntersteigen –, desto weniger Angst werden Sie empfinden. Sportliche Aktivitäten geben Ihnen neues Selbstvertrauen und vertreiben die dunklen Wolken der Angst. Wenn Sie sich ausreichend bewegen, werden Sie merken, dass sich Ihre Haltung vom Negativen zum Positiven wendet.

Sport mindert Ängste in verschiedener Hinsicht:

- ✔ Sport hilft dem Körper, das überschüssige Adrenalin loszuwerden, das Angst- und Erregungszustände verstärkt.
- ✔ Sport steigert die körpereigene Produktion von *Endorphinen* – Substanzen, die Schmerzen mindern und ein natürliches Wohlbehagen auslösen.
- ✔ Sport löst Muskelverspannungen und beseitigt Frustrationen.

Sicher haben auch Sie immer mal wieder das Gefühl, Sie sollten mehr Sport treiben. Die meisten Menschen merken, dass Sport und Bewegung sich positiv auf ihre Gesundheit auswirken, aber nicht alle wissen, wie groß der Nutzen tatsächlich sein kann.

- ✔ Den neuesten Forschungsergebnissen zufolge mindert Sport
    - Ängste
    - »schlechtes« Cholesterin (LDL)
    - chronische Schmerzen
    - Depressionen
    - Kreuzschmerzen
- ✔ Andere Studien haben ergeben, dass Sport das Risiko für folgende Krankheiten bzw. Unfälle mindert:
    - Brustkrebs
    - Darmkrebs
    - Diabetes
    - Stürze, besonders bei alten Menschen
    - Herzinfarkt
    - Schlaganfall
- ✔ Weiteren Studien zufolge steigert Sport
    - den Gleichgewichtssinn
    - die Ausdauer
    - den Energiehaushalt
    - die Flexibilität
    - die Funktionalität des Immunsystems

- das »gute« Cholesterin (HDL)
- die Lungenkapazität
- die geistige Frische
- das Wohlbefinden

Nicht schlecht! Wenn Sport aber so vielfältige positive Auswirkungen auf Ängste, die Gesundheit und das Wohlbefinden hat, warum treibt dann nicht jeder Sport? Millionen Menschen tun es. Andererseits tun es Millionen Menschen nicht. Die Gründe dafür sind einfach, aber auch komplex. Die meisten Menschen treten auf der Stelle, wenn es darum geht, die nötige Motivation für sportliche Aktivitäten aufzubringen und besonders, sie dann auch aufrechtzuerhalten. Sie beklagen sich, zu wenig Zeit zu haben, sich womöglich lächerlich zu machen, zu alt, zu dick oder zu müde zu sein. Aber wenn Ihnen die Liste mit den positiven Auswirkungen gefallen hat, kann Ihnen der nächste Abschnitt *Warten Sie nicht auf die nötige Willenskraft – tun Sie's einfach* weiterhelfen, sich zu motivieren.

Warten Sie nicht auf die nötige Willenskraft – tun Sie's einfach

Waren Sie schon einmal der Meinung, Sie hätten nicht genug Willenskraft, ein Trainingsprogramm zu absolvieren? Sie werden vielleicht überrascht sein, dass wir nicht viel von Willenskraft halten. Sie haben richtig gehört. *Willenskraft* ist nur ein Wort, eine Vorstellung. Sie ist nicht real.

In Ihrem Gehirn findet sich keine wie auch immer geartete Struktur, in der die so genannte Willenskraft zu Hause wäre. Man hat nicht eine festgelegte Menge davon, an der man nichts ändern kann. Menschen, die sich für willensschwach halten, tun einfach nicht das, was sie ihrer eigenen Meinung nach tun sollten. Für diese mangelnden Bemühungen gibt es jedoch auch andere Erklärungen als die Willenskraft.

Menschen nehmen aus verschiedenen Gründen Projekte nicht in Angriff:

- ✔ **Verzerrtes Denken:** Vielleicht sagt Ihr Kopf Ihnen Dinge wie »Ich habe eigentlich keine Zeit«, »Ich bin zu müde«, »Es ist der Mühe nicht wert« oder »Ich werde im Vergleich zu den Leuten, die fitter sind als ich, ziemlich dämlich aussehen«.

- ✔ **Fehlende Belohnung:** Dieses Problem taucht auf, wenn Sie vergessen, neue Anstrengungen einzuplanen, die eine Belohnung in sich tragen. Vielleicht glauben Sie, dass sportliche Aktivitäten Sie bezüglich Ihrer Zeit, Ihrer Ruhe und einträglicherer anderer Arbeiten nur etwas kosten. In gewisser Weise ist das auch so. Gerade deshalb müssen Sie eine Unterstützung Ihrer Bemühungen mit einplanen.

- ✔ **Hindernisse in Ihrer Umgebung:** Vielleicht kennen Sie keinen passenden Ort für sportliche Aktivitäten oder das Wetter in Ihrer Gegend ist absolut unpassend. Vielleicht haben Sie auch kleine Kinder, für die Sie sorgen müssen. Mit etwas Kreativität finden Sie Möglichkeiten, diese Hindernisse zu überwinden.

✔ **Zu wenig Unterstützung:** Wir alle brauchen gelegentlich Unterstützung. Jedem von uns kann es schwer fallen, alleine zu trainieren, besonders, wenn der Partner nicht mitmachen möchte.

Wider die Miesmacherei

Wenn Sie warten wollen, bis die Motivation an Ihre Tür klopft und ruft »Hallo, hier bin ich«, können Sie lange warten. Die wenigsten Menschen wachen morgens auf und platzen vor Begeisterung, gleich ein neues Trainingsprogramm anzuleiern. Sie kennen den Werbespruch: »Just do it!« Also tun Sie's einfach. Oft kommt die Motivation mit der Tat. Wenn Sie das anders sehen, zäumen Sie das Pferd von hinten auf. Der Gedanke, dass man warten soll, bis man motiviert ist, bevor man mit einer Sache anfängt, ist eine der beliebtesten Miesmacher-Thesen, die wir für Sie in Tabelle 10.1 zusammengestellt haben. Lesen Sie sie aufmerksam durch und versuchen Sie herauszufinden, ob eine davon Ihren Entschluss beeinflusst, sich sportlich zu betätigen. Denken Sie jeweils über beide Aussagen sorgfältig nach:

Miesmacher-Thesen	Entlarvung der Miesmacher-Thesen
Ich bin nicht motiviert. Wenn ich die Motivation verspüre, fange ich mit dem Training an.	Motivation kommt, wenn man anfängt, nicht umgekehrt. Regelmäßiger Sport macht letztendlich großen Spaß, auch wenn es oft ein bisschen dauert.
Ich habe keine Zeit.	Zeit ist eine Frage der Prioritäten. Für den Anfang reichen dreimal in der Woche 30 Minuten.
Ich bin zu müde.	Ich bin oft müde, weil ich mich nicht bewege! Sport gibt Kraft und Ausdauer.
Ich bin zu alt für Sport	Man ist nie zu alt für Sport. Die Ärzte bestätigen, dass Sport in jedem Alter gut ist. Auch Menschen über 80 können von sportlichen Aktivitäten profitieren. Sie müssen nur langsam anfangen.
Im Vergleich zu den Fitteren sehe ich ziemlich blöd aus.	Jeder fängt einmal an. Wenn es mir peinlich ist, kann ich zu Hause anfangen. Wenn ich dann merke, dass es aufwärtsgeht, kann ich immer noch mit anderen zusammen Sport treiben.
Ein Fitness-Studio ist zu teuer.	Im Vergleich zu den Kosten, die Krankheiten verursachen, ist es billig. Abgesehen davon brauche ich nicht unbedingt ein Fitness-Studio, um Sport zu treiben.
Es ist der Mühe nicht wert.	Das mag zwar manchmal den Anschein haben, aber die Vorteile sind unbestritten.
Ich habe am Arbeitsplatz zu viel um die Ohren. Da kann ich mir nicht leisten, meine Zeit mit solchen Kinkerlitzchen zu verschwenden.	Studien belegen, dass Menschen, die regelmäßig Sport treiben, weniger Fehlzeiten aufweisen. Davon abgesehen sind sie wahrscheinlich auch produktiver.

Miesmacher-Thesen	Entlarvung der Miesmacher-Thesen
Ich mag keinen Sport.	Bis jetzt hatte ich keinen Spaß daran, aber ich muss auch nicht an allem Spaß haben, was mir gut tut. Meinen jährlichen Gesundheits-Check mag ich auch nicht, aber ich gehe trotzdem hin. Es gibt außerdem viele sportliche Aktivitäten, die ich ausprobieren kann. Vielleicht finde ich etwas, das mir gefällt.
Ich bin kein Sportler. Das gehört nicht zu meiner Person.	Bei all den Vorteilen, die Sport für mich mit sich bringt, muss ich einfach etwas machen. Ich muss mich ja nicht für ein Sport-Ass halten. Es reicht, wenn ich drei oder vier Mal in der Woche Bewegung habe.

Tabelle 10.1: Die zehn häufigsten Miesmacher-Thesen

Tabelle 10.1 listet die zehn Miesmacher-Thesen auf, denen wir am häufigsten erliegen. Wenn Ihnen eine oder mehrere dieser Thesen im Kopf herumschwirren, können Sie sich vielleicht mit einer unserer entlarvenden Argumente anfreunden. Wenn nicht, sollten Sie versuchen, sich anders gegen diese miesmacherischen Gedanken zu wehren. In Kapitel 3 finden Sie viele Ansätze, wie man Gedanken überwindet, die sich Veränderungen in den Weg stellen. Wenn Sie das Gefühl haben, Motivation sei nur schwer zu greifen, sind Sie nicht der erste Mensch auf der Welt, der darüber klagt.

 Das Wort *Willenskraft* triff die Sache nicht. Sie müssen nur die Gedanken hinterfragen, die sich Ihnen in den Weg stellen, und dann die anderen Möglichkeiten ausprobieren, sich zu motivieren, die wir im restlichen Teil des Kapitels beschreiben.

Belohnen Sie sich für Ihr Training

Die Psychologen wissen schon seit Jahrzehnten, dass Menschen sich mehr ins Zeug legen, wenn sie etwas lohnend finden, und für all das, was sie unangenehm finden, weniger Begeisterung erübrigen können. Das versteht sich doch von selbst, werden Sie sagen. Dennoch übersieht man die Bedeutung von Belohnungen leicht, wenn man mit einem Trainingsprogramm anfängt.

Wenn Sie im Moment etwas außer Form sind, wird Sport Ihnen für den Anfang eher unangenehm als angenehm sein. Während oder nach dem Training werden Sie außer Atem sein, Sie werden Ihre Knochen spüren und sich unter Umständen ein paar Tage mit Muskelkater herumplagen. Es kann sicher helfen, sich die Vorteile sportlicher Aktivitäten bewusst zu machen. Aber reden wir nicht drum herum: Die Vorteile stellen sich erst ein, wenn Sie eine Weile trainiert haben.

Ein Großteil der Probleme, mit denen Menschen sich herumschlagen, lässt sich auf das Verhältnis zwischen kurzfristigen und langfristigen Vorteilen auf der einen und Kosten auf der anderen Seite zurückführen. Sind Sie nicht auch dieser Meinung? Sehen Sie sich die verbreiteten schlechten Angewohnheiten in Tabelle 10.2 an. Die starke Neigung zu unmittelbarer Belohnung überlagern jegliche Berücksichtigung langfristiger schädlicher Auswirkungen.

Beispiel	Kurzfristiger Nutzen	Langfristige Folgen
Alkoholmissbrauch	Trinken ist meist schöner als nicht trinken.	Alkoholmissbrauch kann zum Tode führen.
Rauchen	Raucher geben an, dass Rauchen sie entspannt.	Vielfältige gesundheitliche Probleme
Übergewicht	Menschen mit Gewichtsproblemen betrachten Essen als befriedigend.	Zahlreiche gesundheitliche Probleme
Drogenmissbrauch	Viele so genannte »Freizeitdrogen« lösen schöne Gefühle aus.	Dauerhafte Schäden an Körper und Gehirn
Geldprobleme	Geld ausgeben macht Spaß.	Man spart nichts und legt nichts für das Alter zurück.

Tabelle 10.2: Die Auswirkungen schlechter Gewohnheiten

Beim Sport taucht dasselbe Problem bezüglich des Verhältnisses zwischen kurzfristigen Vorteilen und dem langfristigem Nutzen auf. Nur werden die Vorteile hier erst nach konsequentem, längerem Training sichtbar. Am Anfang hat das Training meistens einen schlechten Nachgeschmack. Für die, die am Ball bleiben, bringt das tägliche Training gesundheitliche Verbesserungen und ein Gefühl des Wohlbefindens. Leider tun sich die meisten Leute mit den kurzfristigen Unannehmlichkeiten sehr schwer, auch wenn sie wissen, dass die Vorteile mit der Zeit greifbar werden.

Es gibt einen Ausweg aus diesem Dilemma: Richten Sie sich ein persönliches Belohnungssystem für Ihre sportlichen Aktivitäten ein. Geben Sie sich zum Beispiel jedes Mal 10 Punkte, wenn Sie 30 oder mehr Minuten trainiert haben. Wenn Sie 100 Punkte zusammen haben, gönnen Sie sich etwas Schönes – etwas Neues zum Anziehen, ein Abendessen in einem netten Restaurant, ein besonderes Wochenende oder einen ganzen Tag für Ihr liebstes Hobby. Wenn das Training mit der Zeit angenehmer wird (und das wird es!), setzen Sie die Latte etwas höher – da gibt es dann erst etwas Schönes, wenn Sie 200 Punkte zusammenhaben.

Sie werden schließlich merken, dass Ihre sportlichen Aktivitäten für sich schon lohnend sind, und werden zusätzliche Belohnungen nicht mehr brauchen, um die nötige Motivation aufrechtzuerhalten. Sobald Sie die Schmerzphase hinter sich haben, werden Sie auch andere Vorteile entdecken, die das Training mit sich bringen kann:

✔ Man kann dabei über Problemlösungen nachdenken.

✔ Man kann einen Tag oder die ganze Woche dabei planen.

✔ Manche Menschen berichten von einem Kreativitätsschub während des Trainings.

✔ Sie fühlen sich toll, weil Sie etwas erreicht haben.

Weil sportliche Aktivitäten anfangs nicht immer gute Laune machen, ist es oft nützlich, sich ein Belohnungssystem einzurichten. Später werden wahrscheinlich andere Vorteile greifbar.

Was aber, wenn Sie feststellen, dass auch die Selbstbelohnung nichts bringt? Ist das das Ende der Fahnenstange? Wir haben da noch eine Idee für die etwas härteren Fälle – den Banzai-Selbststarter-Plan. (Siehe den Kasten *Der Banzai-Selbststarter-Plan* in diesem Kapitel.)

> ### Der Banzai-Selbststarter-Plan
>
> Wenn Sie sich wirklich mehr Bewegung verschaffen wollen, aber noch nicht in die Hufe gekommen sind, sollten Sie es mit dem so genannten Banzai-Selbststarter-Plan versuchen. So können Sie herausfinden, ob Sie es wirklich mit dem Sport ernst meinen. Der Banzai-Selbststarter-Plan besteht aus ein paar einfachen Schritten:
>
> ✔ Schreiben Sie fünf Schecks über einen Betrag aus, den Sie ungern verlieren möchten. Nicht so hoch, dass Sie Ihr Budget damit überschreiten würden, vielleicht jeweils zehn oder zwanzig Euro.
>
> ✔ Besorgen Sie sich die Adressen einiger Organisationen, die Sie persönlich nicht besonders mögen, etwa eine Ihnen fern stehende Partei oder ein Verein an Ihrem Wohnort, der Ihnen die Zornesröte ins Gesicht treibt.
>
> ✔ Schreiben Sie an diese Organisationen einen Spendenbrief und unterschreiben Sie ihn.
>
> ✔ Geben Sie die frankierten Umschläge mit den Schecks an einen sehr guten Freund, dem Sie vertrauen. Sagen Sie ihm, dass Sie fünf Wochen lang jede Woche Bericht erstatten, ob Sie drei Mal oder öfter Sport getrieben haben. Haben Sie das nicht gemacht, soll Ihr Freund jeweils einen Brief in den Briefkasten werfen (in den der Post natürlich, nicht in Ihren).
>
> Autsch! Meinen wir das ernst? Aber sicher. Wir haben diese Strategie in der Vergangenheit mit vielen Klienten erprobt. Vertrauen Sie uns, kaum jemand lässt zu, dass die Briefe am Ende auf der Post landen.
>
> Der Banzai-Selbststarter-Plan funktioniert am besten, wenn man sich für kurze Phasen motivieren muss, sagen wir, höchstens sechs Wochen. Was langfristige Lösungen angeht, sollten Sie sich nicht darauf verlassen. Das Gute ist aber, dass Trainingsprogramme nach vier oder fünf Wochen Anstrengungen meist zum Selbstläufer werden.

Hindernisse aus dem Weg räumen

Manchmal kommen Menschen mit dem Sport nicht in die Gänge, weil irgendwelche Hindernisse auftauchen. Sie wollen trainieren, aber dann

✔ ist es draußen zu kalt und windig, um joggen zu gehen.

✔ sind die Fitness-Studios in ihrer Gegend einfach zu voll.

✔ ist es in ihrer Gegend einfach zu gefährlich, alleine zu joggen oder zu walken.

✔ haben sie keine Sportsachen und auch kein Geld, welche zu kaufen.

Das eigentliche Problem an diesen Hindernissen ist Ihre Einstellung, nicht die Hindernisse selbst. Das sind nur Unannehmlichkeiten, Schwierigkeiten, kleine Probleme, die gelöst werden wollen – so etwas kann Sie doch nicht wirklich aufhalten!

 Trotzdem ist es eine gute Idee, Ihre Umgebung so sportfreundlich zu gestalten wie nur möglich. Überlegen Sie, ob Sie einen ungenutzten Raum in Ihrem Haus zum Trainingsraum erklären können. Gestalten Sie diesen Raum so sportfreundlich wie möglich. Stellen Sie sich eine Musikanlage hinein oder einen Fernseher oder nehmen Sie einfach Bücher mit.

Zudem können Sie Ihren Raum mit einfachen und preiswerten Sportgeräten ausstatten. Die folgenden Gegenstände bieten sich an:

✔ Springseile

✔ Konservendosen statt Gewichte

✔ Ein Hohlbockstein für Stepping-Übungen

✔ Eine preiswerte Yoga-Matte

✔ Günstige Sportgeräte

Seien Sie kreativ: Manchmal findet man auch auf Flohmärkten Sportgeräte für ein paar Euro. Es dauert vielleicht ein bisschen, bis Sie die richtige Zeit, den richtigen Ort und die richtigen Gerätschaften für Ihr Training gefunden haben. Aber Sie können das Problem lösen – die Lösung muss ja nicht perfekt sein.

Organisieren Sie ein paar Cheerleader

Wenn auch die Unterstützung durch andere Menschen nicht unbedingt erforderlich ist, so zeigt die Erfahrung doch, dass man sich besser motivieren kann, wenn man nicht alleine trainiert. Andere Menschen können Sie nicht nur ermutigen, sondern stehen auch für das ein oder andere interessante Gespräch zur Verfügung. Die Unterstützung durch andere Menschen kann dabei verschiedene Formen annehmen:

✔ **Suchen Sie sich einen Trainingspartner:** Wenn Sie jemanden kennen, der auch gerne Sport treiben möchte, haben Sie Ihre Unterstützung schon gefunden. Wenn nicht, sprechen Sie Ihre Freunde doch einmal darauf an. Wenn sie nicht mit trainieren wollen, kennen sie vielleicht jemanden, der Interesse hat. Lassen Sie nichts unversucht.

✔ **Belegen Sie einen Kurs:** Über Ihren örtlichen Sportverein oder die Volkshochschulen können Sie viele verschiedene Sportkurse belegen. Besorgen Sie sich ein VHS-Programm und fragen Sie bei Ihrem Sportverein nach, was angeboten wird.

✔ **Werden Sie Mitglied in einem Fitness-Studio:** In Fitness-Studios treffen Sie auf Gleichgesinnte und sicher auch auf Anfänger, die mit ihrer Motivation zu kämpfen haben – genau wie Sie. Das gilt besonders für den Monat Januar!

✔ **Versuchen Sie es mit einem Personal Trainer:** Klingt teuer, nicht wahr? Sicher kosten Personal Trainer etwas, aber sie helfen Ihnen auch, ein auf Sie abgestimmtes Trainingsprogramm zu entwickeln, und motivieren Sie, durchzuhalten. Vielleicht können Sie die Kosten ein wenig reduzieren, indem Sie einen Freund dazu überreden können, mitzumachen, und einen Rabatt aushandeln. Sie werden sehen, dass Sie nach vier oder fünf Wochen Ihren Trainer gar nicht mehr so oft oder vielleicht sogar überhaupt nicht mehr brauchen.

Was sagt uns das? Menschen sind soziale Tiere. Ein neuer Aufbruch fällt leichter, wenn man Unterstützung durch andere Menschen hat. Wenn Sie mal darüber nachdenken, werden Sie sicher darauf kommen, wo Sie diese Unterstützung finden können.

Planen Sie Bewegung ein

Heutzutage sind die Arbeitszeiten länger denn je. Da liegt es nahe, zu denken, dass der Tag nicht genug Stunden hat, um auch noch sportliche Aktivitäten unterzubringen. Weiter vorne in diesem Kapitel haben wir schon über die Miesmacher-These »Ich habe keine Zeit« geschrieben (siehe Tabelle 10.1). Aber selbst wenn Sie erkannt haben, dass Sie ausreichend Zeit haben und dass alles nur eine Frage der Prioritäten ist, werden Sie diese Zeit nicht finden, wenn Sie sie nicht einplanen.

Sie haben richtig gehört: Sie müssen Ihren Terminplan sorgfältig durchforsten und Ihre sportlichen Aktivitäten in Ihr Leben einplanen. Vielleicht haben Sie flexible Arbeitszeiten und können sich aussuchen, ob Sie zwei oder drei Mal in der Woche eine Stunde später anfangen und dafür länger bleiben, damit Sie morgens Zeit für Ihr Training haben. Vielleicht passt es Ihnen besser, zweimal am Wochenende und nur einmal während der Woche zu trainieren.

Allgemein sind wenigstens drei Trainingseinheiten von mindestens 30 Minuten Dauer pro Woche zu empfehlen. Vielleicht können Sie zwei davon auf das Wochenende legen und einen dritten Termin in der Woche unterbringen. Seien Sie dabei ruhig etwas kreativ. Die folgenden Beispiele zeigen, dass das gar nicht so schwer sein muss:

✔ **Parken Sie etwas weiter weg:** Stellen Sie Ihr Auto ein oder zwei Mal in der Woche so weit von Ihrem Arbeitsplatz entfernt ab, dass Sie etwa 20 Minuten zügig gehen müssen.

✔ **Nehmen Sie die Treppe:** Wenn Sie oft den Fahrstuhl nehmen, um fünf oder sechs Stockwerke zu überbrücken, nehmen Sie stattdessen die Treppe.

✔ **Trainieren Sie in den Pausen:** Wenn Sie am Arbeitsplatz 10- oder 15-minütige Pausen haben, können Sie in dieser Zeit auch einen strammen Spaziergang machen. Zwei oder drei solcher kleiner Einheiten tun genau so gut wie eine 20- oder 30-minütige Trainingseinheit.

Wählen Sie, was Ihnen Spaß macht

Welche Sportart für Sie in Frage kommt, hängt nicht unwesentlich von Ihren Zielen ab. Fast alle Formen körperlicher Ertüchtigung können Ängste in einem gewissen Maß reduzieren. Wahrscheinlich werden Sie aber bestimmte Sportarten anderen vorziehen. Und weil jeglicher Sport Vorteile mit sich bringt, empfehlen wir Ihnen, mit dem anzufangen, was Sie am meisten anspricht. Aus der schier unerschöpflichen Vielfalt sportlicher Möglichkeiten gehören Aerobic, Gewichtstraining und Yoga zu den beliebtesten Sportarten.

Lassen Sie Herz und Lunge pumpen

Eine der besten Möglichkeiten, Ängste zu reduzieren, bieten die *aeroben* Sportarten (auch *kardiovaskuläres* Training genannt). Das Wort *aerob* bedeutet »mit Sauerstoff« und bezieht sich auf die Bewegungsarten, die die Sauerstoffaufnahme intensivieren und so Herz und Lunge in Form bringen. Aerobe Sportarten senken auch den Blutdruck, regulieren den Cholesterinspiegel zugunsten des »guten« Cholesterins (HDL) und verbessern die Energie- und Ausdauerleistung.

Aerobe Sportarten verlangen von Ihren großen Muskeln über mehrere Minuten rhythmische, wiederholte Bewegungen. Um den optimalen Nutzen zu erzielen, sollten Sie dies 20 bis 30 Minuten durchhalten. Aber auch mit zwei oder drei Einheiten à zehn Minuten kommen Sie zum Ziel. Zu den aeroben Sportarten gehören unter anderem

- ✔ Basketball
- ✔ Joggen
- ✔ Radfahren
- ✔ Rudern
- ✔ Schwimmen
- ✔ Skaten
- ✔ Squash
- ✔ Tennis
- ✔ Zügiges Walken

Während einer aeroben Trainingseinheit sollten Sie schon außer Atem geraten, aber immer noch in der Lage sein, kurze Sätze zu sprechen, ohne nach Luft schnappen zu müssen. In diesem Zustand arbeiten Herz und Lunge hart genug, um von Ihren Anstrengungen zu profitieren, ohne dass die Gefahr besteht, dass Sie zusammenbrechen. Wenn Sie es ganz genau wissen wollen, können Sie Ihren Puls mit einem preisgünstigen Pulsmesser überwachen. Ein ungefähres Bild können Sie sich verschaffen, wenn Sie Ihren Puls mit dem Zeigefinger an der Halsarterie (unterhalb des Kinns in der Nähe des Kehlkopfs) abnehmen. Ihr Puls sagt Ihnen, wie schnell Ihr Herz schlägt. Schauen Sie auf den Sekundenzeiger Ihrer Uhr und zählen Sie

Ihren Puls 15 Sekunden lang. Wenn Sie das Ergebnis mit vier multiplizieren, haben Sie die Herzschläge pro Minute, also Ihren Puls.

Für den so genannten idealen Herzfrequenz-Zielbereich gibt es eine einfache Faustformel. Ziehen Sie zunächst Ihr Alter von der Zahl 220 ab. Das Ergebnis multiplizieren Sie dann mit einem Prozentsatz, der von Ihrer Fitness abhängt.

Jeder Mensch sollte sich regelmäßig ärztlich untersuchen lassen. Wenn Sie älter sind als 40 Jahre oder irgendwelche gesundheitlichen Bedenken haben, fragen Sie Ihren Arzt, wie es um Ihre Fitness bestellt ist und wie Ihr Herzfrequenz-Zielbereich aussieht.

Wenn Sie gesund, aber in schlechter Form sind, multiplizieren Sie das Ergebnis mit 0,5. Bei einer 35-Jährigen, die seit dem Abitur keinen Sport mehr getrieben hat, berechnet sich der Herzfrequenz-Zielbereich wie folgt:

$220 - 35 = 185 \times 0{,}5 = 92{,}5$

Sind Sie dagegen mäßig fit, multiplizieren Sie das Ergebnis mit 0,6. Wenn Sie beispielsweise 65 Jahre alt und noch rüstig sind und den Segen Ihres Arztes haben, sieht Ihr Herzfrequenz-Zielbereich so aus:

$220 - 65 = 155 \times 0{,}6 = 93{,}0$

Und wenn Sie schließlich in hervorragender Verfassung sind, können Sie das Ergebnis mit 0,8 multiplizieren. Bei einem 53-Jährigen, der seit längerem intensiv Sport treibt, berechnet sich der Herzfrequenz-Zielbereich folgendermaßen:

$220 - 53 = 167 \times 0{,}8 = 133{,}6$

Wenn Sie intensiv trainieren, kann Ihr Puls auch schon einmal über Ihren Herzfrequenz-Zielbereich hinausgehen. In diesem Fall schalten Sie einen Gang zurück, bis sich Ihr Puls wieder im Zielbereich befindet.

Ausführliche Informationen über aerobes Training und Walking bieten die Bücher *Fitness für Dummies* von Liz Neporent und Suzanne Schlosberg sowie *Walking für Dummies* von Liz Neporent, beide bei Wiley-VCH erschienen.

Stemmen Sie Ihre Angst

Gewichtstraining führt im Wesentlichen zu einer stärkeren Muskulatur. Dadurch verringern sich Ängste möglicherweise nicht so stark wie durch aerobes Training, aber manche Menschen glauben, dass es ihnen hilft, indem es ihr Selbstvertrauen stärkt und ihre Anspannung abbaut.

Wenn Sie Gewichtstraining betreiben wollen, ist es am einfachsten, wenn Sie mit unterschiedlichen Hanteln oder Kraftmaschinen arbeiten. Beträchtliche Kraftzuwächse erreichen Sie aber auch mit preiswerten Widerstandsgeräten oder Gummibändern. Nicht zu verachten sind übrigens auch Übungen ohne jegliche Geräte, etwa

✔ Situps

✔ Kniebeugen mit Ausfallschritt

✔ Liegestütze

✔ Kniebeugen

Wir wollen nicht verhehlen, dass Kraft- und Gewichtstraining einige Kenntnisse erfordern. Bevor Sie Ihre Kräfte mit Gewichten messen, sollten Sie einen Trainer zu Rate ziehen oder sich ein Buch anschaffen wie *Krafttraining für Dummies* von Liz Neporent und Suzanne Schlosberg (Wiley-VCH). Erst dann sollten Sie in die Vollen gehen und Ihre Ängste aus Ihrem Leben stemmen.

Sehnsucht nach Yoga?

Man muss schon völlig isoliert leben, wenn man heutzutage noch nichts von Yoga gehört haben will. Niemand kennt die Anfänge des Yoga so ganz genau. Das verwundert nicht, denn Yoga gibt es schon seit 3.000 bis 5.000 Jahren. Kennzeichnend für die vielen Abarten des Yoga sind zahlreiche Körperhaltungen, die man von etwa 30 Sekunden bis zu einigen Minuten einnimmt. Es gibt verschiedene Geschichten rund um die Ursprünge des Yoga, aber die meisten gehen davon aus, dass es in Indien entstand und von buddhistischen Mönchen praktiziert wurde.

Für viele Menschen hat Yoga eine spirituelle Komponente. Andere betrachten es ausschließlich als körperliche Übung. Sie können das halten, wie Sie möchten, für die Ausübung von Yoga gibt es keine festen Regeln.

Yoga hat einige interessante Vorteile. Zum einen kann es sehr entspannend wirken und Ängste mindern. Darüber hinaus passt es gut zu einer Übung, die unter dem Namen »Achtsamkeit« bekannt ist (siehe Kapitel 16). Yoga und Achtsamkeit zusammen bilden ein wirksames Bollwerk gegen Ängste. Zum anderen hat Yoga positive Auswirkungen auf den Körper. Es stärkt die Kraft, verbessert die Flexibilität und den Gleichgewichtssinn. Bestimmte Yoga-Arten sind sogar in gewisser Weise aerob.

Vielleicht sehen Sie bei dem Gedanken an Yoga einen zur Brezel geformten menschlichen Körper oder Sie haben Bilder von Menschen im Kopf, die mit geschlossenen Augen auf dem Boden sitzen und eher zu schlafen scheinen als sich sportlich zu betätigen. Beide Vorstellungen sind bloße Mythen, da können Sie ganz sicher sein.

Vor einigen Jahren machte Dr. Smith (die Koautorin dieses Buches) erste Versuche mit Yoga. Sie kam nach Hause und lobte mir, Dr. Elliott (dem anderen Koautor dieses Buches) gegenüber die Vorzüge des Yoga über den gründen Klee. Ich unterstützte ihr neues Interesse, aber ich wusste gleich, dass das nichts für mich war. Immerhin bin ich fast 1,90 Meter groß und war zu dieser Zeit etwa so beweglich wie eine Bronzestatue. Ich würde wahrscheinlich wie ein Kasper aussehen.

Nach ein paar Monaten drängte Dr. Smith mich zum Mitmachen. Ich entgegnete, da könne sie lange warten. Sie drängte weiter. (Das macht sie immer, wenn sie tatsächlich mit etwas

Recht hat.) Als wir eines Tages zu einer Fachtagung fuhren, schlug sie vor, im Wellness-Center des Hotels, in dem wir übernachteten, eine Privatstunde zu buchen. Ich überlegte, dass eine Privatstunde vielleicht nicht ganz so demütigend sein würde und dass ich ihr bei dieser Gelegenheit ein für alle Mal klarmachen könnte, dass ich Yoga weder mögen noch dazu in der Lage sein würde.

Nun, da hatte ich mich wohl geirrt. Wenn ich meinen Körper auch nicht in die Form einer Brezel bringen musste, so zeigte der Yoga-Lehrer mir doch, die Grenzen setzenden Signale meines Körpers zu respektieren, und klärte mich auf, dass Yoga nichts mit Wetteifern zu tun hatte – es ging nicht darum, eine gute Figur zu machen. Heute haben wir beide Spaß an Yoga und finden es sehr entspannend. Wir haben an Beweglichkeit, Gleichgewichtssinn, Kraft und Ruhe gewonnen.

Yoga verlangt nur wenig Kenntnisse. Sie können sich für einen Anfängerkurs anmelden, ein Buch wie *Yoga für Dummies* von Georg Feuerstein und Larry Payne (Wiley-VCH) lesen oder einen Videokurs zu Rate ziehen. Wir sind überzeugt, dass ein Versuch aller Mühen wert ist. Vielleicht sind Sie so überrascht wie ich.

Wie steht es mit Sport und Panik?

So mancher befürchtet, dass sportliche Aktivitäten Panikattacken auslösen könnten. Das liegt zum Teil daran, dass Sport einige körperliche Symptome wie einen beschleunigten Puls mit sich bringt, auf die an Panikattacken Leidende gelegentlich mit Panik reagieren. Wenn Sie allerdings behutsam in das Training einsteigen, können Sie eine Art abgestufte Konfrontation daraus machen, wie wir sie in Kapitel 8 beschreiben. Anders ausgedrückt, Sport kann ein wirksamer Behandlungsansatz für Panikstörungen sein.

Darüber hinaus kann intensives Training auch zur Produktion von Milchsäure führen, die bei wenigen Menschen Panikattacken auslösen zu können scheint, wenn auch über das tatsächliche Risiko die Meinungen auseinandergehen. Auf der anderen Seite verbessert sich langfristig die Fähigkeit des Körpers, Milchsäure wieder abzubauen. Wir empfehlen also auch in diesem Fall all denen, die befürchten, ihre sportlichen Aktivitäten könnten Panikattacken auslösen, es einfach langsam angehen zu lassen. Sollte es jedoch zu absolut unerträglichen Zuständen kommen, lassen Sie den Sport besser für eine Weile Sport sein und arbeiten mit anderen in diesem Buch erwähnten Strategien gegen Panikattacken, bevor Sie wieder mit dem Sport anfangen.

Oh süßer Schlaf

In diesem Kapitel
▸ Was hält Sie wach?
▸ So wird Ihr Schlafzimmer gemütlich
▸ Schlafen gehen, eine Frage der Gewohnheit
▸ Albträume loswerden

Kommt Ihnen dieser innere Monolog in den frühen Morgen- oder späten Nachtstunden bekannt vor? Es ist gerade 4:07 Uhr, und Sie denken …

Ich bin wach. In zwei Stunden klingelt der Wecker. Hoffentlich kann ich wieder einschlafen … Wir werden sehen … Wie warm wird es wohl heute werden und was soll ich anziehen? Ist noch genug Benzin im Tank? Heute Vormittag kommen vier neue Kunden und später habe ich noch ein Gespräch im Krankenhaus. Nächste Woche ist der nächste Teil des Buches fällig – wieder ein Wochenende vorbei. Ich muss die Versicherungsrechnung meiner Mutter prüfen – das bedeutet, bei der Versicherung anzurufen und ewig in der Warteschleife zu hängen. Ich frage lieber noch mal nach, ob David seine Uni-Bewerbungen abgeschickt hat, der Abgabetermin ist schon bald. Den ganzen Finanzkram muss ich auch noch ausfüllen. Ob ich heute noch Zeit habe, ins Fitness-Studio zu gehen? Habe ich das Hähnchen für heute Abend aus der Truhe geholt? Ich muss aufhören, über all das nachzudenken … ich muss schlafen. Okay, ich versuche, mich auf meinen Atem zu konzentrieren. Einatmen und bis acht zählen und langsam ausatmen und dann wieder ein …

Haben Sie die »Früh-am-Morgen-Sorgen« auch schon erlebt? Als ob das Einschlafen nicht schon schwer genug wäre, wachen viele Menschen auch noch auf, bevor sie wollen und sind plötzlich hellwach, weil ihnen sorgenvolle Gedanken durch den Kopf gehen. In diesem Kapitel erfahren Sie, wie man am besten Ruhe findet. Wir zeigen Ihnen, wie das, was Sie in den Stunden vor dem Zubettgehen tun, Ihren Schlaf fördert oder unterbricht. Und schließlich werden Sie erfahren, wie Sie immer wiederkehrende Albträume endgültig loswerden.

 Die Neigung zu verfrühtem Wachwerden und die Unfähigkeit, wieder einschlafen zu können, kann ein Anzeichen sowohl von Depressionen als auch von Ängsten sein. Wenn Ihr Appetit sich verändert, Ihre Energie nachlässt, Sie in gedrückte Stimmung verfallen, Sie sich nicht konzentrieren können und Sie das Interesse an Dingen verloren haben, die Sie sonst zu interessieren pflegten, kann es sein, dass Sie an einer Depression leiden. Suchen Sie einen Psychologen oder einen Arzt auf, um herauszufinden, was los ist.

Ein Name für die Schlaflosigkeit

Der Mensch braucht im Durchschnitt etwa acht Stunden Schlaf. Senioren sind unter Umständen mit weniger zufrieden, aber da sind sich die Wissenschaftler nicht einig. Abgesehen davon ist der Maßstab für ausreichenden Schlaf nicht die reine Stundenzahl, sondern Ihr tatsächliches Befinden tagsüber. Ängste führen jedenfalls häufig zu Schlafunterbrechungen und Schlafmangel kann wiederum Ängste verstärken. Im Folgenden zählen wir die am häufigsten vorkommenden Schlafstörungen auf:

- ✔ Von Störungen des **circadianen Rhythmus'** spricht man, wenn die biologische Uhr nicht mit der tatsächlichen Schlafenszeit übereinstimmt. Das passiert zum Beispiel, wenn Menschen in Wechselschichten arbeiten oder in eine andere Zeitzone wechseln.

- ✔ Auch **hormonelle Faktoren** können eine Rolle spielen. Schwangerschaften oder die Wechseljahre führen bei vielen Frauen zu Schlafstörungen. Die hormonellen Schwankungen bei diesen Zuständen können körperliches Unbehagen und Veränderungen der Körpertemperatur bewirken, die sich störend auf den Schlaf auswirken.

- ✔ **Schlaflosigkeit** oder **Hyposomnie** ist das am weitesten verbreitete Schlafproblem und kann auf Ängste, Depressionen, Stress, schlechte Schlafgewohnheiten, Unbequemlichkeiten oder eine unangemessene Schlafumgebung, etwa störende Geräusche oder eine schlechte Matratze zurückzuführen sein. Unter Schlaflosigkeit leidende Menschen haben Schwierigkeiten mit dem Einschlafen oder mit dem Durchschlafen oder beides.

- ✔ **Narkolepsie** ist ein Zustand, der tagsüber eintritt und nicht nachts. Es handelt sich dabei um eine ernste Störung, bei der die Betroffenen plötzlich das Bewusstsein verlieren und in Schlaf versinken oder von einer überwältigenden Müdigkeit überfallen werden. Narkolepsie kann medikamentös behandelt werden.

- ✔ **Albträume** treten bei Stress und Ängsten zunehmend auf. Natürlich hat man manchmal auch einfach so einen Albtraum. Wie dem auch sei, wenn Sie häufiger davon geplagt werden, kann dies die Qualität Ihres Schlafes beeinträchtigen.

- ✔ **Traumloser Schlaf** ist weniger erholsam. Wissenschaftler nennen den Zustand des Träumens den *Rapid Eye Movement-*(REM-)Schlaf, weil sich während des Träumens die Augen schnell bewegen. Schlafunterbrechungen, bestimmte Drogen und Medikamente und Alkohol können dafür sorgen, dass man nicht genug REM-Schlaf bekommt.

- ✔ **Prostata-Probleme** können so störend sein, dass Männer nicht schlafen können. Männer mit einer vergrößerten Prostata wachen nachts oft auf und müssen zur Toilette. Wenn Sie nachts öfter als einmal zur Toilette müssen, sollten Sie vielleicht einen Arzt aufsuchen.

- ✔ Das **Restless Leg Syndrom**, das am häufigsten bei Erwachsenen mittleren Alters vorkommt, drängt die Betroffenen, in Bewegung zu bleiben, weil sie ein unangenehmes Gefühl in den Beinen und den Füßen verspüren. Dieser Zustand lässt sich durch verschreibungspflichtige Medikamente behandeln. Fragen Sie Ihren Arzt, wenn Sie meinen, an diesem Syndrom zu leiden.

✔ **Schnarchen** weist manchmal auf ein weit ernsteres Problem hin, das unter dem Namen *Schlafapnoe* bekannt ist. Davon betroffene Menschen hören für kurze Zeit auf zu atmen und wachen dann kurz auf, um wieder Luft zu holen.

Schlafapnoe kann ein ernstes Problem sein. Wenn Ihr Partner heftig schnarcht, sollten Sie einen Arzt zu Rate ziehen oder ein Schlaflabor aufsuchen. Viele größere Krankenhäuser haben solche Abteilungen, in denen Ihr Schlaf überwacht und begutachtet werden kann. In der Regel geht man dorthin und schläft eine Nacht im Schlaflabor. Ihr Hausarzt kann Ihnen bei Bedarf eine entsprechende Überweisung ausstellen.

Wie Sie sehen, lässt sich Schlaflosigkeit oft auf körperliche Ursachen zurückführen. Für unter Ängsten leidende Menschen ist es nach einer Schlafunterbrechung jedoch schwieriger, wieder Schlaf zu finden. Natürlich sollten Sie einer möglichen körperlichen Ursache Ihrer Schlafstörung auf den Grund gehen. Trotzdem müssen Sie unter Umständen danach auch an der Verbesserung Ihrer Schlafgewohnheiten arbeiten.

Nachtangst bei Kindern

Schlafstörungen bei Kindern, über die sich Eltern oft bei Kinderärzten beklagen, können eine ganze Familie in Mitleidenschaft ziehen. In der Regel wachsen Kinder aus vielen Schlafstörungen, etwa Bettnässen, häufiges Wachwerden und Einschlafproblemen innerhalb einer angemessenen Zeit heraus.

Viele Eltern empfinden Nachtangst als merkwürdig und erschreckend. Sie ist relativ verbreitet und taucht bei einem bis sechs Prozent aller Kinder auf. Erwachsene sind dagegen nur zu einem Prozent betroffen. Die Nachtangst kommt meist etwa eine bis eineinhalb Stunden nach dem Einschlafen zum Vorschein. Das Kind sitzt plötzlich kerzengerade im Bett und schreit bis zu einer halben Stunde lang. In dieser Zeit schläft das Kind eigentlich und lässt sich nur schwer aufwecken, um es trösten zu können. Am nächsten Morgen können sich die Kinder an nichts mehr erinnern. Am häufigsten tritt dieser Zustand zwischen dem vierten und dem zehnten Lebensjahr auf. Im Teenageralter verschwindet die Nachtangst in den meisten Fällen.

Es gibt zurzeit keine unmittelbar wirksame Behandlung gegen Nachtangst. Auf der anderen Seite macht sie den betroffenen Kindern tagsüber keine Probleme, weil sie sich an nichts erinnern können. Zu wenig Schlaf kann die Wahrscheinlichkeit von Nachtangst erhöhen. Eltern sollten also darauf achten, dass ihre Kinder genug Schlaf bekommen. Auch Stress ist ein Faktor, der Nachtangst begünstigt. Es ist deshalb wichtig, Stress und Ängste bei Kindern möglichst abzufedern. (In Kapitel 17 können Sie nachlesen, wie Sie Ihren Kindern helfen können, mit Stress und Angst fertig zu werden.)

Das ABC des guten Schlafs

Die Umgebung, in der Sie schlafen, ist ein wichtiger Faktor. Natürlich gibt es einige wenige Menschen, die fast überall schlafen können – auf dem Sofa, auf einem Stuhl, auf dem Boden oder gar im Büro am Schreibtisch. Die meisten Menschen jedoch brauchen ein gemütliches Bett und die richtigen Bedingungen. Den Schlafexperten zufolge brauchen Sie für einen erholsamen Schlaf einen Raum, der die folgenden Eigenschaften hat:

- ✔ **Dunkel:** In Ihrem Gehirn gibt es eine Uhr, die Ihnen sagt, wann Schlafenszeit ist. Dunkelheit trägt dazu bei, diese Uhr einzustellen, indem sie das Gehirn dazu bringt, *Melatonin* auszustoßen, ein Hormon, das den Schlaf mit herbeiführt. Wenn Sie von den ersten Sonnenstrahlen geweckt werden oder tagsüber schlafen müssen, sollten Sie Ihre Fenster so verdunkeln können, dass kaum noch Tageslicht eindringen kann. Manche Menschen tragen sogar Masken, um das Licht fernzuhalten.

- ✔ **Kühl:** Man schläft besser in einem kühlen Raum. Wenn Sie frieren, ist es in der Regel besser, sich eine zusätzliche Decke zu holen, als den Raum aufzuheizen.

- ✔ **Ruhig:** Wenn Sie in einer viel befahrenen Straße wohnen oder laute Nachbarn haben, sollten Sie überlegen, sich einen Ventilator oder einen Generator für weißes Rauschen anzuschaffen, der störende Geräusche ausblenden kann. Die schlimmsten Störgeräusche treten plötzlich auf und sind nicht vorhersehbar. Sie werden überrascht sein, wie viele verschiedene sporadische Geräusche man mit einem einfachen Ventilator ausblenden kann.

- ✔ **Gut ausgestattet mit einem bequemen Bett:** Matratzen sind wichtig. Wenn Sie nicht alleine im Bett liegen, sollten Sie dafür sorgen, dass jeder genug Platz hat.

Machen Sie Ihr Schlafzimmer zu einem gemütlichen und einladenden Raum. Verwöhnen Sie sich mit schmeichelnder Bettwäsche und kuscheligen Kissen. Vielleicht probieren Sie es mal mit der Aromatherapie (siehe Kapitel 12). Niemand kann Ihnen garantieren, dass das funktioniert, aber viele Menschen behaupten, dass Lavendelduft ihnen hilft, einzuschlafen.

Entspannende Gewohnheiten

Im Schlaf erholen sich Körper und Geist. Untersuchungen belegen, dass Schlafmangel dazu führt, dass Autofahrer wie unter Alkohol- oder Drogeneinfluss fahren. Ärzte ohne ausreichenden Schlaf machen mehr Fehler als ihre ausgeschlafenen Kollegen. Schlafmangel macht sie gereizt, mürrisch, ängstlich und mutlos.

Sie müssen eine angemessene Zeit für den Schlaf einplanen – wenigstens sieben oder acht Stunden. Zünden Sie Ihre Kerze nicht an beiden Enden an. Ganz egal, wie viel Arbeit Sie noch auf dem Tisch liegen haben, wenn Sie Ihren Schlaf nicht kriegen, werden Sie unproduktiver und unangenehmer für andere sein.

Das Wichtigste ist also, dass Sie sich ausreichend Zeit zum Schlafen lassen. Das ist aber nicht genug, wenn Sie Schlafprobleme haben. Lesen Sie die folgenden Abschnitte und lernen Sie, wie Sie Ihre Schlafqualität verbessern können.

Schlafen ist gleich Bett

Wenn es um den Schlaf geht, ist einer der wichtigsten Grundsätze, dass Ihr Gehirn Schlaf mit Ihrem Bett assoziiert. Das heißt, dass Sie keinesfalls Arbeit mit ins Bett nehmen dürfen. Manche Menschen sagen, dass es sie entspannt, wenn sie im Bett noch etwas lesen. Andere sehen gerne noch ein wenig fern, bevor sie schlafen. Wenn das bei Ihnen funktioniert, ist daran nichts auszusetzen. Wenn diese Aktivitäten Sie aber nicht entspannen, dann sollten Sie davon absehen.

Wenn Sie ins Bett gehen und mehr als 20 oder 30 Minuten herumliegen und nicht einschlafen können, dann stehen Sie auf. Der Grund dafür liegt auf der Hand: Ihr Gehirn soll das Bett mit Schlaf assoziieren. Sie können Ihr Gehirn dazu bringen, dieses Aufstehen abzulehnen, indem Sie irgendetwas Unangenehmes machen, wenn Sie aufstehen (etwas Langweiliges vielleicht). Wenn Sie das ein paar Mal gemacht haben, fällt es Ihrem Gehirn leichter, sich müde zu fühlen, wenn Sie im Bett liegen.

Bevor Sie sich in die Falle hauen

Manche Menschen schwören darauf, dass ein warmes Bad mit Duftöl oder Badesalz etwa eine Stunde vor dem Schlafengehen sehr beruhigend ist. Vielleicht entdecken Sie ja auch, dass ein schönes Bad bei Kerzenlicht mit ruhiger Musik vor dem Zubettgehen genau das Richtige ist, um Sie auf einen tiefen, festen Schlaf einzustimmen. Andere Menschen finden die in den Kapiteln 12 und 13 beschriebene Entspannungstechniken recht hilfreich. Viele Studien zeigen, dass Entspannung den Schlaf fördern kann.

Wenn es möglich ist, sollten Sie immer etwa zur selben Zeit ins Bett gehen. Fast jede anregende Aktivität kann sich auf den Schlaf auswirken, auch eine geistige. Wir zum Beispiel haben zu unserem Missfallen entdeckt, dass wir immer dann, wenn wir nach 21 Uhr noch an einem Artikel oder einem Buch arbeiten, noch lange nach dem Zubettgehen damit verbundene Gedanken und Ideen produzierten. Wir haben darauf reagiert, indem wir nun nicht mehr so spät abends schreiben.

Passen Sie auf, was Sie essen und trinken

Es liegt auf der Hand, dass man sich nicht ein paar Stunden vor dem Schlafengehen mit koffeinhaltigen Getränken vollpumpt. Denken Sie daran, dass außer Kaffee auch Cola, bestimmte Tees, Schokolade und einige Schmerzmittel Koffein einhalten. Sicher gibt es Menschen, die für die Auswirkungen von Koffein ziemlich unempfindlich sind, während andere nach dem Abendessen am besten noch nicht einmal Kaffee riechen. Selbst wenn Sie in der Vergangenheit keine Probleme mit Koffein hatten, können Sie mit zunehmendem Alter sensibler darauf reagieren. Wenn Sie also Probleme mit Ihrem Schlaf haben, überlegen Sie, ob Koffein dabei eine Rolle spielen könnte.

Auch Nikotin bringt den Körper in Aufruhr. Versuchen Sie, unmittelbar vor dem Schlafengehen nicht mehr zu rauchen. Am besten wäre es natürlich, wenn Sie das Rauchen ganz aufgeben könnten, aber für die, die das bisher nicht geschafft haben, sollte wenigstens die Zigarette vor dem Schlafengehen wegfallen.

Alkohol entspannt den Körper. Man könnte also auf die Idee kommen, dass man sich damit prima in den Schlaf schaukeln kann. Falsch gedacht. Alkohol stört die Schlafzyklen. Man bekommt nicht genug REM-Schlaf (siehe weiter vorne im Kapitel unter der Überschrift *Ein Name für die Schlaflosigkeit*).

Auch üppige Mahlzeiten vor dem Zubettgehen sind keine so gute Idee. Oft empfindet man leichtes Unbehagen, wenn man vor dem Schlafengehen zu viel isst. Überdies sollte man zu scharf Gewürztes und zu Fettes vor dem Schlafen vermeiden. Hungrig in die Federn zu steigen, bringt allerdings auch nichts. Vielmehr kommt es auf Ausgewogenheit an.

 Was sollten Sie also vor dem Schlafengehen essen oder trinken? Viele schwören auf die Wirkung von Kräutertees, etwa auf der Basis von Kamille oder Baldrian. Uns liegen keine Erkenntnisse darüber vor, wie gut das funktioniert, aber Kräutertees wirken sich wahrscheinlich nicht negativ auf den Schlaf aus und schmecken recht angenehm. Einiges spricht dafür, dass ein kleiner kohlenhydratreicher Imbiss vor dem Schlafengehen schlaffördernd sein kann.

Besänftigende Medikamente

Nicht wenige Menschen versuchen, ihre Schlafprobleme mit nicht rezeptpflichtigen Medikamenten zu lösen, zum Beispiel ältere Antihistaminika, die neben ihrer antiallergischen Wirkung auch müde machen – sie blockieren im Gehirn die Wirkung des körpereigenen Hormons Histamin und wirken dadurch schlafanstoßend. Sie wirken erst etwa ein bis drei Stunden nach der Einnahme, dann allerdings ziemlich lange, so dass am nächsten Tag Benommenheit auftreten kann. Diese Medikamente sollten nicht länger als drei Tage hintereinander eingenommen werden und haben nicht unerhebliche Nebenwirkungen. Kräuterdragees auf der Basis von Baldrian oder Johanniskraut können auch helfen. (Mehr Informationen über Kräuter finden Sie in Kapitel 14.)

Bei chronischen Schlafproblemen sollten Sie auf jeden Fall Ihren Arzt zu Rate ziehen. Es kann sein, dass Medikamente, die Sie gerade nehmen, Ihren Schlaf stören. Ihr Arzt kann Ihnen Medikamente verschreiben, die schlaffördernd wirken. Viele Schlafmittel verlieren mit der Zeit an Wirkung und manche können abhängig machen. Diese Medikamente mit Suchtpotenzial werden nur für kurze Zeit eingesetzt. Es gibt aber auch einige Medikamente, die man länger einnehmen kann, ohne Angst haben zu müssen, abhängig zu werden. Sprechen Sie mit Ihrem Arzt über Ihr Schlafproblem, er kann Ihnen weiterhelfen.

Was tun, wenn der Schlaf einfach nicht kommen will?

»Dong, Dong«, schlägt die Kirchturmuhr. **Miriam** seufzt, es ist zwei Uhr in der Nacht und sie kann einfach nicht einschlafen. Sie dreht sich vorsichtig auf die andere Seite, um ihren Mann nicht zu wecken. Sie denkt: »Morgen wird ein anstrengender Tag. Wenn ich nicht bald schlafe, halte ich das nicht durch. Ich hasse es, nicht schlafen zu können.« Sie steht auf, geht ins Bad, nimmt die Packung Diphenhydramin und steckt sich zwei Tabletten in den Mund. Sie nimmt die Tabletten schon seit Monaten, aber sie scheinen nicht mehr so gut zu wirken wie am Anfang.

Sie geht wieder ins Bett und versucht, zur Ruhe zu kommen. Aber sie sorgt sich wegen der unvermeidlichen Ringe unter den Augen und was die Leute wohl denken werden. Ihre trockene, juckende Haut wird ihr unerträglich. Sie hasst es, im Bett zu liegen und einfach nicht einschlafen zu können.

In Miriams Kopf türmt sich der fehlende Schlaf zu einer Katastrophe auf. Indem sie dauernd daran denkt, macht sie sich das Einschlafen nur noch schwerer. Wenn Sie nicht schlafen können, sollten Sie versuchen, diesem Problem nicht den Rang einer Katastrophe einzuräumen, indem Sie

- ✔ **sich selbst daran erinnern, dass Sie immer dann, wenn Sie zu wenig Schlaf hatten, trotzdem irgendwie durch den Tag gekommen sind.** Das ist zwar nicht toll, aber Sie haben es geschafft.

- ✔ **sich bewusst machen, dass jeder ab und zu schlecht schläft.** Durch übertriebene Sorgen machen Sie das Problem nur noch schlimmer.

- ✔ **aufstehen und sich ablenken, indem Sie etwas anderes machen.** Dadurch halten Sie sich zum einen davon ab, das Problem im Kopf aufzubauschen, und verhindern zum anderen, dass Sie Ihr Bett mit Schlaflosigkeit assoziieren.

- ✔ **sich ausschließlich auf Ihren Atem konzentrieren.** In Kapitel 16 beschäftigen wir uns mit der Achtsamkeit und der Wahrnehmung des gegenwärtigen Augenblicks als Gegenmittel gegen die Konzentration auf Gedanken über die negativen Auswirkungen Ihrer Schlaflosigkeit.

Viele Menschen versuchen, sich tagsüber hinzulegen, wenn sie nachts immer wieder nicht schlafen können. Das hört sich nach einer prima Lösung an, trägt aber zur Aufrechterhaltung des Problems bei. Häufige und längere Nickerchen beeinträchtigen die natürliche innere Uhr. Wenn Sie sich unbedingt tagsüber aufs Ohr hauen müssen, dann kurz und heftig – nicht länger als 20 Minuten.

Sicher, es gibt ein paar ungewöhnliche Menschen, die ganz nach Belieben drei oder vier Minuten schlafen können und dann erfrischt aufwachen und auch nachts noch gut schlafen. Wenn Sie so ein Mensch sind, nur zu. Die meisten Menschen können das aber nicht.

Aufdringliche Albträume

Jeder von uns träumt schon einmal schlecht. Es gibt aber auch Menschen, die Nacht für Nacht von Albträumen heimgesucht werden. Besonders von posttraumatischen Belastungsstörungen betroffene Menschen erleben häufig Albträume. Viele Menschen fühlen sich nach Albträumen emotional aufgewühlt. Die Schreckensvisionen führen oft dazu, dass man aufwacht und danach nicht mehr gut einschlafen kann.

Die Psychiater Krakow und Neidhardt haben eine effektive Strategie entwickelt, mit deren Hilfe man Albträume loswerden kann. Sie müssen sich den Melodramen in Ihrem Kopf nicht länger hilflos ausgeliefert fühlen. Nein, Sie können etwas tun, um diese Albträume ein für alle Mal loszuwerden.

An posttraumatischen Belastungsstörungen leidende Menschen erleben oft denselben Traum immer und immer wieder. Andere wiederum erleben öfter neue Schreckensdramen, als ihnen lieb ist. Albträume können sich wiederholen oder jedes Mal anders aussehen. Wie dem auch sei, Sie können in jedem Fall die folgende Technik anwenden:

1. **Entwickeln Sie Ihre Vorstellungskraft.**

   Üben Sie, sich lebendige Szenen vorzustellen und sie zu beschreiben. Sie müssen angenehm sein und mehrere Sinne beteiligen. Mehr darüber, wie man seine Vorstellungskraft entwickelt, erfahren Sie in Kapitel 13.

2. **Schreiben Sie Ihre Albträume auf.**

   Legen Sie sich einen Block und einen Stift auf den Nachttisch. Wenn Sie aus einem Albtraum oder am Morgen erwachen, schreiben Sie alles auf, was Sie noch von Ihrem Traum wissen. Schreiben Sie in der Gegenwart und in der Ich-Perspektive. Beschreiben Sie Ihre Vorstellung, wenn möglich, mit allen Sinnen. Lassen Sie etwas Platz auf der Seite, damit Sie Gedanken und Erinnerungen notieren können, die Sie mit Ihrem Albtraum verbinden.

   Victor zum Beispiel ist von Beruf Lkw-Fahrer. Vor ein paar Jahren fuhr er auf der Autobahn in eine Nebelbank. Plötzlich sah er vor sich wie aus dem Nichts Bremslichter auftauchen. Er legte eine Vollbremsung hin, konnte aber nicht mehr rechtzeitig stoppen. Fast gleichzeitig mit dem Aufprall auf das vor ihm fahrende Fahrzeug prallte von hinten ein Fahrzeug auf seinen Lkw auf. Er hörte lautes Hupen, kreischendes Metall und Schreie, die aus der unwirklich anmutenden Nebelszenerie tönten. Victor erlitt zwar einen gewaltigen Schrecken, trug aber sonst nur ein paar Schrammen und blaue Flecken davon. Andere Menschen in den 40 beteiligten Fahrzeugen hatten nicht so viel Glück.

   Seit diesem Tag wird Victor fast jede Nacht von Albträumen geplagt. Er wacht schweißgebadet auf und liegt dann oft den Rest der Nacht wach. Er schreibt Folgendes auf:

   Ich sitze in der Fahrerkabine und fahre irgendwohin, ich kenne das Ziel nicht. Meine Bremsen versagen und auf der abschüssigen Straße steigt meine Geschwindigkeit schnell an. Ich kann die verbrannten Bremsbeläge riechen. Vor mir fliegen Autos scheinbar grundlos von der Straße. Dann sehe ich das Auto meiner Eltern vor mir. Ich weiß irgendwie, dass sie da drin sind. Das Gesicht meiner Mutter erscheint am Heckfenster. Zuerst lacht sie, aber dann ist ihr Gesicht vor Schreck erstarrt. Ich weiß, dass ich das Auto rammen werde. Ich kann nicht bremsen.

Nun schreibt er seine Gedanken und Erinnerungen auf, die der Traum auslöst.

Ich weiß, dass das mit den versagenden Bremsen mit dem Unfall zu tun hat und mit dem Kontrollverlust, den ich empfand. Wenn ich aufwache, fühle ich mich furchtbar schuldig. Das ist wohl wegen all der Menschen, die bei diesem Massenauffahrunfall verletzt wurden. Ich denke besonders an die zwei Kinder, die ums Leben kamen. Merkwürdig ist das mit dem Auto meiner Eltern. Ich kann mich erinnern, dass ich in diesem Auto fahren gelernt habe. Warum erscheint es dann in meinem Traum? Vielleicht liegt es daran, dass ich mich nach dem Unfall nicht als guter Fahrer empfunden habe. Aber was machen meine Eltern in diesem Traum und warum fühle ich mich so schuldig? Ich habe sie nie wirklich verletzt, oder vielleicht doch? Ich fühle mich immer noch ein wenig schuldig, weil ich von Hamburg nach Stuttgart gezogen bin, als sie schon recht alt waren und mich nicht gehen lassen wollten.

3. **Nehmen Sie den Traum, der Sie plagt, und verändern Sie das Ende.**

Das ist der letzte Schritt, mit dem Sie sich von Ihren Albträumen lösen: Erfinden Sie ein Ende, mit dem Sie sich besser fühlen und bei dem Sie die Zügel in der Hand behalten. Stellen Sie sich dann diesen neuen Traum in allen Einzelheiten immer und immer wieder vor.

Lesen Sie Victors neuen, überarbeiteten Traum:

Ich sitze in der Fahrerkabine und fahre irgendwohin, ich kenne das Ziel nicht. Meine Bremsen versagen und auf der abschüssigen Straße steigt meine Geschwindigkeit schnell an. Ich höre das Knirschen, als ich einen niedrigeren Gang einlege, um den Lkw abzubremsen. Ich sehe das Auto meiner Eltern vor mir und eine bergauf verlaufende Ausfahrt zweihundert Meter weiter. Ich weiß, dass ich den Lkw in die Ausfahrt lenken und zum Stehen kommen kann. Ich biege ab und lasse den Lkw ausrollen. Meine Eltern sehen, was passiert ist. Sie halten und kommen zu mir gelaufen. Ich steige aus und umarme sie.

Kann etwas so einfach sein und trotzdem funktionieren? Ja. Krakow und Neidhardt arbeiteten im Rahmen einer Studie zusammen und fanden heraus, dass durch die Überarbeitung von Albträumen die Häufigkeit und die Intensität der Albträume bei den Versuchsteilnehmern um 70 Prozent nachließ. Dieses Ergebnis blieb auch nach eineinhalb Jahren stabil. Versuchen Sie es und schlafen Sie gut.

Teil IV

Zeit für Gefühle

In diesem Teil ...

Man kann nicht gleichzeitig Angst haben und sich ganz entspannt fühlen. Deshalb machen wir Sie mit einigen einfachen Entspannungstechniken vertraut, die Körper und Geist zur Ruhe kommen lassen. Sprechen Sie mit Atmen, Muskelentspannung, Aromatherapie, Musik, Massagen und Ihrer Vorstellungskraft alle Ihre Sinne an.

Manchmal braucht man etwas mehr Unterstützung, um seine Angst bezwingen zu können. Wir unterziehen verschiedene Kräuter und Zusätze einer näheren Betrachtung, die gemeinhin als Mittel gegen Ängste propagiert werden – Sie werden erfahren, welche wirken und welche nicht. Wir werden Ihnen auch dabei helfen herauszufinden, ob rezeptpflichtige Medikamente für Sie in Frage kommen. Dazu informieren wir Sie über die gängigen verschreibungspflichtigen Medikamente, ihre Wirkungsweise und ihre am häufigsten auftretenden Nebenwirkungen.

Schließlich finden Sie in diesem Teil eine Anleitung, wie Sie Ihre Ängste durch *Akzeptanz* loslassen können. Dazu gehört es zu lernen, wie Sie Ihr Ego relativieren, Unsicherheit aushalten, Unvollkommenheit annehmen und sich auf das Hier und Jetzt einlassen können.

Entspannung: Die Fünf-Minuten-Lösung

In diesem Kapitel

▶ Anspannungen wegatmen

▶ Entspannungstechniken üben

▶ Welche Übungen sind für Sie am besten geeignet

▶ Angenehme Klänge und Gerüche

▶ Die richte Massage

»Ich habe keine Zeit, mich zu entspannen. Mein Leben ist viel zu hektisch. Ich sehe meine Freunde kaum noch. Ich kann mich gar nicht mehr erinnern, wann ich zum letzten Mal ein ganzes Wochenende frei hatte. Ich vernachlässige sogar meine Familie. Und wenn nach dem Abendessen der Tisch abgeräumt ist, kriege ich nichts mehr auf die Reihe und versacke vor dem Fernseher.«

Klingt das vertraut? Wenn es um Veränderungen der Lebensweise geht, beklagen sich viele Menschen, sie hätten zu wenig Zeit. Wir leben in schnelllebigen Zeiten. Pieper und Handys sind überall – am Arbeitsplatz, zu Hause, im Auto und für manche Menschen auch im Schlaf.

Wir haben einen weisen Yogi-Meister gefragt, wie lange er jeden Tag übt, in der Erwartung, er würde »ein oder zwei Stunden« sagen. Sie können sich vorstellen, wie überrascht wir waren, als er antwortete »fünf Minuten«. Mehr brauche er nicht. Er erklärte uns, dass er meist mehr Zeit darauf verwende, sich aber nur zu fünf Minuten täglich verpflichtet habe.

Wir haben unserem Lehrer gut zugehört und verlangen uns jetzt auch täglich nur fünf Minuten ab. Diese fünf Minuten haben unser Leben verändert. Das ist nicht viel. Jeder kann fünf Minuten erübrigen. Und wenn man fünf Minuten übt, können sich unter Umständen 10 oder 20 Minuten daraus entwickeln. Und wenn nicht, ist es auch in Ordnung. Die Entspannung sickert langsam in Ihr Leben, ohne dass Sie es merken. Und sollten Ängste einmal zuschlagen, haben Sie ein wertvolles Werkzeug in der Hand, mit dem Sie den inneren Aufruhr besänftigen können.

Die in diesem Kapitel vorgestellten Entspannungsübungen fallen in drei Kategorien: Atemtechniken, Körperentspannung und sensorische Erfahrungen. Einige dieser Übungen verlangen etwas Einarbeitungszeit, bis man sie voll beherrscht, dann aber braucht man nicht länger als fünf Minuten dafür. Entscheidend ist, dass man die Übungen täglich macht. Es ist wie bei jeder anderen Fertigkeit auch, je öfter man etwas macht, desto leichter und schneller geht es einem von der Hand.

Blasen Sie Ihre Ängste weg

Es gibt kaum etwas, das Sie im Leben schon länger und öfter gemacht haben als atmen. Sie denken im Wachzustand nicht einmal mehr darüber nach. Dennoch ist das Atmen eine überlebenswichtige Körperfunktion. Sie können Tage oder Wochen ohne Nahrung auskommen und auch einige Tage ohne Wasser, aber nur ein paar Minuten, ohne zu atmen. Sie brauchen Sauerstoff, um das Blut zu reinigen, überflüssige Stoffe zu verbrennen und jeden kleinsten Teil Ihres Körpers und Geistes zu verjüngen. Wenn Sie nicht genug Sauerstoff bekommen, passiert Folgendes:

- ✔ Sie können nur noch schwerfällig denken.
- ✔ Ihr Blutdruck steigt.
- ✔ Ihr Puls wird schneller.

Darüber hinaus wird Ihnen schwindelig, Sie stehen auf schwachen Füßen, sind niedergedrückt und können das Bewusstsein verlieren und gar sterben.

Viele Menschen reagieren auf Stress mit einer beschleunigten, flachen Atmung, die das optimale Verhältnis von Sauerstoff und Kohlendioxid im Blut verschlechtert. Dieses *Hyperventilation* genannte Phänomen verursacht eine Reihe Besorgnis erregender Symptome:

- ✔ Verschwommenes Sehen
- ✔ Orientierungslosigkeit
- ✔ Zittern
- ✔ Bewusstlosigkeit
- ✔ Muskelkrämpfe
- ✔ Konzentrationsschwierigkeiten
- ✔ Beschleunigter Puls
- ✔ Kribbeln im Gesicht und den Extremitäten

Hyperventilation tritt oft bei Panikattacken und chronischer Angst auf. Viele der damit verbundenen Symptome fühlen sich wie Angstsymptome an und viele Menschen mit Angststörungen neigen zur Hyperventilation. Richtiges Atmen ist deshalb ein wirksames Gegenmittel bei Ängsten.

Als Sie auf die Welt kamen, atmeten Sie wahrscheinlich genau richtig, es sei denn, Sie hatten Lungenprobleme. Schauen Sie sich die meisten Babys an. Wenn sie nicht gerade Hunger haben oder Schmerzen, brauchen sie keine Anleitung, wie sie atmen oder sich entspannen sollen. Ihre Bäuchlein heben und senken sich bei jedem Atemzug rhythmisch und ganz natürlich. Seitdem haben sich allerdings die alltäglichen Wirren und Wehen auf Ihren angeborenen natürlichen Atemrhythmus ausgewirkt.

Unter Stress atmet man gewöhnlich flach und schnell, manchmal auch überhaupt nicht. So mancher hält bei Stress seinen Atem an und merkt es nicht einmal. Versuchen Sie, sich Ihren

Atem bewusst zu machen, wenn Sie angespannt sind, und achten Sie darauf, ob Sie zu denen gehören, die die Luft anhalten oder die schnell und flach atmen.

Sie können Ihre Atmung auch überprüfen, wenn Sie nicht unter Stress stehen:

1. **Legen Sie sich auf den Rücken.**
2. **Legen Sie eine Hand auf den Bauch und die andere auf Ihren Brustkorb.**
3. **Achten Sie auf die Bewegungen Ihrer Hände, während Sie atmen.**

   Wenn Sie richtig atmen, hebt sich die Hand auf Ihrem Bauch beim Einatmen und senkt sich beim Ausatmen. Die Hand auf Ihrem Brustkorb bewegt sich nicht so deutlich. Die Bewegungen sollten parallel zu der anderen Hand erfolgen.

Wenn Sie ein Angstproblem haben, kann es gut sein, dass Ihre Atmung neu justiert werden muss. Das ist besonders dann der Fall, wenn Sie unter Panikattacken leiden, wie wir sie in Kapitel 2 beschreiben. Atemübungen können Ihnen dabei helfen, sich ruhiger zu fühlen.

Angst und Entspannung sind merkwürdige Bettgenossen

Kennen Sie zwei Menschen, die sich nicht zur selben Zeit im selben Raum aufhalten können? Wenn beide auf derselben Party erscheinen, ist der Ärger vorprogrammiert. Sie sind wie Hund und Katze – man kann sie nicht zusammenbringen.

Angst und Entspannung sind auch so ein Paar. Denken Sie einmal darüber nach. Wie kann man Angst haben, wenn man gleichzeitig entspannt ist? Gar nicht so einfach, oder? Die Psychologen haben einen Begriff für dieses Phänomen – *reziproke Inhibition* (wechselseitige Hemmung). Die hier beschriebenen Techniken funktionieren nach Ansicht der Psychologen, weil Entspannung Ängste hemmt und Ängste sich jeglicher Entspannung in den Weg stellen. Wenn Sie fleißig Ihre Entspannungsübungen machen, können Sie damit Ihren Ängsten entgegenwirken.

Bauchatmung – nur fünf Minuten täglich

Lernen Sie, wie man mit dem Zwerchfell atmet – das ist der Muskel, der zwischen der Bauchhöhle und der Lunge liegt. Mit dieser Übung können Sie wieder wie ein Baby atmen. Sie können die Übung im Liegen machen oder sich in einen bequemen Stuhl oder Sessel setzen, der es Ihnen erlaubt, sich zu strecken.

1. **Überprüfen Sie Ihren Körper auf Anspannungen. Achten Sie darauf, ob sich Muskeln fest anfühlen, ob Ihr Atem flach und schnell ist, ob Sie die Zähne aufeinanderbeißen oder ob Sie sich sonst wie angespannt fühlen.**

   Sie können Ihre Anspannung auf einer Skala von 1 bis 10 bewerten, wobei die 1 für völlige Entspannung und die 10 für völlige Anspannung steht.

2. **Legen Sie eine Hand auf Ihren Bauch.**

3. **Atmen Sie kräftig durch die Nase ein und füllen Sie mit der Luft den unteren Teil Ihrer Lungen.**

    Wenn sich Ihre Hand mit dem Bauch hebt, machen Sie es richtig.

4. **Halten Sie den Atem einen Moment lang an.**

5. **Atmen Sie langsam aus.**

    Stellen Sie sich beim Ausatmen vor, dass Ihr ganzer Körper wie ein Luftballon die Luft verliert und entspannen Sie sich dabei.

6. **Halten Sie einen Moment inne.**

7. **Atmen Sie wieder durch die Nase ein und zählen Sie dabei langsam bis vier.**

    Achten Sie darauf, ob sich Ihre Hand mit dem Bauch hebt. Ihr Brustkorb sollte sich nur leicht parallel zum Bauch heben.

8. **Halten Sie den Atem einen Moment lang an.**

9. **Atmen Sie aus und zählen Sie dabei langsam bis sechs.**

    Sollte Ihnen das anfangs zu schwer fallen, können Sie erst einmal bis vier zählen. Später werden Sie feststellen, dass es Ihnen leichter fällt, bis sechs zu zählen.

10. **Atmen Sie so fünf Minuten lang ein und aus.**

11. **Überprüfen Sie jetzt wieder Ihren Körper auf Anspannungen und bewerten Sie diese auf einer Skala von 1 bis 10.**

Wir empfehlen Ihnen, diese Übung einmal am Tag fünf Minuten lang zu machen. Sie werden feststellen, dass sie entspannend wirkt und dabei weder zusätzlichen Stress verursacht, noch Ihnen wertvolle Zeit wegnimmt. Zehn Tage lang jeden Tag fünf Minuten. Achten Sie danach einmal im Laufe eines Tages darauf, wie Sie im normalen Tagesablauf atmen. Sie werden schnell sehen, ob Sie über das Zwerchfell atmen oder mit dem oberen Brustkorb wie so viele Menschen. Langsam, aber sicher kann die Bauchatmung für Sie eine neue Gewohnheit werden, die Ihnen hilft, Stress abzubauen.

Die Vorteile einer kontrollierten Atmung

Wenn Sie denken, die Verbesserung der Atmung sei ein recht einfallsloser und wenig eleganter Ansatz, Ängste zu mindern, dann sollten Sie sich einmal mit den gesundheitlichen Auswirkungen gesunden Atmens befassen. Untersuchungen belegen, dass Atemübungen innerhalb weniger Wochen zu einer deutlichen Minderung von Panikattacken führen. Andere Studien weisen darauf hin, dass kontrolliertes Atmen den Blutdruck geringfügig senken, den Herzrhythmus verbessern, bestimmte epileptische Anfälle verringern, das Denken schärfen, die Durchblutung steigern, Ärger dämpfen und möglicherweise sogar das Ergebnis einer Reha-Maßnahme nach einem Herzinfarkt verbessern kann. Nicht schlecht für so eine einfache Fertigkeit.

Buchatmung

Wenn Sie mit der Bauchatmung Schwierigkeiten haben, nehmen Sie einfach ein bisschen vom Bauch weg – sagen wir mal, das »a« – und probieren Sie es mit der Buchatmung. Das mag Ihnen vielleicht merkwürdig vorkommen, aber es ist wirklich ganz einfach.

1. Überprüfen Sie Ihren Körper auf Anspannungen und bewerten Sie diese auf einer Skala von 1 bis 10, wobei die 1 für völlige Entspannung und die 10 für völlige Anspannung steht.
2. Suchen Sie sich ein durchschnittlich großes Buch und klappen Sie es etwa in der Mitte auf.
3. Legen Sie sich mit dem Rücken auf ein Bett, ein Sofa oder den Boden.
4. Legen Sie das geöffnete Buch mit dem Buchrücken nach oben auf Ihren Bauch.
5. Nehmen Sie sich einen Moment Zeit, sich zu entspannen.
6. Atmen Sie langsam durch die Nase ein, so dass das Buch sich auf Ihrem Bauch hebt.
7. Halten Sie den Atem kurz an und atmen Sie langsam aus.
8. Atmen Sie so langsam, ohne Anstrengung und regelmäßig weiter.
9. Atmen Sie ein und beobachten Sie, wie das Buch sich hebt. Dann atmen Sie aus und beobachten Sie, wie das Buch sich wieder senkt.
10. Atmen Sie so fünf Minuten lang. Achten Sie dabei auf Ihre Körperempfindungen. Konzentrieren Sie sich darauf, wie die Luft durch Ihre Nase in Ihre Lunge und wieder herausströmt.
11. Bewerten Sie die Anspannung in Ihrem Körper erneut auf einer Skala zwischen 1 und 10.

Sie brauchen für diese Atemübungen nur fünf Minuten täglich. Jeder kann fünf Minuten Zeit am Tag erübrigen.

Wenn Sie die Bauchatmung oder die Buchatmung zehn Tage lang geübt haben, achten Sie einmal darauf, wie Sie im Laufe des Tages atmen. Lassen Sie Ihr Zwerchfell das Kommando über Ihre Atmung übernehmen. Sie werden sich nach und nach immer ein wenig besser fühlen.

Immer wenn Sie Angst oder Panik aufkommen spüren, sollten Sie eine dieser Atemübungen machen. Damit können Sie unter Umständen Angst- und Panikzustände abfangen. Es kann aber auch sein, dass Angst und Panik schon ein Maß erreicht haben, die Ihnen diese Übungen erschweren. Dann sollten Sie es mit unserer Panik-Atemtechnik versuchen.

Panikatmung

Ab und zu braucht man eine wirksamere Technik für akute Fälle. Sei es, dass Sie sich im Einkaufszentrum wie in der Falle fühlen oder plötzlich Angst wegen eines Vorstellungsgespräches haben. Wenn Sie in einer beliebigen Situation der Stress wie ein unerwarteter Schlag in den Magen trifft, versuchen Sie es mit der Panikatmung.

1. **Atmen Sie tief durch die Nase ein.**
2. **Halten Sie die Luft an und zählen Sie bis sechs.**
3. **Atmen Sie langsam durch die leicht geöffneten Lippen aus, machen Sie dabei ein leicht zischendes Geräusch und zählen Sie bis acht.**

   Das Geräusch kann so leise sein, dass nur Sie es hören. Machen Sie sich keine Sorgen, dass jemand denken könnte, Sie wären meschugge.
4. **Wiederholen Sie diese Atemsequenz fünf bis zehn Mal.**

Sie denken vielleicht, dass die Panikatmung schwer durchzuhalten sein wird, wenn der Stress wie aus heiterem Himmel zuschlägt. Wir wollen nicht verhehlen, dass Sie ein wenig Übung brauchen werden. Meine Kollegen und ich (Charles Elliott, Co-Autor) haben jedoch die Technik Kindern beigebracht, die sich schmerzhaften medizinischen Untersuchungen unterziehen mussten. Wenn die Kinder die Panikatmung anwandten, fühlten sie sich etwas ruhiger und empfanden nach eigenen Angaben weniger Schmerzen. Entscheidend ist das leichte Zischen, mit dessen Hilfe Sie das Ausatmen besser verlangsamen können.

Sollte die Panikatmung nicht helfen und Sie das Gefühl haben, auf eine ausgewachsene Panikattacke zuzusteuern, versuchen Sie, in eine Papiertüte ein- und auszuatmen, deren Öffnung Sie sich an den Mund halten. Dadurch wird das Verhältnis von Sauerstoff und Kohlendioxid normalisiert und die Attacke verkürzt. Denn wenn Sie zu schnell atmen, sammelt Ihr Körper zu viel Sauerstoff an, obwohl Sie das Gefühl haben, zu wenig Sauerstoff zu bekommen. Das Atmen in die Tüte bringt den Kohlendioxidgehalt der Atemluft wieder auf ein normales Maß.

Mantra-Atmung

Mantras spielen in vielen Meditationsarten eine Rolle. Für manche Menschen ist ein Mantra ein Wort mit einer gewissen spirituellen Bedeutung. Man sagt, das Mantra wäre bei einem Ableger der Hindu-Religion als ein Wort eingeführt worden, das dem Gläubigen von einem Guru im Verlauf einer Zeremonie zugewiesen wurde. Diesem Wort sollte eine besondere Kraft innewohnen, die zur Erlösung führen könnte.

Mantras finden aber auch außerhalb religiöser Zusammenhänge Anwendung, wie wir in diesem Kapitel darlegen. Neben ihrer meditativen Funktion können sie auch der Regelung der Atmung dienen. Es ist gar nicht schwer, mit Hilfe eines Mantras die Atmung zu entspannen.

1. **Wählen Sie ein Wort ohne Bedeutung oder eine Lautkette mit einem angenehmen, weichen Klang.**

   Dieses Wort kann völlig bedeutungslos sein. Wenn es aber nach Entspannung klingt, umso besser. Sie können jedes beliebige Wort dafür verwenden. Sie können auch etwas Neutrales nehmen, etwa *ein*, oder ein Wort, dass etwas mit Entspannung zu tun hat wie *Ruhe* oder *Frieden*. Auch kurze Phrasen sind gebräuchlich, zum Beispiel »lass los ... entspanne«. Andere Möglichkeiten sind:

   mmmmmm

   iiimmm

   ang

   ohhmmm

   shiam

   shaaaammm

   shalooom

2. **Suchen Sie sich einen bequemen Sitzplatz.**
3. **Schließen Sie die Augen.**
4. **Beginnen Sie langsam, das Mantra laut zu wiederholen.**
5. **Senken Sie Ihre Stimme dabei langsam immer weiter.**
6. **Wenn Ihnen Gedanken in den Sinn kommen, lassen Sie sie zu und sprechen Sie Ihr Mantra weiter.**
7. **Machen Sie diese Übung etwa 15 bis 20 Minuten lang.**

Halt, warten Sie. Wir haben ja gesagt, dass fünf Minuten reichen. Das ist auch so. Dennoch sollten Sie sich am Anfang etwas mehr Zeit nehmen. Später können Sie die Übung dann jederzeit auf fünf Minuten verkürzen. Sie können auch von Anfang an nur fünf Minuten üben. Jede Minute ist hilfreich. Es wird Zeiten geben, da hätten Sie gerne etwas mehr, ein andermal ist es weniger. Das ist in Ordnung.

Sanftes Ein- und Ausatmen

Wahrscheinlich werden Sie uns zustimmen, wenn wir sagen, dass das sanfte Ein- und Ausatmen die einfachste Atemtechnik ist. Man braucht nur ein paar Minuten Zeit und ein kleines bisschen Aufmerksamkeit.

1. **Setzen Sie sich bequem hin.**
2. **Achten Sie auf Ihre Atmung: Fühlen Sie, wie die Luft durch Ihre Nase in Ihre Lungen strömt und wie Ihre Muskeln die Luft einsaugen und ausstoßen.**

3. Atmen Sie rhythmisch, gleichmäßig und sanft.
4. Stellen Sie sich vor, dass Sie eine Blume mit zarten und empfindlichen Blütenblättern an Ihre Nase halten.

   Atmen Sie so sanft, dass die Blütenblätter nicht beeinträchtigt werden.
5. Atmen Sie rhythmisch und gleichmäßig ein und aus.
6. Achten Sie darauf, wie die Luft in Sie hinein- und wieder hinausströmt.
7. Machen Sie sich bewusst, wie sich Körper und Geist entspannen, indem Sie auf nichts anderes als Ihren Atem achten.
8. Lassen Sie sich von der Luft erfrischen.
9. Atmen Sie weiter sanft ein und aus und konzentrieren Sie sich darauf, dieses sanfte, gleichmäßige Atmen zu empfinden.

Üben Sie das sanfte Ein- und Ausatmen zehn Tage lang jeweils fünf Minuten lang. Danach haben Sie vielleicht Spaß daran gewonnen, eine oder mehrere der hier vorgestellten Atemtechniken täglich zu praktizieren. Da Sie ja sowieso atmen müssen, können Sie es auch gleich entspannend und Angst mindernd tun.

Chillout

Einige von Ihnen werden vielleicht festgestellt haben, dass Sie Ihre Ängste mit Atemtechniken schnell besänftigen können. Anderen kommt vielleicht eher ein Ansatz entgegen, der direkt auf die Entspannung des ganzen Körpers zielt. Die Forschung hat zahlreiche Vorteile entdeckt, die verschiedene Methoden der Körperentspannung mit sich bringen. Wir widmen uns hier drei Arten der Körperentspannung: der progressiven Muskelentspannung, dem autogenen Training und der angewandten Entspannung.

Entspannen durch Anspannen: Progressive Muskelentspannung

Vor über einem halben Jahrhundert entwickelte der Arzt Dr. Edmund Jacobson in Chicago die wohl am häufigsten verwendete Entspannungstechnik, die so genannte *progressive Muskelentspannung*, auch progressive Muskelrelaxation (PMR) genannt. In verschiedenen Büchern und Zeitschriften finden Sie eine große Bandbreite ähnlicher Techniken, die alle unter dem Oberbegriff *progressive Muskelentspannung* zusammengefasst sind. Jede zielt vielleicht auf eine andere Muskelgruppe oder geht in einer anderen Reihenfolge vor, aber im Wesentlichen machen alle dasselbe.

Bei der progressiven Muskelanspannung spannt man die verschiedenen Muskelgruppen des Körpers eine nach der anderen an und entspannt sie dann wieder. Danach konzentriert man sich auf die Empfindung des Loslassens und achtet darauf, wie sich die entspannten Muskeln im Vergleich zum vorherigen angespannten Zustand anfühlen.

Gleich wird's weich

Für die progressive Muskelentspannung empfiehlt es sich zunächst, einen geeigneten Platz zu finden. Wahrscheinlich haben Sie keinen schalldichten Raum, aber Sie sollten einen Ort wählen, an dem es möglichst ruhig ist. Sie sollten auch erwägen, das Telefon so lange abzustellen.

Ziehen Sie bequeme Kleidung an oder lockern Sie zumindest alles, was eng und unbequem ist. Schuhe, Gürtel und ähnlich unbequeme Teile brauchen Sie nicht.

Wenn Sie die verschiedenen Muskelgruppen anspannen, sollten Sie es nicht übertreiben. Zwei Drittel Ihrer Muskelkraft reichen völlig aus. Das Ziel ist eine starke, kräftige Anspannung und nicht Muskelzuwachs. Halten Sie die Anspannung sechs bis zehn Sekunden lang und spüren Sie der Spannung nach. Lassen Sie dann die gesamte Anspannung los, als wäre ein Seil, das die Muskeln festhält, plötzlich durchgeschnitten worden.

Spüren Sie im Anschluss an die Entspannung der Muskeln das Gefühl der Entspannung und lassen Sie dieses Gefühl zehn oder fünfzehn Minuten lang nachklingen. Wenn sich die betreffende Muskelgruppe nicht ausreichend entspannt hat, können Sie denselben Vorgang ein oder zwei Mal wiederholen.

Sie sollten sich klarmachen, dass Sie Entspannung nicht direkt *bewirken* können. Sie *lassen* sie vielmehr zu. Für die Perfektionisten unter Ihnen ist das ein Problem. Zwingen Sie sich nicht zur Entspannung und befreien Sie sich von dem Gedanken, dass Sie diese Übung *perfekt* absolvieren müssen. Die Fähigkeit zur Entspannung erwirbt man mit der Zeit.

Während Sie eine Muskelgruppe anspannen, sollen alle anderen Muskeln Ihres Körpers entspannt sein. Das müssen Sie ein wenig üben, aber Sie werden schnell herausfinden, wie man immer nur eine Körperregion anspannt. Yoga-Lehrer sagen oft: »Entspannen Sie Ihre Augen.« Wir wissen nicht genau, was sie damit meinen, aber wie es aussieht, hilft es uns zu entspannen, wenn wir unsere Augen entspannen – was immer wir dabei auch tun.

Gelegentlich fühlen sich Menschen bei Entspannungsübungen überraschend unwohl. Wenn das bei Ihnen so ist, hören Sie einfach auf. Sollten Sie sich auch nach weiteren Übungen immer wieder unwohl fühlen, nehmen Sie besser professionelle Hilfe in Anspruch. Wichtig ist, dass Sie keine Körperteile anspannen, die Ihnen Schmerzen oder unangenehme Gefühle verursachen. Körperbereiche, die verletzt waren oder Ihnen oft Probleme bereiten, etwa der Rücken, sollten Sie von der Anspannung ausnehmen.

Progressive Muskelentspannung Schritt für Schritt

So, jetzt können Sie die ersten Versuche starten. Machen Sie es sich an dem gewählten Ort bequem.

1. **Atmen Sie tief ein, halten Sie die Luft an, lassen Sie Ihre Vorstellungskraft arbeiten und entspannen Sie wieder.**

   Atmen Sie tief ein, indem Sie die Luft aus dem Zwerchfell heraus einsaugen. (Lesen Sie im Zweifelsfall den Abschnitt *Bauchatmung – nur fünf Minuten täglich* weiter vorne in diesem Kapitel). Halten Sie die Luft drei oder vier Sekunden lang an und atmen Sie langsam durch die halb geöffneten Lippen aus. Stellen Sie sich dabei vor, Ihr Körper sei ein Ballon, der beim Ausatmen an Luft verliert, und lassen Sie die Anspannung mit der Luft entweichen. Atmen Sie dreimal in dieser Weise ein und aus und spüren Sie, wie Ihr Körper mit jedem Mal entspannter wird.

2. **Ballen Sie Ihre Hände zu Fäusten und entspannen Sie sie wieder.**

   Machen Sie eine Faust. Spüren Sie die Anspannung und halten Sie sie sechs bis zehn Sekunden lang. Öffnen Sie dann mit einem Mal Ihre Hände und entspannen Sie sie. Lassen Sie die Anspannung dabei aus den Händen fließen und vertiefen Sie das Gefühl der Entspannung zehn bis fünfzehn Sekunden lang.

3. **Spannen Sie Ihre Arme an und entspannen Sie sie wieder.**

   Beugen Sie Ihre Unterarme bis fast auf Schulterhöhe und spannen Sie die Muskeln an. Achten Sie darauf, dass sowohl die inneren als auch die äußeren Muskeln der Ober- und Unterarme angespannt sind. Wenn Sie sich dessen nicht sicher sind, überprüfen Sie die Spannung mit der Hand des jeweils anderen Armes. Halten Sie die Spannung einige Sekunden und lassen Sie die Arme dann fallen, als hätten Sie eine Schnur durchtrennt, die Ihre Arme festgehalten hat. Lassen Sie die Anspannung aus den Armen abfließen und die Entspannung hineinfließen.

4. **Ziehen Sie die Schultern hoch, spannen Sie die Muskeln an und entspannen Sie sie wieder.**

   Ziehen Sie die Schultern nach oben wie eine Schildkröte, die den Kopf in ihren Panzer zurückziehen will. Halten Sie die Spannung und lassen Sie die Schultern dann wieder fallen. Vertiefen Sie die Entspannung zehn bis fünfzehn Sekunden lang.

5. **Spannen Sie die Muskeln des oberen Rückens an und entspannen Sie sie wieder.**

   Ziehen Sie Ihre Schultern nach hinten und bringen Sie dabei die Schulterblätter näher aneinander. Halten Sie diese Spannung ein paar Sekunden ... und lassen Sie wieder los.

6. **Spannen Sie Ihr Gesicht an und entspannen Sie es wieder.**

   Runzeln Sie die Stirn, beißen Sie die Kiefer aufeinander, verengen Sie die Augen, drücken Sie die Augenbrauen nach unten und ziehen Sie Lippen und

Zunge zusammen. Lassen Sie die Anspannung wachsen und halten Sie sie ... dann entspannen Sie sich und lassen los.

7. Spannen Sie Ihren Nacken am Hinterkopf an und entspannen Sie ihn wieder.

Ziehen Sie Ihren Kopf vorsichtig nach hinten und spüren Sie, wie sich dabei die Nackenmuskeln anspannen. Halten Sie diese Spannung ein paar Sekunden und lassen Sie dann los und entspannen sich. Fühlen Sie, wie die Entspannung tiefer wird, und wiederholen Sie die Übung, wenn Sie wollen.

8. Spannen Sie die vorderen Nackenmuskeln an und entspannen Sie sie wieder.

Ziehen Sie Ihr Kinn vorsichtig zur Brust. Spannen Sie dabei die Nackenmuskeln an und lassen Sie die Spannung wachsen. Halten Sie die Spannung ein paar Sekunden und entspannen Sie wieder. Fühlen Sie, wie die Spannung wie Kerzenwachs dahinschmilzt.

9. Spannen Sie die Bauch- und Brustmuskeln an und halten Sie die Spannung. Entspannen Sie wieder.

10. Krümmen Sie Ihren Rücken, halten Sie die Spannung und entspannen Sie wieder.

Gehen Sie vorsichtig mit Ihrem Rücken um. Wenn Sie Rückenprobleme haben, lassen Sie diesen Teil einfach weg. Spannen Sie die Rückenmuskeln an, indem Sie den unteren Rücken krümmen und gegen den Stuhl pressen, oder spannen Sie die betreffenden Muskeln in einer anderen Weise an, die Ihnen entgegenkommt. Steigern Sie die Spannung sanft, aber nicht zu viel, und halten Sie sie kurz. Entspannen Sie Ihre Muskeln und fühlen Sie, wie sich die Entspannung breitmacht.

11. Ziehen Sie die Pomuskeln zusammen und entspannen Sie sie wieder.

Spannen Sie die Pomuskeln so an, als wollten Sie sich ein Stückchen im Stuhl erheben. Halten Sie die Spannung ein paar Sekunden und lassen Sie sie wieder abklingen. Spüren Sie der Entspannung nach.

12. Spannen Sie die Oberschenkel an und entspannen Sie sie wieder.

Spannen Sie die Oberschenkelmuskeln an und halten Sie die Spannung. Entspannen Sie wieder und spüren Sie, wie die Spannung nachlässt. Lassen Sie die Ruhe zunehmen und sich ausdehnen.

13. Spannen und entspannen Sie Ihre Wadenmuskeln.

Spannen Sie Ihre Wadenmuskeln an, indem Sie die Zehen nach oben ziehen. Aber seien Sie nicht übermütig dabei. Wenn Sie zu Krämpfen neigen, lassen Sie es langsam angehen. Halten Sie die Spannung ein paar Sekunden und entspannen Sie. Lassen Sie die Spannung im Boden versickern.

14. Rollen Sie Ihre Zehen ein, halten Sie die Spannung und entspannen Sie sie wieder.

15. **Nehmen Sie sich etwas Zeit, Ihren gesamten Körper zu begutachten.**

    Achten Sie darauf, ob Sie sich anders fühlen als am Anfang der Übung. Wenn Sie irgendwo noch Spannungen feststellen, versuchen Sie, die Entspannung von den benachbarten Körperregionen überfließen zu lassen. Sollte das nicht funktionieren, wiederholen Sie die Anspannungs-Entspannungs-Sequenz für diesen Bereich.

16. **Genießen Sie Ihre Entspannung ein paar Minuten lang.**

    Lassen Sie die Entspannung ihre Kreise ziehen und jeden Muskel Ihres Körpers durchströmen. Achten Sie auf Ihre Empfindungen. Fühlen Sie Wärme oder vielleicht ein schwebendes Gefühl? Vielleicht fühlt es sich an, als würden Sie einsinken. Wie es sich auch immer anfühlt, lassen Sie es geschehen. Wenn Sie möchten, können Sie Ihre Augen öffnen und in Ihren Tagesablauf zurückkehren. Manchmal fühlt man sich erfrischt wie nach einem kurzen Urlaub.

Manche Menschen sprechen die Anweisungen für die progressive Muskelentspannung auf ein Tonband, um sich den Ablauf zu erleichtern. Wenn Sie das tun, achten Sie darauf, dass Sie langsam und mit ruhiger Stimme sprechen.

Ein Loblied auf die progressive Muskelentspannung

Viele Menschen glauben, dass eine wirksame Therapie viel Mühe machen und womöglich auch schmerzhaft sein muss – Sie kennen sicher die Devise »Ohne Schweiß kein Preis«. Wie Sie sehen können, ist die progressive Muskelentspannung nicht sonderlich beschwerlich und fühlt sich wirklich gut an. Kann sie Ihnen dann wirklich von Nutzen sein? Nun, um es mal so zu sagen: Die progressive Muskelentspannung ist Teil der meisten erfolgreichen Therapien gegen Ängste.

Studien zeigen aber auch, dass man mit Hilfe der progressiven Muskelentspannung ebenso wirksam verschiedene chronische Schmerzen, etwa im Zusammenhang mit Dickdarmentzündungen, Krebs und Kopfschmerzen behandeln kann. Selbst Schlaflosigkeit lässt sich dadurch reduzieren. Zum Beispiel kamen einige wissenschaftliche Studien zu dem Ergebnis, dass die progressive Muskelentspannung neben einer verbesserten Entspannung auch die Fähigkeit zu geistiger Ruhe und Freude fördert. Andere Studien legen nahe, dass auch das Immunsystem von der Muskelentspannung profitiert. Auch bei Alzheimer-Patienten führte die PMR zu Verbesserungen, und zwar sowohl im Verhalten als auch beim Sprechen und dem Erinnerungsvermögen.

Wir möchten damit nicht etwa behaupten, dass man mit progressiver Muskelentspannung Alzheimer heilen könnte. Sie überwindet auch keinen Krebs und beseitigt weder alle Schmerzen noch alle Ängste. Aber viele Studien untermauern, dass sie sich bei überraschend vielen Problemen günstig auswirkt. Sie sollten es einmal versuchen!

Für den Anfang sollten Sie für die verschiedenen Schritte der progressiven Muskelentspannung schon etwas mehr als fünf Minuten aufwenden. Sie werden besser damit zurechtkommen, wenn Sie sich einige Male 20 bis 30 Minuten Zeit dafür nehmen. Mit zunehmender Übung werden Sie schneller zur Gelassenheit finden. Auch wenn Sie Tonbänder verwenden, sollten Sie überlegen, wie Sie die ganze Prozedur für sich kürzer gestalten können. So können Sie beispielsweise alle Muskeln des Unterkörpers gleichzeitig anspannen und dann alle Muskeln des Oberkörpers zusammen. Bei anderen Gelegenheiten reicht es unter Umständen, sich auf die Körperpartien zu konzentrieren, die am angespanntesten sind. Meist sind das die Nacken-, Schulter- und Rückenmuskeln. Manche Klienten berichten uns, dass sie es nach einer gewissen Zeit schaffen, sich innerhalb einer Minute zu entspannen.

Hypnotisieren Sie sich selbst: Autogenes Training

Das autogene (das heißt »von innen kommende«) Training (AT) wurde vor über einem halben Jahrhundert eingeführt, einige Jahre, nachdem Jacobson seine progressive Muskelanspannung vorstellte. Der deutsche Psychiater Johannes Heinrich Schultz entwickelt diese Stress reduzierende Strategie auf der Grundlage der Selbsthypnose und Macht der Vorstellungskraft.

Autogenes Training ist die passivste Art, sich zu entspannen. Entspannungstechniken funktionieren grundsätzlich besser, wenn man die Entspannung zulässt, anstatt sie zu erzwingen. Beim autogenen Training geht es gerade darum, nichts zu tun. Man reagiert einfach passiv auf Suggestionen. In anderen Kapiteln können Sie nachlesen, wie Gedanken Ängste aufschaukeln. Zum Glück funktioniert es auch anders herum. Ruhiges Denken führt in einer Art Reflex zu einem Gefühl der Entspannung, wenn man es zulässt.

Das liegt daran, dass Ihr Kopf mit Worten und Bildern bestimmte Reaktionen verbindet. Stellen Sie sich zum Beispiel vor, Sie schneiden eine Zitrone mit einem scharfen Messer und sehen, wie der Saft an der Schnittfläche austritt. Stellen Sie sich weiter vor, Sie nehmen eine Hälfte der Zitrone und beißen herzhaft in das saure, saftige Fruchtfleisch. Nun aber wieder zurück in die Realität. Merken Sie, wie sich der Speichelfluss erhöht? Wenn ja, ist diese Reaktion einzig und allein auf Worte zurückzuführen.

Wenn Sie versuchen würden, Ihren Speichel ohne Worte oder Bilder zum Laufen zu bringen, würden Sie wahrscheinlich scheitern. Man kann bestimmte Reaktionen nicht erzwingen. Der Psychologe Steven Hayes, ein Kollege, erklärte die Unmöglichkeit, Entspannung zu erzwingen, einmal folgendermaßen: »Stellen Sie sich vor, Sie sind an eine Maschine angeschlossen, die Ihre Anspannung misst, indem sie Muskelspannung, Puls und andere körperliche Stressreaktionen abliest. Nun biete ich Ihnen eine Million Euro, wenn Sie nichts anderes tun, als sich zu entspannen. Sie haben richtig gehört, eine Million Euro. Als zusätzliche Motivation halte ich Ihnen eine Pistole an den Kopf und sage Ihnen, dass ich abdrücken werde, wenn Sie sich nicht entspannen. Also, ENTSPANNEN SIE SICH! Meinen Sie, Sie hätten Probleme damit?«

Sie müssen hinnehmen, dass Entspannung nur erreicht werden kann, indem man loslässt. Sie gestatten, dass sich Körper und Geist in Reaktion auf beruhigende Suggestionen entspannen. Sie können es nicht erzwingen.

Bei der autogenen Entspannung geht es darum, sich vorzustellen, dass der Körper in einem Zustand himmlischer Ruhe ist. Legen Sie sich hin, lockern Sie Ihre Kleidung oder ziehen Sie sich etwas Bequemes an und konzentrieren Sie sich auf die autogenen Übungen, die wir Ihnen im Folgenden vorstellen. Schließen Sie die Augen und stellen Sie sich vor, dass Sie schwer und warm sind, dass Ihr Herz ruhig schlägt und dass Sie ganz leicht atmen. Beschäftigen Sie sich mit jedem Konzept einzeln, bis Sie merken, was es für Sie leisten kann. Später können Sie dann ausprobieren, wie es sich anfühlt, wenn man die Konzepte kombiniert.

Denken Sie nur an die Wörter und Bilder, die das autogene Training Ihnen vorgibt. Versuchen Sie nicht, irgendeine Reaktion herbeizuführen, denn dadurch machen Sie den Effekt kaputt.

✔ **Schwer:** Meine Hände, Arme und Beine sind schwer ... Sie sind soooo schwer. Ich muss gar nichts tun, denn sie sind so schwer, dass ich sie nicht heben kann, selbst wenn ich es wollte. Meine Hände und Arme sind schwer ... sehr, sehr schwer. Die Schwerkraft zieht meine Arme nach unten und zieht die Anspannung heraus. Die Anspannung fließt aus mir heraus ... Hören Sie diese Worte immer wieder: Schwer wie Gewichte, die an meinen Armen hängen ... sehr schwer. Meine Beine sind schwer ... sehr, sehr schwer. Gewichte hängen an meinen Beinen ... ich sinke ... entspannt und ruhig ... sinke in einen Zustand voller Ruhe und Gelassenheit ... nichts tun und nichts muss passieren. Sorgen und Ängste schmelzen dahin, versinken ruhig und friedlich, bis ich sie aus den Augen verliere.

✔ **Warm:** Meine Arme und Beine sind warm und schwer. Die Sonne scheint mit ihren Strahlen auf meine Arme und Beine. Sie durchdringen die Haut und die Muskeln ... die Anspannung schwindet ... warm und ruhig ... ich bin in warme Decken gewickelt ... ich sitze in einem warmen Whirlpool mit sprudelndem Wasser ... sinke in Ruhe und Entspannung ... ich fühle, wie die Spannung wegtreibt ... sich auflöst ... Hören Sie diese Worte immer wieder: Warm, zerfließend ... nichts muss passieren. Die Sonne wärmt meinen Körper, ruhig und sanft ... ich sinke ... so warm und ruhig ... friedlich und entspannt.

✔ **Ruhiges Herz:** Legen Sie eine Hand auf Ihr Herz. Machen Sie sich bewusst, dass Ihr Herz kräftig und regelmäßig schlägt, gleichmäßig und ruhig ... nichts muss getan werden ... so gleichmäßig und kräftig ... rhythmischer Herzschlag ... wie ein gleichmäßiger, langsamer Trommelschlag ... ich versinke im Fluss der Entspannung ... die Spannung lässt nach ... Hören Sie diese Worter immer wieder wie ein Echo in Ihrem Kopf: Herz regelmäßig, kräftig, gleichmäßig ... gleichmäßig, trommeln, schlagen, tiefe Entspannung, beruhigend und ruhig ... Zeit, die Sorgen loszulassen ... warm ... ruhig ... gleichmäßig ... friedlich und entspannt.

✔ **Entspanntes Atmen:** Setzen Sie sich bequem hin und machen Sie sich bewusst, dass Ihr Atem soooo rhythmisch leicht ist ... Sie müssen nicht in einer bestimmten Art und Weise atmen. Lassen Sie es einfach geschehen. Erlauben

Sie Ihrem Körper, den Rhythmus und die Geschwindigkeit selbst zu bestimmen. Denken Sie immer wieder an diese Worte und Sätze: keine Sorgen, die Anspannung lässt nach, entspannt, gleichmäßig, ruhig, gelassen, leicht, fließender Atem. Mein Körper übernimmt die Arbeit und atmet, wie er will ... friedlich ... die Luft strömt ungehindert ein und aus ... ein und aus ... ganz ruhig und entspannt ... sanft und ohne Mühe ... gleichmäßig und rhythmisch.

Ist autogenes Training der Mühe wert?

Kann so etwas Passives und Müheloses wie autogenes Training Ihnen wirklich nutzen? In der Tat sind die Studien zur Wirksamkeit des autogenen Trainings vom wissenschaftlichen Standpunkt aus betrachtet nicht so überzeugend wie die zur progressiven Muskelentspannung. Dennoch gehört das autogene Training zu den bei den europäischen Fachleuten beliebtesten Entspannungsmethoden. Einige Untersuchungen legen nahe, dass es neben der Unterdrückung der See- und Bewegungskrankheit und der Linderung chronischer Muskelschmerzen sowie der Folgen von Bypass-Operationen am Herzen auch bei der Stressreduzierung und der Steuerung verschiedener Angststörungen eine Rolle spielen kann. Autogenes Training kann bei der Behandlung generalisierter Angsterkrankungen mindestens ebenso wirksam sein wie die üblichen Angst mindernden Medikamente. (Mehr über generalisierte Angsterkrankungen erfahren Sie in Kapitel 2.)

Entspannen, wenn es darauf ankommt: Angewandte Entspannung

Atemtechniken, progressive Muskelentspannung und autogenes Training können Ihnen helfen, Ihre Ängste zu mindern. Wenn Sie diese Techniken aber nur anwenden, wenn Sie im Bett liegen oder einen ruhigen Tag zu Hause verbringen, verpassen Sie die Gelegenheit, Ihre Ängste mit einem wirkungsvollen Instrument herauszufordern. Angewandte Entspannung bedeutet, die eingeübten Techniken dann anzuwenden, wenn Sie unter größter Anspannung stehen.

Wenn Sie dabei erfolgreich sein wollen, müssen Sie diese Entspannungstechniken erst einmal in entspannten Situationen beherrschen, bevor Sie einen Schritt weiter gehen. So sollten Sie etwa nach längerem Üben der progressiven Muskelentspannung in der Lage sein, durch An- und Entspannung der Muskulatur innerhalb weniger Minuten einen entspannten Zustand zu erreichen.

Wenn Sie die Entspannungstechniken in stressfreien Situationen beherrschen, denken Sie an eine bestimmte Situation, die Ihnen Angst macht, etwa eine Rede oder eine Ansprache halten. Sagen wir, Sie haben zugesagt, bei einer größeren Veranstaltung vor mehreren hundert Menschen eine Rede zu halten. Unmittelbar davor entspannen Sie sich mit der für Sie am besten geeigneten Entspannungstechnik. Sie versuchen, den entspannten Zustand aufrechtzuerhalten, während Sie zum Rednerpult gehen, geraten aber dennoch in Panik. Was ist passiert?

Das konnte man erwarten, denn angewandte Entspannung funktioniert am besten, wenn man die zu bewältigenden Aufgaben in kleinere Schritte aufteilt. Sie könnten zum Beispiel Entspannungsübungen machen, während Sie eine Rede vor einem kleineren Publikum vorbereiten. Dann könnten Sie sich entspannen, während Sie sich vorstellen, wie Sie Ihre Rede halten. Sie führen Ihre Entspannungsübungen in abgestuften, kleinen Schritten weiter. (Mehr über kleine, abgestufte Schritte können Sie in Kapitel 8 nachlesen.)

Angewandt wird's interessant

Haben Sie Angst vor dem Zahnarzt? Die *angewandte Entspannung* (die Anwendung einer Entspannungstechnik in einer Stresssituation) kann Ihnen helfen, mit Ihren Ängsten fertig zu werden. Eine skandinavische Studie ergab, dass die angewandte Entspannung die Angst vor dem Zahnarztbesuch verringern und Menschen helfen kann, sich einer notwendigen Behandlung zu unterziehen, die sie bisher vor sich hergeschoben hatten. Auch bei generalisierten Angsterkrankungen ist die angewandte Entspannung bereits erfolgreich eingesetzt worden. Und nicht zuletzt scheinen auch unter Panikstörungen leidende Menschen Vorteile von diesem Ansatz zu haben. (Mehr über generalisierte Angsterkrankungen und Panikstörungen können Sie in Kapitel 2 nachlesen.) Am häufigsten jedoch findet die angewandte Entspannung bei chronischen Schmerzen Berücksichtigung.

Entspannung über die Sinne

Ihr Weg auf der Suche nach Entspannung lässt Sie möglicherweise vielfältige Erfahrungen machen. Wir können nicht wissen, welche Richtung für Sie die günstigste ist. Sie müssen mit den verschiedenen Ansätzen experimentieren und herausfinden, was Sie am besten entspannt. In diesem Abschnitt bitten wir Sie, Ihren Sinnen zu erlauben, Sie zu beruhigen.

Die Bestie mit Klängen besänftigen

Seit der Mensch die Erde bevölkert, sucht er Trost in der Musik. Ob sie nun von primitiven Trommeln oder Symphonieorchestern stammen, Klänge lösen Gefühle aus – patriotischen Eifer, Liebe, Erregung und Angst – und sogar Entspannung. Ein ganzer Berufsstand, die Musiktherapeuten, haben sich die Macht der Musik zunutze gemacht. Sie arbeiten in Krankenhäusern, Schulen und Pflegeheimen und rücken vielerlei Leiden mit Klängen zu Leibe.

Sie müssen aber kein Musiktherapeut sein, um sich die Kraft der Musik zunutze zu machen. Sie wissen wahrscheinlich schon, welche Art Musik beruhigend auf Sie wirkt. Vielleicht lieben Sie klassische Musik oder Jazz. Wahrscheinlich haben Sie noch nicht daran gedacht, einem Band oder einer CD mit Meereswellen, sprudelnden Quellen, wispernden Winden oder anderen Klängen aus der Natur zu lauschen. Viele Menschen empfinden diese Klänge als entspannend. Unverständlicherweise sagen uns nicht wenige Teenager, dass sie sich entspannen, wenn sie Heavy-Metal-Musik hören. Das verstehe, wer will.

In gut sortierten Plattenläden oder im Internet finden Sie schier unerschöpfliche Möglichkeiten. Experimentieren Sie ruhig mit neuen Klängen. Viele Aufnahmen brüsten sich damit, eigens für die Entspannung optimierte Musik zu enthalten.

 Konsumenten aufgepasst! Kaufen Sie nicht jede x-beliebige CD, auf der das Wort Entspannung steht. Leider sind viele dieser Produkte grottenschlecht. Lassen Sie sich lieber etwas empfehlen oder hören Sie sich im Internet ein paar Klangmuster an – manche Websites bieten diesen Service.

Nur die Nase weiß Bescheid

Sind Sie schon einmal durch ein Einkaufszentrum marschiert und hatten plötzlich den Geruch frischer Zimtschnecken in der Nase? Allein schon das Aroma lässt den Gedanken aufkommen, sich ein paar zu kaufen. Irgendetwas sagt uns, dass es kein Zufall sein kann, dass sich delikate Gerüche derart verbreiten – manchmal fragen wir uns, ob nicht die Bäcker die Abluft aus ihren Öfen über das Belüftungssystem der Einkaufszentren pumpen, weil sie die Macht der Aromen kennen.

Neben der Anregung des Speichelflusses haben die Zimtschnecken vielleicht noch andere angenehme Gefühle und Erinnerungen geweckt. Vielleicht mussten Sie daran denken, dass Ihre Mutter sonntags frische Schnecken buk, die es dann nachmittags zum Kaffee gab. Wenn ja, dann hat das Aroma diese Erinnerung automatisch ausgelöst – Sie mussten gar nichts dazu tun.

Eine riesige Industrie, die Kosmetikbranche, erforscht die Fähigkeiten der Aromen, Menschen anzuziehen und zu verführen. Hersteller von Deodorants, Cremes, Pudern und Lufterfrischern tun dasselbe. Sie können ebenfalls erkunden, ob Sie mit Aromen Ihre aufgekratzten Nerven beruhigen können.

Die Aromatherapie verwendet verschiedene ätherische Öle, die aus Pflanzen gewonnen werden. Diese Substanzen wirken sich angeblich sowohl auf die körperliche als auch auf die emotionale Gesundheit aus. Wir können für diese Behauptungen nicht einstehen, weil es keine fundierten Studien zur Wirkungsweise von Aromen gibt. Man kann die Aromatherapie aber auch nicht als reinen Hokuspokus abtun, weil der Hirnnerv Informationen von der Nase in Teile des Gehirns weiterleitet, die Stimmungen, Erinnerungen und den Appetit steuern.

 Wen Sie wirklich körperlich krank sind, sollten Sie einen Arzt aufsuchen – die Aromatherapie wird Sie wahrscheinlich nicht gesund machen. Niemand kann sagen, ob die Aromatherapie wirklich gesundheitsfördernd ist. Vorsicht mit den ätherischen Ölen ist auch in der Schwangerschaft geboten.

Wenn Sie herausfinden wollen, welche Aromen Ihnen helfen, sich zu entspannen, dann nur zu. Voruntersuchungen legen nahe, dass bestimmte Aromen möglicherweise Ängste, Entzugserscheinungen bei der Nikotinentwöhnung und Kopfschmerzen lindern können. Es kann also nicht schaden, es mit der Aromatherapie zu versuchen.

Hier einige Vorschläge für Aromen für die Aromatherapie. Sie sollten in jedem Fall die Preise vergleichen – hier gibt es große Unterschiede. Fragen Sie erst einmal in einer Apotheke oder Drogerie Ihres Vertrauens.

- ✔ Kamille
- ✔ Eukalyptus
- ✔ Lavendel
- ✔ Neroli (citrus aurantium)

Diese ätherischen Öle können Ängste lindern und Schlaflosigkeit bekämpfen. Davon abgesehen, riechen sie recht angenehm. Geben Sie einfach ein paar Tropfen in ein heißes Bad oder auf Ihr Kissen. Schlafen Sie gut.

Den Stress wegmassieren

Etwa fünfzehn Mal am Tag stupst uns einer unserer Hunde mit der Nase an und gibt uns zu verstehen, dass er mal wieder gekrault werden will. Hunde haben kein Problem damit, um Berührungen, Kraulen und Reiben zu betteln. Sie machen das mit großem Erfolg, wie wir finden.

 Auch Menschen brauchen Berührungen. Es ist schön, von den Menschen, die wir lieben, in den Arm genommen und gestreichelt zu werden. Eine andere, sehr schöne Art, das Bedürfnis nach Berührung zu stillen, ist eine professionelle Massage. Wenn Sie das noch nie gemacht haben, sollten Sie ernsthaft überlegen, sich einmal eine Massage zu gönnen. Früher haben sich nur die oberen Zehntausend Ihre Anspannungen aus dem Körper massieren lassen. Heutzutage strömen die Menschen in Scharen in die Massagepraxen, um ihren Stress abzubauen, Schmerzen zu lindern oder sich einfach nur gut zu fühlen.

 Außer von Ihrem Partner sollten Sie sich nur von ausgebildeten Masseuren oder Masseusen massieren lassen. Therapeutischen Massagen haben *nichts* mit sexuellen Dienstleistungen zu tun, auch wenn sich in dieser Branche einige Etablissements den Anstrich des Therapeutischen geben sollten.

Auch wenn die Massage immer mit dem Ruf einer alternativen medizinischen Dienstleistung mit zweifelhaftem Wert herumschlagen musste, so haben neuere Forschungsergebnisse das Interesse am Nutzen der Massage neu belebt. Einige Studien ergaben zum Beispiel, dass Massagen die Produktivität steigerten und die Anzahl der Verletzungen am Arbeitsplatz verringerten.

An eine Massage kann man auch gelangen, wenn man sich fünf Minuten in einen Whirlpool setzt. Das kann sehr entspannend wirken, weil neben der Massagewirkung der Luftblasen auch das warme Wasser und das Geräusch des Wassers eine beruhigende Wirkung hat. Wenn Sie keinen Whirlpool zu Hause haben, können Sie in Wellness- oder Spaßbädern sicher einen finden.

Jeder braucht Berührungen

In den 40er Jahren mussten viele Säuglinge in Europa in Waisenhäuser. Beunruhigend viele dieser Waisenkinder zeigten Wachstumsstörungen, konnten nicht mit anderen Kindern interagieren oder welkten ohne ersichtlichen Grund dahin und starben schließlich. Sie wurden ausreichend ernährt, gekleidet und behütet. Ein Arzt namens Dr. Spitz ging der Sache auf den Grund und fand heraus, dass die Gedeihstörungen auf mangelnden menschlichen Körperkontakt zurückzuführen waren. Das Pflegepersonal versorgte die Kinder zwar mit Essen, aber nicht mit Körperkontakt.

Diese frühen Erkenntnisse sind durch zahlreiche Studien der Psychologin Tiffany Field und ihrer Kollegen bestätigt worden. Eine dieser Studien kam zu dem Ergebnis, dass Frühgeborene, die regelmäßige Massagen erhielten, mehr an Gewicht zunahmen als diejenigen, denen man nur die standardmäßige medizinische Versorgung angedeihen ließ. Im Rahmen anderer Studien beschäftigte man sich mit normalen Säuglingen, mit HIV oder einer Kokainabhängigkeit geborenen Säuglingen und Kleinkindern mit Diabetes, Essstörungen und Asthma. Säuglinge und Kinder, die regelmäßig massiert werden, produzieren weniger Stresshormone und haben weniger Angst als ihre nicht massierten Altersgenossen. Als weitere Vorteile stellten sich eine geringere Schmerzempfindlichkeit, eine erhöhte Aufmerksamkeit und ein besserer Immunschutz ein. Was für Säuglinge gut ist, kann für Sie nicht schlecht sein, oder? Genießen Sie es!

Stellen Sie sich Ruhe vor

In diesem Kapitel
▶ Verbessern Sie Ihre Vorstellungskraft
▶ Entspannen Sie sich mit Hilfe von Vorstellungen
▶ Schaffen Sie Ihre eigenen Bilder
▶ Entwickeln Sie Ihre Beobachtungsgabe

Menschen mit einer lebhaften Vorstellungskraft (vielleicht gehören Sie ja dazu) können sich in alle möglichen Angst auslösenden Situationen hineindenken. Geben Sie ihnen nur etwas Zeit, mit einer Idee herumzuspielen, und schon werden sie von Angst überwältigt.

Das Gute ist, dass man diesen Prozess auch umkehren und sich wieder an einen ruhigeren Ort zurückbegeben kann, wenn man Imaginationsübungen anwendet, wie zum Beispiel die so genannte *geführte Visualisierung*.

Diese Technik hat bei **Edith** funktioniert. Solange sie wach ist, ist Ediths Kopf voller verkrampfter Gedanken. Von dem Moment an, in dem sie den ersten Fuß aus dem Bett setzt, bis zum letzten Gedanken, bevor sie der Schlaf schließlich übermannt, denkt Edith. Sie spielt jeden angstvollen Augenblick am Arbeitsplatz im Kopf durch und denkt über jeden mutmaßlichen Fehler immer und immer wieder nach, den sie tagsüber gemacht haben könnte. Sie stellt sich jeden kleinen Fehler in ihrem Make-up, ihrer Kleidung und ihrem Aussehen vor. Vor ihrem geistigen Auge ziehen Bilder vorbei, die für Inkompetenz, Unzulänglichkeit und unattraktives Aussehen stehen.

Um die Anspannung und die Angst zu mindern, die sich in den Szenen wiederfinden, die ihr durch den Kopf gehen, beschließt sie, die Dienste von Claudia Rosen in Anspruch zu nehmen, einer hoch angesehenen Beraterin. Dort lernt sie einige Atemtechniken, aber auch damit kann sie die Flut angstgeladener Bilder nicht aufhalten. Sie probiert es auch mit progressiver Muskelentspannung, Massagen und Musik- und Aromatherapie, ebenfalls ohne Erfolg. Schließlich hat Claudia den rettenden Gedanken. »Edith denkt in Bildern«, sagt sie sich, »sie braucht eine geführte Visualisierung!«

Bei der geführten Visualisierung wird die Vorstellungskraft dazu angeregt, sich auf eine angenehme, entspannende Zeit oder einen angenehmen Ort zu richten. Die besten Bilder nehmen dabei alle Sinne in Anspruch. Wenn man sie visualisiert, kann man etwas sehen, aber auch hören, riechen, fühlen und womöglich sogar schmecken. Ediths Bilder waren voller Angst auslösender Situationen. Als sie es mit anderen Entspannungstechniken versuchte, konnte sie sich nicht entspannen, weil die angstvollen Bilder immer noch in ihrem Kopf vorherrschten. Bei der geführten Visualisierung jedoch verdrängte die Reichhaltigkeit der friedvollen Erfahrung alle Sorgen aus ihrem Kopf.

In diesem Kapitel zeigen wir Ihnen, wie Sie Ihre Vorstellungskraft steigern können. Wir geben Ihnen einige Vorlagen an die Hand, mit denen Sie im Kopf spielen können. Halten Sie sich mit eventuellen Änderungen nicht zurück. Und schließlich können Sie Ihre eigenen geistigen Bilder entwickeln.

Lassen Sie Ihre Vorstellungskraft schweifen

Manche Menschen halten sich für fantasielos und tun sich schwer damit, Bilder im Geiste zu erschaffen. Gleichzeitig sind diese Menschen nicht besonders gut im Zeichnen und Malen und haben Schwierigkeiten, Einzelheiten von Szenen wiederzugeben, die sie gesehen haben. Vielleicht geht Ihnen das auch so. Wenn ja, dann ist der Ansatz, mit der Hilfe Ihrer Vorstellungskraft Entspannung zu finden und Ihre Ängste zu mindern, für Sie möglicherweise nicht der richtige.

Auf der anderen Seite kann es nicht schaden, es zu versuchen. Die geführte Visualisierung umfasst mehr als das Sehen. Riechen, Schmecken, Fühlen und Hören sind auch daran beteiligt. Wir können Ihnen helfen, Ihre Fähigkeiten, all diese Sinne zu nutzen, weiterzuentwickeln.

Wir ermutigen Sie, diese Übungen auszuprobieren. Bedenken Sie dabei jedoch, dass Menschen unterschiedliche Stärken und Schwächen haben. Vielleicht funktioniert die eine oder andere Übung bei Ihnen nicht. Wenn Sie feststellen, dass Sie mit der geführten Visualisierung nicht zurechtkommen, ist das kein Beinbruch. Sie finden in diesem Buch viele andere Möglichkeiten, sich zu entspannen.

Bevor Sie eine der hier aufgeführten Visualisierungen versuchen, sollten Sie:

✔ einen Ort finden, an dem Sie bequem sitzen oder liegen können.

✔ alle einengenden Kleidungsstücke lockern.

✔ die Augen schließen und ein paar tiefe Atemzüge machen.

Fühlen Sie's?

Visualisierungs- und Imaginationsübungen funktionieren am besten, wenn sie mehr als einen Sinn ansprechen. Die Vorstellung körperlicher Empfindungen verstärkt die allgemeine Erfahrung einer entspannenden geführten Visualisierung. Die folgende Anleitung zeigt Ihnen, wie das im Einzelnen geht:

1. **Stellen Sie sich eine riesige, in den Boden eingelassene Badewanne vor.**
2. **Stellen Sie sich vor, dass Sie den Wasserhahn aufdrehen, und fühlen Sie, wie das Wasser herausläuft.**

    Sie merken, dass das Wasser kalt und nass über Ihre Hand läuft. Langsam erhöht sich die Temperatur, bis das Wasser perfekt temperiert ist.

3. **Die Badewanne füllt sich und Sie können im Geiste sehen, wie Sie Badeöl in das Wasser geben und überall verteilen.**

   Sie fühlen, wie sich das Wasser seidig anfühlt.

4. **Stellen Sie sich vor, wie Sie einen Fuß in das Wasser tauchen.**

   Das Wasser fühlt sich zunächst zu heiß an, aber Sie haben das Gefühl, dass das warme Wasser Sie beruhigt, als Sie sich nach und nach ganz in die Wanne setzen.

5. **Sie legen sich zurück und aalen sich im seidigen, weichen, warmen Wasser.**

   Sie fühlen sich eingehüllt und die Wärme löst die Anspannung in Ihren Muskeln.

Haben Sie es fühlen können: Die Nässe und die seidige Wärme? Wenn nicht, ist das kein Grund zur Verzweiflung. Sie können Ihr Bewusstsein verbessern, indem Sie täglich nur fünf Minuten aktiv eine reale Erfahrung machen und diese dann Ihrem Gedächtnis anvertrauen. Versuchen Sie es fünf Tage lang mit einer der folgenden Übungen oder machen Sie andere Übungen. Sie sollten sich nur auf den Tastsinn konzentrieren.

- ✔ **Halten Sie Ihre Hände unter unterschiedlich temperiertes Wasser.** Achten Sie darauf, wie es sich anfühlt. Noch besser ist es, das Waschbecken zu füllen und die Hände hineinzutauchen. Das spart Wasser.

- ✔ **Reiben Sie Öl auf Ihre Hand und Ihr Handgelenk.** Achten Sie darauf, wie sich das Öl anfühlt.

- ✔ **Nehmen Sie ein warmes Bad und achten Sie darauf, wie sich die Nässe, die Wärme und das Öl im Wasser anfühlen.** Konzentrieren Sie sich auf Ihre Körperempfindungen.

- ✔ **Tunken Sie einen Waschlappen in heißes Wasser, drücken Sie ihn aus und legen Sie ihn auf Ihre Stirn.** Achten Sie auf die Wärme und die Struktur des Waschlappens.

- ✔ **Setzen Sie sich vor den Kamin oder einen Heizkörper und achten Sie auf die Stelle, an der die Hitze auf Ihren Körper trifft.** Erleben Sie die Wärme.

Nachdem Sie eine dieser Übungen gemacht haben, warten Sie eine Minute. Versuchen Sie dann zusammenzutragen, wie sich die Körperempfindungen im Geiste angefühlt haben. Am darauf folgenden Tag warten Sie nach der Übung fünf Minuten und rufen Sie sich die Empfindungen ins Gedächtnis. Warten Sie jeden Tag nach der körperlichen Erfahrung etwas länger, bis Sie sich daran zu erinnern versuchen.

Hören Sie's?

Sie müssen kein Musiker sein, um an Musik Spaß zu haben und sie im Geiste wieder abspielen zu können. Während einer geführten Visualisierung werden Sie oft gebeten, die Entspannung durch die Vorstellung natürlicher Geräusche zu fördern. Die folgende Übung soll Ihnen die akustische Vorstellung eines Strandes näher bringen:

1. **Stellen Sie sich vor, Sie liegen am Strand.**

   Sie können hören, wie die Wellen eine nach der anderen auf das Ufer zurollen, sich brechen und zurückfließen. Ein und aus. Das sanfte Brausen beruhigt und entspannt. Ein und aus.

2. **Sie hören im Geiste, wie die Wellen auf das Ufer zurollen, lauter werden und sich am Strand brechen.**

   Ein kurzer Moment der Stille folgt, bevor die nächste Welle heranrollt. Ein paar Möwen schreien, während sie über den Strand fliegen.

Konnten Sie das Meer und die Möwen hören? Sie können Ihre Fähigkeiten, Klänge im Geiste zu reproduzieren, dadurch verbessern, dass Sie die Klänge im wirklichen Leben aktiv miterleben. Versuchen Sie es fünf Tage lang jeweils fünf Minuten mit den folgenden Übungen. Vielleicht fallen Ihnen noch andere Möglichkeiten ein, wie Sie das Hören mit dem geistigen Ohr üben können.

- ✔ **Hören Sie einen kleinen Teil eines Ihrer Lieblingslieder.** Spielen Sie diesen Teil mehrere Male ab und achten Sie auf jede Note. Hören Sie zu und konzentrieren Sie sich.

- ✔ **Setzen Sie sich in Ihrem Wohnzimmer in einen Stuhl und lauschen Sie.** Stellen Sie das Telefon, die Stereoanlage und alles andere ab, was Geräusche macht. Schließen Sie die Augen und lauschen Sie aufmerksam. Achten Sie auf jedes Geräusch, das Sie hören – den Verkehr draußen, bellende Hunde, den Wind oder Geräusche im Haus.

- ✔ **Lauschen Sie den Geräuschen, die Sie beim Essen eines Apfels, einer Möhre oder eines Stücks Staudensellerie machen.** Das ist nicht nur gesund, sondern auch klanglich wirklich interessant. Essen Sie langsam und lauschen Sie jedem Bissen nach. Achten Sie auf den scharfen Klang des Abbeißens und das etwas dumpfere Kauen.

Warten Sie nach Ihrer Klangerfahrung eine Minute. Reproduzieren Sie dann das Geräusch im Geiste. Hören Sie sie wieder? Wenn nicht, ist das auch nicht schlimm. Mit zunehmender Übung werden Sie erfolgreicher werden. Warten Sie nach jeder Übung ein bisschen länger, bevor Sie sich das Geräusch im Geiste vergegenwärtigen.

Riechen Sie's?

Unsere Hunde haben einen weit besser entwickelten Geruchssinn als wir. Sie scheinen genau zu wissen, welche Hecke auf ihrem Weg neu markiert werden muss. Wir sind uns ziemlich sicher, dass sie genau wissen, welcher ihrer Konkurrenten mit welcher Hecke was gemacht hat. Vielleicht ist es ganz gut, dass wir nicht so gut riechen können wie Hunde.

Gerüche haben aber auch einen großen Einfluss auf uns Menschen. Manche Gerüche lassen bei uns die Alarmglocken schrillen – etwas der Geruch von Rauch oder von verdorbenem Essen. Andere Gerüche dagegen wecken angenehme Erinnerungen und Gefühle – etwa das Aroma Ihres Lieblingsgebäcks oder das Parfüm eines geliebten Menschen. Probieren wir doch einmal aus, ob die folgende Beschreibung in Ihrem Kopf eine Duftwolke zum Wabern bringt:

13 ➤ Stellen Sie sich Ruhe vor

1. **Stellen Sie sich vor, Sie schlafen in einem Wintergarten in einem Ferienhaus im Wald.**

   Sie haben nachts den Regen auf die Scheiben fallen hören. Als Sie aufwachen, scheint die Sonne.

2. **Im Geiste können Sie den süßen Duft frischer, sauberer Luft riechen, klar und kühl.**

   Der Erdgeruch des von der Natur gewaschenen Waldbodens dringt in Ihr Bewusstsein.

3. **Sie strecken sich und atmen tief ein.**

   Sie bemerken den modrigen Geruch welken Herbstlaubs. Ein angenehmes, erfrischendes Gefühl überkommt Sie.

Wie roch diese Szene in Ihrem Geiste? Der Geruchssinn ist ein primitiver Sinn und deshalb vielleicht nicht so leicht in der Vorstellung zu reproduzieren. Das kann auch daran liegen, dass Gerüche schwerer zu beschreiben sind. Aber mit zunehmender Übung werden Sie sich verbessern. Versuchen Sie, mit einigen der folgenden Übungen Ihrem geistigen Geruchssinn auf die Sprünge zu helfen:

- ✔ **Kochen Sie einen Kakao.** Bevor Sie ihn trinken, nehmen Sie sich eine Minute Zeit, das Aroma aufzunehmen. Konzentrieren Sie sich bei jedem Schluck auf den Geruch.
- ✔ **Backen Sie Brötchen.** Keine Angst, Sie können Aufbackbrötchen kaufen, die Sie nur noch auf ein Blech legen und backen müssen. Bleiben Sie in der Küche, während die Brötchen backen. Öffnen Sie ab und zu die Ofentür, um die Geruchserfahrung zu intensivieren.
- ✔ **Gehen Sie in ein Kaufhaus und probieren Sie in der Parfümerie-Abteilung einige Parfüms aus.** Versuchen Sie, die Geruchsunterschiede zu beschreiben.

Versuchen Sie jedes Mal, sich nach einer Minute Pause an das zu erinnern, was Sie gerochen haben. Warten Sie nach jeder Übung ein bisschen länger, bevor Sie sich den Geruch im Geiste vergegenwärtigen. Machen Sie sich keine Gedanken, wenn Sie das schwierig finden sollten. Das geht vielen Leuten so.

Schmecken Sie's?

Welche Nahrungsmittel verbinden Sie mit Gemütlichkeit und Entspannung? Viele Menschen denken da an Hühnersuppe oder Kräutertee. Der eine braucht Nutella aufs Brot, wenn er Stress hat, die andere gönnt sich ab und zu ein Eis – am liebsten Vanille mit üppigen Schokoladen- und Karamellstreifen durchzogen. Läuft Ihnen schon das Wasser im Mund zusammen? Wenn nicht, malen Sie sich diese vorgestellte Szene aus:

1. **Stellen Sie sich eine köstliche Trüffelpraline vor.**

   Sie wissen noch nicht, womit sie gefüllt ist, aber Sie freuen sich schon darauf, es herauszufinden.

2. **Im Geiste heben Sie die Praline an Ihre Lippen und beißen langsam und genüsslich eine kleine Ecke ab.**

   Die volle, süße Schokolade überzieht Ihre Zunge.

3. **Sie stellen sich vor, ein weiteres Stück abzubeißen, und entdecken die cremige, fruchtige Mitte.**

   Sie haben noch nie einen so vollen und köstlichen und dennoch nicht übertriebenen Geschmack auf der Zunge gehabt. Der süße, aber leicht scharfe Kirschgeschmack überschwemmt Ihren Körper mit Befriedigung.

Konnten Sie die Praline in Ihrer Vorstellung kosten? Vielleicht fanden Sie das einfacher, als den Geruch nachzuempfinden. Wie dem auch sei, Sie können Ihre Fähigkeit, sich einen Geschmack ins Gedächtnis zu rufen, weiter ausbauen, indem Sie es mit diesen Übungen versuchen:

- **Backen Sie frische Brownies.** Na gut, wenn es unbedingt sein muss, können Sie welche kaufen. Kosten Sie einen Brownie zunächst mit der Zungenspitze. Stecken Sie ihn in den Mund und bewegen sie ihn zu den verschiedenen Regionen Ihrer Zunge. Kauen Sie den Brownie und achten Sie darauf, wie sich der Geschmack der Glasur mit dem des Kuchenteigs vermischt.

- **Öffnen Sie eine Dose Ihrer Lieblingssuppe und erhitzen Sie sie.** Gießen Sie ein wenig davon in eine Tasse oder eine Schale. Nehmen Sie einen kleinen Löffel davon in den Mund. Passen Sie auf, dass die Suppe nicht zu heiß ist. Achten Sie darauf, wie die Suppe auf den verschiedenen Regionen Ihrer Zunge schmeckt.

Sie können diese Geschmacksexperimente mit jedem beliebigen Nahrungsmittel machen. Entscheidend ist, dass Sie sich Zeit lassen und sich darauf konzentrieren. Lassen Sie sich den Geschmack auf der Zunge zergehen und achten Sie auf die Nuancen – süß, sauer, bitter oder salzig. Versuchen Sie auch bei diesen Übungen, sich nach etwa einer Minute den Geschmack noch einmal zu vergegenwärtigen. Warten Sie damit nach jeder Übung ein bisschen länger.

Malen Sie im Geiste Bilder

Viele unserer Klienten berichten uns, dass sie von Vorstellungen befürchteter Katastrophen und Unglücke heimgesucht werden. Diese Szenen machen ihnen mehr Angst, als die tatsächlichen Katastrophen es gewöhnlich können. Visuelle Vorstellungen können Ihre Ängste anheizen. Sie können Ihre visuelle Vorstellungskraft aber auch dazu nutzen, Ihre Ängste zu ersticken. Versuchen Sie, sich das folgende Bild in Ihrer Vorstellung auszumalen:

1. **Stellen Sie sich vor, Sie sind im Spätfrühling an einer Berghütte.**

2. **In Ihrer Vorstellung sind Sie den ganzen Tag durch einen Wald gewandert. Jetzt entspannen Sie sich in einem Stuhl draußen vor der Hütte und schauen auf ein herrliches Panorama mit einem See, der von Bergspitzen umringt ist.**

   Der See liegt völlig still. Der dunkelblaue Wasserspiegel reflektiert erstaunlich klar die Bäume und die Berge. Die Sonne versinkt hinter einem Berggipfel und taucht die Wolken in leuchtendes Rot, Orange und Pink. Die Bergspitzen sind noch mit Schnee bedeckt. Dunkelgrüne Tannen erheben sich stolz über einem Teppich aus Tannenzapfen und Nadeln.

Wie sah diese Szene in Ihrer Vorstellung aus? Wenn Sie Ihre visuelle Vorstellungskraft schärfen, werden Sie zum perfekten Augenzeugen. Nehmen Sie sich immer eine Minute Zeit, den Ausblick unmittelbar vor Ihrer Nase genauer unter die Lupe zu nehmen. Es ist ganz egal, was Sie da sehen. Machen Sie sich aus allen Blickwinkeln ein Bild. Achten Sie auf Farben, Strukturen, Formen, Proportionen und Positionen. Schließen Sie danach die Augen. Versuchen Sie, sich die Bilder in Ihrem Kopf zu vergegenwärtigen. Konzentrieren Sie sich auf jede Kleinigkeit. Sie können diese Übung überall und jederzeit machen. Sie brauchen nur ein paar Minuten dafür. Warten Sie nach jeder Übung ein bisschen länger, bevor Sie sich die Bilder im Geiste vergegenwärtigen.

> ### Achtsamkeit: Den Frieden im Augenblick finden
>
> Unsere die Sinne schärfenden Übungen sind eigentlich Teil einer noch wirksameren Strategie zur Überwindung von Ängsten, der *Achtsamkeit* nämlich, mit der wir uns eingehender in Kapitel 16 befassen. Diese Jahrtausende alte Technik, die sowohl in den weltlichen als auch in den religiösen Bereichen des Ostens seit jeher zu Hause ist, verlangt, dass man mit voller Aufmerksamkeit in die Gegenwart eintaucht. Wenn Sie sich ganz auf Ihre unmittelbare Umgebung einlassen, verblassen Vorstellungen von zukünftigen Katastrophen und auch die Angst. Erst vor kurzem hat die Achtsamkeit ihren Weg in die westliche Psychologie gefunden. In den letzten Jahren haben Forscher jedoch entdeckt, dass Achtsamkeitsübungen andere Ansätze der Angstminderung sehr gut ergänzen. Wir empfehlen Ihnen, Ihr Bewusstsein für Ihre Erfahrungen zu schärfen und dann Kapitel 16 zu lesen, um mehr darüber zu erfahren.

Imagination mit allen Sinnen

Die beste und wirksamste geführte Visualisierung beschäftigt mehrere Sinne – nicht unbedingt jedes Mal alle, aber in den meisten Fällen, je mehr, desto besser. Wenn Sie noch nicht so erfahren in der Benutzung eines oder zweier Sinne sind, versuchen Sie, sich auf Ihre besser ausgebildeten Sinne zu konzentrieren. In den folgenden Abschnitten finden Sie einige vorgestellte Szenen zum Ausprobieren, die den größten Teil Ihrer Sinne auffordern, Ihnen eine Erfahrung wieder präsent zu machen.

Wenn Ihnen unsere Szenen gefallen, verwenden Sie sie. Vielleicht wollen Sie eine davon oder beide auf Band aufnehmen. Sie können die Szenen dabei nach Belieben verändern, wenn sie Ihnen dadurch lebendiger im Gedächtnis bleiben oder Sie besser entspannen. Sprechen Sie die folgenden Abschnitte auf Band und verwenden Sie diese Aufnahmen zur Entspannung. Vielleicht können Sie im Hintergrund Meeresgeräusche laufen lassen, während Sie die Übung *Am Strand ausspannen* auf Band aufnehmen. Für die Übung *Eine Waldfantasie* bieten sich Waldgeräusche als Hintergrund an. Man kann entsprechende Bänder oder CDs auch kaufen (siehe Anhang).

Am Strand ausspannen

1. **Stellen Sie sich vor, Sie gehen an einem warmen, sonnigen Tag barfuß am Strand spazieren.**

   Der Sand fühlt sich warm an zwischen Ihren Zehen. Sie fühlen, wie das kalte, erfrischende Wasser über Ihre Füße spült. Sie riechen die klare, salzige Luft und atmen tief ein. Ruhe überkommt Sie.

2. **Sie gehen weiter und kommen zu einer Stelle, an der sich Felsen der Brandung entgegenrecken.**

   Eine Welle kracht auf die Felsen und das Wasser zerstiebt zu einem feinen Nebel. Kleinste Tropfen treffen Ihr Gesicht. Sie fühlen sich herrlich erfrischt.

3. **Möwen gleiten ohne jede Anstrengung hoch über dem Strand, stürzen dann plötzlich zur Wasseroberfläche hinab und streifen die Wellen.**

   Sie wirken wie Akrobaten des Himmels und schweben elegant durch Ihr Blickfeld. Die Wellen und die Möwen bilden zusammen einen beruhigenden Klangteppich. Weiter hinten am Strand wartet bereits ein Holzliegestuhl auf Sie.

4. **Sie schlendern zum Liegestuhl hin und strecken Sie darauf aus.**

   Das Holz ist warm von der Sonne und hat eine weiche Oberfläche.

5. **Wie von Zauberhand steht plötzlich ein kaltes Glas Ihres Lieblingsgetränks auf einem kleinen Beistelltisch.**

6. **Sie nehmen einen Schluck und fühlen, wie die kalte Flüssigkeit Ihren Mund füllt und Ihre Kehle herunterrinnt. Sie fühlen sich erfrischt und zufrieden, gelassen und ruhig.**

7. **Sie lassen den Blick über den Horizont schweifen und sehen in der Ferne ein paar Segelboote.**

   Sie spüren die Wärme der Sonne auf Ihrer Haut. Gleichzeitig streift eine leichte Brise über Ihre Haut und bringt angenehme Kühlung. Sie haben sich noch nie in Ihrem Leben so entspannt gefühlt.

8. **Sie legen sich zurück und schließen die Augen.**

   Sie merken, wie sich alle Muskeln in Ihrem Körper entspannen. Sie fühlen sich schläfrig, aber gleichzeitig auch hellwach. Die Schönheit der Natur erfüllt Sie mit Ehrfurcht und lässt Ihre Sorgen dahinschmelzen.

Eine Waldfantasie

1. **Stellen Sie sich vor, Sie wandern durch einen Wald aus Kiefern und niedriges Gehölz.**

   Die Bäume verströmen ein süßes, scharfes Aroma. Sie hören, wie die Äste im Wind rauschen. Sonnenstrahlen durchdringen die Äste und lassen Schatten über den Boden tanzen.

2. **Ihre Füße federn auf dem weichen Waldboden, der von den über die Jahre gefallenen Nadeln gepolstert wird.**

   In einiger Entfernung hören Sie einen Bach plätschern.

3. **Sie greifen in Ihren Rucksack, nehmen eine Flasche mit kaltem Wasser heraus und trinken einen Schluck.**

   Während Sie trinken, fühlen Sie eine innere Ruhe und beginnen, sich zu entspannen. Sie hören Vögelstimmen in den Baumkronen.

4. **Sie steigen weiter den Berg hinauf. Die Bäume stehen hier nicht mehr so dicht.**

   Sie kommen an einen Bach. Sein klares Wasser umspielt die kleinen Felsen, die in seinem Bett liegen.

5. **Sie bücken sich und halten eine Hand ins Wasser. Es ist kalt, klar und rein.**

6. **Sie benetzen Ihr Gesicht mit dem anregenden Wasser und fühlen sich rein.**

   Ein Stück weiter sehen Sie eine saftige Wiese, die mit Wildblumen übersät ist. Der Duft der Blumen füllt die Luft mit einem süßlichen Aroma.

7. **Sie erreichen einen Platz, an dem das Gras ganz weich ist.**

   Von hier aus können Sie kilometerweit in die Ferne blicken. Die Luft ist klar und rein. Die Sonne wärmt Ihre Haut. Der Himmel ist strahlend blau und ein paar dicke weiße Wolken ziehen vorüber.

8. **Müdigkeit überkommt Sie und Sie legen sich hin.**

   Sie spüren, wie sich Ihr ganzer Körper entspannt. Ihre Alltagssorgen erscheinen Ihnen unwichtig. Nur der Augenblick ist wichtig. Sie genießen es, mit der Erde verbunden zu sein.

Eigene Bilder entwickeln

Jetzt möchten Sie vielleicht eine eigene Bilderreise gestalten. Das kann eine Reise zu einem Ort sein, den Sie schon kennen, oder zu einem Ziel, an dem Sie noch nie waren. Probieren Sie einfach aus, was für Ihre Zwecke am geeignetsten ist. Viele Menschen nutzen die geführte Visualisierung, um besser einschlafen zu können. Andere stützen sich auf diese Bilder, um sich vor einem spannungsreichen Ereignis zu entspannen. Hier sind ein paar nützliche Tipps, wie Sie Ihre eigenen entspannenden Bilder entwickeln können:

- ✔ Entscheidend ist, dass Sie sich wohl fühlen in Ihrer Haut.
- ✔ Seien Sie kreativ. Denken Sie völlig frei und finden Sie eine Szene, in der Sie sich wohlfühlen können.
- ✔ Nutzen Sie mehrere Sinne – je mehr, desto besser.
- ✔ Fügen Sie anschauliche Einzelheiten hinzu. Treffende Adjektive können Sie mit einem Wörterbuch (zum Beispiel im Internet) finden.
- ✔ Gestalten Sie die Szene lang genug. Es dauert eine Weile, bis sich Ihr Körper entspannt.
- ✔ Sie können entspannende Musik oder Klänge abspielen, während Sie die Szene auf Band aufnehmen.
- ✔ Achten Sie darauf, dass Sie entspannende Suggestionen mit einschließen, etwa »Ich fühle mich ruhiger«, »Meine Sorgen schmelzen dahin« oder »Mein Körper fühlt sich gelöst und entspannt an«.
- ✔ Machen Sie sich bewusst, dass ein Bild nicht falsch oder richtig sein kann. Bewerten Sie Ihre Szene nicht.
- ✔ Wenn die Szene bei Ihnen nicht funktioniert, zerbrechen Sie sich nicht weiter den Kopf darüber. Es gibt viele andere Möglichkeiten, sich zu entspannen.

Alles wird gut

Sportler benutzen Bilder, um sich von ihrer Angst vor schlechten Leistungen zu befreien. Darüber hinaus erzeugen viele von ihnen Erfolgsbilder. Eine Turnerin beispielsweise kann sich immer wieder vorstellen, wie sie einen perfekten Abgang vom Schwebebalken schafft. Ein Läufer stellt sich vor, wie er die Schmerzen überwindet und auf den letzten Metern mit langen Schritten den Sieg davonträgt. Einige Studien weisen darauf hin, dass solche bildlichen Vorstellungen Sportlern einen zusätzlichen Kick geben. Eine andere Möglichkeit, Bilder zu nutzen, bietet die vorgestellte Konfrontation von Ängsten. Sie verursacht weit weniger Stress als die tatsächliche Konfrontation. Man stellt sich dabei vor, wie man sich seinen Ängsten stellt. Wie man das im Einzelnen macht, beschreiben wir in Kapitel 8.

Kräuter und Nahrungsergänzungsmittel gegen Ängste

In diesem Kapitel

▶ Professionelle Kräuterberatung

▶ Das Gespräch mit dem Arzt

▶ Gefährliche Kombinationen

▶ Naturheilmittel gegen Ängste

»**N**ur natürliche Inhaltsstoffe!«
»So macht's die Natur!«

Verlockende Werbeslogans wie diese verheißen Gesundheit und sprechen besonders Menschen an, die Angst davor haben, mit synthetischen Medikamenten gegen ihre Ängste vorzugehen, und meinen, Nahrungsergänzungsmittel und natürliche Kräuter könnten Ängste ohne jegliche Nebenwirkungen mindern. Da ist es kein Wunder, dass mehr Vitamine, Kräuter und Nahrungsergänzungsmittel verkauft werden als je zuvor.

In diesem Kapitel erfahren Sie alles über Kräuter, die gegen die Angst gewachsen sind, und Nahrungsergänzungsmittel gegen Ängste. Aber nicht nur das, wir bieten Ihnen auch aktuelle Informationen über die Wirksamkeit dieser Strategien und warnen Sie vor möglichen Gefahren und Nachteilen. Bedenken Sie neben den körperlichen Risiken und Nebenwirkungen auch die am Ende dieses Kapitels kurz genannten psychologischen Effekte, die sich möglicherweise ungünstig auf Ihre Ängste auswirken können.

Informieren Sie Ihren Arzt über alle so genannten natürlichen Produkte, die Sie für oder gegen was auch immer einnehmen. Ihr Arzt ist auf diese Informationen angewiesen, wenn er helfen soll zu verhindern, dass Sie sich unabsichtlich ein gefährliches »Süppchen« zusammenbrauen.

Nahrungsergänzungsmittel

Zu den Nahrungsergänzungsmitteln gehören Vitamine, Aminosäuren, Mineralien, Enzyme, Metaboliten oder Pflanzenstoffe, die angeblich Ihre Gesundheit oder Ihre Körperfunktionen fördern. Solche Nahrungsergänzungsmittel gibt es in vielen verschiedenen Darreichungsformen – Kapseln, Puder, Tabletten, Tees, Tropfen und Säfte und Globuli. Sie können sie im Internet, in Apotheken, Drogerien, Supermärkten oder Bioläden kaufen. Zu den angeblichen Vorteilen der Nahrungsergänzungsmittel zählen die Verbesserung der Immunabwehr, gesünderer Schlaf, stabilere Knochen, eine Stärkung des Sexualtriebs, Krebsheilungen und die Überwindung von Ängsten.

Menschen greifen oft zu Nahrungsergänzungsmitteln, weil sie annehmen, diese seien ungefährlicher als verschreibungspflichtige Medikamente. Das ist nicht grundsätzlich richtig. Nahrungsergänzungsmittel zählen nicht zu den Medikamenten und unterliegen deshalb nicht denselben Kontrollen wie diese. Bevor ein Medikament auf den Markt kommt, müssen Sicherheit, Wirksamkeit, Dosierung und mögliche Nebenwirkungen sowie Wechselwirkungen mit anderen Medikamenten in klinischen Studien nachgewiesen werden. Solche Studien müssen Kräuter nicht durchlaufen. Die einzige Möglichkeit, ein Nahrungsergänzungsmittel vom Markt zu nehmen, besteht darin, dass sich ausreichend viele Konsumenten an der richtigen Stelle über ernste Nebenwirkungen beklagen und die Gesundheitsbehörden zwingen, die Sache zu untersuchen und das Produkt im Extremfall zu verbieten.

Ein weiteres nicht zu unterschätzendes Problem liegt darin, dass gelegentlich nicht für diesen Zweck ausgebildetes Personal Gebrauchsempfehlungen gibt. Zum Glück können Ärzte und professionelle Gesundheitsberater, die sich mit dem richtigen Umgang mit Nahrungsergänzungsmitteln auskennen, Ihnen helfend zur Seite stehen. Die Qualität der Beratung durch das Verkaufspersonal hingegen schwankt enorm. Giselas Geschichte ist gar nicht so ungewöhnlich.

Der junge Verkäufer lächelt, als **Gisela** die Drogerie betritt. Gisela sagt ihm, dass sie einen natürlichen Wirkstoff sucht, der sie etwas ruhiger macht. Sie berichtet von Konzentrationsschwierigkeiten, schlechtem Schlaf und ständiger Nervosität. Der junge Mann nickt und rattert eine ganze Liste Vitamine und Nahrungsergänzungsmittel herunter, die Gisela gegen Stress wappnen, ihre Konzentrationsfähigkeit verbessern und ihre Angstsymptome lindern sollen.

Während er die entsprechenden Fläschchen aus dem Regal nimmt, erklärt er ihr: »Die B-Vitamine bauen Sie auf, Vitamin C schützt vor Infektionen. Hier sind noch ein paar Aminosäuren, Lysin und Tyrosin, und ein Kombipräparat, 5-HTP. Noch ein paar Mineralstoffe: Kalzium, Zink, Kalium und Magnesium. Seetang ist nahrhaft. Melatonin fördert den Schlaf. Ach ja, wie wär's mit SAM-e, das verbessert Ihre Stimmung. Und dann noch die Kräuter: Hopfen, Passionsblume, Baldrian, Zitronenmelisse, Kamille und Kava Kava. Nehmen Sie die mindestens eine Stunde vor dem Essen. Zu denen hier sollten Sie Kohlenhydrate essen, kein Eiweiß. Und die hier müssen Sie vor dem Schlafengehen schlucken.«

Auf dem Kassenzettel stehen stattliche 214 Euro und Gisela fühlt sich ein wenig überfahren. Dennoch macht sie sich auf den Heimweg. Eines Tages läuft sie am Arbeitsplatz aufs Klo und erbricht sich, nachdem sie etwa ein Dutzend Pillen geschluckt hat. Eine besorgte Kollegin fragt, wovon ihr so schlecht sei. Gisela erzählt von den Tabletten, die sie einnimmt. Ihre Kollegin rät ihr, einen in Naturheilkunde ausgebildeten Arzt um Rat zu fragen. Sie erklärt ihr, dass diese eine langjährige Ausbildung und ein strenges Examen hinter sich bringen müssen, bevor man sie auf die Menschheit loslässt.

Gisela sucht also einen Arzt für Naturheilkunde auf, der ihr rät, den größten Teil ihrer Einkäufe in den Müll zu werfen und nur ein Multivitaminpräparat und einen Kräuterwirkstoff zu behalten. Er spricht mit ihr über Entspannungstechniken, Übungen und Selbsthilfebücher. Innerhalb weniger Wochen fühlt sich Gisela wie ein neuer Mensch.

Werner mixt sich einen Zaubertrank

Der Zahltag ist gekommen und **Werners** Kumpel laden ihn auf ein paar Bierchen ein. »Klar«, meint er. »Ich kann zwar nicht lange bleiben, aber gegen ein paar Bierchen ist nichts zu sagen. War 'ne harte Woche.« Werner knabbert ein paar Kartoffelchips und trinkt in eineinhalb Stunden zwei Gläser Bier. Er stolpert, als er vom Barhocker klettert, und der Wirt fragt ihn, ob alles in Ordnung sei. Werner versichert ihm, dass er völlig nüchtern sei. Schließlich hatte er nur zwei Bierchen.

Auf dem Heimweg schwenkt Werner einmal kurz auf die Gegenfahrbahn, korrigiert seinen Fehler aber sofort. Plötzlich hört er hinter sich ein Fahrzeug hupen. Einige Augenblicke später sieht er auch schon das Blaulicht eines Streifenwagens. Verwirrt fährt er auf den Randstreifen. Werner schafft es nicht, auf einer Linie zu gehen, und muss ins Röhrchen pusten. Das Kontrollgerät zeigt 0,4 Promille. Werner ist damit »relativ fahruntüchtig« und darf nicht weiterfahren. Wie kommt das?

Vor einige Zeit hat sich Werner bei seinem Hausarzt über den Stress am Arbeitsplatz beklagt. Der hat ihm ein niedrig dosiertes Angst minderndes Medikament verschrieben und Werner gewarnt, dass er nicht zu viel davon einnehmen solle – er könne abhängig werden, wenn er nicht aufpasse. Werner war zunächst zufrieden mit dem Medikament, es machte ihn etwas gelassener. Dennoch beseitigte es nicht alle unangenehmen Gefühle. Ein Freund empfahl ihm zwei Kräuter, die er ausprobieren sollte. Werner dachte, damit einen guten und natürlichen Weg gefunden zu haben, das verschriebene Medikament zu unterstützen. Sicher konnte er mit Kräutern nichts falsch machen. Jetzt nahm Werner also zwei Angst mindernde Kräuter, ein Medikament und trank dazu noch Alkohol – ein Glück, dass die Polizei ihn aus dem Auto holte. Werner hätte auch einen schweren Unfall verursachen und dabei sich und anderen Schaden zufügen können.

Denken Sie daran: Selbst maßvoller Alkoholkonsum kann im Zusammenwirken mit Angst mindernden Wirkstoffen so stark sedieren (ruhig stellen), dass es zu Ausfallerscheinungen und im Extremfall zum Tode führt. *Seien Sie vorsichtig!*

Es leben die Vitamine!

Chronischer Stress verlangt dem menschlichen Körper einiges ab. Einige Studien ergaben Verbindungen zwischen Stimmungsschwankungen und Vitaminmangel. Möglich ist auch, dass schwere Vitaminmangelerscheinungen Ängste verschlimmern. Viele Fachleute raten daher zu einem guten Multivitaminpräparat. Es sollte in jedem Fall die B-Vitamine enthalten, insbesondere B1, B2, B6 und B12. Empfohlen wird auch eine erhöhte Zufuhr von Vitamin C und Vitamin E. Es scheint Zusammenhänge zu geben zwischen einem niedrigen Selen-Spiegel und Ängsten und depressiven Stimmungen. Und schließlich hört man oft, dass Kalzium eine beruhigende Wirkung haben soll. Dabei meinen viele, dass man Kalzium zusammen mit Magnesium einnehmen soll, weil die beiden Mineralien synergetisch zusammenwirken.

Können Vitamine und Mineralien Ängste heilen? Nein. Sie können Ihren Körper aber in die Lage versetzen, mit dem auf ihn einprasselnden Stress besser fertig zu werden. Achten Sie nur darauf, dass sie nicht zu viel davon schlucken. Auch Vitamine können Sie überdosieren.

Ein Meer von Nahrungsergänzungsmitteln

Nahrungsergänzungsmittel sind als Produktgruppe zwischen Arzneimitteln und Lebensmitteln angesiedelt. Rechtlich werden sie wie Lebensmitteln behandelt. Die Einzelheiten sind in der Nahrungsergänzungsmittelverordnung (NemV) geregelt. Nahrungsergänzungen dürfen in Deutschland keinen therapeutischen Nutzen erfüllen. Insbesondere ist auf Nahrungsergänzungsmitteln ein Hinweis anzubringen, der darauf hinweist, dass sie kein Ersatz für eine ausgewogene und abwechslungsreiche Ernährung sein dürfen, dass die angegebene empfohlene Verzehrmenge nicht überschritten werden darf und dass sie nicht in Reichweite von kleinen Kindern zu lagern sind.

Wenn Sie sich im Internet oder in Drogerien umsehen, finden Sie wahrscheinlich Hunderte Nahrungsergänzungsmittel, die auch als Gegenmittel gegen Angst propagiert werden. Aber wirken sie auch? Nur wenige, die wir kennen. Bei den folgenden sprechen wenigstens einige wenige Fakten dafür, dass sie möglicherweise Ängste mindern.

- ✔ **Melatonin:** Dieses Hormon erreicht um Mitternacht seinen höchsten Spiegel und hilft dabei, den Schlafrhythmus des Körpers zu regulieren. Insbesondere wirkt es sich positiv bei Einschlafproblemen aus (es bahnt den Schlaf an, wie man so schön sagt). Das in den USA frei verkäufliche synthetische Melatonin gilt in Deutschland nicht als Nahrungsergänzungsmittel und ist wegen des fehlenden Unbedenklichkeitsnachweises nicht im Handel. Wohl gibt es Präparate, die im Körper die Melatoninproduktion steigern sollen. Manche Menschen behaupten, dass sie mit Hilfe von Melatonin die mit der Überspringung von Zeitzonen verbundenen Schlafprobleme (Jetlag) mindern können. Auch Menschen, die in Wechselschichten arbeiten, berichten, dass sie sich durch die Einnahme von Melatonin besser an die wechselnden Schlafrhythmen anpassen können.

  Nebenwirkungen wie Schwindel, Reizbarkeit, Müdigkeit, Kopfschmerzen und leichte Depressionen sind möglich. Über die langfristigen Auswirkungen weiß man derzeit noch nichts. In jedem Fall sollte man nicht Autofahren und keinen Alkohol zu sich nehmen, wenn man Melatonin genommen hat.

 Wenn Sie an einer Auto-Immunerkrankung oder unter Depressionen leiden, sollten Sie kein Melatonin einnehmen.

- ✔ **SAM-e:** SAM-e ist eine körpereigene Aminosäure (S-Adenosyl-Methionin), die angeblich bei Arthritis und Fibromyalgie schmerzlindernd wirkt. Möglicherweise unterstützt es die Behandlung von Depressionen und Ängsten. Forschungsergebnisse liegen diesbezüglich jedoch kaum vor. SAM-e scheint den Serotonin- und Dopaminspiegel im Gehirn anzuheben, was theoretisch zur Minderung von Ängsten führen könnte.

Mögliche Nebenwirkungen sind Magen-Darm-Störungen, Nervosität, Schlaflosigkeit, Kopfschmerzen und Ruhelosigkeit. Auch hier ist über die langfristigen Auswirkungen nichts bekannt.

Nehmen Sie kein SAM-e ein, wenn Sie unter bipolaren Störungen oder Depressionen leiden! SAM-e kann manische Zustände auslösen. Das sind gefährliche euphorische Zustände, in denen das Urteilsvermögen herabgesetzt wird und die Risikobereitschaft steigt.

✔ **5-HTP:** Dieses Nahrungsergänzungsmittel ist ein Kombinationspräparat, das den Serotoninspiegel im Gehirn anhebt. Serotonin spielt eine wichtige Rolle bei der Steuerung von Stimmungen und Ängsten. Einiges deutet darauf hin, dass 5-HTP die Ausschüttung der natürlichen Schmerzkiller des Gehirns, der *Endorphine*, anregt. (Mehr über Endorphine können Sie in Kapitel 10 nachlesen.) Leider gibt es noch nicht sehr viele Untersuchungen zu diesem Nahrungsergänzungsmittel. Die vorliegenden Studien legen nahe, dass 5-HTP möglicherweise Ängste in geringem Umfang mindern kann.

Zu den am häufigsten erwähnten Nebenwirkungen zählen Übelkeit, Benommenheit und Mundtrockenheit. Selten treten Kopfschmerzen, Schwindel und Verstopfung auf.

Nehmen Sie kein 5-HTP, wenn Sie bereits ein anderes Antidepressivum einnehmen! Meiden sollten Sie dieses Nahrungsergänzungsmittel auch, wenn Sie einen Tumor oder eine Herz-Kreislauf-Erkrankung haben.

Einige Ärzte, die sich mit alternativer Medizin beschäftigen, empfehlen ihren Patienten häufig Gamma-Aminobuttersäure (GABA). Möglicherweise hat dieses Nahrungsergänzungsmittel eine leicht beruhigende Wirkung, wenn auch kaum Erkenntnisse vorliegen, die diese Behauptung stützen könnten. Auch für die These, dass Magnesium die Blutzirkulation und die Muskelentspannung fördern soll, liegen kaum Beweise vor.

Auf der Suche nach nützlichen Kräutern

In den letzten Jahrzehnten kommen die Menschen in Scharen in Apotheken, Drogerien, Supermärkte und Bioläden und suchen nach sicheren, natürlichen Heilmitteln gegen ihre Ängste. Kräuter versprechen, Stresssymptome ohne etwaige Nebenwirkungen zu reduzieren. Unglücklicherweise werden die meisten Kräuter heute von aufrichtigen und wohlmeinenden Angestellten verkauft, die über ihre Produkte nicht mehr wissen als auf dem Etikett oder den Werbeprospekten der Hersteller steht. Sicher gibt es auch einige wenige Menschen, die aufgrund ihrer Ausbildung über alles Einzelheiten der Kräutertherapie Bescheid wissen, aber auch die arbeiten nicht selten auf der Grundlage einer recht dünnen Faktenlage.

Zwei Kräuter – Kava Kava und Baldrian – scheinen mit Ängsten verbundene Symptome wirksam mindern zu können. In den folgenden Abschnitten, *Kava Kava* und *Baldrian*, machen wir Sie mit den wichtigsten Sicherheitshinweisen oder deren Fehlen und den aktuellen Forschungsergebnissen zu diesen beiden Kräutern bekannt. Der größte Teil der diesbezüglichen Forschung wurde in Europa durchgeführt, wo das Interesse an Kräutern besonders groß ist.

Kava Kava

Die Inselvölker im Südpazifik konsumierten Kava Kava sowohl zum Vergnügen als auch als Heilmittel. Sie behandelten damit zahlreiche Beschwerden, darunter Fettsucht, Syphilis und Gonorrhö. Das interessiert uns hier aber weniger. Andere Anwendungsbereiche waren nämlich die Förderung der Entspannung, die Bekämpfung von Schlaflosigkeit und die Reduzierung von Ängsten. In Europa wird Kava Kava deshalb oft gegen Ängste eingesetzt. Es scheint auf das zentrale Nervensystem einschließlich des limbischen Systems zu wirken und reguliert das Gefühlsleben.

Wirksamkeit

Studien zur Wirksamkeit von Kava Kava scheinen den Eindruck der Inselbewohner zu unterstützen, dass der enthaltene Wirkstoff Ängste mindern und möglicherweise Schlaflosigkeit beheben kann. Einige relativ solide Studien haben Kava Kava verschreibungspflichtigen Anti-Angst-Medikamenten gegenübergestellt und sind zu durchweg positiven Ergebnissen gelangt.

Dosierung

Diejenigen Probanden, die im Rahmen von Studien von Kava Kava profitierten, nahmen etwa 300 mg eines standardisierten Extrakts mit einem 70-prozentigen Anteil von Kavalactonen (so bezeichnet man den mutmaßlichen Wirkstoff von Kava Kava) ein, also täglich 210 mg Kavalactone, die auf zwei bis drei Tagesdosen verteilt wurden.

Sie sollten wissen, dass frei verkäufliche Kava-Kava-Produkte einen weit geringeren prozentualen Anteil Kavalactone enthalten. Sie müssen deshalb auf der Grundlage des angegebenen Wirkstoffanteils die Einnahmedosis selbst errechnen. Leider ist der Wirkstoffanteil nicht immer auf dem Etikett angegeben. Sie sollten nur solche Kava-Kava-Produkte kaufen, bei denen der prozentuale Anteil von Kavalactonen angegeben ist. Auf Tees und Getränken finden sich dazu selten Angaben. Es überrascht nicht, dass in diesen Getränken in der Regel so wenig Wirkstoff enthalten ist, dass an eine Angst mindernde Wirkung nicht im Entferntesten zu denken ist.

Gegenanzeigen

Nehmen Sie kein Kava Kava, wenn Sie schwanger sind, stillen, an Parkinson erkrankt sind oder eine Lebererkrankung haben. Darüber hinaus gibt es Wechselwirkungen mit Alkohol und Angst mindernden Medikamenten. Aufgrund der möglicherweise auftretenden Müdigkeit sollten Sie nicht Auto fahren oder Maschinen bedienen. Nehmen Sie Kava Kava nicht über längere Zeit (länger als vier bis acht Wochen) in höheren Dosen ein. Gewohnheitsmäßiger Kava-Kava-Konsum kann zu Hautverfärbungen und allergischen Hautreaktionen mit trockener, schuppender Haut führen.

Im Juni 2002 hat das Bundesinstitut für Arzneimittel und Medizinprodukte die Zulassung für alle Kava-Kava-haltigen Arzneimittel widerrufen, nachdem es bei Patienten, die derartige Medikamente über längere Zeit einnehmen, zum Teil zu schweren gesundheitlichen Schäden gekommen war. Es wird vermutet, dass diese auf Inhaltsstoffe der Kava-Kava-Wurzel zurückzuführen sind. Ausgenommen von dem Widerruf sind nur homöopathische Arzneimittel, bei denen der Kava-Kava-Anteil sehr klein ist.

Baldrian

Baldrian ist ein in Europa und Asien vorkommendes Kraut. Sein lateinischer Name *Valeriana* bedeutet so viel wie *Gesundheit* und *Wohlbefinden*. Baldrian wird angewendet bei Verdauungsproblemen, Schlaflosigkeit und Ängsten. Wie viele andere Kräuter wird Baldrian sehr häufig in Europa angewandt, erfreut sich aber auch in den USA zunehmender Beliebtheit.

Wirksamkeit

Einige Studien mit Plazebo-Kontrollgruppen legen nahe, dass Baldrian bei unter Schlaflosigkeit leidenden Menschen die Schlafqualität verbessert. Eine Studie verglich Baldrian mit einem verschreibungspflichtigen Schlafmittel (Oxazepam) und kam zu dem Ergebnis, dass beide gleichermaßen wirksam waren. Es liegen auch überwachte Studien vor, die eine Verwendung von Baldrian bei der Behandlung von Ängsten befürworten. Da die Anzahl dieser Studien aber relativ gering ist, muss man den Wert von Baldrian bei der Schlafförderung als höher bezeichnen als den bei der Therapie von Ängsten.

Dosierung

Es gibt derzeit keine Empfehlungen für die Dosierung von Baldrian im Rahmen der Behandlung von Ängsten. Bei Schlaflosigkeit wird eine Dosis zwischen 400 und 900 mg empfohlen. Da Baldrian in Deutschland nach Arzneibuchvorschrift hergestellt wird, ist eine Mindestqualität und -reinheit der im Handel befindlichen Baldrianprodukte in der Regel gesichert.

Und wie steht es mit anderen Heilkräutern?

In vielen Büchern, Zeitschriften und Geschäften werden zahlreiche Heilkräuter-Produkte als sichere und wirksame Mittel angepriesen. Seien Sie vorsichtig: Viele Kräuter sind noch nicht hinreichend auf ihre Wirksamkeit und Unbedenklichkeit untersucht worden. Lassen Sie im Zweifelsfall lieber die Finger davon, denn es gibt so viele andere Angst mindernde Mittel und Strategien ohne gefährliche Nebenwirkungen.

 Es gibt so gut wie keine Forschungsergebnisse zur Wirkung von Kräutern bei Schwangeren und stillenden Müttern. Das liegt daran, dass niemand das Risiko eingehen möchte, ein ungeborenes oder neugeborenes Kind zu schädigen. Am besten meiden Sie alle Kräuterprodukte (von Gewürzen einmal abgesehen), wenn sie schwanger sind oder stillen. Zumindest sollten Sie Ihren Arzt um Rat fragen, bevor Sie Heilkräuter oder Nahrungsergänzungsmittel zu sich nehmen. Es gibt einfach zu wenig Informationen, um das Risiko einigermaßen verlässlich einschätzen zu können.

Auf der anderen Seite sind wir der Meinung, dass Sie sich keine übermäßigen Sorgen machen müssen, wenn Sie ab und zu Kräutertees trinken. Die meisten dieser Tees enthalten relativ kleine Mengen des jeweiligen Wirkstoffs und stellen wahrscheinlich keine Gefahr dar. Wenn Sie jedoch tatsächlich Ihre Ängste mit Hilfe von Kräutern und Nahrungsergänzungsmitteln bekämpfen wollen, greifen Sie auf die zurück, deren mutmaßliche Angst mindernde Wirkungen am besten durch Untersuchungen belegt sind. Einen groben Überblick bietet Ihnen Tabelle 14.1.

Kraut	Forschungsstand	Gefahren
Kamille	Zu geringe Erkenntnisse, um verlässliche Aussagen über die wirksame Minderung von Ängsten zu machen.	Selten sind schwere allergische Reaktionen möglich. Menschen mit ausgeprägter Ambrosienallergie sollten Kamille meiden.
Gingko Biloba	Zu geringe Erkenntnisse, um verlässliche Aussagen über die wirksame Minderung von Ängsten zu machen. Einige Ergebnisse deuten auf eine Verbesserung des Kurzzeitgedächtnisses und der Denkfähigkeit hin. Möglicherweise hilfreich bei leichten Ausprägungen von Alzheimer und Demenz.	Zu den möglichen Nebenwirkungen gehören Magenprobleme, Angstzustände, Schlaflosigkeit und eingeschränkte Blutgerinnung. Nehmen Sie keine anderen Blutverdünnungsmittel. Nicht vor oder nach Operationen einnehmen.
Zitronenmelisse	Soll nach allgemeiner Aussage Ängste und körperliche Anspannungen mindern. Kaum durch entsprechende Studien belegt.	Scheint relativ harmlos zu sein.
Hopfen	Wird bei Unruhezuständen und Schlaflosigkeit eingesetzt. Kaum durch entsprechende Studien belegt.	Nicht einnehmen bei Depressionen.
Ginseng	Wird oft bei Stress und Müdigkeit empfohlen. Auch wenn viele Konsumenten darauf schwören, konnte die Wirksamkeit bisher nicht wissenschaftlich belegt werden. Einige Studien legen nahe, dass man sich nach der Einnahme wohler fühlt.	Bei Menschen, die Ginseng-Präparate gewohnheitsmäßig und hochdosiert einnehmen, wurde von Bluthochdruck, Erregungszuständen und Schlaflosigkeit berichtet. Es kann zu Wechselwirkungen mit verschiedenen Medikamenten kommen. Ziehen Sie Ihren Arzt oder Apotheker zu Rate, wenn Sie Medikamente nehmen.

14 ➤ Kräuter und Nahrungsergänzungsmittel gegen Ängste

Kraut	Forschungsstand	Gefahren
Johanniskraut	Wird gewöhnlich bei Depressionen empfohlen, aber auch zur Minderung von Ängsten eingesetzt. Einige Studien weisen darauf hin, dass eine gewisse Wirksamkeit bei Depressionen gegeben ist. Die Wirksamkeit bei Ängsten ist nicht ausreichend untersucht, wenn man auch sagen muss, dass die meisten Antidepressiva in einem gewissen Maße auch Ängste mindern.	Finger weg, wenn Sie bereits andere Antidepressiva nehmen! Mögliche Nebenwirkungen sind eine gesteigerte Sonnenempfindlichkeit, Magenprobleme, Rastlosigkeit und Kopfschmerzen. Kann unangenehme Wechselwirkungen mit Wein oder Käse auslösen.

Tabelle 14.1: Kräuter, die Hoffnung machen

Die Menschheit arbeitet schon seit Jahrtausenden mit Heilkräutern. Einige davon wirken. Es lässt sich nicht leugnen, dass viele verschreibungspflichtige Medikamente auf der Grundlage von Kräutern entwickelt wurden. Vielleicht möchten Sie ein oder zwei Kräuter auf Ihre Ängste loslassen. Wir empfehlen Ihnen, sich vorher ausführlich über die betreffenden Kräuter zu informieren, bevor Sie sie im Fachhandel kaufen und anwenden.

Wenn Sie unter schweren Ängsten leiden, sollten Sie sich nicht ausschließlich auf Kräuter verlassen. Lassen Sie sich von einem Arzt, Psychologen oder Psychiater über Therapiemöglichkeiten beraten. Unangemessen behandelte Ängste sind ein schwerwiegendes Problem.

Mal abgesehen von den Risiken und Nebenwirkungen

In diesem Kapitel wurden die verschiedenen erhältlichen Heilkräuter hinsichtlich ihrer – zum Teil noch fraglichen – Wirkung, aber auch hinsichtlich ihrer körperlichen Risiken und Nebenwirkungen vorgestellt. In punkto Ängste gibt es aber noch ein gewichtiges weiteres Problem, das hier nicht unerwähnt bleiben soll. Heilkräuter können ebenso wie »richtige« Medikamente dazu beitragen, dass die Ängste langfristig aufrechterhalten und immer chronischer werden. Auch wenn manche Mittel eine kurzfristige Linderung unangenehmer Gefühlszustände erreichen können, besteht nämlich die Gefahr, dass der Körper langfristig »lernt«, dass solche Probleme mit äußeren Hilfsmitteln reduziert werden und sich umso stärker mit Angstsymptomen meldet, wenn solche Hilfsmittel einmal nicht zur Hand sind. So kann sich gewissermaßen eine psychische Abhängigkeit entwickeln (sogar dafür, die Mittelchen immer bei sich zu tragen, auch wenn sie fast nie eingenommen werden).

Experten für Angststörungen betonen immer wieder, dass die beste Methode gegen Ängste ist, *sich ihnen zu stellen, und nicht, sie zu vermeiden*! Vermeidung hilft kurzfristig, führt aber langfristig stets zu einer Stabilisierung der Ängste. Medikamente und pflanzliche Mittel gegen Ängste können aber meistens als eine Art Vermeidungsstrategie aufgefasst werden (selbst, wenn sie nur »zur Sicherheit« stets bei sich getragen werden). Wundern Sie sich also nicht, dass Psychotherapeuten davon in der Regel strikt abraten!

Innerer Frieden auf Rezept

In diesem Kapitel

▶ Entscheiden Sie, ob Sie Medikamente nehmen wollen

▶ Lernen Sie die Alternativen kennen

▶ Alte und neue Medikamente auf dem Markt

▶ Nebenwirkungen versus Nutzen

Unser Wissen über Gefühle, psychische Krankheiten und die chemischen Abläufe im Gehirn ist in den letzten Jahrzehnten geradezu explosionsartig angewachsen. Wissenschaftler können Veränderungen im Gehirn erkennen, die im Zusammenhang mit vielen psychischen Störungen auftreten. Auf solche Störungen des chemischen Gleichgewichts zielen neue und alte Medikamente, die für die Patienten sowohl Vorteile als auch Nachteile bringen.

Dieses Kapitel soll Ihnen eine fundierte Entscheidung ermöglichen, ob Sie Medikamente gegen Ihre Ängste einnehmen wollen oder nicht. Wir informieren Sie über die gängigsten verschreibungspflichtigen Medikamente und einige ihrer häufigsten Nebenwirkungen. Nur Sie können, zusammen mit Ihrem Arzt oder behandelnden Psychologen oder Psychiater, entscheiden, was für Sie das Beste ist.

Soll ich oder soll ich nicht?

Die Entscheidung für oder wider Angst mindernde Medikamente bringt einige Fragen mit sich, die es zu beantworten gilt. Eine solche Entscheidung sollte man nicht auf die leichte Schulter nehmen. Sie sollten in jedem Fall Ihren behandelnden Therapeuten (falls Sie einen haben) und Ihren Arzt zu Rate ziehen. Bevor Sie sich entscheiden, beantworten Sie die folgende Frage: Was habe ich getan, um meine Ängste zu mindern? Haben Sie dieses Buch gelesen und versucht, den Empfehlungen nachzukommen? Haben Sie

✔ Hindernisse aus dem Weg geräumt, die wichtigen Veränderungen im Wege stehen? (Siehe Kapitel 3.)

✔ Ihre Sorgen eine Zeit lang beobachtet und verfolgt? (Siehe Kapitel 4.)

✔ Ihre angstvollen Gedanken, Annahmen und Ihr Vokabular hinterfragt? (Siehe die Kapitel 5, 6 und 7.)

✔ sich Ihren Ängsten gestellt? (Siehe Kapitel 8.)

✔ Ihr Leben vereinfacht? (Siehe Kapitel 9.)

✔ sich mehr Bewegung verschafft? (Siehe Kapitel 10.)

✔ versucht, Ihre Schlafqualität zu verbessern? (Siehe Kapitel 11.)

✔ versucht, sich zu entspannen? (Siehe Kapitel 12 und 13.)

✔ sich in Achtsamkeit geübt? (Siehe Kapitel 16.)

Von einigen wichtigen Ausnahmen abgesehen, auf die wir in diesem Kapitel noch kommen, empfehlen wir Ihnen, die vorstehende Liste sorgfältig durchzugehen, bevor Sie Medikamente einnehmen. Warum? Zunächst einmal legen einige Forschungsergebnisse nahe, dass bestimmte Medikamente die langfristige Wirksamkeit selbst der erfolgreichsten Therapien gegen Ängste beeinträchtigen. Das gilt besonders bei den Techniken zur Konfrontation von Phobien und Ängsten (siehe Kapitel 8). Und wenn Sie die oben aufgeführten Strategien ausprobieren, werden Sie wahrscheinlich feststellen, dass Sie keine Medikamente brauchen. Viele der hier empfohlenen Strategien gegen Ängste geben Ihnen das Werkzeug in die Hand, mit dem Sie Veränderungen langfristig festigen und Ihr ganzes Leben zum Positiven wenden können.

Nachteile von Medikamenten

Bei jeder wichtigen Entscheidung gilt es, beide Seiten zu überdenken. Medikamente haben zweifelsohne Vorteile, aber auch Nachteile. Zu den Nachteilen gehören:

✔ **Abhängigkeit:** Manche Medikamente können zu einer körperlichen und/oder psychischen Abhängigkeit führen. Es kann schwierig werden, von solchen Medikamenten wieder loszukommen, manchmal sogar gefährlich, wenn man es nicht richtig macht. Dies ist zum Beispiel bei den »klassischen« Tranquilizern, den Benzodiazepinen (siehe unten) der Fall. Entgegen der landläufigen Meinung gibt es aber auch viele Medikamente, bei denen nicht die Gefahr einer Abhängigkeit besteht, so zum Beispiel bei regelmäßig ordnungsgemäß eingenommenen Antidepressiva.

✔ **Langfristige Auswirkungen:** Bei neuen Medikamenten wissen wir nicht wirklich, wie sie sich bei langfristiger Einnahme auswirken können.

✔ **Philosophie:** Manche Menschen haben eine starke Abneigung gegen die Einnahme von Medikamenten. Dagegen ist, bis zu einem gewissen Punkt, nichts zu sagen.

✔ **Schwangerschaft und Stillen:** Es gibt nur wenige Medikamente, die man Schwangeren oder stillenden Müttern getrost verabreichen kann. Die möglichen Auswirkungen auf den Fötus oder das Baby bergen einfach ein zu hohes Risiko.

✔ **Nebenwirkungen:** Die meisten Medikamente haben Nebenwirkungen wie Übelkeit, Kopfschmerzen, Schwindel, Mundtrockenheit und sexuelle Funktionsstörungen. Es kann einige Zeit dauern, bis Sie zusammen mit Ihrem Arzt das für Sie richtige Medikament gefunden haben – ein Medikament, das Ihre Angst mindert und nicht allzu gravierende Nebenwirkungen hat.

Vorteile von Medikamenten

Manchmal ist es sinnvoll, Medikamente zu nehmen. Für die Abwägung der Vor- und Nachteile ist es wichtig, dass Sie auch die Vorteile kennen:

✔ Wenn zu Ängsten schwere Depressionen hinzukommen, können Medikamente schneller zu einer Erleichterung führen, besonders wenn die Betroffenen selbstmordgefährdet sind.

✔ Wenn Ängste sich gravierend auf Ihr Leben auswirken, können Medikamente manchmal schneller Erleichterung bringen als eine Therapie oder Änderungen der Lebensumstände. Solche gravierenden Auswirkungen sind etwa:

- Häufige **Panikattacken** führen dazu, dass Sie öfter in der Notaufnahme landen.
- **Ängste**, die so intensiv sind, dass Sie nicht mehr zur Arbeit gehen oder wichtige Ereignisse in Ihrem Leben versäumen.
- **Zwänge und Zwangsgedanken** (siehe Kapitel 2), die Ihr Leben kontrollieren und den größten Teil Ihrer Zeit beanspruchen.

✔ Wenn Sie die in diesem Buch empfohlenen Strategien ausprobiert und einen qualifizierten Therapeuten um Rat gefragt haben (wie man einen guten Therapeuten findet, erläutern wir in Kapitel 22) und dennoch unter starken Ängsten leiden.

✔ Wenn Ihr Arzt Ihnen sagt, dass Sie aufgrund körperlichen Zustände, etwa einem gefährlich hohen Blutdruck, Ihre Stressreaktionen herunterfahren müssen, kann ein blutdrucksenkendes Medikament Ihren Stress mindern und Ihnen einige zusätzliche Lebensjahre schenken.

✔ Wenn Sie aus heiterem Himmel ein Trauma erleben, kann eine kurzfristige Einnahme des richtigen Medikaments Ihnen helfen, damit fertig zu werden. Traumata, die die meisten Menschen irgendwann in ihrem Leben durchmachen, sind etwa:

- Der plötzliche Tod eines geliebten Menschen
- Ein unerwarteter Unfall
- Eine schwere Krankheit
- Eine unvorhersehbare finanzielle Katastrophe
- Eine Naturkatastrophe wie ein schwerer Sturm oder ein Hochwasser
- Opfer eines Verbrechens werden
- Zeuge einer Katastrophe werden

Johns Geschichte ist ein gutes Beispiel dafür, wie Medikamente Menschen über eine vorübergehende schwierige Zeit hinweghelfen können.

John arbeitete nur ein paar Blocks vom World Trade Center entfernt. Am 11. September hörte er die erste Explosion und verließ sein Büro, um nachzusehen, was da los ist. Er sah eine riesige Rauchwolke auf sich zukommen und sah mit Schrecken, wie Menschen sich aus den

Fenstern der Türme stürzten. Zusammen mit vielen anderen Menschen rannte er, so schnell er konnte, um den sich ausbreitenden Rauchwolken und Schuttmassen zu entkommen und blieb körperlich unverletzt.

In den Wochen und Monaten nach diesem erschütternden Ereignis hatte John Probleme mit dem Schlafen. Er konnte die schrecklichen Bilder einfach nicht aus seinem Kopf verdrängen. Er war schreckhaft und nervös und konnte sich kaum überwinden, arbeiten zu gehen. Sein Arzt erklärte ihm, dass er an einer akuten Belastungsstörung litt und eine Therapie angeraten sei, wenn die Symptome in den nächsten Monaten nicht abklängen. Jetzt würde ihm die Einnahme eines Antidepressivums schnell Erleichterung verschaffen und verhindern, dass sich ein chronischer Zustand entwickelte.

Möglichkeiten der Medikation

Heutzutage stehen den Ärzten zahlreiche Medikamente für die Behandlung von Angststörungen zur Verfügung. Allenthalben kommen neue Medikamente und medizinische Anwendungen auf den Markt. Erwarten Sie bitte nicht, dass wir hier eine komplette Liste aller für die Behandlung von Ängsten vorgesehenen Medikamente liefern. Wir wollen mit diesem Buch auch keinesfalls die professionelle ärztliche Beratung ersetzen.

Wenn Sie Ihren Arzt nach einem Medikament fragen wollen, sollten Sie vorher die folgenden wichtigen Fragen klären. Sprechen Sie mit Ihrem Arzt über diese Punkte, um eine mögliche Gefährdung Ihrer Gesundheit zu vermeiden. Sagen Sie Ihrem Arzt in jedem Fall, ob sie

- ✔ schwanger sind oder vorhaben, schwanger zu werden
- ✔ stillen
- ✔ Alkohol trinken
- ✔ andere verschreibungspflichtige Medikamente nehmen
- ✔ andere nicht verschreibungspflichtige Medikamente nehmen
- ✔ Kräuterheilmittel oder Nahrungsergänzungsmittel zu sich nehmen
- ✔ gesundheitliche Probleme wie Bluthochdruck, Lebererkrankungen, Diabetes oder Nierenerkrankungen haben
- ✔ in der Vergangenheit auf Medikamente empfindlich reagiert haben
- ✔ Allergien haben
- ✔ die Pille nehmen (einige Angst reduzierende Medikamente schränken ihre Wirksamkeit ein)

Die meisten gegen Ängste verschriebenen Medikamente gehören zu einer der folgenden Gruppen, auf die wir, neben einigen anderen Medikamenten, im Folgenden näher eingehen werden:

- ✔ Antidepressiva
  - • Trizyklische Antidepressiva
  - • Monoaminooxidase-Hemmer (MAO-Hemmer)
  - • Serotonin-Wiederaufnahmehemmer
- ✔ Benzodiazepine (leichte Tranquilizer)
- ✔ Verschiedene Tranquilizer
- ✔ Betablocker

Es wird Ihnen aufgefallen sein, dass einige dieser Gruppen sich merkwürdig anhören, Antidepressiva beispielsweise, mit denen man Depressionen behandelt, und Betablocker, die eigentlich für die Behandlung von Bluthochdruck konzipiert wurden, ordnet man auf den ersten Blick nicht der Behandlung von Ängsten zu. Wir werden Ihnen aber zeigen, dass sie bei bestimmten Angsttypen eine wichtige Rolle spielen.

Antidepressiva

Antidepressiv wirkende Medikamente werden schon seit Jahrzehnten bei der Behandlung von Ängsten eingesetzt. Das ist insofern interessant, als Ängste und Depressionen oft Hand in Hand gehen. Dazu scheinen beide Probleme, was die biologischen Grundlagen betrifft, einige Ähnlichkeiten aufzuweisen.

MAO-Hemmer

MAO-Hemmer gehören zu den ältesten Antidepressiva. Sie hemmen eine Substanz, die wichtige Neurotransmitter im Gehirn oxidiert. Dadurch bleiben mehr dieser Neurotransmitter für die wirksame Steuerung der Stimmung erhalten. MAO-Hemmer werden nicht sehr häufig verschrieben, weil sie gravierende Nebenwirkungen haben. Die gefährlichste Nebenwirkung kann auftreten, wenn die Betroffenen Nahrungsmittel zu sich nehmen, die Tyramin enthalten. Dies kann zu einer akuten Blutdruckerhöhung führen, die so gravierend ausfällt, dass es zu einem Schlaganfall kommen kann oder der Betroffene stirbt.

Unglücklicherweise enthalten viele Nahrungsmittel Tyramin, darunter die folgenden:

- ✔ Avocados
- ✔ Bier
- ✔ Käse
- ✔ Salami
- ✔ Soja
- ✔ Tomaten
- ✔ Wein

Dennoch können MAO-Hemmer eine Zuflucht bieten, wenn andere Antidepressiva nicht wirken. Wenn Ihr Arzt Ihnen ein solches Medikament verschreibt, wird er einen guten Grund dafür haben. Achten Sie aber in jedem Fall darauf, was Sie essen, und meiden Sie die oben aufgezählten Nahrungsmittel – und lassen Sie sich von Ihrem Arzt über die Wechselwirkungen zwischen dem MAO-Hemmer und anderen Substanzen bzw. der Nahrung genau informieren!

Trizyklische Antidepressiva

Trizyklische Antidepressiva verlängern den Zeitraum, über den der Neurotransmitter Norepinephrin den Nervensynapsen zur Verfügung steht. Bis sie ihre optimale Wirksamkeit entfalten, können zwei bis hin zu zwölf Wochen ins Land gehen. Manche Patienten erleben während der Einnahme trizyklischer Medikamente vorübergehend gesteigerte Angst. Wegen der Nebenwirkungen, die Ängste und Erregungszustände verstärken können, brechen etwa 30 Prozent der Patienten die Einnahme ab.

Aus diesem Grund verschreiben viele Ärzte Medikamente gegen Angststörungen zunächst in niedrigen Dosen und steigern die Dosis dann langsam. Auf diese Weise kann sich der Körper erst einmal an minimale Nebenwirkungen gewöhnen. Durch die langsame Steigerung werden die negativen Reaktionen so gering wie möglich gehalten. Es kann schon eine Weile dauern, bis die optimale Dosis erreicht ist, aber die Wahrscheinlichkeit ist groß, dass die Patienten das Medikament so eher vertragen.

Selbst bei vorsichtiger Dosierung können trizyklische Medikamente beträchtliche Nebenwirkungen entfalten, darunter Schwindel, Gewichtszunahme, Mundtrockenheit, verschwommenes Sehen und Verstopfung. Einige dieser Nebenwirkungen verschwinden mit der Zeit, viele dauern jedoch mehrere Wochen an. Seit es die Serotonin-Wiederaufnahmehemmer gibt, haben die trizyklischen Medikamente an Popularität eingebüßt, weil Erstere weniger Nebenwirkungen haben. Zu den gebräuchlichen trizyklischen Medikamenten zählen zum Beispiel Insidon, Saroten, Stangyl, Tofranil oder auch Anafranil (das speziell bei Zwangsstörungen und Panikstörungen verschrieben wird, weil es einen anderen Wirkmechanismus aufweist als die anderen trizyklischen Medikamente).

Serotonin-Wiederaufnahmehemmer

Serotonin-Wiederaufnahmehemmer (SSRI) erschienen etwa 30 Jahre nach den trizyklischen Medikamenten auf dem Markt. Die Psychiater waren wegen der Nebenwirkungen der trizyklischen Medikamente und der MAO-Hemmer frustriert, aber es gab keine vernünftige Alternative. Die Pharmaindustrie arbeitete fieberhaft daran, bessere Optionen anbieten zu können.

Den ersten Preis in diesem Wettbewerb errang dann Ende der 1980er Jahre Prozac, gefolgt von einer Schar ähnlicher Medikamente. Die Serotonin-Wiederaufnahmehemmer erhöhen den Spiegel des wichtigen Neurotransmitters Serotonin an den Nervensynapsen, indem sie die Wiederaufnahme des Serotonins in die Nervenzellen verhindern. Sie sollten wissen, dass auch die Serotonin-Wiederaufnahmehemmer immer noch erwähnenswerte Nebenwirkungen haben, auch wenn diese schwächer ausfallen und mit der Zeit nachlassen. Die Überlegenheit der SSRI gegenüber älteren Antidepressiva in punkto Nebenwirkungen ist nicht so deutlich, wie zunächst angenommen (und natürlich auch durch die Werbetrommel der Pharmaindustrie propagiert).

Wie andere Antidepressiva auch, bieten Serotonin-Wiederaufnahmehemmer bei verschiedenen Angststörungen wirksame Behandlungsmöglichkeiten. Tabelle 15.1 gibt Ihnen einen Überblick über die bekanntesten Serotonin-Wiederaufnahmehemmer. Ärzte verschreiben sie gegen

- ✔ Agoraphobie
- ✔ Generalisierte Angsterkrankungen
- ✔ Zwangsstörungen
- ✔ Panikattacken und Panikstörungen
- ✔ Posttraumatische Belastungsstörungen
- ✔ Spezifische Phobien
- ✔ Soziale Phobie

Bei posttraumatischen Belastungsstörungen sind die Serotonin-Wiederaufnahmehemmer das Medikament der ersten Wahl.

Handelsname	Häufigste Nebenwirkungen	Gegenanzeigen
Cipramil	Kopfschmerzen, Zittern, Sedierung, abnorme Träume, Übelkeit, Schweißausbrüche, Mundtrockenheit und Ejakulationsstörungen	Nehmen Sie Cipramil nicht mit einem anderen Antidepressivum oder Johanniskraut-Produkten ein. Das könnte tödlich sein.
Luvox, Fevarin	Kopfschmerzen, Benommenheit, Schwindel, Krämpfe, Übelkeit, Leberschäden, Abnahme der Libido und Schweißausbrüche	Tödliche Reaktionen sind bei der Einnahme zusammen mit MAO-Hemmern bekannt. Nicht zusammen mit anderen Antidepressiva oder Johanniskraut-Produkten einnehmen. Luvox verstärkt die Wirkung von Kava Kava. Die Wirksamkeit wird durch Rauchen und Trinken eingeschränkt.
Paroxat, Seroxat	Kopfschmerzen, Sedierung, Zittern, Übelkeit, Schweißausbrüche und Abnahme der Libido	Tödliche Reaktionen sind bei der Einnahme zusammen mit MAO-Hemmern bekannt. Nicht zusammen mit anderen Antidepressiva oder Johanniskraut-Produkten einnehmen. Kann in Zusammenwirkung mit Warfarin Blutungen verstärken.
Fluctin (in den USA: Prozac)	Kopfschmerzen, Nervosität, Schlaflosigkeit, Zittern, Übelkeit, Durchfall, Mundtrockenheit, Schweißausbrüche und Abnahme der Libido	Nicht zusammen mit anderen Antidepressiva oder Johanniskraut-Produkten einnehmen. Kann zu einer Verstärkung von Zwangsstörungen führen, wenn es zusammen mit Buspiron genommen wird.

Handelsname	Häufigste Nebenwirkungen	Gegenanzeigen
Zoloft, Sertralin	Kopfschmerzen, Schlaflosigkeit, Erregungszustände, sexuelle Störungen bei Männern, Durchfall, Übelkeit, Verstopfung, Zittern und Müdigkeit	Tödliche Reaktionen sind bei der Einnahme zusammen mit MAO-Hemmern bekannt. Nicht zusammen mit anderen Antidepressiva oder Johanniskraut-Produkten einnehmen.

Tabelle 15.1: Beliebte Serotonin-Wiederaufnahmehemmer

Rettung für das Sexualleben?

Viele Angst und Depressionen mindernde Medikamente wirken sich auf die Libido und die Orgasmusfähigkeit aus. Am verheerendsten sind da die Serotonin-Wiederaufnahmehemmer. Viele Patienten, die diese Medikamente einnehmen, sind so froh darüber, dass sie weniger Angst haben, dass sie zögern, sich bei ihrem Arzt über diese Nebenwirkung zu beklagen. Anderen ist es einfach peinlich, über dieses Thema zu reden. Sie sollten wissen, dass diese Nebenwirkung sehr verbreitet auftritt. Ihr Arzt hat sicher schon viele Patienten von diesem Problem berichten hören. Sprechen Sie Ihren Arzt darauf an – es gibt keinen Grund, sich zu schämen. Einige Medikamente haben weniger ausgeprägte Nebenwirkung. Es könnte also sein, dass Ihr Arzt Ihnen vorschlägt, das Medikament zu wechseln. Eine Alternative sind Medikamente wie Viagra, mit denen man diese Nebenwirkungen gezielt behandeln kann. Wenn Sie mit Ihrem Arzt sprechen, können Sie gemeinsam mit ihm eine Lösung finden.

Benzodiazepine

Die unter dem Namen Tranquilizer besser bekannten Benzodiazepine tauchten zum ersten Mal vor über 40 Jahren auf. Zunächst schienen sie die perfekten Medikamente für zahlreiche Angststörungen zu sein. Anders als Antidepressiva wirken sie schnell und beheben die Symptome innerhalb von 15 bis 20 Minuten. Darüber hinaus können sie bei Bedarf genommen werden, wenn man beispielsweise mit einer besonderen Angst auslösenden Situation fertig werden muss, etwa bei einer Phobie, einer Rede oder einem Vorstellungsgespräch. Auch die Nebenwirkungen sind in der Regel weniger störend als bei Antidepressiva. Und noch 20 Jahre nach ihrer Einführung wurden sie auch im Einsatz als Schlafmittel als sicherer betrachtet als Barbiturate, weil die Gefahr einer Überdosierung geringer war. Schnell wurden die Benzodiazepine zur Standardtherapie bei den meisten Angststörungen. Ihre Wirkung scheinen sie dadurch zu entfalten, dass sie im Gehirn eine Substanz verstärken, die die Erregbarkeit der Nervenzellen hemmt. Was könnte besser sein?

Es stellte sich allerdings heraus, dass Benzodiazepine doch problematisch sind. Es gibt eben keine perfekten Lösungen. Ein beträchtliches Risiko ist das Abhängigkeitspotenzial dieser Medikamente. Wie bei vielen anderen Abhängigkeiten kann der Benzodiazepin-Entzug sich sehr schwierig gestalten und sogar gefährlich werden. Wenn die Einnahme eingestellt wird, kehren die Ängste zwangsläufig zurück. Es ist sogar möglich, dass nach dem Absetzen von Benzodiazepinen die Angst stärker erlebt wird als vor ihrer Einnahme.

Benzodiazepine werden auch mit einem erhöhten Sturzrisiko bei älteren Menschen in Verbindung gebracht. Wenn alte Menschen stürzen, kommt es oft zu Brüchen der Hüftknochen. Dazu kommt, dass in einem Bericht kürzlich die These aufgestellt wurde, dass Benzodiazepine das Risiko von Autounfällen verdoppeln.

Dieses Risiko schnellt zusätzlich in die Höhe, wenn Alkohol mit im Spiel ist. Benzodiazepine sind ein Problem für Menschen mit Alkoholproblemen. Sie werden schneller abhängig von diesen Medikamenten und tragen ein höheres Risiko, wenn sie zusätzlich Alkohol konsumieren.

Verständlich und menschlich erscheint es, Benzodiazepine denjenigen Menschen zu verordnen, die gerade ein traumatisches Erlebnis hatten. Diese Medikamente können den Schlaf verbessern und Erregungszustände und Ängste mildern – es gibt aber auch hier wissenschaftliche Befunde, die darauf hinweisen, dass eine frühzeitige und längere Anwendung von Benzodiazepinen nach einem Trauma später zu einer *höheren* Anzahl ausgewachsener posttraumatischer Belastungsstörungen zu führen scheint. (Mehr über posttraumatische Belastungsstörungen erfahren Sie in Kapitel 2.)

Es würde ebenso logisch erscheinen, Benzodiazepine mit einigen der in diesem Buch beschriebenen Veränderungen des Denkens und Verhaltens (siehe die Kapitel 5, 6, 7 und 8) zu kombinieren, die Ängste mindern. Mögliche synergetische Effekte könnten auf bessere Ergebnisse hoffen lassen als bei nur einem der beiden Therapieansätze. Doch die derzeitige wissenschaftliche Befundlage besagt eher, dass das Rückfallrisiko bei solchen Kombinationen *höher* ist. Langfristig scheint es für die meisten Menschen besser zu sein, zu lernen, mit ihren Ängsten umzugehen, als sich nur auf die Lösungen der Pharmakologen zu verlassen – besonders, was die Benzodiazepine betrifft.

Trotz und alledem bleiben die Benzodiazepine oft eingesetzte Medikamente in der Behandlung von Angststörungen, insbesondere bei Allgemeinärzten, die keine psychiatrische Spezialausbildung haben. Das mag zum Teil an der Popularität und den geringen Nebenwirkungen der Medikamente liegen. Außerdem spielen sie gelegentlich eine wichtige Rolle bei kurzfristigen, akuten Stress- und Angstzuständen sowie bei Patienten, denen andere Medikamente nicht geholfen haben. Wir raten Ihnen beim Gebrauch dieser Wirkstoffe dringend zur Vorsicht. In Tabelle 15.2 finden Sie die am häufigsten verschriebenen Tranquilizer aufgeführt.

Handelsname	Häufige Nebenwirkungen	Gegenanzeigen
Tavor	Schwindel, Benommenheit, Verwirrung, verschwommenes Sehen und Unsicherheit	Nicht bei Drogenmissbrauch oder bei Engwinkel-Glaukomen einnehmen. Kann die Wirkung von Alkohol und anderen das zentrale Nervensystem dämpfenden Medikamenten verstärken.
Rivotril	Benommenheit, Übelkeit, Verstopfung, vermehrter Speichelfluss, abnorme Augenbewegungen und Verwirrung	wie bei Tavor

Handelsname	Häufige Nebenwirkungen	Gegenanzeigen
Librium, Radepur	Benommenheit, Verwirrung, verschwommenes Sehen, Schwindel, Koordinationsprobleme und Übelkeit	Nicht bei Drogenmissbrauch (wird aber oft beim Alkoholentzug verwendet) oder bei Engwinkel-Glaukomen einnehmen. Kann die Wirkung von Alkohol und anderen das zentrale Nervensystem dämpfenden Medikamenten verstärken.
Adumbran, Praxiten	Übelkeit, Erbrechen, Durchfall, Lethargie und Benommenheit	Nicht bei Empfindlichkeit gegenüber Penizillin. Kann die Wirksamkeit oraler Kontrazeptiva (die Pille) und Tetrazyklinen einschränken.
Valium, Faustan	Schwindel, Benommenheit, verschwommenes Sehen, Müdigkeit und Verwirrung	wie bei Librium
Cassadan, Tafil, Xanax	Schwindel, Benommenheit, Verwirrung, Kopfschmerzen, Zittern, verschwommenes Sehen und Unsicherheit	wie bei Tavor

Tabelle 15.2: Die beliebtesten Benzodiazepine

Verschiedene Tranquilizer

Es gibt einige Tranquilizer, die chemisch anders gestrickt sind als die Benzodiazepine und deshalb auch anders zu wirken scheinen.

Sie sollten wissen, dass es neben den in diesem Abschnitt aufgeführten Tranquilizern auch andere Typen gibt. Darüber hinaus werden gerade vielversprechende neue Angst mindernde Medikamente entwickelt, die sich zum Teil auch schon in der klinischen Erprobung befinden. Einige dieser Medikamente sind schnell wirksam, weisen jedoch nur wenige der unerwünschten Nebenwirkungen auf, die von den Benzodiazepinen bekannt sind,

In diesem Buch beschränken wir uns auf drei Angst mindernde Medikamente, die Ihr Arzt Ihnen verschreiben könnte:

✔ **Buspiron:** Dieses Medikament gehört zu einer Klasse chemischer Verbindungen, die man *Azaspirodecanedione* nennt (sie sind aber nicht so schrecklich, wie der Name glauben macht). Man weiß nicht sicher, wie Buspiron wirkt, es scheint sich aber auf die Dopamin- und die 5-HT(1A)-Rezeptoren im Gehirn auszuwirken. Wissenschaftlich dokumentiert ist Buspiron in der Behandlung von generalisierten Angststörungen. Es kann aber möglicherweise auch bei der Behandlung anderer Angstprobleme nützlich sein, etwa bei Sozialangst oder posttraumatischen Belastungsstörungen. Bei Panikattacken ist es wahrscheinlich nicht so wirksam wie andere Medikamente. Obwohl man bisher keine ausreichende Faktengrundlage zum Abhängigkeitspotenzial von Buspiron hat, geht man bisher davon aus, dass die Wahrscheinlichkeit einer Abhängigkeit eher gering ist.

  • **Nebenwirkungen:** Zu den häufigsten Nebenwirkungen zählen leichte Kopfschmerzen, Schwindel, Benommenheit und Übelkeit.

- **Gegenanzeigen:** Buspiron sollte nicht zusammen mit MAO-Hemmern eingenommen werden, weil es dadurch zu einer Blutdruckerhöhung kommen kann. Wenn es auch keine so starken Wechselwirkungen mit Alkohol gibt wie bei den Benzodiazepinen, sollte man besser keinen Alkohol zu sich nehmen. Bevor Sie während der Einnahme von Buspiron Auto fahren, sollten Sie sich vergewissern, dass es sich nicht negativ auf Ihre Fahrleistung, Ihr Urteilsvermögen und Ihre Koordination auswirkt. Vorsichtig sollten Patienten sein, die unter eingeschränkter Nieren- oder Leberfunktion leiden.

✔ **Atarax:** Dieses Medikament ist ein Tranquilizer und ein Antihistamin, mit dem verschiedene Angsttypen, auf Anspannung zurückführbare Probleme und allergische Reaktionen wie Nesselsucht und Juckreiz behandelt werden. Das Medikament wirkt innerhalb von 30 Minuten.

- **Nebenwirkungen:** Zu den häufigsten Nebenwirkungen zählen Schwindel, Benommenheit, Mundtrockenheit, Schläfrigkeit und Verwirrung.
- **Gegenanzeigen:** Es kann die Wirkung von Alkohol und anderen auf das zentrale Nervensystem dämpfend wirkenden Medikamenten verstärken. Besondere Vorsicht gilt beim Autofahren und bei der Bedienung von Maschinen. Sollte nicht langfristig eingenommen werden. Besondere Aufmerksamkeit ist geboten, wenn das Medikament alten Menschen verordnet wird.

Betablocker

Weil Ängste den Blutdruck in die Höhe treiben können, ist es nicht überraschend, dass einige der blutdrucksenkenden Medikamente auch Ängste reduzieren können. An der Spitze stehen hier die so genannten Betablocker, die die Wirkung von Norepinephedrin blockieren. So steuern sie viele körperliche Symptome im Zusammenhang mit Ängsten, etwa Schlottern, Zittern, Herzrasen und Erröten. Im Rahmen der Behandlung von Ängsten beschränkt sich ihr Nutzen hauptsächlich auf spezifische Phobien wie Sozialangst und Vortragsangst. Äußerst beliebt sind sie bei professionellen Musikern, die sich oft vor Konzerten und Proben damit beruhigen. Zwei Betablocker, Propranolol und Atenolol, werden häufig für diesen Zweck verschrieben:

✔ **Propranolol:** Im Allgemeinen wird Propranolol zur kurzfristigen Behebung körperlicher Symptome bei Lampenfieber, Reden, Prüfungsangst und Sozialangst angewendet. Oft wird es in einer Einzeldosis vor einem Auftritt eingenommen.

- **Nebenwirkungen:** In der Regel wird selten von Nebenwirkungen berichtet. Es kann zu Benommenheit, leichtem Schwindel und Lethargie kommen. Gelegentlich fällt der Blutdruck stark ab.
- **Gegenanzeigen:** Unter Asthma, chronischen Lungenerkrankungen, Diabetes, bestimmten Herzerkrankungen, niedrigem Blutdruck und schweren Depressionen leidende Menschen sollten dieses Medikament nicht nehmen.

✔ **Atenolol:** Dieses Medikament hat in der Regel weniger Nebenwirkungen als Propranolol und wirkt länger. Auch Tenormin wird häufig als Einzeldosis vor Auftritten eingenommen.

- **Nebenwirkungen:** Im Allgemeinen leichte Nebenwirkungen, darunter Schlaflosigkeit, Müdigkeit, Schwindel, Stimmungsschwankungen, Übelkeit, Durchfall und sehr niedrigem Blutdruck.

- **Gegenanzeigen:** Es kann zu sehr hohem Blutdruck führen, wenn es regelmäßig genommen und dann plötzlich abgesetzt wird. Alkohol kann die Sedierung verstärken und den Blutdruck stark absenken. Unter niedrigem Blutdruck, Asthma, chronischen Lungenerkrankungen, Diabetes, Nierenerkrankungen, Schilddrüsenerkrankungen und schweren Depressionen leidende Menschen sollten dieses Medikament nicht einnehmen.

Wer ist wer in der verschreibenden Zunft?

Ärzte, Psychiater und Psychologen – wo ist da der Unterschied? Die meisten Menschen haben so ihre Schwierigkeiten, zwischen diesen Berufsbezeichnungen zu unterscheiden.

- ✔ Ärzte absolvieren ein sechsjähriges Studium der Medizin, das bezüglich der Dauer und der Inhalte sowie der Prüfungen bundesweit einheitlich geregelt ist. Den Abschluss bildet das Staatsexamen. Anschließend an das Studium ist es üblich, dass ein Arzt mehrere Jahre als Assistenzarzt an einer Klinik arbeitet, um sich auf einem oder mehreren Spezialgebieten der Medizin weiterzubilden und eventuell einen Facharzttitel zu erwerben, der die Voraussetzung zur Niederlassung ist. Niedergelassene Ärzte arbeiten in freier Praxis, gegebenenfalls auch mit mehreren Ärzten in einer Gemeinschaftspraxis oder Praxisgemeinschaft. Jeder Arzt ist Pflichtmitglied der Ärztekammer (Landesärztekammer), in deren Gebiet er seine ärztliche Tätigkeit ausübt. In der Regel haben Ärzte wenig Erfahrung in der Diagnose emotionaler oder psychischer Störungen wie zum Beispiel Angststörungen.

- ✔ Psychiater absolvieren zunächst die Ausbildung zum Arzt. Daran schließt sich eine Facharztausbildung in einer Krankenhausfachabteilung für Psychiatrie an, in deren Verlauf sie die Diagnose und Behandlung emotionaler und psychischer Störungen erlernen. Zusätzlich wird eine Ausbildung in einer Krankenhausfachabteilung für Neurologie absolviert. Am Ende der Ausbildung steht die Facharztprüfung zum Psychiater. Psychiater sind auch Experten im Bereich der Verschreibung von Psychopharmaka.

- ✔ Psychologen verfügen über spezifische Kenntnisse und Fähigkeiten auf dem Gebiet der Psychologie, die sie im Rahmen eines Studiums an einer Universität erworben haben. In Deutschland darf sich nur Psychologe nennen, wer über den Abschluss eines Hochschulstudiums im Fach Psychologie verfügt. Das Studium der Diplom-Psychologie ist in Deutschland seit 1941 gesetzlich geregelt.

Psychologen arbeiten auf der Grundlage wissenschaftlicher Erkenntnisse über psychische Strukturen und Prozesse (Verhalten, Denken, Lernen, Gedächtnis, Wahrnehmung, Emotionen, Intelligenz, soziale Interaktionen, psychosoziale Entwicklung, Persönlichkeit etc.).

Als psychologische Psychotherapeuten – nach Absolvierung einer entsprechenden Weiterbildung ähnlich einer Facharztausbildung – wenden sie wissenschaftliche Erkenntnisse über psychische Störungen und deren adäquate Behandlungsmethoden an.

Auch wenn die meisten Psychopharmaka von Hausärzten verschrieben werden, fühlen sich viele von ihnen nicht wohl dabei, wenn es um komplexe emotionale Probleme geht. Die Fachleute auf diesem Gebiet sind die Psychiater. Sie sollten konsultiert werden, wenn die Frage der Medikation problematisch ist. Psychologen bieten in der Regel psychotherapeutische Behandlungen an und stützen sich bei der Diagnose und der Erstellung eines Heilplans auf ihre fachwissenschaftlichen Kenntnisse und psychologische Tests.

Medikamente dürfen nur Ärzte verschreiben.

Achtsamkeit und Akzeptanz

In diesem Kapitel

▶ Wie man mit Akzeptanz den inneren Kampf beendet

▶ Nett zu sich selbst sein

▶ Ohne zu großes Ego lebt es sich leichter

▶ Die Verbindung zum Jetzt und Hier herstellen

▶ Achtsamer werden und sich Zwängen seltener beugen

Sind Sie schon einmal mit dem Auto auf einem schlammigen Weg stecken geblieben? Was passiert, wenn Sie das Gaspedal noch weiter durchdrücken, wenn die Räder beginnen durchzudrehen? Sie drehen noch schneller durch, der Matsch fliegt durch die Gegend und das Auto versinkt noch tiefer. Bei Ängsten verhält sich das ähnlich: Je mehr Sie sich freistrampeln wollen, desto fester haben sie Sie im Griff.

Plötzlich haben Sie einen Geistesblitz. Sie erlauben dem Auto, in die Furche zurückzurollen, und geben dann im richtigen Moment ein wenig Gas. Vielleicht beginnen die Räder wieder durchzudrehen, aber diesmal lassen Sie sich wieder zurückrollen. Schließlich finden Sie einen Rhythmus, der Sie nach und nach auf festen Boden schaukelt – bis zur nächsten Furche ein paar Hundert Meter weiter. Immerhin kommen Sie so vorwärts, und das nur deswegen, weil Sie die Vorstellung *akzeptiert* haben, dass Sie vorübergehend zurückweichen müssen.

In diesem Kapitel erklären wir, wie man mit Hilfe der *Akzeptanz* einen Weg aus der Angstfalle findet. Durch das ganze Buch zieht sich ein Faden, den wir *achtsame Akzeptanz* nennen. In diesem Kapitel weben wir diesen Faden zu einem Wandbild. Wir zeigen Ihnen, wie Akzeptanz Ihnen helfen kann, Ihre inneren Automatismen anzuhalten und in aller Ruhe über produktive Alternativen nachzudenken. Wir erörtern, wie die übermäßige Auseinandersetzung mit dem Ego und dem Selbstwertgefühl den Blick auf einen Ausweg versperrt, und machen deutlich, wie man durch ein konsequentes Leben in der Gegenwart Schritt für Schritt den Weg in ein ausgewogeneres Leben findet.

Ängste akzeptieren? Gar keine schlechte Idee!

Erst zeigen wir Ihnen, wie Sie Ihre Ängste loswerden können und dann fordern wir Sie auf, sie achtsam zu akzeptieren? Haben *wir* den Verstand verloren? Geht es in diesem Buch nicht darum, Ängste zu *überwinden*?

Wir wollen in der Tat, dass Sie Ihre Ängste überwinden. Angst hat aber etwas Paradoxes: Je mehr Sie meinen, sie loswerden zu müssen, desto mehr Angst werden Sie empfinden. Je mehr Ihre Angst Sie stört, desto mehr wird sie Sie umgarnen.

Vielleicht haben Sie an Silvester oder auf einer Geburtstagsparty schon einmal eine chinesische Fingerfalle gesehen – eine kleine, dekorative gestaltete, aus Stroh gewebte Röhre. Man steckt beide Zeigefinger in die Enden der Röhre. Dann versucht man, die Finger wieder herauszuziehen. Die Röhre umschließt die Finger gnadenlos eng. Je fester man zieht, desto enger zieht sie sich um die Finger. Es scheint keinen Ausweg zu geben. Man zieht noch fester, nur um schließlich zu erkennen, dass der einzige Ausweg darin besteht, dass man aufgibt.

Mit der Angst verhält es sich ähnlich. Je mehr Sie dagegen ankämpfen, desto fester sitzen Sie in der Falle. Darauf zu bestehen, dass Ihre Angst augenblicklich verschwinden soll, ist der sicherste Weg, sie stärker zu machen.

Bleiben Sie sachlich

Die Anthropologen beschäftigen sich mit dem Verhalten und der Kultur des Menschen. Sie beobachten alles aus einer sachlichen, wissenschaftlichen Perspektive. Wir möchten, dass Sie Ihre Angst betrachten wie ein Anthropologe – mit sachlicher Distanz.

Warten Sie, bis Sie das nächste Mal Angst empfinden. Untersuchen Sie Ihre Angst mit sämtlichen Begleiterscheinungen und bereiten Sie einen Bericht vor, der vermittelt, wie sich Angst in Ihrem Körper anfühlt und wie sie sich auf Ihr Denken und Ihr Verhalten auswirkt. Hüten Sie sich vor Bewertungen – beobachten Sie nur. Beantworten Sie im Anschluss so objektiv wie möglich die folgenden Fragen für Ihren Bericht:

- ✔ Wo in meinem Körper fühle ich Anspannungen? In meinen Schultern, meinem Rücken, meinen Kiefern, Händen oder im Nacken? Untersuchen Sie die Anspannungen und beschreiben Sie, wie sie sich anfühlen.
- ✔ Schwitzen meine Hände?
- ✔ Rast mein Herz? Wenn ja, wie schnell?
- ✔ Fühle ich eine Enge in der Brust oder in der Kehle?
- ✔ Fühle ich mich schwindelig? Untersuchen Sie den Schwindel und beschreiben Sie ihn.
- ✔ Was denke ich?
  - Sage ich etwas Negatives für die Zukunft voraus?
  - Mache ich aus einer Mücke einen Elefanten?
  - Mache ich aus einem unangenehmen Ereignis eine Katastrophe?
  - Rege ich mich über etwas auf, das nicht in meiner Hand liegt?
- ✔ Wozu möchte meine Angst mich überreden?
  - Etwas nicht zu tun, was ich gerne tun möchte?
  - Dass ich perfekt sein muss?
  - Dass ich meine Angst verbergen muss?

Die folgende Geschichte ist ein gutes Beispiel dafür, wie man durch die Macht der Beobachtung angstvolle Gefühle in den Griff bekommen kann:

Max, ein 38-jähriger Verwaltungschef in einem Krankenhaus, erlebte seine erste Panikattacke vor drei Jahren. Seit dieser Zeit sind die Attacken häufiger aufgetreten und haben sich intensiviert. In letzter Zeit ist er einige Male nicht zur Arbeit erschienen, wenn er Sitzungen hätte leiten müssen.

Heute arbeitet er mit einem Therapeuten daran, seine Panik abzubauen. Dem Therapeuten fällt auf, dass Max' Perfektionismus ihn zu der Erwartung treibt, sich ständig verbessern zu müssen. Er liest alles aufmerksam, was ihm auf den Tisch gelegt wird, und versucht, alles perfekt zu erledigen. Der Therapeut ist sich im Klaren darüber, dass Max einen Gang zurückschalten und kürzer treten muss, und gibt ihm eine Aufgabe. Er soll so tun, als sei er ein Anthropologe auf einer Expedition, und einen Bericht über Ängste schreiben. Hier ist sein Bericht:

Ich bemerkte ein wenig Kurzatmigkeit. Ich dachte: Es fängt wieder an! Dann begann mein Herz zu rasen. Ich fühlte es schnell schlagen, aber nicht so schnell wie beim Sport. Ich fragte mich, wie lange es wohl dauern würde. Dann bemerkte ich, dass meine Hände schwitzten. Mir war ein wenig übel. Ich wollte nicht zur Arbeit gehen. Ich konnte beinahe hören, wie meine Angst mir sagte, dass ich mich viel besser fühlen würde, wenn ich zu Hause bliebe. Denn wenn ich zur Arbeit ging, würde ich vor einem ganzen Raum voller aufgeregter Chirurgen sprechen müssen. Ich muss ihnen etwas über die Neuregelung des Bereitschaftsdienstes erzählen. Sie werden nicht begeistert sein. Wahrscheinlich werden sie mich in der Luft zerreißen. Ein interessantes Bild. Ich bin noch nie in der Luft zerrissen worden, aber meine Vorstellung davon ist erstaunlich! Wenn mich die Angst überkommt, werde ich Unsinn reden und wie ein totaler Idiot dastehen. Das ist auch interessant. Ich sehe die Zukunft ganz schöne schwarz. Komisch, in dem Moment, wo ich das sage, habe ich ein kleines bisschen weniger Angst.

Max entdeckt, dass es ihm hilft, einen Schritt zurückzutreten und seine Angst einfach nur zu beobachten. Anstatt seine angstvollen Gefühle und Gedanken anzugreifen, macht er sich die wissenschaftliche Neugier eines Anthropologen zu eigen, schaut genau hin und denkt über seine Erfahrungen nach.

Hab Erbarmen mit mir!

Hören Sie einmal Ihrem inneren Dialog zu. Wenn es Ihnen so geht wie den meisten unter Ängsten leidenden Menschen, besteht dieser Dialog aus einem Haufen negativer Sprüche, wie sie die folgenden Beispiele zeigen:

- ✔ Ich werde nie pünktlich fertig.
- ✔ Ich mache mich zum Narren.
- ✔ Ich habe das nicht mehr in der Hand.
- ✔ Ich vermassele es.
- ✔ Ich könnte mich übergeben müssen.

- ✔ Was, wenn ich schreiend aus dem Raum flüchten muss?
- ✔ Ich hasse mich.
- ✔ Ich bin ein schlechter Vater.
- ✔ Niemand mag mich.
- ✔ Ich glaube, ich bin dumm.
- ✔ Sie werden jeden Moment herausfinden, was ich für ein Schwindler bin.
- ✔ Wenn die Leute mich wirklich kennen würden, würden sie mich nicht mögen.

Sehen Sie sich diese Aussagen an und versuchen Sie das Wort *ich* und *mich* durch *du* und *dich* zu ersetzen. Sprechen Sie die Sätze laut, als würden Sie zu jemandem sprechen, den Sie gut kennen, etwa einen Freund. Können Sie sich wirklich vorstellen, so zu einem Freund zu sprechen?

- ✔ Du machst dich zum Narren.
- ✔ Du bist ein schlechter Vater.
- ✔ Niemand mag dich.
- ✔ Ich hasse dich.

Wir haben da unsere Zweifel. Wahrscheinlich würden Sie einem Freund oder einem Bekannten so etwas nicht sagen. Und doch gehen viele Menschen so mit sich selbst um.

Es ist, als säße im Hinterkopf ein Richter, aber einer, der keine Gnade kennt und kein Mitleid. Dieser Richter bewertet jeden kleinen Fehler, jede Unzulänglichkeit und lässt dabei jegliche mildernden Umstände außer Betracht.

Hören Sie Ihrem inneren Dialog zu. Wenn Sie den Richter hören, versuchen Sie, eine mehr von Mitleid und Vergebung geprägte Sichtweise einzunehmen. Seien Sie Ihr bester Freund.

Unsicherheit ertragen

Ängstliche Menschen hassen Unsicherheit wie die Pest. Wenn Sie alles um sich herum kontrollieren könnten, würden Sie sich wahrscheinlich nicht so viele Sorgen machen. Wenn Sie alle Fäden in der Hand hätten, hätten Sie auch keinen Grund zur Sorge, oder?

Der offensichtliche Fehler in dieser Sichtweise ist, dass das Leben grundsätzlich unsicher und zu einem gewissen Maß chaotisch ist. Ein physikalisches Grundgesetz lautet, dass es in der so genannten exakten Wissenschaft absolute Sicherheit nicht gibt. Unfälle und unvorhergesehene Ereignisse wird es immer geben.

Sie wissen zum Beispiel nicht, wann genau Ihr Auto auf dem Weg zur Arbeit den Geist aufgeben wird. Sie können die Entwicklung der Aktienkurse nicht vorhersagen, auch wenn das viele versuchen. Guten Menschen passieren andauernd schlimme Sachen. Selbst wenn Sie

Ihr ganzes Leben lang versuchen, Krankheiten, finanzielle Schwierigkeiten und den Verlust geliebter Menschen zu verhindern, werden Sie es nicht schaffen.

Es ist nicht nur eine unlösbare Aufgabe, Unglücksfälle verhindern zu wollen, man kann sich damit auch leicht das Leben in der Gegenwart verderben. Denken Sie einmal darüber nach. Wenn Sie den Motor Ihres Autos jeden Morgen vor der Fahrt zur Arbeit überprüfen, wenn Sie knausern und jeden Cent für Ihre alten Tage zurücklegen, wenn Sie nie Eis essen, weil es Fett enthält, wenn Sie Ihre Kinder übermäßig behüten, weil Sie Angst haben, dass sie in Schwierigkeiten geraten, wenn Sie jedes Mal Ihre Hände waschen, wenn Sie einen Türgriff berührt haben, wenn Sie nie ein Risiko eingehen, was wäre das für ein Leben? Spaß macht es jedenfalls nicht.

Und Ihre Sorgen ändern auch nicht den Lauf der Dinge. Manche Menschen denken, wenn sie sich genug Sorgen machen, wird schon nichts Schlimmes passieren. Weil ihnen an den meisten Tage, an denen sie sich Sorgen machen, nichts Schlimmes passiert, denken sie, dass sich ihre Sorgen ausgezahlt hätten. Aber Sorgen haben in der Geschichte der Menschheit noch nie verhindert, dass etwas passiert. Nicht ein einziges Mal.

Lernen Sie, mit der Unsicherheit zu leben. Sie kann das Leben interessant und aufregend machen. Entdecken Sie, wie man Widrigkeiten und auch ein wenig Leiden annehmen kann. Denn ohne Leiden und Widrigkeiten kann man die schönen Augenblicke nicht richtig wertschätzen.

Wenn Sie Angst haben, stellen Sie sich die Frage, ob es sich bei Ihren Sorgen nicht um den Versuch handelt, das Unvorhersehbare zu steuern. Viele Menschen beispielsweise machen sich Sorgen wegen ihrer Altersvorsorge-Fonds. Jeden Tag schielen sie auf die Aktienkurse. Sie durchstöbern die Wirtschaftsteile der Zeitungen auf der Suche nach Informationen, die ihnen helfen zu entscheiden, ob und wann sie verkaufen sollten.

Wir möchten Ihnen hier sicher keine Beratung in Finanzfragen anbieten. Das überlassen wir lieber den Fachleuten. Wir wissen aber, dass die meisten Studien zu dem Ergebnis kommen, dass genaue Vorhersagen über den Verlauf des Aktienmarktes zum Scheitern verurteilt sind. Sie sollten auf jeden Fall Geld für Ihre alten Tage zurücklegen. Und gegen Aktien ist auch prinzipiell nichts zu sagen, wenn Sie ein gewisses Risiko eingehen wollen. Wenn Sie sich aber täglich wegen Ihrer Finanzen Sorgen machen und Angst haben, kann das Ihrer Gesundheit nur schaden und Ihren Reichtum kaum mehren.

Vergessen Sie Ihr Bedürfnis, alles vorhersagen und kontrollieren zu müssen. Natürlich sollten Sie in einem vernünftigen Rahmen für Ihre Gesundheit, Ihre Familie, Ihre Finanzen und ein gutes Leben vorsorgen. Wenn aber die Sorge um die Zukunft die aktuelle Freude am Leben zu beeinträchtigen beginnt, geht das zu weit. Akzeptieren Sie die Unsicherheit und genießen Sie das Leben heute.

Geduld ist eine Tugend

Wenn Sie an Geduld denken, was fällt Ihnen da ein? Ruhe, Akzeptanz und Toleranz. Wenn Sie Angst haben, sollten Sie Geduld mit sich haben und gnädig mit sich selbst sein. Sagen Sie sich:

- ✔ Gut, ich habe Angst. Das erlebe ich.
- ✔ Wie andere Gefühle auch, kommt die Angst und geht auch wieder.
- ✔ Ich möchte meine Angst erleben.

Janines Geschichte bietet mit ihren gegensätzlichen Reaktionen – zunächst Ungeduld und dann Geduld – ein sehr schönes Beispiel dafür, wie man Ungeduld in Geduld ummünzen kann.

Janine fühlt auf dem Weg zur Arbeit Angst in sich hochsteigen. Sie verlässt das Haus um 7.15 Uhr und kann sich in der Regel darauf verlassen, dass sie um 8.00 Uhr am Schreibtisch sitzt. Oft ist sie fünf Minuten früher da, aber etwa ein Mal im Monat bricht der Verkehr zusammen und sie kommt ein paar Minuten zu spät. An diesem Morgen scheint es wieder so weit zu sein.

- ✔ **Die ungeduldige Janine:** Der Verkehr ist zum Erliegen gekommen und die Angst wühlt in Janines Magen und schaukelt sich auf. Schwitzend umklammert sie das Lenkrad und hält ständig nach Möglichkeiten Ausschau, durch einen Wechsel der Fahrspur schneller vorwärtszukommen. Sie hasst es, wenn der Tag so anfängt. Sie findet die Angst unerträglich und versucht, sie abzuschütteln, aber es hat keinen Zweck. Sie stellt sich vor, wie ihr Chef ihre Unpünktlichkeit bemerkt und alle anderen im Büro zu ihr herüberschauen. Aus Angst wird Wut. Sie verflucht sich, dass sie nicht früher aus dem Haus gekommen ist.

- ✔ **Die geduldige Janine:** Der Verkehr ist zum Erliegen gekommen und die Angst wühlt in Janines Magen und schaukelt sich auf. Sich an das Lenkrad klammernd widersteht sie dem Drang, die Fahrspur zu wechseln. Sie fühlt die Angst in ihrem Körper und akzeptiert sie. Sie denkt:»Vielleicht komme ich zu spät, aber sonst bin ich fast immer pünktlich oder sogar früher da. Mein Chef und meine Kollegen wissen das. Ich kann meine Angst fühlen, ich erlebe sie. Das ist ja interessant. Ich komme heute morgen ein paar Minuten zu spät, und das ist völlig in Ordnung.«

Im zweiten Szenario lässt die Angst nach, weil Janine sich gestattet, sie ohne Urteil, Bewertung oder Ablehnung zu empfinden. Sie ist der momentanen Situation mit Geduld begegnet.

Wie bei allen Fragen der Einstellung braucht es einige Übung, die Geduld zu einer Gewohnheit zu machen. Sie werden sich mit der Zeit mit der Geduld anfreunden. So wie man Muskeln aufbaut, indem man Gewichte stemmt, können Sie Ihre Geduldsmuskeln in kleinen Schritten immer weiter kräftigen.

Gelassenheit erreichen oder ihr wenigstens nahekommen

Um Ängste akzeptieren zu können, braucht man eine Vielzahl miteinander verbundener Haltungen – Dinge betrachten, ohne sie zu bewerten, Unsicherheit ertragen, nicht alles in der

16 ▸ Achtsamkeit und Akzeptanz

Hand haben müssen, und Geduld. Machen Sie sich bewusst, dass Akzeptanz etwas anderes ist als Resignation – die völlige Aufgabe.

Vielmehr bedeutet Akzeptanz, anzuerkennen, dass Sie, wie alle anderen Menschen auch, Stärken und Schwächen haben. Sie erkennen, dass Sie nie ganz ohne Angst sein werden. Vielmehr lernen Sie mit der Zeit, damit umzugehen und sich nicht mehr vor der Angst zu fürchten. Nur dann werden Sie nicht mehr von ihr überwältigt und Ihr Leben nicht mehr von Angst beherrscht. Der Geist der Akzeptanz spiegelt sich sehr schön im so genannten *Gelassenheitsgebet* wieder.

> *Gott gebe mir die Gelassenheit,*
> *Dinge hinzunehmen, die ich nicht ändern kann,*
> *den Mut, Dinge zu ändern, die ich ändern kann,*
> *und die Weisheit, das eine vom anderen zu unterscheiden.*
> *Nur für den heutigen Tag zu leben,*
> *mich nur des jetzigen Augenblicks zu erfreuen,*
> *meine heutige Not als Weg zu Deinem Frieden anzunehmen,*
> *diese sündhafte Welt – wie Er es getan hat – so zu nehmen, wie sie ist*
> *und nicht, wie ich sie haben möchte.*
> *Darauf zu vertrauen, dass Er die Dinge richtig vollendet,*
> *wenn ich mich Seinem Willen völlig hingebe,*
> *so dass mein heutiges Leben*
> *mit bescheidener Glückseligkeit erfüllt sein möge –*
> *und mit vollkommener Glückseligkeit mit Ihm*
> *im nächsten Leben auf Ewigkeit.*
>
> Reinhold Niebuhr, 1926

Das Ich Ich sein lassen

Jeder möchte ein hohes Selbstwertgefühl haben. In Buchhandlungen und Bibliotheken finden Sie Hunderte Bücher, in denen Sie nachlesen können, wie Sie Ihr Selbstwertgefühl steigern können. Da könnte man auf die Idee kommen, dass ein hohes Selbstwertgefühl Ängste mindern kann. Klingt doch logisch.

Trotzdem funktioniert das so nicht mit dem Selbstwertgefühl. Im Gegenteil, ein übermäßig hohes Selbstwertgefühl verursacht mehr Angst – und dazu einen Haufen anderer Krankheiten. Das ist so wie bei allen menschlichen Charaktereigenschaften und Qualitäten: Ins Extreme gesteigert verkehren sie sich ins Negative. Mut, Großzügigkeit, Arbeitsdisziplin und Vertrauen sind zum Beispiel wunderbare Eigenschaften. Übertriebener Mut kann einen Menschen rücksichtslos machen, übertriebene Großzügigkeit macht ihn zur leichten Beute skrupelloser Menschen, eine übertriebene Arbeitsdisziplin lässt kaum noch Raum für Lebensfreude und wenn man Menschen zu viel Vertrauen entgegenbringt, wird man leicht übertölpelt. Vielleicht stellt Ihnen unser Vergleich des Selbstwertgefühls mit einem Ballon die erschreckenden Gefahren einer zu starken Konzentration auf das Ego und das Selbstwertgefühl plastischer vor Augen.

Der Selbstwert-Ballon

Wir stellen uns das Selbstwertgefühl wie einen Ballon vor. Zu wenig Selbstwertgefühl ist wie ein leerer Ballon. Es ist keine Luft darin. Er ist flach, luftleer und kann nicht schweben. Ein nicht aufgeblasener Ballon macht weder Spaß noch ist er zu irgendetwas nutze. Wenn Ihr Selbstwertgefühl niedrig ist, beurteilen Sie sich wahrscheinlich häufig streng und negativ. Darunter leidet Ihr Antrieb und Sie haben möglicherweise Angst, dass man Ihre Unzulänglichkeiten wahrnimmt.

Zu viel Ego und Selbstwertgefühl dagegen entspricht einem Ballon, der so prall mit Luft gefüllt ist, dass er kurz vor dem Platzen steht. Ein kleiner Kratzer und die Hülle reißt. Menschen mit einem übersteigerten Selbstwertgefühl machen sich ständig Sorgen wegen solcher Kratzer. Jede Bedrohung ihres Selbstwertgefühls verursacht beträchtliche Angst und manchmal auch Wut. Man kann im Leben nicht viel anstellen, ohne Gefahr zu laufen, sein Ego irgendwann einmal bedroht zu sehen. Wenn der Selbstwert-Ballon so stark gefüllt ist, erscheinen diese Bedrohungen besonders beunruhigend.

Ein Ballon mit optimaler Füllung dagegen ist schwer kaputt zu kriegen. Er kann überall freudig und verspielt herumhüpfen. Ein Ballon mit dem richtigen Luftdruck muss sich keine Sorgen machen, dass er aufprallt und platzt.

In gewisser Weise machen sich der leere Ballon und der übervolle Ballon sehr viele Sorgen über ihren Zustand – ihre Beschaffenheit, ihren Wert und ihre Verletzlichkeit. Entscheidend für die richtige Dosis Ego – oder Luft im Ballon – ist, weniger an sich selbst zu denken (stattdessen mehr an andere) und sich weniger Gedanken darüber zu machen, wie man im Vergleich zu anderen dasteht. Wenn Sie sowohl Ihre positiven als auch Ihre negativen Eigenschaften akzeptieren können, ohne sich wegen beider Seiten allzu große Sorgen zu machen, dann haben Sie die richtige Luftmenge in Ihrem Ballon. Das ist nicht immer leicht. Es braucht eine feste Ausrichtung auf das Lernen, die Strebsamkeit und die Arbeitsdisziplin, aber nicht zu viel.

Es ist nicht leicht, grün zu sein

Allzu oft haben ängstliche Menschen das Gefühl, sie müssten perfekt sein, damit andere Menschen sie mögen und akzeptieren. Kein Wunder, dass sie Angst haben. Den perfekten Menschen gibt es nicht und es wird ihn auch nie geben.

Stellen Sie sich eine perfekte Frau vor. **Sabine** kommt vielleicht sehr nahe an diese Vorstellung heran. Sie trägt immer genau die passende Kleidung – modisch, farblich abgestimmt und mit den passenden Accessoires. Sie macht Kurse in Innenarchitektur, damit ihr Haus immer perfekt eingerichtet ist. Sie trainiert vier Mal in der Woche und ernährt sich gesund. Ihr Make-up, das sie äußerst sorgfältig aufträgt, ist makellos. Sie weiß immer, was sie sagen will, kommt nie ins Stottern oder flucht. Sie ist immer freundlich und hat eine positive Anschauung.

16 ➤ Achtsamkeit und Akzeptanz

Würden Sie gerne mit Sabine ein Bier trinken gehen? Wirkt sie wie jemand, mit dem Sie an einem Sommerwochenende am Pool liegen wollen? Würden Sie sich in ihrer Nähe ungezwungen und natürlich fühlen? Ehrlich gesagt würden wir gerne darauf verzichten, sie zu unseren besten Freunden zählen zu können.

Denken Sie an einen Ihrer guten Freunde – Menschen, mit denen Sie gerne Ihre Zeit verbringen, die Sie gerne haben und schätzen und die Sie schon eine Weile kennen. Stellen Sie sich diese Person vor und erinnern Sie sich an schöne Zeiten, die Sie mit ihnen verbracht haben. Erfreuen Sie sich an diesen Bildern. Denken Sie daran, wie sehr Sie diese Person schätzen und wie sie Ihr Leben durch diese Beziehung bereichert hat.

Machen Sie sich bewusst, dass Sie die negativen Eigenschaften und Unzulänglichkeiten Ihres Freundes schon immer gekannt haben und dass Sie ihn immer noch schätzen. Vielleicht finden Sie die eine oder andere Macke auch amüsant oder interessant. Möglicherweise geben sie ihm Charakter oder Farbe. Wahrscheinlich wird das Nachdenken über die Unzulänglichkeiten Ihres Freundes Ihre Meinung über ihn und Ihre Gefühle für ihn nicht verändern.

Versuchen Sie, sich selbst auch so zu sehen. Erkennen Sie Ihre kleinen Macken, Marotten und Eigenheiten an. Sie machen Sie interessant und einzigartig.

Betrachten Sie sich mit den Augen eines Freundes. Erkennen Sie Ihre Gaben und Ihre Unzulänglichkeiten. Lernen Sie, das alles als ein großes Paket anzunehmen. Leugnen Sie Ihre Schwächen nicht.

Positive Eigenschaften	Negative Eigenschaften	Unzulänglichkeiten
Hermann ist einer der lustigsten Menschen, die ich kenne.		
Er ist immer für mich da.		
Hermann wird mir immer helfen, egal wann oder worum es geht.		
Ich gehe gerne mit ihm zu Sportveranstaltungen.		
Ich schätze, dass Hermann gebildet ist.	Manchmal redet er zu viel.	
	Obwohl er gebildet, ist, fällt Hermann manchmal dumme Entscheidungen, besonders was das Finanzielle betrifft.	
		Hermann hat ein paar Pfunde zu viel auf den Hüften.
		Manchmal trinkt er zu viel.
		Hermann hört mir nicht immer zu.
		Sein Geschmack, was Kleidung betrifft, ist furchtbar.

Tabelle 16.1: Geschätzte Freunde mit Macken

Kurt versuchte es mit einer Übung, die ihm half einzusehen, dass seine Unzulänglichkeiten andere Menschen nicht dazu bringen, ihn abzulehnen und ihm den Rücken zu kehren. Dazu füllte er die in Tabelle 16.1 dargestellte Tabelle *Geschätzte Freunde mit Macken* im Blick auf seinen Freund Hermann aus. In die einzelnen Spalten notierte er Hermanns gute und weniger gute Eigenschaften.

Kurt akzeptiert Hermann mit all seinen Macken. Es gibt niemanden, mit dem er seine Zeit lieber verbringen würde als mit Hermann, und Hermann ist der Erste, an den er sich mit einem Problem wenden würde. Kann Kurt sich selbst auch so akzeptieren wie Hermann? Das ist die Gretchenfrage.

Nehmen Sie sich ein Blatt Papier und tun Sie es Kurt gleich. Denken Sie an einen guten Freund, den Sie schon lange kennen, und schreiben Sie auf, was Sie an ihm schätzen. Notieren Sie außerdem, was Sie an dieser Person stören kann. Und schließlich vermerken Sie noch ihre kleinen Unzulänglichkeiten.

Wenn Ihr Freund dieselbe Tabelle für Sie ausfüllte, würden Sie dort ohne Zweifel sowohl Ihre wundervollen Eigenschaften als auch Ihre nicht so angenehmen Züge verzeichnet finden. Trotzdem würde Ihr Freund Ihnen nicht die Freundschaft kündigen, weil Sie ein paar Macken haben. Das versteht sich von selbst, niemand ist perfekt. Wenn wir alle unsere nicht perfekten Freunde in die Wüste schicken würden, stünden wir sicher alleine da.

Haben Sie schon einmal ein Knöllchen bekommen, weil Sie geblitzt worden sind? Vor einem halben Jahr ist einer von uns erwischt worden. Nur zwei Monate später war auch der andere Koautor dieses Buches dran. Wir haben uns beide zunächst selbst Vorwürfe gemacht. Für den jeweils anderen hatten wir dagegen vollstes Verständnis. Wir merkten schnell, dass es wichtig ist, für uns selbst das gleiche Mitgefühl aufzubringen, das wir für andere übrig haben.

Es ist ziemlich schwer, sich selbst zu vergeben. Noch schwerer ist es möglicherweise, die Verteidigungsreaktionen bei Kritik durch andere fallen zu lassen. Lernen Sie, wie man Kritik entgegennimmt. Denken Sie darüber nach, ob die jeweiligen kritischen Äußerungen nicht wenigstens einen Funken Wahrheit enthalten. Erkennen Sie diesen wahren Kern an. Wenn Ihr Ehepartner Ihnen sagt, dass Sie nicht zuhören, dann ist es wahrscheinlich, dass diese Kritik zutrifft, zumindest gelegentlich!

Versuchen Sie, in jeder Kritik diesen Funken Wahrheit anzuerkennen. Vielleicht stimmt es manchmal, was man Ihnen vorwirft. Vielleicht stimmt es zum Teil. Statt sich einzumauern und sich gegen das Gespräch miteinander und eine Problemlösung zu sperren, sollten Sie mögliche Fehler zugeben. Das bringt Menschen einander näher.

 Kritik kann auch beleidigend sein. Wenn sie in einem feindlichen Ton daherkommt, müssen Sie sich dem nicht stellen. Wenn Sie jemand ständig mit Kritik geißelt, fragen Sie einen vertrauenswürdigen Freund um Rat, ob an der Kritik etwas dran ist. Es kann auch sein, dass Sie ein Opfer verbaler Beschimpfungen sind. Das ist etwas völlig anderes.

Die verführerische Macht des positiven Denkens

Seit den 50er Jahren haben Selbsthilfe-Gurus eine Bewegung losgetreten, indem sie alle Welt ermutigten, ihr Selbstwertgefühl zu steigern. Vor dieser Zeit waren in den Fachjournalen kaum hundert Artikel zum Thema Selbstwertgefühl erschienen. In den letzten zehn Jahren dagegen sind allein mehrere tausend solcher Artikel in sozialwissenschaftlichen Zeitschriften veröffentlicht worden. Dazu kommen buchstäblich Tausende Selbsthilfebücher, die keinen Zweifel an der Bedeutung eines wohlgenährten Selbstwertgefühls lassen. Bis heute ist die Selbstwert-Bewegung in die Elternmagazine, die Schullehrpläne und die Bücherregale eingedrungen. Sie verführte eine ganze Eltern-, Lehrer- und Psychologen-Generation dazu zu glauben, das alleroberste Ziel müsse sein, die Kinder mit Selbstwertgefühl vollzupumpen.

Hat sich ein halbes Jahrhundert Förderung des Selbstwertgefühls (auch unter dem Namen Ego bekannt) bezahlt gemacht? Kaum. Die heutigen Schulleistungen hinken erheblich hinter denen von 1960 zurück. Es gibt mehr Gewalt an Schulen als vor 50 Jahren und emotionale Probleme aller Schattierungen. Ein schwaches Selbstwertgefühl ist offensichtlich nicht gut für Sie. Studien zeigen, dass ein übertriebenes Selbstwertgefühl noch schlimmer ist. Die Antwort scheint darin zu liegen, sich weniger auf das allmächtige Selbst zu konzentrieren.

Hier und Jetzt

In gewisser Hinsicht ist die Sprache die Spitze der evolutionären Entwicklung. Sie macht uns zu Menschen, ermöglicht uns die Kunst, lässt uns komplexe Ideen ausdrücken und gibt uns das Werkzeug an die Hand, Probleme zu lösen. Gleichzeitig liegen in der Sprache aber auch die Wurzeln vielfältigen emotionalen Leidens. Wie kann das sein?

Sie denken vielleicht, Hunde hätten keine Angst. Falsch, Hunde haben Angst, aber nur in Verbindung mit schmerzhaften oder unangenehmen Erfahrungen. Sie gehen zum Beispiel nicht gerne zum Tierarzt. Nicht wenige Hundehalter müssen ihre Hunde mit aller Kraft an der Leine durch die Tür der Arztpraxis ziehen.

Menschen haben eine Eigenheit, die Hunden völlig fremd ist. Menschen wachen mitten in der Nacht auf und haben Angst vor dem, was der bevorstehende Tag ihnen bringen wird. Hunde werden nicht um drei Uhr nachts wach und denken: »Oh nein! Sollte ich heute nicht zum Tierarzt? Was der nur wieder mit mir machen wird?«

Hunde bedauern auch kaum etwas. Sicher schauen sie manchmal äußerst schuldbewusst aus der Wäsche, wenn sie an Herrchens oder Frauchens Schuhen herumgekaut haben. Aber ein nettes Wort und ein Klaps auf den Kopf reichen aus, und schon ist alles vergessen. So mancher ängstliche Mensch denkt heute immer noch daran, dass er vor sechs Jahren vergessen hat, Tante Berta eine Geburtstagskarte zu schreiben.

Man kann sagen, dass Hunde in der Regel glücklicher zu sein scheinen als Menschen. Wenn ein Hund nicht gerade misshandelt wird, lebt er meist glücklich und zufrieden und schläft recht viel. Menschen dagegen machen sich ständig über irgendetwas Sorgen. Sie stellen sich alle möglichen Gefahren vor, die hinter der nächsten Ecke lauern könnten, und käuen die Sünden der Vergangenheit wider.

Wenn Sie mögliche zukünftige Katastrophen und bedauerliche Ereignisse der Vergangenheit in die Gegenwart projizieren, benutzen Sie eigentlich die Sprache, um sich von den Erfahrungen des wirklichen Lebens fernzuhalten. Das kann Ihr *gegenwärtiges Leben* völlig kaputt machen – das ist immerhin die Zeit, in der Sie Ihr ganzes Leben *leben*. Betrachten Sie das folgende Beispiel von Roger, der sich vor der Menge der Arbeit fürchtet, die er nach eigener Überzeugung in fünf Tagen bewältigen muss.

Roger ist Strafverteidiger und hat eine Kanzlei, in der er alleine arbeitet. In fünf Tagen beginnt ein wichtiger Prozess. Die damit verbundene Arbeit droht ihm über den Kopf zu wachsen. Er hat Angst, es nicht zu schaffen. Natürlich macht er sich Sorgen, er könnte diesmal keinen so überzeugenden Auftritt hinlegen, aber am schwersten liegt ihm die Vorbereitung der Papiere, Informationsschreiben, Aussagen und Eingaben auf dem Magen, die fertig werden müssen, und das möglichst bald. Er weiß, dass er praktisch rund um die Uhr arbeiten muss und kaum zu Atem kommen wird. Belustigend ist allerdings die Tatsache, dass er hinterher feststellt, dass er die überwiegende Zeit dieser fünf Tage genossen hat. Sorgen hat ihm die Möglichkeit gemacht, die Arbeit in dieser Zeit nicht bewältigen zu können. Mit seiner tatsächlichen Arbeit hatte das aber nichts zu tun. Dabei hatte er fast immer ein gutes Gefühl. Es gab nicht einen Moment, der für sich *schrecklich* gewesen wäre.

Wenn Sie sich das nächste Mal wegen zukünftiger oder vergangener Ereignisse, Aufgaben oder Ergebnisse Sorgen machen, beachten Sie die folgenden Punkte:

- ✔ Konzentrieren Sie sich nur auf den Moment, der jetzt gerade da ist.

- ✔ Achten Sie ein paar Minuten lang auf Ihre momentanen Körperempfindungen – was Sie fühlen, riechen, sehen und hören.

- ✔ Wenn Ihnen Gedanken über bevorstehende Aufgaben in den Sinn kommen, gestehen Sie ein, dass diese Gedanken da sind, und wenden Sie sich wieder dem gegenwärtigen Geschehen zu.

- ✔ Wenn Ihnen vergangene Fehler oder bedauerliche Ereignisse in den Sinn kommen, gestehen Sie ein, dass diese Gedanken da sind, und wenden Sie sich wieder dem gegenwärtigen Geschehen zu.

- ✔ Machen Sie sich klar, dass *Gedanken* nicht die Wirklichkeit und Ihre Erfahrungen widerspiegeln. Es sind nur Gedanken.

- ✔ Wenn Sie merken, dass Sie an die Zukunft oder die Vergangenheit denken, nehmen Sie diese Gedanken einfach wahr, gestehen Sie zu, dass es interessant ist, dass Sie solche Gedanken produzieren, und wenden Sie sich wieder der Gegenwart zu.

- ✔ Denken Sie daran: Nur wenige Momente in der Gegenwart erscheinen wirklich unerträglich. Das Problem ist, dass wir die Gegenwart mit störenden Gedanken an die Zukunft oder Vergangenheit zerstören können.

16 ➤ Achtsamkeit und Akzeptanz

✔ Erwägen Sie, in Kapitel 5 noch einmal nachzulesen, wie verzerrt Gedanken sein können und wie man realitätsnäher denken lernen kann. Wenden Sie sich dann wieder der Gegenwart zu.

In Kapitel 5 beschreiben wir, wie es durch die Einwirkung von Ängsten zu negativen, verzerrten Vorhersagen kommt. Natürlich klären wir auch darüber auf, wie man zu genaueren Vorhersagen kommen kann. Damit ist das Problem aber auch noch nicht ein für alle Mal erledigt. Sie können sich ins Zeug legen, wie Sie wollen, es wird immer wieder vorkommen, dass Sie schwarzsehen. Wenn dieser Fall eintritt, obwohl Sie Ihr Bestes getan haben, eine realistische Sichtweise einzunehmen, gehen Sie einfach noch einmal die vorstehenden Punkte durch. Das kann helfen, die negativen inneren Dialoge zum Schweigen zu bringen.

Wir haben noch eine andere Idee, wie Sie vermeiden können, dem gelegentlichen Sorgenmonolog wegen zukünftiger Ereignisse zuhören zu müssen:

1. Denken Sie darüber nach, wie oft Sie in der Vergangenheit wegen bevorstehender Ereignisse geunkt haben.

2. Fragen Sie sich, wie oft diese negativen Vorhersagen eingetroffen sind. Wenn Sie unsicher sind, protokollieren Sie Ihre negativen Vorhersagen und rechnen Sie aus, wie hoch Ihre Trefferquote ist.

3. Schauen Sie sich die Fälle an, in denen Ihre Vorhersage eingetroffen ist. Wie oft war das Ergebnis so schlimm, wie Sie befürchtet hatten? Wenn Sie sich nicht sicher sind, führen Sie eine Zeit lang Buch über Ihre Vorhersagen.

Die meisten Menschen berichten uns, dass 90 Prozent dessen, was sie so im Laufe der Zeit befürchten, nicht eintritt. Wenn dann befürchtete Ereignisse eintreten, sind sie in weniger als zehn Prozent so schlimm wie vorhergesagt. Sind das nicht viel zu viele Sorgen und zerstörte Momente der Gegenwart für so wenige unangenehme Ereignisse?

Wenn Sie Ihre negativen Vorhersagen ernst nehmen, ist das so, als hörten Sie einem Meteorologen zu, der Ihnen jeden Tag Schneestürme, Eisregen und eisige Kälte vorhersagt. Sie ziehen also immer schön brav Ihren Wintermantel, Handschuhe und Stiefel an. Das Dumme ist nur, dass der Meteorologe in 90 Prozent aller Fälle falsch liegt und das Wetter sonnig und warm wird. Liegt er einmal richtig, dann ist das Wetter aber längst nicht so schlecht wie vorhergesagt. Vielleicht ist es an der Zeit, dem Meteorologen in Ihrem Kopf nicht mehr zuzuhören. Sie können den Sender nicht abschalten, aber Sie können den Wetterbericht weit weniger ernst nehmen!

In der Gegenwart leben

Überlegen Sie, genau in diesem Augenblick in direktem Kontakt mit Ihrer unmittelbaren Erfahrung zu treten. Viele Menschen machen das viel zu selten. Machen Sie sich keine Gedanken darüber, was diese Übung *soll*. Achten Sie einfach darauf, was passiert.

1. Achten Sie darauf, wie sich dieses Buch in Ihren Händen anfühlt. Fühlen Sie den glatten Einband und die Kanten der Seiten.

2. Achten Sie darauf, wie Ihr Körper sich fühlt – egal, ob Sie gerade sitzen, in der U-Bahn stehen, mit dem Bus fahren oder im Bett liegen. Wie fühlt sich Ihre Haut an, wenn Sie auf dem Stuhl sitzen, im Bett liegen oder auf dem Boden stehen und so weiter.

3. Wie fühlen sich die Muskeln Ihrer Beine, Ihres Rückens oder Ihrer Hände und Arme an, während Sie das Buch halten?

4. Achten Sie auf Ihre Atmung. Fühlen Sie, wie die Luft in die Nase hinein- und wieder hinausströmt.

5. Riechen Sie etwas – Angenehmes oder Unangenehmes? Denken Sie darüber nach, wie Sie diese Gerüche jemandem beschreiben könnten.

6. Wenn Ihnen Gedanken durch den Kopf gehen, achten Sie auch darauf. Werten Sie sie nicht. Richten Sie Ihre Aufmerksamkeit dann wieder auf Ihre gegenwärtigen Empfindungen.

7. Spitzen Sie die Ohren. Wenn Sie laute, störende Geräusche hören, versuchen Sie, sie zu bewerten. Anstatt zu denken, dass es sich um Misstöne handelt, achten Sie auf die Feinheiten des Klanges. Überlegen Sie, wie Sie sie beschreiben könnten.

8. Wenn sich Urteile in Ihrem Kopf drängen, achten Sie darauf, wie Ihr Denken diese reflexartig hervorbringt. Bewerten Sie weder diese Gedanken noch sich selbst.

9. Konzentrieren Sie sich wieder auf die ganze Bandbreite Ihrer gegenwärtigen Empfindungen.

Nun, wie fühlen Sie sich am Ende dieser Übung? Haben Sie die Empfindungen voll und ganz erlebt? Was ist mit Ihrer Angst passiert? Viele Menschen berichten, dass sie während dieser Übung kaum oder gar keine Angst erleben. Bei anderen nimmt die Angst drastisch zu.

Wenn sich Ihre Angst während der ersten Versuche mit dem direkten Gegenwartsbezug steigert, dann machen Sie sich keine Sorgen! Dafür gibt es verschiedene Gründe. Zunehmende Angst bedeutet nicht, dass Sie etwas Falsches machen. Wahrscheinlicher ist es, dass

✔ Sie wenig Erfahrung mit dem Erlebnis der Gegenwart haben. Deshalb fühlt sich diese Übung für Sie merkwürdig an.

✔ Sie häufig von angstvollen Gedanken unterbrochen werden. In diesem Fall können weitere Übungen die Macht dieser Gedanken brechen helfen.

✔ Sie im Moment so gestresst sind, dass diese Übung jetzt keinen Sinn macht. In diesem Fall sollten Sie es vielleicht erst mit anderen in diesem Buch vorgestellten Strategien versuchen.

Wie immer die Dinge bei Ihnen liegen, wir empfehlen Ihnen, sich recht häufig in dieser Weise auf die unmittelbare Gegenwart einzulassen.

Die meisten Ängste und Leiden gehen auf Gedanken über die Zukunft oder die Vergangenheit zurück und beziehen sich nicht darauf, was gegenwärtig passiert.

Achtsam durchs Leben gehen und genießen

Neben der Minderung von Ängsten kann die achtsame Akzeptanz auch Ihre Lebensqualität verbessern. Wenn Sie Angst haben, fließt so viel Energie in negative Empfindungen, Gedanken und Bilder, dass Sie einen großen Teil der einfachen Freuden des Lebens verpassen.

Achtsames Essen

Wie oft haben Sie eine Mahlzeit zu sich genommen, ohne sie richtig zu schmecken? Wenn es sich um in der Mikrowelle erwärmte Pappe handelte, war das vielleicht ganz gut so. Meist schmecken die Sachen, die wir so essen, aber recht gut. Ist es nicht schade, dass wir das oft nicht voll und ganz erleben?

Bestimmen Sie eine Zeit, in der Sie achtsames Essen üben wollen. Es sollte sich aber nicht um einen Zehn-Minuten-Zwischenimbiss handeln. Sie müssen aber auch keine Stunden dafür veranschlagen. Während dieser Übung kann es sein, dass sorgenvolle Gedanken Sie ablenken. Das ist ganz normal. Nehmen Sie die Gedanken einfach wahr, aber bewerten Sie sie nicht. Richten Sie Ihre Aufmerksamkeit einfach wieder auf das Essen, wie es die folgende Übung beschreibt:

1. Halten Sie inne und sammeln Sie sich, bevor Sie einen Bissen in den Mund nehmen.
2. Betrachten Sie Ihr Essen.
3. Achten Sie darauf, wie es auf dem Teller angerichtet ist.
4. Achten Sie auf die Farben, Strukturen und Formen.
5. Nehmen Sie sich Zeit, das Aroma aufzunehmen.
6. Nehmen Sie eine kleine Portion auf Ihre Gabel oder Ihren Löffel.
7. Bevor Sie die Portion in den Mund stecken, halten Sie sie kurz an die Nase.
8. Halten Sie die Portion kurz an die Lippen und dann an die Zungenspitze.
9. Stecken Sie die Portion in den Mund, und lassen Sie sie ein oder zwei Augenblicke dort ruhen.
10. Kauen Sie ganz langsam.
11. Achten Sie darauf, wie der Geschmack und die Struktur sich bei jeder Kaubewegung ändern.

12. Achten Sie auf die unterschiedlichen Geschmacksnuancen auf unterschiedlichen Partien Ihrer Zunge.

13. Schlucken Sie den Bissen hinunter und achten Sie darauf, wie er die Speiseröhre hinabgleitet.

14. Essen Sie so die gesamte Mahlzeit.

15. Bleiben Sie etwa 20 Minuten zum Essen am Tisch sitzen. Wenn Sie Ihre Mahlzeit schneller aufgegessen haben, bleiben Sie sitzen, bis die 20 Minuten vorbei sind, und achten Sie auf Ihre Umgebung und Ihre Körperempfindungen.

Überlegen Sie, ob Sie achtsames Essen nicht zu einem gewohnheitsmäßigen Teil Ihres Lebens machen wollen. Sie werden sich ruhiger fühlen, Ihr Essen mehr genießen und möglicherweise sogar ein wenig abnehmen. Viele Diätprogramme regen dazu an, langsamer zu essen. Diese Übung leistet aber mehr – sie ermöglicht Ihnen, Ihr Essen voll und ganz zu erleben. Wenn sich Ihr Geist völlig auf den momentanen Genuss des Essens konzentriert, tritt die Angst in den Hintergrund.

Achtsames Gehen

Beobachten Sie Menschen, die auf verschiedene Ziele zugehen. Oft huschen sie hin und her wie Hamster in ihrem Laufrad und sind sich ihrer Umgebung gar nicht bewusst. Anders als die Hamster genießen diese eiligen Menschen die Bewegung aber nicht – Ihr Denken ist voller angstvoller Erwartungen und Sorgen. Wen wundert es da, dass heutzutage so viele Menschen unter Bluthochdruck leiden?

Wir hätten Ihnen eine Alternative anzubieten: Achtsames Gehen. Vielleicht haben Sie es schon einmal mit einem Spaziergang versucht, wenn Sie ziemlich unter Stress gestanden haben. Wahrscheinlich hat es geholfen. Achtsames Gehen kann noch mehr für Sie tun. Machen Sie es so:

1. Sammeln Sie sich, bevor Sie losgehen.

2. Achten Sie darauf, wie die Luft in Ihre Nase und Ihre Lunge hinein- und wieder hinausströmt. Atmen Sie fünf Mal ruhig ein und aus.

3. Gehen Sie los.

4. Achten Sie auf die Empfindungen in Ihrem Beinmuskeln, Ihren Knöcheln, Waden und Oberschenkeln. Konzentrieren Sie sich ein oder zwei Minuten lang darauf, wie sich diese Muskeln anfühlen.

5. Wenn sich beunruhigende Gedanken einstellen, nehmen Sie sie einfach nur wahr, ohne sie zu bewerten. Betrachten Sie sie wie Wolken, die über Ihnen vorbeiziehen. Richten Sie Ihre Aufmerksamkeit, wenn möglich, wieder auf Ihre Muskeln.

6. Fühlen Sie sich in Ihre Füße hinein, wenn sie den Boden berühren. Versuchen Sie zu empfinden, wie sich der erste Aufprall anfühlt, wie der Fuß abrollt und wie Sie sich mit

den Ballen und den Zehen abstoßen. Konzentrieren Sie sich für ein oder zwei Minuten auf Ihre Fußsohlen.

7. Sollten zwischendurch beunruhigende Gedanken auftauchen, richten Sie Ihre Aufmerksamkeit wieder zurück auf die Gegenwart.

8. Achten Sie jetzt auf Ihren Gehrhythmus. Fühlen Sie die Geschwindigkeit Ihrer Schritte und den Schwung Ihrer Arme. Bleiben Sie für ein oder zwei Minuten bei diesem Rhythmus und genießen Sie ihn.

9. Fühlen Sie, wie die Luft in Ihre Nase und Ihre Lunge strömt. Achten Sie beim Ausatmen auf Ihren Atemrhythmus. Konzentrieren Sie sich ein oder zwei Minuten nur darauf.

10. Kümmern Sie sich nun um Ihre Füße, Ihre Muskeln, Ihren Rhythmus und Ihre Atmung, indem Sie Ihre Aufmerksamkeit nach Belieben von einem zum anderen wandern lassen.

11. Üben Sie diese Art der Meditation fünf Tage lang hintereinander während eines jeweils fünfminütigen Spaziergangs. Überlegen Sie, ob Sie dies nicht zu einer regelmäßigen Übung machen wollen.

Begeisterte schwärmen von der Heilkraft des achtsamen Gehens. Sie behaupten, es mindere ihren Stress und mache sie gelassener. Sie können vielfältige eigene Versuche mit dem achtsamen Gehen machen. So können Sie sich etwa auf Aussichten und Klänge konzentrieren oder auf Gerüche achten, die Ihnen in die Nase steigen. Spielen Sie ruhig mit dieser Strategie herum und suchen Sie einen eigenen Zugang. Bei der Achtsamkeit gibt es kein Richtig oder Falsch.

Achtsamkeit als Lebenshaltung

So mancher liest über Achtsamkeit und macht sich Sorgen, dass sie viel Zeit beanspruchen könnte. Man hört Klagen wie »das klingt ja wie Leben in Zeitlupe« oder »da kriege ich ja meine Arbeit nicht gemacht, wenn ich so lebe«. Wir sind zwar der Meinung, dass ein etwas langsameres Leben für manche Menschen gar nicht so schlecht wäre, aber achtsame Akzeptanz verschlingt gar nicht so viel Zeit.

Im Mittelpunkt der Achtsamkeit steht eher eine Philosophie, die weniger auf das Ego, den Stolz und die Kontrolle und mehr auf die Akzeptanz des Gegenwärtigen mit all seinen Geschenken und Herausforderungen setzt. Achtsam sein heißt demütig sein, denn man erkennt die Unsicherheit an, die nun einmal dem Leben wesentlich ist.

Man kann sich achtsame Akzeptanz sicher nicht quasi über Nacht zur Gewohnheit werden lassen. Üben Sie fleißig und lassen Sie zu, dass sie langsam in Ihr Leben hineinwächst. Nehmen Sie dabei hin, dass Sie nicht immer in der Gegenwart bleiben können. Bewerten Sie Ihre Versuche nicht. Wenn Sie sich in der schuldbeladenen Vergangenheit oder der gefürchteten Zukunft leben sehen, erinnern Sie sich geduldig daran, dass Sie sich wieder zurück in die Gegenwart begeben.

Teil V

Anderen mit ihren Ängsten helfen

»Ich habe es bereits mit heilendem Denken, mit Meditation und Atemtechnik versucht, aber das scheint alles nicht zu helfen. Ich fühle mich immer noch ständig ängstlich und orientierungslos.«

In diesem Teil ...

Die Kinder von heute scheinen ängstlicher als je zuvor. Sie fürchten sich sowohl vor der Realität als auch vor Dingen in ihrer Vorstellung. In diesem Teil geben wir Ihnen eine Anleitung, wie Sie normale Kinderängste von übertriebenen unterscheiden. Sie werden auch lernen, wie Sie Ihre Kinder davor bewahren, übertriebene Ängste zu entwickeln, und was Sie tun können, wenn sie bereits übermäßig ängstlich sind.

Das letzte Kapitel dieses Teils zeigt Ihnen, was Sie tun können, wenn eine Ihnen nahestehende Person von Ängsten und Sorgen geplagt wird. Zunächst vermitteln wir Ihnen, wie Sie herausfinden, ob jemand an Ängsten leidet, und dann gehen wir Ihnen Tipps, wie Sie darüber ins Gespräch kommen. Abschließend präsentieren wir Ihnen ein paar Strategien für die gemeinsame Arbeit an Angstproblemen.

Helfen Sie Ihren Kindern, Ängste zu überwinden

In diesem Kapitel

▶ Wann man sich über Kindheitsängste Sorgen machen muss

▶ Die normalen Ängste der Kindheit

▶ Risikofaktoren bei Kindheitsängsten

▶ Ängste bei Kindern mindern

Bei Kindern haben sich in den letzten 40 bis 50 Jahren Ängste wahrscheinlich vergrößert. Zum Beispiel berichten einige Studien, dass in psychiatrischen Einrichtungen behandelte Jungen und Mädchen heutzutage mehr Angstsymptome aufweisen als früher.

Sollten uns solche Ergebnisse aufschrecken? Wir meinen schon. Die Statistiken allein sind schon schlimm genug. Wenn man dazu bedenkt, dass Angststörungen oft der erste Schritt hin zu späteren Depressionen sind, muss man sich Sorgen machen, dass die Folgen von Kindheitsängsten sich in den kommenden Jahren verschlimmern könnten.

In diesem Kapitel klären wir Sie über die Unterschiede zwischen normalen und problematischen Kindheitsängsten auf. Wir erläutern, dass einige Ängste in der Kindheit völlig normal sind, andere aber ein Eingreifen erforderlich machen. In manchen Fällen muss dabei auch professionelle Hilfe in Anspruch genommen werden. Ob Sie nun diese Hilfe brauchen oder nicht, wir machen Sie mit einigen Verfahren und Aktivitäten bekannt, die Ihren Kindern helfen können, besser mit ihren Ängsten umgehen zu lernen. So lassen sich ernste langfristige Probleme möglicherweise vermeiden.

Was ist normal und was nicht?

Was ist los? Warum erleben unsere Kinder solchen emotionalen Aufruhr? Sicher wissen wir alle, dass die Welt heutzutage komplex und voller Spannungen ist – es wird immer mehr gearbeitet, die Technologienentwicklung beschleunigt sich stetig, Gewalt und Terrorismus kommen über das Fernsehen in die Wohnzimmer. Wir haben auch den Verdacht, dass bestimmte Erziehungsstile nicht ohne Folgen sind. Darauf kommen wir später im Abschnitt *Vorsicht bei der Erziehung* weiter hinten in diesem Kapitel zurück.

Als Eltern sollten Sie zunächst einmal lernen, normale Kindheitsängste von abnormen zu unterscheiden. Machen Sie sich bewusst, dass die überwiegende Mehrheit aller Kinder in unterschiedliche Phasen immer wieder Angst empfinden. Schließlich gehört es zu den wichtigsten Aufgaben der Kindheit herauszufinden, wie man Ängste überwindet, die das Leben für jeden von uns bereithält. Die erfolgreiche Auflösung dieser Ängste führt gewöhnlich zu einer guten emotionalen Einstellung. Sie müssen also nur wissen, ob die Ängste Ihres Kindes Teil der normalen Entwicklung oder die Folgen einer Gemütsverdunkelung sind, die eine Hilfestellung erfordert. Tabelle 17.1 soll Ihnen einen ersten Eindruck von den Ängsten verschaffen, die Sie bei Kindern im Verlaufe ihrer Entwicklung erwarten können.

Angstproblem	Wann Angst normal ist	Wann die Angst verschwinden sollte
Angst vor Trennung von Mutter, Vater oder Bezugsperson.	Üblich zwischen dem 6. und 24. Lebensmonat. Keine Sorge!	Wenn diese Angst unverändert nach dem 36. bis 48. Lebensmonat anhält, haben Sie Anlass zur Sorge.
Angst vor unbekannten Erwachsenen.	Üblich zwischen dem 6. und 10. Lebensmonat.	Machen Sie sich bis zum zweiten oder dritten Lebensjahr keine großen Sorgen. Danach ist ein wenig Scheu kein Grund zur Sorge.
Angst vor unbekannten Gleichaltrigen.	Üblich zwischen dem 2. und 30. Lebensmonat.	Wenn diese Angst ohne Anzeichen einer Minderung auch nach dem 36. Lebensmonat anhält, haben Sie Grund zur Sorge.
Angst vor Tieren, Dunkelheit und imaginären Kreaturen.	Üblich zwischen dem 2. und 6. Lebensjahr.	Wenn diese Ängste nach dem 6. Lebensjahr nicht nachlassen, haben Sie Grund zur Sorge. Viele Kinder möchten eine Zeit lang ein Nachtlicht. Machen Sie sich deswegen keine Sorge, wenn es nicht übertrieben wird.
Schulangst	Eine geringe bis mäßige Angst vor der Schule oder einer Tagesbetreuung ist im Alter zwischen 3 und 6 Jahren üblich. Sie kann beim Schulwechsel von der Grundschule zur weiterführenden Schule kurz wieder aufflackern.	Diese Angst sollte nach dem 6. Lebensjahr nachlassen und keine Probleme mehr machen. Beim Schulwechsel zur weiterführenden Schule kann sie noch einmal kurz auftreten, sollte aber schnell wieder nachlassen. Wenn nicht, ist das ein Grund zur Sorge.
Angst vor der Bewertung durch andere.	Diese Angst kennzeichnet die Adoleszenz. Die meisten Teenager machen sich große Sorgen darüber, was andere über sie denken.	Diese Angst sollte im Verlauf der Adoleszenz langsam nachlassen.

Tabelle 17.1: Hat Ihr Kind ein Angstproblem?

Tabelle 17.1 vermittelt Ihnen einen ungefähren Eindruck von den so genannten normalen Kindheitsängsten. Wenn Ängste allerdings besonders stark ausgeprägt sind oder das Leben Ihres Kindes und seine Arbeit in der Schule vermehrt beeinträchtigen, können sie auch zum Problem werden und Ihre Aufmerksamkeit verlangen. Andere Angstprobleme, auf die wir im Abschnitt *Die häufigsten Angststörungen in der Kindheit* weiter hinten in diesem Kapitel kommen, etwa Zwangsstörungen, Panikattacken oder allgemeine übertriebene Sorgen wegen verschiedener Ängste sind in keinem Alter ausgesprochen *normal*.

 Wenn Sie irgendwelche Zweifel haben, ob die Ängste Ihres Kindes ernster Natur sind, sollten Sie sich professionell beraten lassen. Eine psychologische Beratungsstelle, der schulpsychologische Dienst oder Ihr Kinderarzt können Ihnen diesbezüglich, möglicherweise schon durch einen einzigen Besuch, weiterhelfen. Angstprobleme gehen oft anderen emotionalen Problemen voraus. Warten Sie mit einer Untersuchung nicht allzu lange.

Svens Probleme

Julia weiß nicht, was sie mit ihrem 7-jährigen Sohn **Sven** machen soll. Jeden Tag muss sie mit ihm einen Kampf ausfechten, damit er zur Schule geht. Zunächst denkt sie, er sei tatsächlich krank, und geht mit ihm zum Kinderarzt. Der stellt ihn auf den Kopf und kommt zu dem Ergebnis, dass er völlig gesund ist. Der Arzt ermutigt Julia, Sven zur Schule zu schicken, und warnt sie, dass sein Verhalten sich verschlimmern könne, wenn sie es nicht tue.

»Mein Bauch tut weh«, wimmert Sven, »ich will nicht in die Schule.«

»Nun komm, Herzchen, du hast schon so viele Tage gefehlt«, beruhigt ihn Julia, »du solltest heute wieder hingehen. So krank bist du nicht.«

»Aber mein Bauch tut wirklich weh, ganz echt, Mami.« Sven beginnt zu schluchzen.

»Du gehst heute in die Schule«, bekräftigt Julia mit fester Stimme und nimmt Sven bei der Hand. Sven bockt, reißt sich los und schreit. Julia kann nicht glauben, was er da tut. Er scheint eine Höllenangst zu haben. Julia hat ihn noch nie so erlebt. Panisch rennt Sven in sein Zimmer und versteckt sich im Schrank. Julia findet ihn dort zusammengekauert und schluchzend.

Sven leidet an Schulangst, einer verbreiteten, aber ernsten Angststörung bei Kindern. Julia entscheidet sich klugerweise für eine professionelle Beratung.

Die häufigsten Angststörungen in der Kindheit

Manche Ängste sind bei Kindern durchaus normal. Wahrscheinlich hatten Sie als Kind auch Angst vor der Dunkelheit, vor Monstern oder Geistern. Andere Ängste sind zwar nicht unbedingt selten, stellen aber ein Problem dar, mit dem man sich auseinandersetzen sollte. In den folgenden Abschnitten beschäftigen wir uns kurz mit den am häufigsten vorkommenden Ausprägungen problematischer Kindheitsängste. Wir klären Sie darüber auf, welche Risiken sich hinter diesen Ängsten verbergen und, was am wichtigsten ist, was Sie dagegen tun können.

Zurück in die Schule

Schulangst ist eine relativ häufige Ausprägung der Trennungsangst bei Kindern. Zur Behandlung gehört es, dass die betroffenen Kinder möglichst schnell wieder die Schule besuchen. Kinder mit Schulangst haben oft Eltern, die selbst eher ängstliche Typen sind und sich sehr um ihre Kinder sorgen. Der erste Schritt besteht darin, die Eltern davon zu überzeugen, dass sie ihre Haltung, dass das Kind wieder in die Schule muss, unmissverständlich und fest zum Ausdruck bringen.

Eine gute Möglichkeit, Kinder zu beruhigen, wenn sie wieder in die Schule gehen, besteht darin, ihnen genau so viel Kleingeld mitzugeben, dass sie einmal aus der Schule zu Hause anrufen können. Ein Elternteil hat dann einen Piepser dabei. Man spricht mit den Lehrern ab, dass das Kind einmal am Tag die Eltern anpiepsen darf. Der jeweilige Elternteil ruft dann zurück und spricht ein paar Minuten mit dem Kind. Das Kind wird dazu ermutigt, sich diese Erlaubnis für Tage aufzuheben, an denen es ihm schlechter geht, und wird ausdrücklich gelobt, wenn es den Anruf nicht in Anspruch nimmt. Die Erlaubnis wird dann nach und nach auf einmal jeden zweiten Tag, einmal in der Woche und so weiter heruntergefahren. Wenn die Eltern konsequent bleiben und das Kind unterstützen, verschwindet das Problem in der Regel nach ein paar Tagen.

Die Eltern verlassen: Trennungsangststörungen

Wie schon Tabelle 17.1 zeigt, haben Kinder im Alter zwischen sechs Monaten und etwa vier Jahren oft Probleme damit, sich von ihren Eltern zu trennen. Wenn diese Trennungsangst auch nach dieser Zeit noch nennenswerte Probleme wie die folgenden verursacht, müssen Sie etwas dagegen tun:

- ✔ Erhebliche Verzweiflung bei Trennungen von der jeweiligen betreuenden Person oder bereits im Vorfeld der Trennung

- ✔ Übersteigerte Befürchtungen, den Eltern oder Betreuern könnte etwas passieren

- ✔ Hartnäckige Weigerung, zur Schule zu gehen oder an anderen Aktivitäten teilzunehmen, aufgrund der Trennungsangst

- ✔ Weigerung, ins Bett zu gehen, wenn Eltern oder Betreuer nicht dabei bleiben

- ✔ Häufige Albträume, die mit Trennungen zu tun haben

- ✔ Häufige Klagen über körperliche Beschwerden wie Kopfschmerzen, Bauchschmerzen und so weiter, wenn es um eine Trennung von den Eltern geht

Von den verschiedenen Angststörungen ist die Trennungsangststörung bei Kindern nicht unüblich. Das heißt aber nicht, dass sie auch normal wäre. Sie scheint durchschnittlich im Alter von sieben bis acht Jahren einzusetzen. Es mag Sie trösten, dass die meisten Kinder mit Trennungsangststörungen nach drei oder vier Jahren die diagnostischen Kriterien für diese Angststörung nicht mehr erfüllen.

Nicht so tröstlich ist, dass einige der betroffenen Kinder in der Folgezeit andere Probleme ausbrüten, insbesondere Depressionen. Aus diesem Grund empfehlen wir eine professionelle Beratung, wenn die Trennungsangststörung länger als ein oder zwei Monate andauert und ein normales Leben unmöglich macht.

Sorgen über Sorgen: Generalisierte Angsterkrankungen

Soweit wir heute wissen, sind generalisierte Angststörungen (GAS) bei Kindern, insbesondere bei älteren Kindern, recht verbreitet. Am häufigsten treten sie während oder nach der Pubertät auf und machen sich durch folgende Merkmale bemerkbar:

- ✔ Übertriebene Ängste und Sorgen wegen schulischer oder familiärer Probleme
- ✔ Durch Ängste verursachte körperliche Symptome wie Magenbeschwerden, Kopfschmerzen und Appetitstörungen
- ✔ Konzentrationsschwierigkeiten und Neigung zu Nervosität

Spezifische Phobien

Die meisten Kinder haben irgendwann einmal Angst im Dunkeln oder fürchten sich vor Monstern, die sich im Schrank oder unter dem Bett verstecken. Solange diese Ängste nicht so stark werden, dass sie das Alltagsleben beträchtlich stören, müssen Sie sich deswegen keine Sorgen machen. Das typische Alter für die Entwicklung *echter* Phobien (im Unterschied zu den frühen, weniger gravierenden Ängsten) liegt um das achte oder neunte Lebensjahr.

Spezifische Phobien sind übersteigerte, intensive Ängste, die ein Kind dazu bringen, bestimmte Objekte oder Situationen zu meiden. Mehr Informationen über diesen Angsttyp finden Sie in Kapitel 2.

Beziehungen zu anderen: Sozialangst

Manche Kinder sind einfach schüchtern. Sie werden so geboren. Oft hört man in diesem Zusammenhang Kommentare wie »Sein Vater war auch so in dem Alter.« Manchmal lässt die Schüchternheit mit den Jahren nach. Wenn sie aber zunimmt und dazu führt, dass ein Kind jegliches gesellige Beisammensein ängstlich meidet, dann ist das problematisch.

Sozialangst bzw. eine soziale Phobie lässt sich frühestens im Alter von etwa zehn Jahren diagnostizieren. Anzeichen können auch schon bei jüngeren Kindern erkennbar sein, aber die Grenzen zur Schüchternheit sind für Eltern meist nicht so einfach abzustecken. Wenn man seine Kinder sehr aufmerksam beobachtet, kann man vielleicht schon früher etwas erkennen. Wenn die Angst eines Kindes vor unbekannten Gleichaltrigen oder Erwachsenen sich im Alter von etwa drei Jahren nicht gebessert hat, ist es sinnvoll, eine professionelle Beratung in Anspruch zu nehmen, um zu klären, ob es sich um ein ernstes Problem handelt. Mehr Informationen über die soziale Phobie können Sie in Kapitel 2 nachlesen.

Wiederholungen aus Angst: Zwangsstörungen

Diese Angststörung ist bei Kindern seltener als Trennungsangststörungen, generalisierte Angststörung, spezifische oder soziale Phobien. Dennoch leidet einer von 50 Jugendlichen unter Zwangsstörungen. Sie wurzeln oft in der Kindheit und entwickeln sich etwa im Alter von zehn Jahren. Zwangsstörungen können aber auch schon bei Vier- oder Fünfjährigen auftreten.

Zwangsgedanken sind wiederkehrende ungewollte Gedanken, die das betroffene Kind nicht verhindern kann. Einzelheiten dazu finden Sie in Kapitel 2. Zu den häufigsten Zwangsgedanken bei Kindern zählen unter anderem:

- ✔ Übersteigerte Angst vor Fremden
- ✔ Angst vor Bakterien
- ✔ Angst vor Krankheiten
- ✔ Fixierungen auf bestimmte Zahlen

Kennzeichnend für Zwänge ist die Ausbildung von Ritualen und Verhaltensweisen, die das Kind zwanghaft immer wieder ausführen muss. Bei Kindern kommen die folgenden Zwänge häufig vor:

- ✔ Objekte in einer bestimmten Weise anordnen
- ✔ Übertriebenes Händewaschen
- ✔ Objekte von zweifelhaftem Wert horten
- ✔ Ständig Treppen, Deckenplatten und Schritte zählen

Viele Kinder führen harmlose Rituale aus, die auf magischem Denken beruhen, etwa dass man nicht auf die Fugen der Gehwegplatten treten darf. Kinder, die ernste Anzeichen einer Zwangsstörung zeigen, sollten jedoch in Augenschein genommen werden. Es spielt dabei keine Rolle, in welchem Alter diese Anzeichen auftreten, denn eine Zwangsstörung bessert sich in der Regel ohne Behandlung nicht.

Seltene Ängste bei Kindern

Einige Angststörungen, unter denen Erwachsene leiden, zeigen sich bei Kindern nur selten.

- ✔ **Agoraphobie** ist oft eine Reaktion auf Panik und führt zur Vermeidung von Orten oder Situationen, in denen eine Flucht im Bedarfsfall unmöglich ist.
- ✔ **Panikstörungen** bringen ein plötzliches Einsetzen intensiver Furcht, Angst und körperlicher Symptome mit sich. Sie treten in der Regel erst in der späten Adoleszenz oder noch später auf.
- ✔ **Posttraumatische Belastungsstörungen** sind eine Reaktion auf ein traumatisches Erlebnis, die mit einer Übererregung, sich aufdrängenden Gedanken über das Erlebnis und der Verdrängung von Erinnerungen an das Erlebnis einhergehen.

Mehr über all diese Angststörungen können Sie in Kapitel 2 nachlesen. Sollten Sie bei Ihrem Kind eine dieser Ängste feststellen, sollten Sie sich professionell beraten lassen.

> ### Posttraumatische Belastungsstörungen bei Kindern
>
> Posttraumatische Belastungsstörungen sind zwar bei Kindern relativ selten, gehen aber dann mit leicht anderen Symptomen einher als bei Erwachsenen. Wie Erwachsene auch können Kinder nach Fällen von Missbrauch oder anderen direkt erlebten Traumata mit posttraumatischen Belastungsstörungen reagieren. Auch nach dem 11. September litten in New York viele Kinder daran. Insbesondere die Viert- und Fünftklässler waren betroffen. Auch das Beobachten traumatischer Erfahrungen anderer Menschen kann also bei Kindern posttraumatische Belastungsstörungen auslösen. Die betroffenen Kinder erscheinen ruhelos, nervös, reizbar und zerstreut. Ihre Angst äußert sich möglicherweise nicht in Albträumen und intrusiven Gedanken, sondern wird im Spiel ausgelebt. Schlechte Träume sind möglich, aber sie haben meist keinen inhaltlichen Bezug zu den traumatisierenden Ereignissen. Wie die Erwachsenen werden unter posttraumatischen Belastungsstörungen leidende Kinder ängstlich und achten sorgsam auf jegliches Anzeichen einer drohenden Gefahr. Häufig kommt es auch zu Überreaktionen auf triviale Ereignisse, etwa wenn die Kinder angerempelt oder kritisiert werden.

Ängste im Keim ersticken

Wo beginnen Ängste? Das Risiko, Ängste zu entwickeln, ist mit der Zeugung schon da. Sie haben richtig gehört. Studien mit Zwillingen haben gezeigt, dass die Ursachen für Ängste zur Hälfte in unseren Genen liegen – aber dies ist zu einfach ausgedrückt, denn es bestehen viele Wechselwirkungen zwischen unseren Genen und unserer Umwelt. Zum Beispiel kommt es in großem Maße auf die jeweiligen Umweltbedingungen an, in welchem Ausmaß die jeweiligen Gene ihre Wirkung entfalten. Es müssen also zur reinen Genetik noch viele andere Faktoren hinzukommen, auf die Sie, wie wir Ihnen erläutern werden, großen Einfluss nehmen können.

Frühe Erfolgserlebnisse

Wenn ein hungriges und unzufriedenes Baby schreit und die Eltern darauf mit Füttern und Trost reagieren, hat das Baby ein erstes Erfolgserlebnis. Anders ausgedrückt: Sein Handeln hat ein vorhersagbares Ergebnis. Diese Möglichkeit kann sich in seinen nächsten Lebensjahren in verschiedenen Variationen Tausende Male wiederholen. So entdeckt das Kleinkind die Sprache, gibt seinen Bedürfnissen Ausdruck und wird dafür belohnt. Wenn Eltern nun unvorhersagbar und chaotisch auf die Steuerungsversuche eines Kindes reagieren, nehmen die Ängste des Kindes wahrscheinlich zu.

Es ist also wichtig, dass Eltern auf Kinder vorhersagbar reagieren, wenn sie nicht wollen, dass ihre Kinder Ängste entwickeln. Bei kleinen Kindern sollten Sie in den meisten Fällen auf unruhiges Quengeln mit einer vertretbaren Konsistenz reagieren. Später ist Vorhersagbarkeit zwar immer noch ein wichtiges Kriterium, sollte aber nur noch bei dem jeweiligen Alter angemessenen Bedürfnissen oder Quengeleien berücksichtigt werden. Sie wollen doch nicht die Temperamentsausbrüche eines Zweijährigen fördern, indem Sie ständig nachgeben.

Wenn Ihre Kinder älter werden, sollten Sie ihnen zahlreiche Möglichkeiten geben, Erfolgserlebnisse zu haben. Das können Sie erreichen, indem Sie

- Ihre Kinder Sport treiben lassen
- Ihre Kinder mit Hobbys in Kontakt bringen, die gewisse Fertigkeiten verlangen
- anspruchsvolle Spiele – Puzzles, Scrabble, Wortlogo und andere – mit ihnen spielen
- darauf achten, dass sie in der Schule erfolgreich sind und Hilfe bekommen, wenn sie beim Lernen auf Schwierigkeiten stoßen
- ihnen gute Manieren und soziale Fähigkeiten beibringen

Angst und die Chemie des Gehirns

Aktuelle wissenschaftliche Untersuchungen erkunden die Wirkung des Neurotransmitters Serotonin, der im menschlichen Körper produziert wird, auf die Entwicklung von Angst. Dazu wurden Mäuse gezüchtet, denen wichtige Serotonin-Rezeptoren fehlen, weshalb sie diesen wichtigen Neurotransmitter nicht nutzen können. Die Forscher fanden heraus, dass die zwischen fünf und zwanzig Tage alten Mäuse, die kein Serotonin verarbeiten konnten, als erwachsene Mäuse *Mäuseangst* entwickelten. Dagegen entwickelten die Mäuse, die mit normalen Serotonin-Rezeptoren geboren wurden und erst im Erwachsenenstadium ihres Serotonins beraubt wurden, keine Ängste.

Was hat diese Untersuchung mit ängstlichen Kindern zu tun? Sie weist auf die Bedeutung biologischer Faktoren bei der Entwicklung von Ängsten hin. Selbst pränatale und frühkindliche Erfahrungen können das emotionale Wohlbefinden langfristig beeinflussen. Vielleicht kann die frühzeitige Behandlung von Kindheitsängsten helfen, zukünftige Probleme zu vermeiden.

Es muss noch viel geforscht werden, bis wir verstehen, wie das alles funktioniert. Wir wissen jedoch, dass sich nicht nur biologische Einflüsse (etwa Medikamente) auf den Serotoninspiegel auswirken, sondern dass auch Verhaltensstrategien, wie sie in diesem Buch beschrieben werden, die chemische Abläufe im Gehirn verändern.

Emotionale Feinabstimmung

Eine der wichtigsten Aufgaben der Kindheit ist zu lernen, wie man Gefühle kontrolliert, Frustrationen erträgt und auf Belohnungen wartet. Kleine Kinder brauchen die sofortige Belohnung. Mit zunehmendem Alter dagegen ist man in der Welt da draußen auf diejenigen, die sofort belohnt werden wollen und ihre emotionalen Ausbrüche nicht unter Kontrolle haben, weniger gut zu sprechen.

 Sie können Ihrem Kind helfen zu lernen, wie man Gefühle reguliert. Wenn Sie wollen, dass Ihr Kind lernt, seine Gefühle auszudrücken, ohne dass sie außer Kontrolle geraten, sollten Sie die folgenden Punkte beachten:

- ✔ **Bestätigen Sie die Gefühle Ihres Kindes.** Wenn Ihr Kind leidet, Angst hat oder sich Sorgen macht, bestätigen Sie sein Gefühl. Sagen Sie zum Beispiel

  »*Ich sehe, dass du ein bisschen Angst hast ...*«

  »*Du scheinst dir Sorgen zu machen ...*«

  Wie Sie sehen, sollen diese Aussagen Ihrem Kind auch helfen, seine Gefühle mit dem jeweiligen Geschehen in Verbindung zu bringen.

- ✔ **Leugnen Sie die Gefühle Ihres Kindes nicht.** Leugnen Sie die Gefühle Ihres Kindes möglichst nicht. Sagen Sie nicht »Du musst keine Angst haben« oder, noch schlimmer, »Du hast doch nicht wirklich Angst?«

- ✔ **Packen Sie Ihr Kind nicht in Watte.** Niemand sieht gern, dass ein Kind Angst hat oder sich fürchtet. Dennoch müssen Kinder lernen, wie man mit den meisten Ängsten alleine klarkommt. Wenn Sie alle Probleme für Ihre Kinder lösen und alle Ängste und Sorgen von ihnen fernhalten, schaden Sie ihnen mehr, als Sie ihnen nutzen.

- ✔ **Bringen Sie Ihren Kindern bei, wie man sich beruhigt.** Sie können ihnen zeigen, wie man tief und langsam atmet oder langsam bis zehn zählt. Darüber hinaus können Sie ihnen erklären, dass extreme Angst immer nachlässt.

- ✔ **Loben Sie Ihre Kinder.** Wenn Ihre Kinder sich anstrengen, um ihre Angst zu überwinden, haben sie sich ein Lob verdient! Wenn Sie es aber nicht schaffen, dürfen Sie sie nicht dafür bestrafen.

- ✔ **Halten Sie sich mit unnötiger Unterstützung zurück.** Kommentare wie »Du musst keine Angst haben« sind überflüssig. Kinder müssen selbst herausfinden, wie man mit ein wenig Stress und Angst umgeht. Versuchen Sie nicht ständig, ihnen Mut zu machen, das ist der sicherste Weg in die Angst.

Gegen Ängste impfen

Manche Situationen, Aktivitäten, Tiere und Objekte sind geradezu prädestiniert, Phobien herauszubilden. Die folgende Auflistung von Kindheitsängsten zeigt, dass Kinder Ängste erleben, die denen der Erwachsenen nicht unähnlich sind.

- ✔ Allein sein
- ✔ Donner und Blitz
- ✔ Flugzeuge

- ✔ Große Höhen
- ✔ Hunde
- ✔ Nagetiere
- ✔ Schlangen
- ✔ Spinnen und Insekten

Wenn Sie verhindern wollen, dass Ihre Kinder eine dieser Phobien entwickeln, können Sie sie dagegen impfen. Dazu müssen Sie sichere Kontakte mit dem möglicherweise gefürchteten Ereignis oder Objekt ermöglichen, bevor sich überhaupt Angst entwickeln kann.

Probieren Sie dazu Folgendes:

- ✔ Gehen Sie mit Ihren Kindern in ein Museum oder einen Zoo, wo man Erfahrungen aus erster Hand mit Schlangen oder Insekten machen kann.
- ✔ Klettern Sie zusammen auf einen Berg.
- ✔ Beobachten Sie einen Sturm oder ein Gewitter vom sicheren Wohnzimmer aus. Sprechen Sie darüber, wie Blitze und Donner entstehen.
- ✔ Wenn Sie keinen Hund oder keine Katze haben, besuchen Sie ein Tierheim und sehen Sie sich kleine Hunde und Katzen an.

Forschungen haben gezeigt, dass diese Methode funktioniert. So zeigen etwas Studien, dass Kinder, die bereits positive Erfahrungen mit Hunden gemacht haben, nicht so schnell eine Phobie entwickeln, wenn sie später einmal von einem Hund gebissen werden. Kinder, die schon in frühen Jahren in einem Flugzeug mitgereist sind, entwickeln seltener Flugangst. Je mehr Erfahrungen Sie Ihrem Kind ermöglichen, desto größer sind seine Chancen, ohne Phobien zu leben.

Allen irgendwie phobischen Eltern sei gesagt: Ziehen Sie keine Gesichter und seien Sie nicht allzu zimperlich, wenn Sie Ihr Kind gegen Phobien impfen. Sagen Sie nicht: »Iiiih, wie eklig!« Auch wenn Sie nervös sind, sollten Sie versuchen, es nicht zu zeigen.

Vorsicht bei der Erziehung

Eltern können Kinder auf geradem Weg in eine Angststörung schicken oder aber dabei behilflich sein, Ängste zu verhindern.

- ✔ **Extrem freizügige Eltern** beschäftigen sich mit ihren Kindern und zeigen Anteilnahme und Fürsorge, aber sie hassen Konfrontationen und sehen ihre Kinder nicht gerne leiden. Deshalb erwarten sie nicht so viel von ihren Kindern und drängen sie nicht, sich reif zu verhalten und Neues auszuprobieren.

✔ **Autoritäre Eltern** sind das andere Extrem. Sie fordern, dirigieren und erwarten von ihren Kindern unmittelbaren Gehorsam. Sie kontrollieren jeden kleinsten Bereich des Lebens ihrer Kinder und neigen zu übertriebener Ordnung und Feindseligkeit.

Freizügige und autoritäre Elternteile

Sowohl die freizügigen als auch die autoritären Elterntypen nähren Ängste in ihren Kindern. Die folgende Geschichte zeigt beide Typen. Die Mutter übernimmt die freizügige Rolle, während der Vater den autoritären Part spielt.

Die vierjährige **Jasmin** schreit vor Angst. Ihre Eltern eilen zu ihrem Zimmer, um nachzusehen, was los ist. »In meinem Zimmer ist ein Mann. Ich habe ihn gesehen«, schreit sie. Jasmins Mutter nimmt sie in den Arm, streichelt ihr übers Haar und sagt ihr: »Alles ist gut, Mama ist da.«

Ihr Vater macht das Licht an. Er schaut im Schrank nach und wirft einen Blick unter das Bett und raunzt: »Da ist niemand. Bleib einfach im Bett und schlafe. Du bist doch kein kleines Kind mehr.«

Als sich diese Szene sechs Wochen lang jede Nacht wieder abspielt, ist Jasmins Vater zunehmend gereizt und findet harte Worte für ihre seiner Meinung nach dummen Ängste. Gleichzeitig wird Jasmin von ihrer Mutter übertrieben behütet. Sie schläft sogar in ihrem Zimmer, damit sie sich sicher fühlt. Ihre Ängste werden nur noch schlimmer. Die arme Jasmin erhält widersprüchliche Botschaften von ihren Eltern und keine dieser Botschaften hilft ihr weiter.

Autoritative Kindererziehung

Eine andere Art der Kindererziehung kann Ihren Kindern helfen, besser mit Ängsten umgehen zu lernen. Man nennt sie die autoritative Erziehung (in Abgrenzung zur autoritären Erziehung). Autoritative Eltern formulieren klare Erwartungen an ihre Kinder. Sie ermutigen ihre Kinder, sich Herausforderungen zu stellen. Sie bestätigen die Angstgefühle ihrer Kinder, aber fordern sie auf, sich ihnen zu stellen. Sie reagieren nicht barsch oder mit Strafen, aber behüten ihre Kinder auch nicht übermäßig. Lesen Sie, wie autoritative Eltern mit Jasmins Ängsten umgehen würden:

Die vierjährige **Jasmin** schreit vor Angst. Ihre Eltern eilen zu ihrem Zimmer, um nachzusehen, was los ist. »In meinem Zimmer ist ein Mann. Ich habe ihn gesehen«, schreit sie.

Jasmins Mutter umarmt sie kurz und meint: »Du klingt verängstigt, Süße.«

Ihr Vater macht das Licht an, sieht im Schrank nach und wirft einen Blick unters Bett und sagt: »Keiner hier, mein Schatz. Aber wenn du willst, können wir das Nachtlicht anlassen.«

Jasmin fragt: »Nein, kann Mama nicht heute Nacht bei mir schlafen?«

Jasmins Mutter bleibt fest: »Nein, damit musst du alleine fertig werden. Ich weiß, dass du Angst hast, aber es ist alles in Ordnung.« Die beiden machen das Nachtlicht an und verabschieden sich: »Hier ist dein Bär, er leistet dir Gesellschaft. Schlaf gut. Bis morgen früh.«

Jasmin verdrückt noch ein paar Tränchen und schläft dann wieder ein.

»Aber, aber, aber«, hören wir Sie protestieren, »das habe ich versucht, aber es hat nicht funktioniert!«

Vielleicht hat Ihr Kind einfach weitergeweint und nicht aufgehört. Das passiert manchmal. Es kann sein, dass Sie ihm auch einmal ein oder zwei Stunden Gesellschaft leisten müssen. Die meisten Kinder schlafen nach und nach immer schneller wieder ein. Wenn das nach vier oder fünf Nächten hintereinander nicht der Fall sein sollte, sollten Sie erwägen, professionellen Rat einzuholen.

Ängstlichen Kindern helfen

Haben Sie ängstliche Kinder? Machen Sie sich keinen Kopf deswegen und geben Sie sich nicht die Schuld daran. Wahrscheinlich haben viele Faktoren daran mitgewirkt, dass Ihre Kinder ängstlich geworden sind. Außerdem konnten Sie ja dieses Buch nicht rechtzeitig lesen, um zu erfahren, wie Sie es unter Umständen hätten verhindern können. Aber was machen Sie jetzt?

Helfen Sie zunächst sich selbst

Viele von Ihnen haben sicher schon einmal das Bordpersonal eines Flugzeugs die Sicherheitsvorkehrungen an Bord erklären sehen. Da kriegt man zu hören, dass man zuerst seine eigene Sauerstoffmaske anlegen soll, bevor man sich umschaut, ob man jemandem helfen kann. Denn wenn Sie sich nicht zuerst selbst helfen, können Sie anderen auch keine große Hilfe mehr sein.

Dasselbe Prinzip gilt auch für die Ängste Ihrer Kinder. Sie müssen zunächst Ihre eigenen Ängste im Griff haben, bevor Sie Ihren Kindern helfen können. Kinder lernen einen großen Teil ihrer emotionalen Reaktionen durch die Beobachtung ihrer Eltern. So kommt es, dass ängstliche Eltern oft ängstliche Kinder haben. Das Schöne daran, dass man die eigenen Ängste zuerst loswird, ist, dass man sowohl seinen Kindern hilft als auch Ressourcen aufbaut, ihnen bei der Bewältigung ihrer Sorgen zu helfen.

Sie können das erreichen, indem Sie dieses Buch auch für sich selbst lesen. Wählen Sie eine Strategie, die am besten zu Ihrem Problem und Ihrer Persönlichkeit passt. Wenn Sie mit Ihrer ersten Wahl nicht weiterkommen, sollten Sie dennoch nicht verzweifeln. In der überwiegenden Mehrzahl der Fälle hilft eine oder mehrere der hier vorgestellten Techniken.

Seien Sie ein beruhigendes Vorbild

Wenn Sie kein Angstproblem haben oder Ihre Ängste zum größten Teil bereits überwunden haben, sind Sie so weit, Ihre Kinder durch beispielhaftes Verhalten weiterzubringen. Kinder lernen viel durch die Beobachtung von Menschen, die ihnen wichtig sind. Vielleicht erinnern Sie sich daran, wie Ihr Kind Sie überraschte, indem es ein Wort wiederholte, dass es besser nicht gehört hätte. Vertrauen Sie uns, Kinder sehen und hören alles.

Nutzen Sie also jede Gelegenheit, vorbildliches, relativ ruhiges Verhalten und Denken an den Tag zu legen. Würdigen Sie die Angst Ihres Kindes nicht herab, indem Sie sie für dumm oder albern erklären. Völlige Ruhe zu demonstrieren, ist nicht so hilfreich, wie zu zeigen, wie man sich selbst in solche Fällen verhält. Tabelle 17.2 listet einige häufige Kindheitsängste auf und stellt vorbildliche Reaktionen daneben.

Angst	Erzieherisches Vorbild
Gewitter	Es sieht so aus, als gäbe es heute Abend ein Gewitter. Manchmal machen mich Gewitter auch nervös, aber ich weiß, dass wir hier im Haus sicher sind. Ich achte immer darauf, dass ich an einem sicheren Ort bin, wenn ein Gewitter aufzieht. Aber ich weiß, dass Gewitter nicht viel anrichten können, wenn man drinnen ist.
Insekten	Früher habe ich gedacht, dass Insekten eklig, schrecklich und Angst einflößend sind. Heute bin ich mir sicher, dass sie mehr Angst vor mir haben als ich vor ihnen. Insekten fliehen vor Menschen, wenn sie können. Manchmal haben sie solche Angst, dass sie sich nicht bewegen können. Ich gebe zu, dass ich immer noch viel Küchenpapier benutze, wenn ich sie aufhebe, das ist auch in Ordnung so. Komm, ich zeig' dir, wie das geht.
Große Höhen	Manchmal bin ich schon ein bisschen nervös, wenn ich aus einer großen Höhe nach unten sehe. Und jetzt stehen wir oben auf dem Fernsehturm. Gib mir die Hand und lass uns zu dem Fenster da gehen. Du kannst nicht herunterfallen oder dir wehtun. Wenn man aus großer Höhe nach unten sieht, macht das auch Spaß. Das Erschreckende ist auch aufregend, wenn man sich ein wenig daran gewöhnt hat.
Allein sein (Erst dann sinnvoll, wenn Ihr Kind Angst zum Ausdruck bringt, sich alleine nicht sicher zu fühlen)	Dein Vater fährt morgen für ein paar Tage weg. Früher hatte ich selbst immer ein bisschen Angst, alleine zu Hause zu bleiben, aber ich habe gemerkt, dass ich mich ganz gut um mich selbst und dich kümmern kann. Wir haben eine Sicherheitstür, und wenn jemand einzubrechen versucht, können wir die Polizei rufen. Unsere Hunde beschützen uns auch. Hast du manchmal Angst? Wenn ja, können wir darüber reden.

Tabelle 17.2: Vormachen, wie es besser geht

Kinder durch Ängste führen

Wie wir in Kapitel 8 darlegen, liegt eine der wirksamsten Möglichkeiten, Ängste zu überwinden, darin, sich den Angst auslösenden Umständen schrittweise auszusetzen. Dabei gibt es im Wesentlichen keinen großen Unterschied zwischen Erwachsenen und Kindern. Wenn Sie also

Ihren unter Ängsten leidenden Kindern helfen wollen, geben Sie ihnen zunächst ein Vorbild, wie Sie es in Tabelle 17.2 beschrieben finden. Im Anschluss können Sie überlegen, ob Sie es mit einer Konfrontation versuchen und sich der gefürchteten Situation oder dem Objekt schrittweise nähern wollen. Dabei arbeiten Sie so lange an jedem Schritt, bis die Angst um die Hälfte oder mehr nachlässt.

Lesen Sie in Kapitel 8 wichtige weitere Einzelheiten zur Konfrontation nach. Einige Punkte gilt es indes zu beachten, wenn Sie dies zusammen mit Ihrem Kind tun wollen:

- ✔ **Wählen Sie die Schritte so klein wie möglich.** Erwarten Sie nicht, dass Ihr Kind seine Angst über Nacht loswird. Das braucht Zeit. Kinder müssen kleinere Schritte machen als Erwachsene. Wenn es zum Beispiel um die Angst vor Hunden geht, dürfen Sie nicht erwarten, dass Ihr Kind gleich zu einem Hund hingeht und ihn streichelt. Fangen Sie stattdessen lieber mit Bildern und Geschichten von Hunden an. Als Nächstes können Sie sich Hunde aus einiger Entfernung ansehen, durch einen Zaun geschützt. Schrittweise tasten Sie sich dann an den direkten Kontakt heran, vielleicht in einer Tierhandlung.

- ✔ **Bereiten Sie sich darauf vor, Ihr Kind leiden zu sehen.** Das ist für Eltern der schwierigste Teil. Niemand sieht sein Kind gerne aufgelöst. Es lässt sich aber nicht vermeiden, dass Kinder in Maßen leiden, wenn sie ihre Angst überwinden sollen. Manchmal halten Eltern das nicht aus. In diesen Fällen kann vielleicht ein enger Freund oder jemand aus der Familie einspringen. Wenn Ihr Kind unter extremer Angst leidet oder sehr erregt ist, müssen Sie die Aufgabe in kleinere Schritte einteilen oder sich professionelle Hilfe holen.

- ✔ **Loben Sie Ihr Kind für jeden Erfolg.** Achten Sie auf jede Verbesserung und gratulieren Sie Ihrem Kind. Setzen Sie es aber nicht unter Druck, indem Sie darauf hinweisen, dass es jetzt ein großes Mädchen oder ein großer Junge ist.

- ✔ **Zeigen Sie Geduld.** Steigern Sie sich nicht so in die Sache hinein, dass Ihre Gefühle sich aufschaukeln und Ihrem Kind zusätzliche Angst machen. Wenn das passiert, machen Sie eine Weile Pause, bitten Sie einen Freund um Hilfe oder suchen Sie professionellen Rat.

Mareike und **Jürgen** planen einen Urlaub in Mexiko in einem Hotel direkt am Strand. Im Prospekt wird die familienfreundliche Atmosphäre gepriesen. Sie kaufen für ihren dreijährigen Sohn **Malte** einen Schnorchel und eine Taucherbrille. Malte genießt den Flug und freut sich auf das Schnorcheln.

Als sie ankommen, sieht das Hotel genau so verheißungsvoll aus wie im Prospekt. Mareike, Jürgen und Malte packen schnell ihre Sachen aus und machen sich auf den Weg zum Strand. Langsam gehen sie ins Wasser und sind hoch erfreut, dass es so warm ist. Plötzlich bricht sich unmittelbar vor ihnen eine große Welle und wirft Malte um. Überrascht öffnet Malte den Mund und schluckt eine Menge Salzwasser. Er muss würgen. Weinend und schreiend rennt er zum Strand zurück.

Den Rest des Urlaubs betteln die Eltern Malte an, doch ins Wasser zu kommen. Schließlich müssen sie abwechselnd bei Malte bleiben. Dahin sind die Träume vom schönen Urlaub.

Wieder zu Hause nehmen Maltes Ängste zu, wie das oft der Fall ist, wenn sie nicht behandelt werden. Malte macht beim Baden viel Aufhebens und will nicht, dass ihm Wasser ins Gesicht spritzt. An ein Schwimmbecken ist gar nicht zu denken.

Maltes Eltern übernehmen die Initiative und führen ihn durch eine Konfrontation. Als Erstes stellen sie an einem heißen Tag ein niedriges Kinderplanschbecken auf die Terrasse. Sie füllen es mit Wasser und machen vor, wie man sich hineinsetzt. Schließlich zeigt Malte ein wenig Interesse und setzt sich mit hinein. Als er sich daran gewöhnt hat, bespritzen sich seine Eltern spielerisch gegenseitig mit Wasser und ermutigen Malte, sie ebenfalls nass zu spritzen. Dabei merkt er gar nicht, dass sein Gesicht auch ein paar Tropfen abbekommt.

Dann schlagen Mareike und Jürgen vor, dass Malte einen Teil seines Gesichtes ins Wasser hält. Zuerst will er nicht, aber sie machen ihm Mut. Als er sein Kinn ins Wasser taucht, applaudieren sie. Jürgen wettet, dass Malte nicht sein ganzes Gesicht ins Wasser tauchen kann. Malte beweist ihm das Gegenteil.

Maltes Eltern stellen ihn vor schrittweise größer werdende Herausforderungen, darunter auch die Verwendung von Schnorchel und Taucherbrille in unterschiedlich großen Schwimmbecken. Dann fahren sie an einen See und machen dasselbe. Im nächsten Jahr machen sie wieder Urlaub am Meer und konfrontieren Malte dort wieder schrittweise mit dem Wasser.

Entspannung mindert Ängste

Nicht anders als Erwachsene profitieren auch Kinder davon zu lernen, wie man sich entspannt. Entspannungstechniken für Erwachsene beschreiben wir in den Kapiteln 12 und 13. Kinder brauchen etwas andere Techniken. Das liegt daran, dass sie ihre Aufmerksamkeit nicht so lange aufrechterhalten können wie Erwachsene.

 Gewöhnlich empfehlen wir, Kindern Entspannungstechniken alleine zu vermitteln und nicht in Gruppen. Das liegt daran, dass in Gruppen Peinlichkeiten aufkommen. Diese Peinlichkeiten werden dann durch Albernheiten überspielt und das Ganze bringt keinen großen Nutzen mehr. Bei Übungen mit einzelnen Kindern kommen Peinlichkeiten weit seltener auf und die Kinder sind aufmerksamer bei der Sache.

Entspanntes Atmen

Die folgende Anleitung soll Kindern die Bauchatmung näher bringen, die nachweislich Ängste wirksam mindern kann. Natürlich können Sie eine ähnliche Anleitung nach eigenen Vorstellungen gestalten.

1. Leg dich auf den Boden und lege deine Hände auf den Bauch.
2. Tu so, als wäre dein Bauch ein großer Ballon, den du so weit wie möglich mit Luft vollpumpen willst.

3. Atme ein und probiere, wie groß du deinen Bauch werden lassen kannst. Atme ganz langsam aus und mache dabei ein zischendes Geräusch wie ein Ballon, der Luft verliert. Sehr schön.

4. Lass uns das noch einmal machen. Atme ein und fülle den Ballon. Halte die Luft einen Moment lang und lasse sie dann ganz langsam heraus und mache dabei ein zischendes Geräusch.

Wiederholen Sie diese Instruktionen acht oder zehn Mal. Bitten Sie Ihre Kinder, die Übung täglich zu machen.

Entspannte Muskeln

Eine besonders wirksame Möglichkeit der Entspannung ist die Muskelentspannung. Die folgenden Anweisungen können Ihrem Kind helfen, sich zu entspannen. Auch hier sind Sie eingeladen, kreativ zu sein. Lassen Sie Ihr Kind mit jeder Muskelgruppe etwa zehn Sekunden arbeiten, bevor diese Muskeln entspannt werden. Halten Sie die Entspannung ebenfalls etwa zehn Sekunden.

1. **Setze dich auf einen Stuhl, schließe die Augen und entspanne dich.**
2. **Stell dir vor, der Boden versucht, sich nach oben zu drücken, und du musst mit deinen Füßen und Beinen dagegenhalten. Drücke, drücke, drücke.**

   Gut, jetzt entspanne deine Beine und Arme. Achte darauf, wie gut sie sich jetzt anfühlen.

3. **Oh, oh, der Boden hebt sich schon wieder. Drücke ihn wieder zurück.**

   Gut gemacht. Jetzt entspanne dich.

4. **Spanne jetzt deine Bauchmuskeln an. Mache aus deinem Bauch einen Schutzschild, stark wie der von Superman. Halte die Spannung in den Muskeln.**

   Sehr schön. Jetzt kannst du dich entspannen.

5. **Noch einmal. Spanne die Bauchmuskeln ganz fest an. Halte die Spannung.**

   Schön. Jetzt entspanne dich wieder und fühle, wie gut, warm und entspannt sich dein Bauch anfühlt.

6. **Spreize jetzt deine Finger und lege deine Hände vor deiner Brust gegeneinander. Presse die Hände zusammen. Stelle dir dabei vor, du drückst Knete so flach zusammen, wie du nur kannst. Schön feste drücken. Nimm die Armmuskeln zur Hilfe.**

   Gut. Jetzt entspanne dich. Atme tief ein und halte die Luft an. Lasse die Luft jetzt langsam wieder heraus.

7. **Spreize noch einmal die Finger und drücke die Knete zwischen den Händen platt. Halte die Spannung.**

   Klasse. Jetzt entspanne dich wieder.

8. **Stelle dir vor, du bist eine Schildkröte. Du möchtest dich in deinen Panzer zurückziehen. Dazu musst du die Schultern hochziehen und versuchen, mit den Ohren an die Schultern zu stoßen. Fühle, wie dein Kopf sich in den Panzer zurückzieht. Halte ihn so.**

Gut. Entspanne dich jetzt. Achte darauf, wie gut, warm und entspannt sich deine Schultern und dein Nacken jetzt anfühlen.

9. **Noch einmal. Sei eine Schildkröte und ziehe dich in deinen Panzer zurück. Halte die Spannung.**

Prima. Nun entspanne dich wieder.

10. **Verziehe zum Schluss das Gesicht, so als ob du etwas wirklich scheußlich Schmeckendes probiert hättest. Verziehe das ganze Gesicht. Bleib so.**

Gut so. Entspanne dich wieder. Atme tief ein und halte die Luft an. Lasse die Luft jetzt langsam wieder heraus.

11. **Noch einmal. Verziehe dein Gesicht ganz doll. Halte die Spannung.**

Entspanne dich. Das hast du gut gemacht. Fühle, wie locker und entspannt sich dein Körper jetzt anfühlt. Wenn du dich aufgeregt hast oder dir Sorgen machst, kannst du das selber machen. Dann wirst du dich besser fühlen. Du musst nicht immer alle Muskeln anspannen, wie wir das jetzt gemacht haben. Mach einfach das, was du möchtest.

Entspannende Vorstellungen

Eine Möglichkeit, Kindern zu helfen, sich zu entspannen, sind Bücher. Vor dem Schlafengehen finden Kinder Geschichten sehr entspannend. Sie befreien sich dabei von den Sorgen und Gedanken des Tages. Es gibt auch Bücher und Kassetten, die eigens für die Entspannung von Kindern konzipiert wurden. Leider sind die Szenen auf einigen Kassetten so schön und entspannend, dass die Kinder sie ziemlich langweilig finden.

Kinder finden fantasievollere Szenen entspannender als idyllische Szenen mit Stränden und Seen. Dabei muss es thematisch gar nicht um Entspannung gehen. Unterhaltsam muss es sein und angenehm. Es geht im Grunde darum, den Kindern statt Sorgen und Ängsten Alternativen anzubieten, mit denen sie sich beschäftigen können. Sie können mit Ihrem Kind zusammen ein eigenes Buch gestalten. Einer unserer Patienten hat zum Beispiel ein eigenes Entspannungsbuch mit dem Titel *Schau, ein Einhorn und lachende Sterne* geschrieben und illustriert, aus dem wir Ihnen den folgenden kleinen Auszug präsentieren wollen:

Schließe deine Augen und entspanne dich.

Schau, wie die Einhörner tanzen.

Schau, der Weltraum. Siehst du, wie die Planeten sich drehen und schweben?

Schau, die Sterne lachen. Wie glücklich sie sind.

Schau, die blauen Monde. Die Monde lachen auch.

Schau, was für nette Aliens. Die mögen dich.

Schau, da fliegt ein Raumschiff vorbei.

Schau, wie die Einhörner im Weltraum mit den lachenden Sternen, den blauen Monden und den netten Aliens in ihrem Raumschiff tanzen.

Entspanne dich und träum' schön.

Ängste mit Sport vertreiben

Sport verbraucht überschüssiges Adrenalin, das Ängsten Nahrung liefert. Es ist erwiesen, dass alle Kinder regelmäßig Sport brauchen. Studien zeigen aber, dass die meisten nicht genug Sport treiben. Ängstliche Kinder zögern eher, sich zum Sport mit anderen zusammenzutun. Das kann daran liegen, dass sie sich nicht fit fühlen oder Angst davor haben, von anderen negativ beurteilt zu werden.

Dennoch ist es für ängstliche Kinder aus zwei Gründen umso wichtiger, Sport zu treiben. Zunächst einmal können sie dabei wichtige Erfolgserlebnisse haben. Anfangs können sich schon einmal Frust oder Ärger breitmachen, aber in der Regel empfinden Kinder Stolz und das Gefühl, etwas erreicht zu haben, wenn sie ihre Fertigkeiten weiterentwickeln. Und zweitens lassen sich Ängste durch aerobes Training direkt mindern.

Es kommt also darauf an, einen Sport zu finden, der Ihrem Kind die besten Möglichkeiten bietet, wenigstens kleine Erfolge genießen zu können. Wie wäre es denn mit einer der folgenden Aktivitäten?

- ✔ **Schwimmteams:** Das ist ein Individualsport, bei dem einem nicht die Bälle um die Ohren fliegen und Zusammenstöße mit Mitspielern auch ausgeschlossen sind. Schwimmer treten gegen sich selbst an und viele Schwimmteams belohnen die meisten Teilnehmer mit kleinen Anerkennungen, ob sie nun als erste oder sechste ins Ziel kommen.

- ✔ **Leichtathletik:** Auch das ist ein Individualsport, bei dem man eine Vielzahl verschiedener Fertigkeiten einsetzen und ausbauen kann. Manche Kinder sind schnell und können gut kurze Strecken sprinten. Andere entdecken, dass sie ausdauernd genug für längere Strecken sind. Wieder andere sind stark und schnellkräftig und freunden sich mit Kugeln und Speeren an.

- ✔ **Tennis:** Eine relativ sichere Sportart mit wenig Körperkontakt. Ein guter Lehrer kann aus den meisten Kindern recht passable Tennisspieler machen.

- ✔ **Kampfsportarten:** Gut für die Stärkung des Selbstvertrauens und der Kompetenz. In den Kampfsportarten haben viele Lehrer ein Händchen für die Arbeit mit unkoordinierten und ängstlichen Kindern. Fast alle Kinder können sich mit Kampfsportarten weiterentwickeln und Erfolge haben.

- ✔ **Tanzen:** Ein recht vielfältiger Sport, der vom Ballet bis zum Square Dance alles Mögliche umfasst. Musikalische Kinder kommen beim Tanzunterricht meist gut zurecht.

Anders ausgedrückt: Finden Sie für Ihre Kinder eine Beschäftigung, bei der sie sich bewegen müssen. Das mindert die Angst, steigert ihr Selbstvertrauen und schafft Verbindungen zu anderen Kindern. Vergessen Sie nicht, dass Sie zu Hause auch Fahrräder haben und spazieren oder wandern gehen können. Machen Sie Ihren Kindern vor, wie man ein Leben lang in Bewegung bleibt.

Wenn ein geliebter Mensch an Ängsten leidet

In diesem Kapitel

- Herausfinden, ob Ihr Partner Angst hat
- Über Ängste reden
- Unter Angst leidende Partner trainieren
- Zusammen gegen die Angst kämpfen
- Ängstliche Partner annehmen

Auch Menschen, die zusammenleben, kennen sich nicht immer so gut, wie sie denken. Das liegt daran, dass die meisten Menschen versuchen, sich so angepasst wie möglich zu geben und zu verhalten – es ist nicht leicht, Schwächen, Grenzen und Verletzlichkeit zu zeigen.

Dieses Kapitel hilft Ihnen, mit Ihrem Partner ins Gespräch zu kommen, falls er unter Ängsten leidet. Wenn Sie es richtig anfangen und nicht Ärger oder Unmut provozieren, können Sie sich um eine neue Rolle bewerben – die eines Trainers. Sie können zusammen ein Team bilden, das Ängste bekämpft, indem es das Leben einfacher gestaltet, Spaß miteinander hat und sich zusammen entspannt. Und schließlich können Sie lernen, wie Sie die Ängste und Grenzen Ihres Partners akzeptieren und dadurch in einer besseren Partnerschaft und, paradoxerweise, mit weniger Angst leben können.

Leidet Ihr Partner unter Ängsten?

Warum verstecken Menschen ihre Ängste? Ihre Erziehung und Angst sind zwei gewichtige Gründe:

- ✔ Negative Gefühle zu zeigen, kann peinlich sein, besonders für jemanden, der an einer Angststörung leidet. Obwohl eine Selbstoffenbarung meist positive Folgen hat und die Menschen einander näher bringt, schreckt man oft davor zurück, weil man nicht zurückgewiesen oder lächerlich gemacht werden möchte.

- ✔ Kindern wird oft beigebracht, ihre Gefühle zu unterdrücken oder zu leugnen. Sätze wie »Stell dich nicht so an« oder »Jungs weinen nicht« haben eine große Wirkung. Was auch immer der Auslöser ist, am Ende wachsen die Kinder auf und behalten ihre Sorgen für sich.

Wie können Sie also herausfinden, ob Ihr Partner ein Angstproblem hat? Spielt es überhaupt eine Rolle, ob Sie das wissen oder nicht? Wir glauben schon. Wenn man weiß, dass der Partner Angst hat, kann man ihn besser verstehen und mit ihm kommunizieren.

Im Folgenden haben wir Hinweise zusammengestellt, die Ihnen helfen können zu entscheiden, ob Ihr Partner unter Ängsten leiden könnte. Fragen Sie sich, ob Ihr Partner

- ✔ rastlos und aufgekratzt scheint?
- ✔ Situationen aus scheinbar nichtigen Gründen meidet?
- ✔ sich einen Kopf über zukünftige Katastrophen macht?
- ✔ nicht gerne das Haus verlässt?
- ✔ Schlafprobleme hat?
- ✔ sich schlecht konzentrieren kann?
- ✔ von Selbstzweifeln geplagt wird?
- ✔ ständig wachsam ist und nach Gefahren Ausschau hält?
- ✔ sich übertriebene Sorgen wegen Bakterien, Verseuchungen und Schmutz macht?
- ✔ häufig nachsieht, ob die Tür abgeschlossen oder die Kaffeemaschine aus ist?
- ✔ unter bestimmten Umständen schreckhaft reagiert, etwa in der Nähe von Hunden, Insekten, bei Gewittern und so weiter?
- ✔ nervös wird, wenn er zur Teilnahme an geselligen Ereignissen wie Partys, Hochzeiten, Sitzungen, Nachbarschaftstreffen oder anderen Gelegenheiten gedrängt wird, bei denen man mit Fremden zusammentrifft.

Achtung: Widerstände können auch darauf zurückzuführen sein, dass jemand bestimmte Aktivitäten einfach nicht mag. Überlegen Sie sorgfältig, ob dem Problem Angst zugrunde liegen könnte.

Einige der in dieser Aufzählung auftauchenden Symptome (besonders Nervosität, Konzentrationsschwierigkeiten, schlechter Schlaf und Selbstzweifel) können auch auf Depressionen hinweisen. Depressionen sind ernste Zustände, die gewöhnlich auch mit dem Verlust des Interesses an sonst als angenehm empfundenen Aktivitäten, Appetitverlust und gedrückter Stimmung einhergehen. In Kapitel 2 können Sie mehr über Depressionen nachlesen. Wenn Ihr Partner deprimiert erscheint, sprechen Sie mit ihm und lassen Sie sich gegebenenfalls von einem Arzt oder Psychiater beraten.

Wenn Sie diese Fragen alle mit Ja beantwortet haben (und ihr Partner nicht besonders deprimiert wirkt), sollten Sie nicht auf ihn zugehen und sagen »Schau dir mal diese Liste an – du bist verrückt! Ich wusste es schon immer.« Das wäre sicherlich keine gute Idee.

Vielmehr sollten Sie Ihrem Partner ein paar Fragen stellen. Am besten machen Sie das nicht unmittelbar nach einem Konflikt oder einer Auseinandersetzung. Solche Fragen könnten etwa folgendermaßen aussehen:

- ✔ Was hat dir in letzter Zeit am meisten Stress verursacht?
- ✔ Was sind deine größten Sorgen?
- ✔ Manchmal, wenn ich zu Ereignissen wie diesem gehe, habe ich Angst. Ich fragte mich, was du dabei empfindest?
- ✔ Mir ist aufgefallen, dass du in letzter Zeit Schwierigkeiten mit dem Einschlafen hast. Was geht dir im Kopf herum?

Versuchen Sie Ihre Fragen so zu stellen, dass sich Ihr Partner nicht bedroht fühlt und antworten kann, ohne Folgen befürchten zu müssen. Achten Sie darauf, dass Sie die Fragen so formulieren, dass man sie nicht mit einem einfachen Ja oder Nein beantworten kann. Wenn Sie beispielsweise fragen »Hast du Angst?«, kann Ihre Partnerin mit »Nein« antworten und das Gespräch ist vorbei, bevor es angefangen hat.

Die aufgelisteten Fragen zu den Ängsten Ihres Partners und die Fragen, die Sie ihm stellen können, eröffnen die Möglichkeit, sich über Ängste zu unterhalten. Wenn Sie das Thema erst einmal angeschnitten haben und sich bestätigt, dass Ihr Partner unter Ängsten leidet, können Sie auf dieser Basis weitermachen. Sie müssen nur wissen, wie Sie es anstellen, miteinander im Gespräch zu bleiben.

Miteinander über Ängste reden

Es ist nicht immer leicht, mit dem Partner über seine Verletzlichkeit zu sprechen. Einige Dinge sollte man immer beachten. Wenn Sie zum Beispiel feststellen, dass Ihr Gespräch in eine Auseinandersetzung mündet, ist das nicht besonders hilfreich. Ziehen Sie sich aus dem Gespräch zurück. Vielleicht ist Ihr Partner noch nicht so weit. Wenn ja, dann lesen Sie einmal den Abschnitt *Ängste liebevoll akzeptieren* weiter hinten in diesem Kapitel.

Nicht jedes Paar kann ohne Weiteres über schwierige Themen reden, ohne sich zu streiten. Wenn das bei Ihnen beiden der Fall ist, sollten Sie vielleicht eine Ehe- oder Partnerberatung machen. Sie lösen keine grundlegenden Kommunikationsprobleme, indem Sie ein paar Seiten darüber lesen, wie man miteinander spricht. Wenn Sie als Paar jedoch in der Lage sind, über Ängste zu reden, ohne ein Kommunikationsdebakel zu erleben, hätten wir ein paar allgemeine Tipps für Sie.

Manchmal kümmert sich eine Person in einer Beziehung gerne um den anderen oder das Wissen um die Probleme des anderen lässt ihn Macht empfinden. Ein solcher Partner kann die Bemühungen des anderen sabotieren, anstatt zu helfen. Wenn Ihr Partner anfängt, Ihre Anstrengungen zu untergraben, sollten Sie eine Eheberatung aufsuchen oder es mit einer Einzeltherapie versuchen.

Helfen, ohne sich das Problem selbst zu eigen zu machen

Die erste Grundregel für Gespräche mit dem Partner lautet, dass man Mitgefühl zeigt. Das heißt, dass man sich in die Situation des Partners hineinversetzt und die Welt mit seinen Augen sieht. Dann können Sie versuchen zu verstehen, woher die Sorgen rühren.

Mitgefühl auszudrücken bedeutet jedoch nicht, dass Sie das Problem auch lösen müssen. Das können Sie nicht. Sie können vielleicht helfen, wie wir im Abschnitt *Den Weg weisen* weiter hinten in diesem Kapitel darlegen, aber Sie haben keinen Einfluss auf die Gefühle anderer Menschen – das können nur diese selbst.

Es ist wichtig, dass Sie sich bewusst machen, dass Sie nicht dafür verantwortlich sind, dass sich etwas ändert. Sonst ist der Frust und der Ärger vorprogrammiert, wenn die Bemühungen nicht in Fortschritten münden. Frust und Ärger erschweren die Überwindung von Ängsten aber nur unnötig.

Schuld ist keine Frage

So wie Sie sich keine Schuld aufladen wollen, indem Sie sich das Problem Ihres unter Ängsten leidenden Partners aneignen, sollten Sie auch keinesfalls Ihrem Partner Schuld aufbürden. Bei Ihrem Partner hat sich die Angst aus all den Gründen aufgebaut, die wir in Kapitel 3 aufzählen. Niemand reißt sich um eine Angststörung. Niemand will das, und es ist schwer, eine Veränderung herbeizuführen.

Die Versuchung ist groß, den Partner zu beschuldigen, wenn man sich ein Bein ausreißt, um helfen zu können und der Partner undankbar und widerspenstig erscheint. Sie müssen sich klarmachen, dass die Fänge der Angst ihre Opfer umso fester umklammern, wenn sie bedroht werden. Ängste sind wie alte Gewohnheiten. Sie sind nicht angenehm, aber immerhin vertraut. Wenn Sie darauf hinarbeiten, Ängste zu mindern, nehmen diese meist erst einmal zu, bevor sich die Lage bessert.

Lassen Sie also Schuldzuweisungen aus dem Spiel und zeigen Sie Geduld. Erfolg oder Misserfolg hängen nicht von Ihnen ab. Sie wollen helfen. Wenn es nun zu keiner Veränderung kommt, sagt das nichts über Ihre Hilfsbereitschaft aus.

Wenn Hilfe schadet

Unter Ängsten leidende Menschen suchen verzweifelt nach Wegen, wie sie ihr Leiden lindern können. Eine oft genutzte Möglichkeit ist die Bitte um Beschwichtigung. Wenn Ihr Partner unter Ängsten leidet, wollen Sie ihm natürlich helfen, indem Sie ihn beschwichtigen. Unter Gesundheitsangst leidende Menschen fragen ihre Partner oft, ob sie gut aussehen oder vielleicht fiebrig wirken. Wenn Sie Ihren Partner beschwichtigen, ist das ein Problem – es macht die Sache nur noch schlimmer.

18 ➤ Wenn ein geliebter Mensch an Ängsten leidet

 Wie kann etwas, das in der Absicht geschieht, Angst zu nehmen, mehr Angst hervorrufen? Nun, die unmittelbare Linderung der Angst ist die Belohnung für die Bitte um Beschwichtigung. Anstatt zu lernen, sich auf den eigenen gesunden Menschenverstand zu verlassen, lernt der Beschwichtigte aus der Beschwichtigung, dass er bei anderen nach Antworten sucht. Abhängigkeit und Angst nehmen so zu. Die folgende Geschichte zeigt, wie Beschwichtigungen Ängste verschlimmern können.

Gernot und **Roland** teilen sich seit drei Jahren eine Wohnung. Beide sind Doktoranden und haben viel zu tun. In letzter Zeit geht Gernot nicht mehr zu geselligen Anlässen mit und beklagt sich über Müdigkeit. Roland fühlt sich alleingelassen und vermisst Gernots Gesellschaft.

Eines Tages erhält Roland die Mitteilung, dass er den Preis seiner Abteilung für die beste Dissertation des Jahres erhält. Natürlich möchte er, dass Gernot auch zur Preisverleihung kommt, aber der hat Angst, dass er alleine dasitzt und sich gefangen fühlt. Roland beschwichtigt ihn und erklärt, der Hörsaal sei sicher und er könne jederzeit den Raum verlassen, wenn er sich an den Gang setze. Gernot ist nicht überzeugt. Roland schlägt vor, dass ein Freund der beiden sich zu ihm setzen könne.

Nach langem Hin und Her, vielen Beschwichtigungen und Hilfsmaßnahmen lassen Gernots Befürchtungen, sich gefangen zu fühlen, nach und er ist einverstanden, zur Preisverleihung zu kommen. Als es schließlich so weit ist, scheint es, als müsste Gernot noch weiter beschwichtigt und mit Aufmerksamkeit bedacht werden. Gernot zieht sich weiter zurück und seine Angst wächst.

Roland hat den Fehler gemacht, sich Gernots Problem zu eigen zu machen. Es ist leider so, dass man dann durch zu viel Beschwichtigung und übertriebene Hilfe das Problem nur verschlimmert. Abhängigkeit, Vermeidungsverhalten und Angst nehmen zu. Das Ganze ist eine Frage der Ausgewogenheit. Helfen Sie, so weit es wirklich nötig ist, zeigen Sie echtes Mitgefühl, aber gehen Sie nicht zu weit.

 Wenn Sie sich angewöhnt haben, Ihren Partner häufig und umfangreich zu beschwichtigen, hören Sie jetzt nicht einfach damit auf, ohne darüber zu sprechen. Ihr Partner denkt sonst, Sie würden sich nicht mehr um ihn sorgen. Sie müssen Ihrem Partner gegenüber offen sein und sich darauf einigen, dass es besser ist, unnötige Beschwichtigungen zu unterlassen. Verständigen Sie sich darauf, dass Sie bei jeder einzelnen Sorge nur einmal beschwichtigen und danach auf weitere Fragen nur lächeln und sagen dürfen »Wir waren uns einig, dass ich das nicht beantworten darf.«

Den Weg weisen

Davon ausgehend, dass Sie ein echtes Gespräch mit Ihrem Partner über sein Angstproblem geführt haben, können Sie unter Umständen noch weiter helfen. Aber wie steht es mit Ihnen selbst? Wenn Sie auch mit Ängsten zu tun haben, müssen Sie erst einmal alles Nötige für sich tun, bevor Sie versuchen, die Ängste Ihres Partners in den Griff zu bekommen.

Erst, wenn Sie sich mit Ihren eigenen Ängsten auseinandergesetzt haben, sollten Sie überhaupt erwägen, Ihren Partner für die Überwindung seiner Ängste fit zu machen. Ein Trainer weist den Weg. Er ermutigt, plant, korrigiert und unterstützt. Dazu gehört, dass er im Hinblick auf die Bewältigung von Stress und Sorgen ein Vorbild sein kann. Das geht voll in die Hose, wenn Sie selbst vor Angst fast umkommen.

Trainer können bei der Planung und Durchführung der besten Strategie gegen Ängste helfen, der schrittweisen Konfrontation. Dazu teilt man seine Angst in kleine Bausteine oder Schritte auf, denen man sich dann nach und nach stellt. Wichtig dabei ist, dass man bei jedem Baustein verweilt, bis sich die Angst um wenigstens die Hälfte vermindert hat. Löst ein Baustein zu große Angst aus, kann der Trainer dabei behilflich sein, diesen Baustein in kleinere Portionen aufzuteilen.

Lesen Sie auf jeden Fall zuerst in Kapitel 8 die wichtigen Einzelheiten zur Konfrontation nach, bevor Sie Ihrem Partner helfen, einen Konfrontationsplan zu erstellen. Wenn Sie Probleme mit Ihrem Partner bekommen, weil er sich weigert oder mit Ihnen streitet, holen Sie sich professionelle Hilfe. Sicher wollen Sie helfen, aber Sie wollen dabei doch sicherlich nicht Ihre Beziehung aufs Spiel setzen. Lesen Sie, wie es Dennis und Rebecca ergangen ist.

Dennis und **Rebecca** sind nun schon ein Jahr zusammen. In dieser Zeit waren sie nicht ein einziges Mal im Kino, weil Rebecca an einer leichten Agoraphobie leidet. Sie kann zwar die meisten Orte aufsuchen und kann alles machen, was im Alltag nötig ist, aber sie geht sehr ungern an Orte, an denen sie sich eingesperrt fühlt, besonders in Kinos. Sie stellt sich vor, dass sie schnell nach draußen muss und den Ausgang nicht finden kann, weil überall Menschen sitzen und sie im Dunkeln nichts sieht. Sie sieht sich über andere Leute stolpern, aufs Gesicht fallen und hilflos im Dunkeln herumkrabbeln.

Dennis merkt, dass Rebecca eine Ausrede nach der anderen bemüht, wenn er vorschlägt, ins Kino zu gehen, obwohl sie gerne Filme im Fernsehen sieht. Einfühlsam fragt er: »Vor ein paar Sachen habe ich ein bisschen Angst – wenn viel Verkehr ist oder in großen Menschenmengen – was macht dir Angst?« Rebecca vertraut ihm an, dass sie sich in vollen Kinos eingesperrt und gefangen fühlt.

Einige Tage später sieht Dennis im Schaufenster einer Buchhandlung dieses Buch liegen und kauft es im Gedanken an Rebecca. Er liest darin und findet besonders Kapitel 8 über die Konfrontationen interessant. Dennis und Rebecca führen ein fruchtbares Gespräch über ihre Sorgen und entscheiden, die Sache in Angriff zu nehmen. Dennis erklärt sich bereit, Rebecca zu unterstützen.

Zuerst bauen sie zusammen einen Angstturm auf, der die gefürchtete Situation in kleine Bausteine zerteilt. (Mehr über den Angstturm können Sie in Kapitel 8 nachlesen.) Rebeccas Angstturm besteht aus zehn Bausteinen. Abbildung 18.1 zeigt fünf dieser Bausteine.

Bei den meisten Aufgaben, denen Rebecca sich stellen muss, spielt Dennis eine Rolle. Er begleitet sie nicht nur, er lobt sie auch für ihre Erfolge und ermutigt sie, wenn sie zu zögern beginnt. Er hält ihre Hand bei den leichteren Aufgaben und unterstützt sie gegen Ende weniger. Sie müssen sich schon einige Filme zusammen ansehen, bevor Dennis zustimmt, dass sie ihre letzte Aufgabe in Angriff nehmen kann: Alleine ins Kino gehen.

Abbildung 18.1: Rebeccas Angstturm

Dennis und Rebecca nehmen den letzten Baustein in Angriff und gehen gemeinsam zum Kino. Dennis entscheidet sich für einen anderen Film als Rebecca. Rebecca hat zwar Angst, aber sie hält durch. Sie fühlt sich gut, weil sie etwas erreicht hat, und die beiden sind sich noch näher gekommen.

Was genau macht denn nun ein Trainer, wenn er seinem Partner helfen möchte?

✔ Nehmen Sie ein solches Projekt nur dann in Angriff, wenn Ihr Partner sein Interesse deutlich bekundet und Sie explizit um Hilfe bittet. Wenn Ihr Partner keine Veränderung anstrebt oder Ihre Beteiligung nicht wünscht, wird das zu nichts führen.

✔ Definieren Sie Ihre Rolle. Verständigen Sie sich zweifelsfrei darüber, wie umfangreich und womit genau Sie sich an den Bemühungen Ihres Partners beteiligen. Möchte Ihr Partner, dass Sie zusammen mit ihm einen Plan aufstellen? Wieso? Möchte Ihre Partnerin, dass Sie ihr bei der Durchführung des gesamten Plans zur Seite stehen?

- Fragen Sie Ihren Partner, ob Sie nur die Beobachterrolle spielen oder ihn auch ermutigen sollen.
- Fragen Sie, ob Sie die Hand Ihrer Partnerin halten, in der Nähe oder in einiger Entfernung bleiben sollen.

✔ Helfen Sie Ihrem Partner bei der Planung, aber übernehmen Sie nicht die volle Verantwortung für die Aufstellung der Konfrontationshierarchie (Einzelheiten dazu finden Sie in Kapitel 8).

✔ Halten Sie Ihre eigenen Gefühle im Zaum. Lassen Sie sich nicht von dem Wunsch zu helfen überwältigen und übertreiben Sie die Hilfe nicht.

✔ Lassen Sie sich nicht von Ihren Gefühlen dazu verleiten, Ihre Partnerin zu viel zu drängen. Respektieren Sie ihre Entscheidungen, wann es weitergeht und wann nicht. Ermutigen Sie, aber gehen Sie dabei vorsichtig vor.

✔ Gehen Sie bei der Umsetzung des Plans davon aus, dass Ihr Partner Höhen und Tiefen erleben wird. Manche Tage werden besser sein als andere. Denken Sie daran, dass es nicht an Ihnen ist, ob der Plan sich umsetzen lässt.

✔ Bevor Sie Ihre Partnerin bitten, einen Schritt zu machen, sollten Sie herausfinden, ob Sie ihn zunächst einmal vormachen sollen. Sie können dabei selbst etwas Angst zeigen, wenn Sie wirklich das Gefühl haben, dass das gut so ist. Machen Sie nichts vor, was Sie nicht können.

✔ Üben Sie die Durchführung der einzelnen Schritte zuerst in der Vorstellung. Wagen Sie die Konfrontation in der Wirklichkeit erst dann, wenn Ihr Partner sich mit der vorgestellten Konfrontation wohler fühlt. In Kapitel 8 können Sie genauer nachlesen, wie man vorgestellte Konfrontationen durchführt.

✔ Sehen Sie zwischendurch ein paar Belohnungen für Erfolge vor. Machen Sie etwas, dass Ihnen beiden Spaß macht. Natürlich sollten Sie Erfolge auch ehrlich loben. Achten Sie nur darauf, dass das Lob nicht gönnerhaft wirkt.

✔ Wenn Ihre Partnerin im Verlauf der Konfrontationen ängstlich wirkt, sich aber nicht von der Angst überwältigen lässt, ermutigen Sie sie, in der Situation zu bleiben, bis die Angst etwa um die Hälfte nachgelassen hat. Bestehen Sie aber nicht darauf. Erinnern Sie Ihre Partnerin daran, dass die Angst nachlässt, wenn man nur lange genug wartet.

Im Team gegen die Angst

Eine andere Möglichkeit, Ihrem Partner zu helfen, liegt darin, Wege zu finden, wie Sie Ihr Leben stressfreier gestalten können. Mit ein wenig Einfallsreichtum können Sie verschiedene Lösungsmöglichkeiten ausprobieren, die wahrscheinlich auch für Menschen gut sind, die überhaupt nichts mit Ängsten am Hut haben. Hier sind ein paar Beispiele:

- ✔ **Melden Sie sich zu einem Stressmanagement-Seminar an, beispielsweise bei einer Volkshochschule in der Nähe.** Diese Seminare können Ihnen helfen, Ihre Lebensweise zu ändern und sich Ziele zu setzen. Neben der Stressminderung können Sie dabei vieles lernen, das mehr Spaß in Ihr Leben bringt.
- ✔ **Gehen Sie regelmäßig mit Ihrem Partner spazieren.** Auf diese Weise kann man sehr gut Stress abbauen. Und selbst, wenn Sie keinen Stress haben, ist es schön, in der frischen Luft miteinander etwas für die Gesundheit zu tun und sich zu unterhalten.
- ✔ **Melden Sie sich gemeinsam zu einem Yoga-Kurs an.** Auch hier gilt: Ob Sie unter Ängsten leiden oder nicht, Yoga ist gut für die Ausgeglichenheit, die Muskulatur, die Beweglichkeit und die Gesundheit insgesamt.
- ✔ **Interessieren Sie sich gemeinsam für spirituelle Themen.** Sie können zusammen in die Kirche, eine Synagoge oder eine Moschee gehen oder andere Wege beschreiten, um mit den höheren Mächten in Kontakt zu treten, indem Sie beispielsweise in die Natur eintauchen. Über etwas nachzudenken, was größer ist als man selbst, kann einem durchaus zu einer entspannteren Perspektive verhelfen.
- ✔ **Suchen Sie nach kreativen Möglichkeiten, Ihr gemeinsames Leben zu vereinfachen.** Überlegen Sie, ob Sie sich nicht Hilfe für den Haushalt organisieren wollen, wenn Sie beide arbeiten. Machen Sie sich bewusst, wie Sie Ihre Zeit nutzen. Sorgen Sie dafür, dass sich Ihre Prioritäten in der Nutzung Ihrer Zeit widerspiegeln. Mehr darüber können Sie in Kapitel 9 nachlesen.
- ✔ **Entfliehen Sie dem Trott.** Machen Sie Urlaub. Das muss nicht viel kosten. Wenn Sie keine Zeit für einen längeren Urlaub haben, mieten Sie sich doch ab und zu mal in einem Hotel in der Nähe ein. Weg vom Telefon, dem Computer, der Türklingel und den nicht enden wollenden Anforderungen des Alltags. Auch wenn es nur für eine Nacht ist, kann das durchaus belebend und verjüngend für Sie beide sein.

Ängste liebevoll akzeptieren

Auf den ersten Blick mag es ja nicht sehr plausibel klingen, aber den Kampf eines Partners gegen die Angst zu akzeptieren, ist eine der hilfreichsten Haltungen, die Sie einnehmen können. Paradoxerweise ist Akzeptanz die Grundlage für Veränderungen. Man kann es auch so sagen: Immer wenn Sie über die Ängste Ihres Partners sprechen oder sich bemühen, ihm zu helfen, müssen Sie sämtliche Stärken und Schwächen Ihres Partners schätzen und lieben.

Sie haben sich in den ganzen Kuchen verliebt, nicht nur in die Sahnehäubchen mit den Mokkabohnen obendrauf. Und mal ehrlich: Sie sind genauso wenig perfekt wie Ihr Partner. Sie hätten auch keinen Spaß an einem perfekten Partner. Wenn es solche Menschen gäbe, wären sie mit Sicherheit zum Gähnen langweilig. Studien zeigen darüber hinaus, dass Menschen, die perfekt sein wollen, oft unter Depressionen, Ängsten und Stress leiden.

Erwarten Sie also keine Perfektion und lieben Sie Ihre Lieben so, wie sie sind. Sie müssen sowohl die Möglichkeit einer Veränderung zum Guten als auch ein Steckenbleiben in den Bemühungen um Veränderung akzeptieren. Besonders wichtig ist es, den Partner anzunehmen, wenn Ihre Hilfsbemühungen

- ✔ zu Auseinandersetzungen führen
- ✔ nicht zu wirken scheinen
- ✔ von Ihrem Partner nicht gut aufgenommen werden
- ✔ die Ängste Ihres Partners selbst nach mehreren Versuchen mit Konfrontationen nur schlimmer werden

Was leistet Akzeptanz? Mehr als Sie vielleicht denken. Akzeptanz erlaubt den Partnern, sich zusammenzuschließen und sich weiter anzunähern, weil sie keinen Druck ausübt. Große Erwartungen führen nur zu einer Verschlimmerung der Ängste und mehr Widerstand gegenüber Veränderungen.

Akzeptanz übermittelt die Botschaft, dass Sie Ihren Partner lieben, egal was passiert. Sie werden da sein, wenn Ihr Partner so bleibt, wie er ist, und auch, wenn er Erfolg hat und Veränderungen herbeiführt. Diese Botschaft ermöglicht Ihrem Partner

- ✔ Risiken einzugehen
- ✔ Fehler zu machen
- ✔ sich verletzlich zu fühlen
- ✔ sich geliebt zu fühlen

Veränderungen kann man ohne Risikobereitschaft, Verletzlichkeit und Fehler nicht erreichen. Wenn Menschen das Gefühl haben, dass sie etwas vermasseln, dumm aussehen, weinen oder sich mies fühlen können, ohne etwas dabei zu verlieren, können sie diese Risiken eingehen. Denken Sie einmal darüber nach. Wann gehen Sie Risiken ein oder probieren etwas Neues aus? Wahrscheinlich nicht vor einem kritischen Publikum.

Man braucht enormen Mut, sich den Risiken zu stellen, die mit der Loslösung von Ängsten verbunden sind. Wenn Sie Ihr Bedürfnis hinten anstellen, dass Ihr Partner sich ändern muss, fördern Sie diesen Mut. Dazu gehört auch, dass Sie nicht Ihr Ego in den Vordergrund stellen. Es geht nicht um Sie.

Wenn Sie die Rolle eines Helfers übernehmen, bedeutet das nicht, dass es um Ihren Wert geht. Natürlich wollen Sie Ihre Sache so gut wie möglich machen, aber Sie können andere nicht zwingen, sich zu ändern. Diese Verantwortung muss letztlich Ihr Partner tragen.

Teil VI

Der Top-Ten-Teil

»Hier können Sie Ihren Puls, Ihren Blutdruck, Ihre Knochendichte, Ihre Angstintensität, die Dicke Ihres Zahnbelags, Ihre Leberfunktionen und Ihre Lebenserwartung ablesen.«

In diesem Teil ...

Wir bieten Ihnen zehn Möglichkeiten, Angstgefühle sofort in die Flucht zu schlagen. Entdecken Sie zehn Strategien, die Ihnen scheinbar einen Ausweg aus der Angst eröffnen, aber in Wirklichkeit nicht funktionieren. Für den Fall eines Rückfalls betrachten wir zehn Möglichkeiten, wie Sie damit umgehen können. Und versäumen Sie nicht, sich die zehn Anzeichen dafür durchzulesen, wann Sie möglicherweise professionelle Hilfe in Anspruch nehmen sollten.

(Fast) zehn Möglichkeiten, Ängste schnell zu stoppen

19

In diesem Kapitel

▶ Ängste wegreden

▶ In Aktion treten

▶ Fez machen

Manchmal muss man sich schnell zwischendurch von seinen Ängsten erholen. Für diesen Zweck haben wir in diesem Kapitel zehn gemischte Therapien in einen Erste-Hilfe-Kasten gepackt. Greifen Sie sich eine oder mehrere heraus, wenn Sorgen und Stress Sie zu überrollen drohen.

Die Angst herausatmen

Angst macht den Atem flach und schnell. Flaches, schnelles Atmen verstärkt aber Ängste in gewisser Weise – ein Teufelskreis. Probieren Sie die folgende leicht erlernbare Atemtechnik aus, um wieder zu einem ruhigen Atemrhythmus zurückzufinden. Sie können sie überall und jederzeit anwenden. Es funktioniert. Lassen Sie es auf einen Versuch ankommen.

1. Atmen Sie tief durch die Nase ein.
2. Halten Sie die Luft ein paar Sekunden lang an.
3. Lassen Sie die Luft langsam durch die leicht geöffneten Lippen entweichen und machen Sie dabei ein leises Geräusch – ein Zischen, Seufzen oder was auch immer.
4. Wiederholen Sie diesen Ablauf wenigstens zehn Mal.

Mit einem Freund reden

Angst ist ein einsames Gefühl, und Einsamkeit verstärkt die Angst. Untersuchungen belegen, dass die Unterstützung durch andere Menschen bei fast jeder Art emotionalen Leidens hilft. Zögern Sie also nicht und wenden Sie sich an Freunde und Familie. Suchen Sie sich einen Menschen, dem Sie vertrauen. Sie denken vielleicht, dass niemand scharf darauf ist, sich Ihre Probleme anzuhören. Wir meinen kein Jammern und Klagen. Wir möchten Sie auffordern, das, was in Ihnen vorgeht, mit anderen zu teilen.

Zweifelsohne würden Sie das auch für andere Menschen tun. Wahrscheinlich gibt es Menschen, die wollen, dass Sie sie anrufen, wenn Sie schlechte Zeiten durchmachen. Wenn Sie keine Freunde haben sollten, können Sie sich auch an einen Geistlichen und Seelsorger wenden. Haben Sie keine Verbindungen zu einer religiösen Gemeinschaft, ist da immer noch die Telefonseelsorge. In Kapitel 22 können Sie nachlesen, ob Sie vielleicht professionelle Hilfe brauchen.

Aerobes Training

Angst überschüttet den Körper meist mit Adrenalin. Adrenalin sorgt dafür, dass Ihr Herz schneller schlägt, die Muskeln sich anspannen und verschiedene andere Körperempfindungen auftreten, die wenig angenehm sind. Nichts verbrennt überflüssiges Adrenalin schneller als aerobes Training. In Kapitel 10 finden Sie weitere Einzelheiten über diese Trainingsform. Gute Beispiele sind Jogging, schnelles, ausdauerndes Walken oder Gehen, Tanzen, Seilspringen und Tennis.

Den Körper beruhigen

Das Unangenehmste an der Angst sind die Körperempfindungen, die sie mit sich bringt. Man fühlt sich verkrampft, mulmig, erhitzt und angespannt. Bei Bedarf lässt sich die Anspannung mit den folgenden Mitteln lösen:

- ✔ Sich ein ausgedehntes heißes Bad gönnen
- ✔ Eine ausgedehnte heiße Dusche nehmen
- ✔ Sich etwa 15 Minuten lang massieren lassen, auf einem Stuhl, einer Liege oder Matte oder mit einem elektrischen Massagegerät mit Wärmefunktion

Das angstvolle Denken hinterfragen

Ihr Denken beeinflusst Ihr Fühlen erheblich. Ängstliche Menschen denken unweigerlich in eine Richtung, die ihre Ängste verstärken. Eine der besten Möglichkeiten, Ängste in den Griff zu bekommen, besteht darin, die Beweise für Ihr angstvolles Denken einer kritischen Betrachtung zu unterziehen.

Schreiben Sie zunächst auf, worüber Sie sich Sorgen machen. Stellen Sie sich dann Fragen zu diesen Gedanken wie die folgenden:

- ✔ Ist diese Sorge wirklich so schrecklich, wie ich denke?
- ✔ Könnte es Beweise geben, die meinen angstvollen Gedanken widersprechen?
- ✔ Wie wichtig wird mir dieses Ereignis in einem Jahr noch sein?
- ✔ Sage ich ohne wirkliche Grundlage etwas Schreckliches voraus?

Versuchen Sie nach der Beantwortung dieser Fragen, eine realistischere Sichtweise zu entwerfen. In Kapitel 5 können Sie nachlesen, wie Sie Ihre angstvollen Gedanken aufschreiben, sie auf Verzerrungen hin abklopfen und sie dann durch realistischere, ruhigere Gedanken ersetzen.

Musik hören

Klänge und Geräusche beeinflussen Ihr Fühlen. Denken Sie einmal darüber nach. Wenn Sie Fingernägel über eine Tafel kratzen hören, wie fühlen Sie sich da? Die meisten Menschen berichten, dass es ihnen eiskalt den Rücken hinunterläuft. So wie unangenehme Geräusche an den Nerven zerren, können sanfte Geräusche beruhigen.

Wählen Sie Musik, die Sie entspannend finden. Machen Sie es sich bequem und schließen Sie die Augen. Stellen Sie die Lautstärke auf ein angenehmes Niveau. Entspannen Sie sich. Lauschen Sie.

Ablenkungen finden

Im Allgemeinen ist es keine gute Idee, Ängsten auszuweichen. Bis Sie aber besser damit umgehen gelernt haben, können Ablenkungen gelegentlich hilfreich sein. Seien Sie sich nur im Klaren darüber, dass es sich um eine Art Pflaster handelt, das nicht lange klebt. Wie dem auch sei, ab und zu sind Ablenkungen eine gute Sache. Wie wäre es mit den folgenden:

✔ Ein gutes Buch

✔ Ein Film

✔ Fernsehen, so geistlos es auch sein mag

✔ Videospiele

Sex

Wenn Sie einen geneigten Partner haben, ist Sex eine besonders angenehme Art der Entspannung. Auf jeden Fall kann man dabei seine Ängste vergessen! Ähnlich wie beim aeroben Training baut man dabei auch Adrenalin ab. Wirklich eine perfekte Kombination!

 Auf der anderen Seite gibt es auch ängstliche Menschen, die sich um ihre sexuelle Leistungsfähigkeit Sorgen machen. Wenn das bei Ihnen der Fall ist, sollten Sie diese Strategie lieber nicht anwenden – es sei denn, Sie könnten Ihre Angst in dieser Frage überwinden.

Im Augenblick verweilen

Worüber machen Sie sich Sorgen? Es kann gut sein, dass es etwas ist, was noch gar nicht passiert ist und vielleicht nie passieren wird. Tatsache ist, dass etwa 90 Prozent aller Dinge, wegen derer sich Menschen Sorgen machen, nie eintreten. Und wenn doch, dann ist die Katastrophe selten so verheerend, wie sie vorhergesagt wurde.

Wir schlagen Ihnen deshalb vor, sich auf das Hier und Jetzt zu konzentrieren. Was machen Sie gerade? Sehen Sie sich um. Achten Sie darauf, wie die Luft in Ihre Nase hinein- und wieder hinausströmt. Spüren Sie Ihre Füße und Ihre Beinmuskeln, während Sie sitzen. Wenn Sie immer noch Angst verspüren, nehmen Sie sie unter die Lupe. Entdecken Sie die verschiedenen Körperempfindungen und erkennen Sie, dass Sie nicht davon sterben. Sie werden vergehen, während Sie sie beobachten. Wenn Sie akzeptieren, dass Sie ein wenig Angst empfinden, klingen die Gefühle schneller ab, als Sie sich sagen können, dass Sie sie sofort loswerden müssen. In Kapitel 16 können Sie mehr über diese Strategie der *achtsamen Akzeptanz* nachlesen.

Genießen Sie den Augenblick.

Zehn Mittel gegen Ängste, die nicht wirken

In diesem Kapitel

▶ Abstand von der Quelle Ihrer Angst

▶ Schnelle Lösungen suchen

▶ Sorgen im Alkohol ertränken

Der größte Teil dieses Buches widmet sich der Frage, wie man mit Ängsten umgeht. Dieses Kapitel sagt Ihnen, wie Sie nicht mit Ängsten umgehen sollen. Sie müssen sich nicht schlecht fühlen, wenn Sie einen der hier erwähnten Wege schon einmal eingeschlagen haben – manche stellen eine große Versuchung dar. Aber zahlreiche Untersuchungen und klinische Erfahrungen belegen eindrucksvoll, dass sie nicht nur nicht wirken, sondern Ängste sogar verschlimmern.

Vermeiden, was Angst macht

Warum nicht? Wenn Sie Angst vor Schlangen haben, ist es doch nur natürlich, wenn Sie sich von ihnen fernhalten. Oder wenn Sie sich auf Autobahnen nicht wohlfühlen, warum sollten Sie dann nicht die Landstraße nehmen? Das Problem bei der Vermeidung ist, dass man sich einfach zu gemütlich damit einrichtet. Sie wird zu einem Muster *Vermeidung nährt Ängste*.

Das ist der Grund dafür, warum Menschen mit Angstproblemen wegen vieler Dinge nervös sind. Wenn Sie eine Sache meiden, blüht an anderen Stellen eine neue Angst auf. Da es mit der Vermeidung beim ersten Mal geklappt hat, warum sollte es nicht jetzt auch funktionieren? Und es dauert nicht lange, da haben die Ängste wie Unkraut alles gesunde Leben erstickt und verdrängt. Darüber hinaus sagt Ihr Verhalten Ihrem Gehirn, was es glauben soll. Auf diesem Weg verschlimmert die Vermeidung Ängste, weil sie das Gehirn glauben macht, dass das Vermiedene wirklich schrecklich ist. **Elisabeth** beispielsweise fühlte sich in Menschenmengen unwohl. Sie hatte Angst, nicht aus einem Stadion herauszukönnen, wenn sie das Bedürfnis danach verspürte. Also besuchte sie keine Sportveranstaltungen mehr. So weit, so gut, aber bald merkte sie, dass sie sich auch in vollen Supermärkten nicht wohlfühlte. Also überließ sie die meisten Einkäufe ihrem Man. Keine große Sache. Bis sie merkte, dass sie sich auch in Restaurants nicht wohlfühlte. Und so weiter und so fort …

Jammern und Wehklagen

»Warum ich?«

»Das ist unfair.«

»Ich hasse diese Angst. Ich halte das nicht aus.«

Menschen mit einer solchen Haltung hoffen darauf, von ihren Leiden erlöst zu werden. Sie jammern dauernd und tun wenig, um sich selbst zu helfen. Einige scheinen die Maulerei wirklich zu genießen. Andere hoffen auf Mitleid.

Aber das hilft nicht. Andere Menschen wollen nicht mit Murren und Unzufriedenheit bombardiert werden. Das ist wirklich zum Abgewöhnen. Wenn man Ängste überwinden will, bedeutet das Arbeit und Engagement. Nicht Jammern und Wehklagen.

Wir meinen hier nicht das Gespräch über Ihre Probleme mit einem Freund oder Partner. Das gemeinsame Gespräch über Sorgen und Nöte kann Ängste durchaus mindern und unterstützende Wirkung haben. Was ist der Unterschied zwischen Sorgen teilen und jammern? Wer jammert, spult meist immer die gleiche Leier ab und ist nicht wirklich an einer Lösung interessiert.

Bestätigung suchen

Könntest du mit mir zum Supermarkt gehen? Sehe ich krank aus? Wie die Jammerer suchen manche Menschen immer die Hilfe anderer, wenn sie etwas plagt. Dauernd sollen Freunde, Familienmitglieder und sogar Arbeitskollegen helfend einspringen. Anstatt sich den eigenen Ängsten selbst zu stellen, verlassen sie sich auf andere und werden abhängig.

Wenn man wirklich Hilfe braucht, ist das in Ordnung. Möchte man aber ständig beschwichtigt werden, stellt man sich aber seinen Sorgen nie. Die Beschwichtigung wirkt nur kurz, die Angst ist einen Moment lang beseitigt. Problematisch ist, dass dadurch auch die Überzeugung wächst, dass man mit den Problemen selbst nicht fertig werden kann. Das macht die Angst nur noch schlimmer.

Auf Wunder hoffen

Wie schön wäre das Leben, wenn man einen kleinen Flaschengeist hätte, der einem alle Wünsche erfüllte. Nur ein bisschen an der Flasche reiben und schon erscheint der Flaschengeist und verscheucht alle Ängste, Sorgen und Anspannungen. Ein schöner Traum. Aber Wunder gibt es nur selten.

Es ist nichts falsch an dieser Hoffnung. Menschen brauchen Hoffnung. Wenn man Hoffnung mit engagierten Bemühungen kombiniert, kann das dazu führen, dass der Sturm sich irgendwann legt.

Schnelle Lösungen suchen

Befreien Sie sich von Ihren Ängsten in drei Stunden! Hören Sie diese Kassetten und vergessen Sie Ihre Ängste, nur 29,95 Euro. Wenn Sie unser Angebot nutzen, das nur heute gilt, sparen Sie die Versandkosten!

Klingt das nicht toll? Es ist aber wie bei den meisten schnellen Lösungen: Wenn es zu schön ist, um wahr zu sein, dann ist das meistens auch so. Die versprochenen schnellen Lösungen tun mehr für die Bankkonten der Verkäufer als gegen Ihre Ängste. Orientieren Sie sich an gesicherten wissenschaftlichen Erkenntnissen, wenn Sie einen Weg suchen, Ihr Leben stressfreier zu gestalten.

Auf der Couch: Die Freud'sche Psychoanalyse

Eine langwierige Psychoanalyse kann aus vielerlei Gründen ein vielversprechender Ansatz sein – daran wollen wir gar nicht rütteln. Aber wenn Sie unter Ängsten leiden, scheint uns eine so langwierige Therapie eher eine grausame und ungewöhnliche Strafe zu sein (die nebenbei auch nicht billig ist). Ängste lassen sich zwar nicht en passant beheben, aber eine kognitive Verhaltenstherapie (aus deren Bereich viele in diesem Buch beschriebenen Techniken stammen) kann Ihnen innerhalb einiger Wochen oder Monaten helfen und nicht erst in ein paar Jahren.

Die Sorgen ertränken

Viele Menschen beruhigen sich mit Alkohol. Und kurzfristig, das lässt sich nicht leugnen, funktioniert das auch. Ein entspannender Drink nach Feierabend kann eine feine Sache sein.

Was ist also falsch daran, sich ruhig zu trinken?

- ✔ Trinken kann Gewohnheit werden.
- ✔ Man braucht unter Umständen immer mehr, bis der gewünschte Effekt eintritt.
- ✔ Trinken führt zu Schlafstörungen.
- ✔ Alkohol hat viele Kalorien.
- ✔ Trinken wirkt sich auf die Koordinationsfähigkeit aus.
- ✔ Trinken kann eine Auseinandersetzung mit den zugrunde liegenden Problemen verhindern.

Wenn Sie lediglich ein Glas Wein zum Abendessen trinken, sollten Sie sich keine allzu großen Sorgen machen, sofern Sie gesund sind. Werden aus dem einen Glas aber drei oder vier, haben Sie wahrscheinlich ein Problem.

Zu sehr wollen

Extreme Maßnahmen greifen selten. So wenig Sie Ihre Angst loswerden, wenn Sie sie wegwünschen, ohne etwas dafür zu tun, wird sie verschwinden, wenn Sie sich zu sehr ins Zeug legen. Warum? Weil der Stress wegen Stress Sie nur stresst. Denken Sie mal darüber nach. Wenn Sie Ihre Angst unbedingt loswerden wollen, werden Sie ängstlich darauf bedacht sein, alles richtig zu machen.

Schließlich leben Sie schon ziemlich lange mit Ihrer Angst. Es dauert eine Weile, sie zurückzudrängen, und Sie werden sie nie ganz loswerden – es sei denn, Sie sterben oder liegen im Koma. Seien Sie realistisch und haben Sie Geduld. Machen Sie Ihre Fortschritte, aber erwarten Sie keine Perfektion.

Kräutertee schlürfen

Haben Sie gesehen, was für schicke, teure Teesorten es mittlerweile gibt? Einige enthalten Kava Kava oder andere Heilkräuter, die gegen Ängste wirken sollen – und sie kosten gut doppelt so viel wie gewöhnliche Tees. Sie versprechen Erleichterung. Wissen Sie was? Die meisten dieser Teesorten enthalten einen so geringen Anteil Heilkräuter, dass der Angst mindernde Effekt nur daher rühren kann, dass Sie sich ruhig irgendwo hinsetzen und den Moment der Ruhe genießen. Wenn Sie an Heilkräutern interessiert sind, lesen Sie in Kapitel 14 nach, was wirkt, und nehmen Sie die Kräuter in einer therapeutischen Dosis. Verschwenden Sie kein Geld für Tee, dessen Etikett verspricht, Ängste zu mindern.

Sich nur auf Medikamente verlassen

Kapitel 15 widmet sich den Medikamenten, die gegen Ängste verschrieben werden. In diesem Kapitel scheint es so, als würden wir sagen, dass Medikamente nicht wirken. Das ist nicht ganz richtig. Medikamente helfen manchen Menschen außerordentlich gut. Viele Menschen kommen aber mit den Nebenwirkungen nicht zurecht. Andere wollen keine Medikamente nehmen. Wieder andere machen sich Sorgen wegen der langfristigen Wirkungen von Medikamenten. Entscheidend aber ist, dass Medikamente den Menschen nicht vermitteln, wie sie mit ihren Problemen klarkommen können.

Eine Medikamentengruppe, die Benzodiazepine, wirken sich nachweislich nachteilig auf die langfristigen Vorteile der Konfrontationstherapie aus. Obwohl Benzodiazepine in bestimmten Fällen nützlich sind, können sie auch in die Abhängigkeit führen.

Zehn Möglichkeiten, mit Rückfällen fertig zu werden

In diesem Kapitel
▶ Erkennen, das Ängste auftreten
▶ Veränderungsprozesse verstehen
▶ Hilfstriebwerke zünden

Wenn Sie dieses Kapitel lesen, sind Sie im Kampf gegen Ihre Ängste sicher bereits gut vorangekommen. Vielleicht haben Sie nach einer Phase harter Arbeit einen Rückfall erlebt oder machen sich Sorgen deswegen. Keine Bange. Wir haben zehn Ideen auf Lager, auf die Sie zurückgreifen können, wenn die Angst zurückkommt.

Ängste erwarten

Sie haben womöglich hart daran gearbeitet, Ihre Ängste zu überwinden. Und nun hat sich diese Arbeit bezahlt gemacht. Sie haben es geschafft. Wir gratulieren! Aber, ach, eines Tages wachen Sie auf und Ihre Angst sieht Ihnen direkt in die Augen. Für Sie ist das eine Katastrophe und Sie glauben, versagt zu haben.

Bleiben Sie in der Wirklichkeit. Sie werden Ihre Angst nie ganz los. Sie ist erst weg, wenn Sie den letzten Atemzug tun. (Das ist die Übung, bei der Sie tief ausatmen und nicht wieder einatmen.) Sie wird sich von Zeit zu Zeit immer mal wieder bei Ihnen melden. Erwarten Sie sie. Achten Sie auf die frühen Warnsignale. Allerdings sollten Sie die Sache nicht schwerer nehmen als nötig und Angst vor der Angst entwickeln. Wenn Sie wissen, dass die Angst kommt, können Sie ihre Wirkung schmälern.

Die Schwalben zählen

Sie kennen das Sprichwort »Eine Schwalbe macht noch keinen Sommer.« Es spiegelt die Erfahrung wider, dass ein einzelnes Anzeichen nicht unbedingt darauf hinweist, dass unweigerlich mehr davon zu erwarten ist. Ängste haben Gezeiten, mal ist Ebbe, mal ist Flut. Wenn Sie eine oder zwei von Ängsten geprägte Phasen haben, heißt das nicht, dass Sie wieder bei null anfangen. Sie haben gelernt, wie Sie mit Ihrer Angst umgehen können, und dieses Wissen können Sie jetzt auch nutzen. Sie müssen nicht wieder von vorne beginnen.

Sie müssen einfach weitermachen und Ihre Übungen wieder anwenden. Wenn Sie wegen ein paar kleinen Rückfällen schwarzsehen, fördert das nur Ihre Angst und schwächt Ihre Bemühungen. Sortieren Sie sich neu und packen Sie es an!

Herausfinden, warum die Angst zurückkommt

Kleine Rückfälle sind eine gute Gelegenheit herauszufinden, was Ihnen Probleme macht. Finden Sie heraus, welche Ereignisse dem letzten Ausbruch Ihrer Angst vorangegangen ist:

- ✔ Hatten Sie Stress oder Ärger am Arbeitsplatz – Termine, Beförderungen, Unstimmigkeiten mit Kollegen und so weiter?
- ✔ Hatten Sie in letzter Zeit Probleme zu Hause?
- ✔ Haben sich größere Veränderungen in Ihrem Leben ergeben, wie eine Heirat, Scheidung, die Geburt eines Kindes, finanzielle Rückschläge oder irgendein Verlust?

Wenn ja, kann die Zunahme Ihrer Angst eine natürliche Reaktion auf diese Ereignisse und nur vorübergehender Natur sein. Nutzen Sie die neuen Informationen über Ihre Angstauslöser, um Ihr angstvolles Denken herauszufordern, wie wir es in Kapitel 5 beschreiben.

Einen Arzt aufsuchen

Wenn Sie Ihr Leben erfolglos nach Situationen oder Ereignissen abgesucht haben, die den Rückfall ausgelöst haben könnten, sollten Sie überlegen, ob Sie nicht einen Termin mit Ihrem Hausarzt ausmachen. Ängste können nämlich auch körperliche Ursachen haben:

- ✔ Nebenwirkungen verordneter Medikamente
- ✔ Nebenwirkungen frei verkäuflicher Medikamente
- ✔ Nebenwirkungen von Nahrungsergänzungsmitteln
- ✔ Zu viel Koffein
- ✔ Körperliche Störungen (siehe Kapitel 2)

Versuchen Sie nicht, selbst eine Diagnose zu erstellen. Wenn Sie Angst empfinden, ohne auch nur den geringsten Grund dafür entdecken zu können, sollten Sie sich gründlich auf den Kopf stellen lassen.

Bewährte Strategien anwenden

Wenn die Angst wieder in Ihr Leben schleicht, wenden Sie sich am besten wieder den Strategien zu, die sich bei Ihnen bewährt haben. Möglicherweise müssen Sie einige dieser Techniken ein Leben lang anwenden. Um Entspannung (siehe die Kapitel 12 und 13) sollten Sie sich ohnehin immer bemühen. Treiben Sie regelmäßig Sport (siehe Kapitel 10). Gewöhnen Sie sich an, wenigstens einige Ihrer angstvollen Gedanken aufzuschreiben und sie dann herauszufordern (siehe Kapitel 5). Werfen Sie ab und zu einen Blick auf Ihre Grundüberzeugungen und stellen Sie sie zur Diskussion (siehe Kapitel 6). Verwenden Sie zu viele Sorgenwörter (siehe Kapitel 7)?

21 ➤ Zehn Möglichkeiten, mit Rückfällen fertig zu werden

Angst ist keine Krankheit, die Sie mit einer einzigen Spritze, Pille oder Operation kurieren können. Eine gewisse Angst gehört ganz natürlich zum Leben. Wenn Sie darunter zu leiden beginnen, müssen Sie einfach nur Ihre bewährten Bewältigungsstrategien wieder anwenden.

Etwas anderes tun

Wir haben Ihnen vielfältige Strategien für die Überwindung von Ängsten vorgestellt. Wahrscheinlich haben Sie sich ein paar herausgesucht, die mit Ihrem Leben gut vereinbar waren. Überlegen Sie, ob Sie es nun mit ein paar Ideen versuchen wollen, die Sie noch nicht ausprobiert haben. Sehen Sie sich die folgende Liste an und wählen Sie eine der Strategien aus, mit der Sie es noch nicht versucht haben:

- ✔ Ihre Angst neu überdenken (siehe die Kapitel 5, 6 und 7)
- ✔ Sich Ihrer Angst stellen (siehe Kapitel 8)
- ✔ Entspannungstechniken (siehe Kapitel 12)
- ✔ Sport (siehe Kapitel 10)

Wenn Sie sich bisher nur halbherzig mit einer dieser Techniken beschäftigt haben, legen Sie sich etwas mehr ins Zeug und finden Sie heraus, ob Sie mehr davon haben. Alles in diesem Buch, was Sie noch nicht versucht haben, ist einen Versuch wert.

Sich um Unterstützung bemühen

Sie müssen nicht alleine mit Rückfällen fertig werden. Gespräche mit anderen Menschen können Ihnen helfen, mit Ihren emotionalen Problemen klarzukommen. Quellen für diese Art der Unterstützung finden Sie zum Beispiel in Ihrer Tageszeitung oder auf den Internetseiten Ihrer Gemeinde. Suchen Sie nach den Kontaktadressen von Selbsthilfegruppen, die es mittlerweile für alles gibt: verschiedene Gesundheitsprobleme, emotionale Probleme, Beziehungsprobleme und natürlich Ängste.

Was aber, wenn Sie in der Gemeinde Acht in der Nähe des Nürburgrings leben mit ihren 81 Einwohnern? Da gibt es wahrscheinlich keine Selbsthilfegruppe für unter Ängsten leidende Menschen. Verzweifeln Sie nicht. Werfen Sie Ihren Computer an und geben Sie in eine Suchmaschine wie Google als Suchwort »Forum Angst« ein. Sie werden genug Adressen finden, unter denen Sie sich mit anderen Menschen austauschen können. Probieren Sie ein paar aus. Vielleicht finden Sie eine Gruppe, die zu Ihnen passt. Millionen Menschen leiden unter Ängsten und können Ihnen ihren Rat und ihre Unterstützung anbieten. Sie müssen nicht alleine vor sich hin leiden.

Ein mögliches Problem mit Selbsthilfegruppen, Internet-Foren etc. möchten wir Ihnen aber nicht verschweigen: »Gemeinsam Jammern« kann auch zur Aufrechterhaltung der eigenen Ängste beitragen, und mancher Erfahrungsbericht und manch »heißer Tipp« von anderen

Betroffenen kann durchaus kontraproduktiv sein. Gefährlich wird es zum Beispiel dann, wenn man gegenseitig die besten Vermeidungsstrategien austauscht.

Erwägen Sie eine Auffrischungssitzung

Wenn Sie bei einem Psychologen oder Psychiater in Behandlung waren und nun unerwartet wieder mehr Angst verspüren, sollten Sie über ein paar Auffrischungssitzungen nachdenken. Ihr Therapeut wird Sie nicht für einen Versager halten. In der Regel hilft eine zweite Therapieserie und diese nimmt auch nicht so viel Zeit in Anspruch wie die erste. Manche Klienten kommen auch gerne vorbeugend alle paar Wochen oder Monate zu einem Gespräch. Um es noch einmal zu sagen, Ängste sind keine Krankheit, die man auf der Stelle heilen kann.

Wenn Sie bisher keine professionelle Hilfe in Anspruch genommen haben und nun einen Rückfall erleben, sollten Sie vielleicht jetzt doch professionellen Rat einholen. Wenn Sie bereits alleine erfolgreich an sich gearbeitet haben, werden Sie mit etwas Hilfe sicher schnell weiterkommen.

Die Stufen der Veränderung betrachten

Jede Veränderung vollzieht sich in mehreren Schritten oder Stufen. Diese Stufen schreitet man nicht in gleichmäßigem Tempo ab. Wie wir in Kapitel 3 erläutern, umfassen diese Stufen die

- ✔ **Präkontemplation:** Man denkt noch gar nicht über Veränderungen nach. Wenn Sie dieses Buch lesen, befinden Sie sich wahrscheinlich nicht auf dieser Stufe.
- ✔ **Kontemplation:** Man denkt darüber nach, etwas zu ändern, ist aber noch nicht so weit, wirklich etwas zu tun.
- ✔ **Vorbereitung:** Man entwickelt einen Plan, mit dessen Hilfe man eine Veränderung herbeiführen will.
- ✔ **Handlung:** Hier fängt die eigentliche Arbeit an. Der Plan wird umgesetzt.
- ✔ **Aufrechterhaltung:** In dieser Phase muss das Erreichte gesichert werden. Die Betroffenen müssen durchhalten, um nicht wieder in die alten Muster zurückzufallen.
- ✔ **Beendigung:** Nur wenige erreichen diese Stufe. Man muss nicht länger über das Problem nachdenken.

Rückfalle kann es auf jeder dieser Stufen geben. Sie können von der Handlung zurück in die Kontemplation oder sogar in die Präkontemplation fallen. Nur zur Erinnerung: Das ist normal. Wenn Sie sich zurückbewegen, heißt das nicht, dass Sie nicht neue Kräfte sammeln und einen neuen Versuch starten können. Die meisten Menschen, die es schaffen, hatten vorher einige Fehlversuche.

Ängste akzeptieren

Mit diesem Tipp schließt sich der Kreis, und wir sind wieder am Anfang: Die Angst ist da. Sie wird zurückkommen. Erwarten Sie sie mit offenen Armen. Immerhin ist sie ein Zeichen, dass Sie noch leben! Schätzen Sie die positiven Seiten der Angst. Sie sagt Ihnen, wann Sie aufpassen müssen, was um Sie herum los ist. Gehen Sie mit der Strömung.

Wir möchten damit nicht andeuten, dass Sie unvermeidlich schreckliche Angst empfinden müssen. Aber ein bisschen Angst ist immer unvermeidlich. Wenn sie nicht gerade überwältigend ist, kann sie Ihnen helfen, bei schwierigen Herausforderungen die nötigen Kräfte zu mobilisieren.

Zehn Anzeichen dafür, dass Sie professionelle Hilfe brauchen

In diesem Kapitel

▶ Selbstmordgedanken

▶ Ärger am Arbeitsplatz

▶ Nein zu Medikamenten- und Alkoholmissbrauch

So mancher meint, dass er mit Selbsthilfe voll und ganz zurechtkommt. Man liest nach, wie man am besten mit Ängsten umgeht und wendet dann an, was man gelernt hat. Und siehe da, die Ängste schmelzen auf ein Niveau ab, mit dem man leben kann.

Kein Selbsthilfebuch wird jedoch in der Absicht geschrieben, professionelle Therapien völlig zu ersetzen. Und bei Ängsten ist professionelle Hilfe manchmal nötig, so wie man für komplizierte Steuerfragen einen Steuerberater zu Rate zieht oder sich beim Aufsetzen eines Testaments von einem Notar beraten lässt. Wir hoffen, dass Sie mit uns einer Meinung sind, dass es eine vernünftige Entscheidung ist, sich von einem Psychologen oder Psychiater beraten zu lassen, und nicht etwa ein Zeichen von Schwäche.

Dieses Kapitel soll Ihnen helfen zu entscheiden, ob professionelle Hilfe für Sie oder einen Ihnen nahestehenden Menschen angeraten ist. Die Antwort auf diese Frage liegt nicht immer klar auf der Hand. Wir nennen Ihnen deshalb eine Reihe von Anzeichen. Wenn Sie nach der Lektüre immer noch unsicher sind, können Sie mit Ihrem Hausarzt sprechen, der Ihnen bei Ihrer Entscheidung sicher helfen kann.

Selbstmordgedanken oder -pläne

Wenn Sie daran denken, sich etwas anzutun, lassen Sie sich sofort helfen. Nehmen Sie diese Gedanken sehr ernst. Rufen Sie die Telefonseelsorge an unter den Nummern: 0800/111 0 111 (evangelisch) – 0800/111 0 222 (katholisch), oder suchen Sie sich einen anderen Krisen-Notdienst in Ihrer Nähe heraus. Oder rufen Sie einen Freund an. Wenn die Gedanken Sie zu überwältigen drohen, rufen Sie die **110** oder **112** an und lassen Sie sich in eine Notaufnahme bringen. Wenn Sie professionell betreut werden, sollten Sie Ihre Gedanken nicht verschweigen. Halten Sie nichts zurück.

Hoffnungslosigkeit

Jeder von uns fühlt sich ab und zu am Boden. Wenn Sie aber keine Hoffnung mehr haben, dass es besser werden könnte, wenn die Zukunft düster aussieht und Sie daran nichts ändern können, lassen Sie sich besser professionell beraten. Von der Hoffnungslosigkeit ist es nicht mehr weit bis zu Selbstmordgedanken. Sie müssen wissen, dass Sie sich besser fühlen *können*. Lassen Sie sich dabei von anderen Menschen helfen.

Ängste und Depressionen

Möglicherweise leiden Sie unter Depressionen, zu denen sich Ängste gesellen, und stellen die folgenden Symptome bei sich fest:

- ✔ Sie sind den ganzen Tag über in trauriger Stimmung.
- ✔ Sie verlieren das Interesse und den Spaß an Aktivitäten.
- ✔ Ihr Gewicht verändert sich.
- ✔ Ihre Schlafmuster und -gewohnheiten ändern sich.
- ✔ Sie fühlen sich aufgekratzt oder gedämpft.
- ✔ Sie fühlen sich wertlos.
- ✔ Sie empfinden schwere Schuld.
- ✔ Sie können sich nicht konzentrieren.
- ✔ Sie denken an den Tod.

Wenn Sie an Ängsten *und* Depressionen leiden, nehmen Sie professionelle Hilfe in Anspruch. Depressionen lassen sich behandeln. Es kann sehr anstrengend sein, die Energie aufzubringen, gegen beides anzukämpfen.

Versuchen, versuchen, versuchen

Sie haben also das Buch gelesen und Ihr Bestes getan, Ihre Ängste zu überwinden, aber aus irgendeinem Grund hat es nichts genutzt. Das ist in Ordnung. Regen Sie sich nicht noch mehr auf, weil Sie Ihre Sorgen und den Stress nicht losgeworden sind. Vielleicht ist noch etwas anderes im Spiel. Bitten Sie einen Psychologen oder Psychiater, mit Ihnen zusammen herauszufinden, wie es weitergehen kann.

Kämpfe im trauten Heim

Sie haben Sorgen und Ängste. Sie machen Sie gereizt, nervös und aufgebracht. Am Arbeitsplatz und Fremden gegenüber reißen Sie sich zusammen, aber die Menschen, die Ihnen am Herzen liegen, kriegen die volle Breitseite ab. Anschließend fühlen Sie sich schuldig und haben noch mehr Sorgen und Ängste. Wenn Ihnen das bekannt vorkommt, können Sie sich von einem Psychologen oder Psychiater helfen lassen, die Spannungen zu Hause zu reduzieren und den Weg zum inneren Frieden zu ebnen.

Ernste Probleme am Arbeitsplatz

Vielleicht ist bei Ihnen zu Hause niemand, an dem Sie Ihre Angst auslassen können, oder Ihr Zuhause ist Ihre Zuflucht vor Stress und Angst. Wenn das so ist, könnte der Stress am Arbeitsplatz Sie überwältigen. Wenn Ihre Ängste am Arbeitsplatz an die Oberfläche drängen, sollten Sie erwägen, professionelle Hilfe in Anspruch zu nehmen.

Zunächst einmal erscheinen Sie Ihren Kollegen und Vorgesetzten reizbar und launenhaft. Ein solches Verhalten kann großen Ärger verursachen. Ängste können darüber hinaus das Kurzzeitgedächtnis lahmlegen, die Konzentration erschweren und die Entscheidungsfähigkeit beeinträchtigen. Wenn die Angst Ihre Leistungsfähigkeit einschränkt, sollten Sie sich Hilfe holen, bevor Sie auf der Entlassungsliste stehen.

Zwangsgedanken und Zwänge

Zwangsstörungen können eine sehr ernste Sache sein. Einzelheiten darüber können Sie in Kapitel 2 nachlesen. Problematisch ist, dass Menschen mit solchen Störungen erst dann Hilfe suchen, wenn die ungewollten Gedanken oder Handlungen ihr Leben bereits völlig im Griff haben. Die meisten unter Zwangsstörungen leidenden Menschen brauchen professionelle Hilfe. Wenn Sie oder ein Ihnen nahestehender Mensch mehr als leicht zwangsgestört ist, wenden Sie sich an einen Psychologen oder Psychiater.

Posttraumatische Belastungsstörungen

- ✔ Fühlen Sie sich verstört und aufgewühlt?
- ✔ Hatten Sie ein traumatisches Erlebnis?
- ✔ Fühlten Sie sich währenddessen hilflos und verängstigt?
- ✔ Versuchen Sie, nicht über das Erlebte nachzudenken?
- ✔ Kommen Ihnen trotz Ihrer Bemühungen, nicht daran zu denken, dennoch Bilder und Gedanken zu dem Erlebnis in den Sinn?

Wenn ja, dann leiden Sie vielleicht unter posttraumatischen Belastungsstörungen. Einzelheiten dazu können Sie in Kapitel 2 nachlesen. Die Behandlung von posttraumatischen Belastungsstörungen überlässt man am besten erfahrenen Psychologen und Psychiatern. Viele an posttraumatischen Belastungsstörungen leidende Menschen versuchen hartnäckig, alleine klarzukommen, und büßen wegen ihrer Starrköpfigkeit viel an Lebensqualität ein.

Schlaflose Nächte

Halten Ihre Ängste Sie wach? Das ist oft so. Wenn sich Ihr Schlaf nicht bessert, wenn Sie eine Weile an der Überwindung Ihrer Ängste gearbeitet haben, lesen Sie Kapitel 11 über den Schlaf. Zu viele schlaflose Nächte machen es Ihnen schwer, normal zu funktionieren und behindern Sie außerdem im Kampf gegen Ihre Ängste. Wenn Sie Nacht für Nacht schlecht schlafen und müde und zerschlagen aufwachen, lassen Sie sich professionell beraten. Möglicherweise leiden Sie neben Ängsten auch an Depressionen.

Auf Wolke sieben

Sicher, ein paar Bierchen können beruhigend wirken, aber Alkohol- und Drogenmissbrauch sind bei unter Angststörungen leidenden Menschen keine Seltenheit. Das hat auch einen guten Grund. Angst ist ein unangenehmes Gefühl. Was als harmloser Versuch anfängt, sich ein besseres Gefühl zu verschaffen, kann sich später zu einem großen Problem auswachsen. Wenn Sie regelmäßig Alkohol oder Drogen konsumieren, um sich zu beruhigen, lassen Sie sich helfen, bevor die Krücke zur Abhängigkeit wird.

Hilfe finden

In den Zeiten der gesteuerten Gesundheitsversorgung haben Sie vielleicht nicht immer die freie Wahl, von wem Sie sich behandeln lassen wollen. Egal, ob Sie von Ihrer Krankenkasse eine Therapeutenliste bekommen oder nicht, ist es immer eine gute Idee, die folgenden Fragen im Vorfeld zu klären:

✔ Welche Ausbildung und Zulassung hat der jeweilige Therapeut?

✔ Haben Ihre Freunde oder Bekannten gute Erfahrungen mit bestimmten Therapeuten gemacht?

✔ Kann Ihr Hausarzt aufgrund seiner Erfahrungen bestimmte Therapeuten für Ihre Problemlage empfehlen?

✔ Sprechen Sie mit dem Therapeuten, bevor Sie einen Termin ausmachen. Fragen Sie ihn nach seinen Erfahrungen bei der Behandlung von Ängsten und nach seinen Methoden und Ansätzen. Fragen Sie, ob er einen wissenschaftlich gesicherten Ansatz für die Behandlung von Ängsten verfolgt.

- Fragen Sie in der psychologischen Fakultät der nächstgelegenen Universität nach. Manchmal bekommt man dort Listen mit Therapeuten.
- Fragen Sie bei den Berufsverbänden der Psychologen und Psychiater nach. (Siehe im Anhang zu diesem Buch.)

Weiterlesen? Empfohlene Literatur

In diesem Kapitel

▶ Selbsthilfebücher und Therapiemanuale

▶ Einige Empfehlungen für besondere Problembereiche

▶ Angst-Selbshilfegruppen

*E*s gibt viele Bücher über die Lösung emotionaler Probleme im Allgemeinen und über Angstprobleme im Besonderen. Im folgenden Wegweiser finden Sie Literatur, die wir für besonders empfehlenswert halten, und zwar sowohl übergreifende Werke als auch solche, die auf besondere Problembereiche genauer eingehen.

Übergreifende Literatur

Wegweiser Verhaltenstherapie, Frederick H. Kanfer und Dieter Schmelzer; Springer-Verlag

Was erwartet mich, wenn ich eine verhaltenstherapeutische Praxis aufsuche? Brauche ich überhaupt eine Therapie, und wenn ja, wie wird sie zum Erfolg? Kanfer und Schmelzer, zwei erfahrene Verhaltenstherapeuten, bieten eine Vorbereitungs- und Begleitlektüre und eine Anleitung zum Selbstmanagement. Dieses Buch hat den Anspruch, neben vielen praktischen Service-Angeboten auch eine »schulenübergreifende« Sicht der modernen Psychotherapie zu liefern.

Von Angst bis Zwang, Ein ABC der psychischen Störungen, Herausgeber: Sven Barnow, Harald J. Freyberger, Wolfgang Fischer und Michael Linden; Verlag Hans Huber

Dass Personen mit psychischen Störungen wenn überhaupt, dann oft erst nach vielen Jahren eine Behandlung für ihre Probleme suchen, mag auch daran liegen, dass es nur wenig Übersichten gibt, die Symptome, Ursachen und Behandlung psychischer Störungen allgemeinverständlich beschreiben. Übrigens gibt es auch bei Ärzten und anderen nicht besonders psychotherapeutisch ausgebildeten professionellen Helfern bisweilen erhebliche Wissenslücken zu Symptomen und Wesen psychischer Störungen. *Von Angst bis Zwang* schließt hier eine Lücke und informiert kompakt über ein weites Diagnose-Spektrum (Zwangsstörungen, Depressionen, Angststörungen, Suizidalität, Alkoholabhängigkeit, *somatoforme Störungen* (das heißt körperliche Probleme mit psychischen Ursachen), Essstörungen, Persönlichkeitsstörungen, Sexualstörungen, Psychosen) und die wichtigsten Behandlungsansätze (einschließlich Informationen zu Psychopharmaka).

Der kleine Taschentherapeut, In 60 Sekunden wieder o.k., Arnold A. Lazarus und Clifford N. Lazarus; dtv

In Kürzestform werden hier verblüffend einfache, prägnante und wirksame Techniken zur Soforthilfe präsentiert. »101 Tipps für psychische Fitness« machen klar: Wir können viel mehr in unserem täglichen Verhalten und somit unserem Wohlbefinden verändern, als wir glauben. Selbstverständlich kann dieser »Taschentherapeut« keine vollwertige Therapie ersetzen, doch er bietet lösungsorientierte und verlässliche Orientierungshilfen und zählt zu den erfolgreichsten Werken seiner Art.

Sein Leben neu erfinden, Jeffrey E. Young und Janet S. Klosko; Junfermann Verlag

Dieses sehr erfolgreiche Selbsthilfebuch liegt seit kurzem nun auch auf Deutsch vor und beschreibt die Grundzüge der so genannten »Schema-Therapie«. Hier werden elf chronische selbstschädigende Persönlichkeits- und Verhaltensmuster, die Lebensfallen, herausgearbeitet (etwa Misstrauen, überhöhte Standards, Abhängigkeit, Verletzbarkeit), mit überzeugenden Möglichkeiten, wie man selbstbehinderndes Denken ändern und damit mehr persönliche Lebensfreude gewinnen kann.

Die 10 dümmsten Fehler kluger Leute. Wie man klassischen Denkfallen entgeht Arthur Freeman und Rose DeWolf; Piper-Verlag

Auch in diesem Buch geht es um typische Probleme, die man mit »Denkfallen« erklären kann. Warum tun wir Dinge, von denen wir genau wissen, dass sie dumm sind oder bei denen sich zumindest im Nachhinein herausstellt, dass sie falsch waren? Vieles in unserem (Er-) Leben ist durch unsere (manchmal hinderlichen) Einstellungen und Denkweisen geprägt – ohne dass dabei mangelnde Intelligenz eine Rolle spielt.

Im Gefühlsdschungel, Harlich H. Stavemann; Beltz Psychologie Verlags Union

Auch folgende Thematik mag Ihnen nach der Lektüre unseres Buches durchaus bekannt vorkommen: »Gefühle können so überraschend, gefährlich und überwältigend sein wie die wilden Tiere eines Dschungels. Wenn wir zum Beispiel im Gespräch mit einem Geschäftspartner einen Wutanfall bekommen, kann dies sehr unangenehme Folgen haben. Angstgefühle dagegen sind vielleicht eher wie Schlingpflanzen, die uns am Weiterkommen hindern ...« (aus dem Klappentext von *Im Gefühlsdschungel*). Hier wird Kognitive Therapie seriös, aber dennoch sehr informativ und unterhaltend beschrieben.

Besondere Störungen und Probleme

Die folgenden Selbsthilfe-Bücher (auch als Therapie-Begleitmaterialien geeignet) seien für spezielle häufige psychische Störungen und emotionale Probleme empfohlen. Alle sind sehr praxisnah geschrieben – wie man am jeweiligen Titel erkennen kann, mal nüchterner, mal spielerischer und origineller.

- ✔ **Angststörungen allgemein:** *Ängste verstehen und überwinden. Gezielte Strategien für ein Leben ohne Angst*, Doris Wolf; PAL Verlag. *Wenn Angst krank macht. Störungen erkennen, verstehen und behandeln,* Hans-Ulrich Wittchen; Karger Verlag

A ➤ Weiterlesen? Empfohlene Literatur

✔ **Generalisierte Angststörung:** *Patientenratgeber Generalisierte Angststörung* Jürgen Hoyer, Katja Beesdo und Eni S. Becker; Hogrefe Verlag

✔ **Soziale Ängste:** *Wenn Schüchternheit krank macht. Ein Selbsthilfeprogramm zur Bewältigung Sozialer Phobie,* Lydia Fehm und Hans-Ulrich Wittchen; Hogrefe Verlag

✔ **Zwangsstörungen:** *Wenn Zwänge das Leben einengen,* Nicolas Hoffmann; PAL-Verlag

✔ **Partnerschaftsprobleme:** *Wie ruiniere ich meine Beziehung – aber endgültig,* Rainer Sachse und Claudia Sachse; Klett-Cotta

✔ **Alkohohlabhängigkeit und andere Süchte:** *Lieber schlau als blau,* Johannes Lindenmeyer; Beltz Psychologie Verlags Union

✔ **Depressionen:** *Wenn Traurigkeit krank macht. Depressionen erkennen, behandeln, überwinden,* Hans-Ulrich Wittchen; Mosaik-Verlag

Etablierte Angst-Selbsthilfe

Es gibt mittlerweile viele Selbsthilfegruppen für Betroffene mit Angststörungen bzw. Angstproblemen. Diese sind zum Teil koordiniert über die Projekte MASH (Münchner Angst-Selbsthilfe) und DASH (Deutsche Angst-Selbsthilfe). DASH versteht sich als eine Art Dachorganisation und Vermittler: Sie hilft bei Gründung, Organisation, Aufbau und Weiterentwicklung der Selbsthilfegruppen, will deren Aktivitäten unterstützen, koordinieren und vernetzen, sowie den gegenseitigen Erfahrungsaustausch, das Wissen und die Möglichkeiten der deutschen Angst-Selbsthilfegruppen fördern.

Die DASH gibt unter anderem auch die DAZ (Deutsche Angst-Zeitschrift) heraus. Auf deren Webseite (http://daz-zeitschrift.de/latest/dash-mash.html) finden Sie weitere hilfreiche Informationen

Stichwortverzeichnis

Symbole

11. September 28
5-HT(1A)-Rezeptor 246
5-HTP 231
    Gegenanzeigen 231
    Nebenwirkungen 231

A

Abhängigkeit 113, 114, 120, 122, 125, 310
    durch Hilfe 295
    Heilkräuter 235
Abhängigkeits-Annahme 122, 127
    Alternativen 127
Ablenkung
    Gefühle meiden 89
Achtsame Akzeptanz 251, 265, 267
    regelmäßig üben 267
Achtsames Essen 265
Achtsames Gehen 266
Achtsamkeit 182, 223, 251, 267
    Philosophie 267
    Zeitaufwand 267
Acrophobie 32
Adrenalin 42, 45, 60, 91, 172, 306
Aerobes Training 288, 306
    Yoga 182
Aerobic 180
Agoraphobie 46, 152, 155, 243, 296
    bei Kindern 276
    Konfrontation 155
Aktion 76, 316
Aktivität
    Auswirkungen auf Schlaf 189
    Sport 288
Akzeptanz 251, 257
    achtsame 265, 267
    achtsame *siehe* Achtsame Akzeptanz
    Botschaft 300
    Grundlage für Veränderung 300
    Nutzen für das Zusammenleben 300
Albtraum 185, 186, 192
    loswerden 192

Alkohohlabhängigkeit 325
    Gefühle meiden 88
    Literatur 327
Alkohol 57, 311
    Schlaf 190
Alkoholmissbrauch 43, 176, 322
Alles-oder-nichts-Wort 131
    Beispiele 132
    Nebenwirkungen 136
Alternative
    Angst auslösende Wörter 138
    produktive 251
Alzheimer 208
Aminosäure 227, 230
Anerkennung 31, 112, 113, 114, 120, 125, 128
Anerkennungs-Annahme 120, 125
    Alternativen 125
Anforderung
    steigende 68
Angewandte Entspannung 211, 212
Angst 325
    Abgrenzung 55
    aerobes Training 181
    akzeptieren 251, 256
    als Team bekämpfen 291
    Angstniveau protokollieren 80
    Aromatherapie 213
    Arztbesuche 29
    ausweichen 100
    Behandlungsmöglichkeiten 27
    bei Kindern 271, 282
    beim Partner feststellen 291
    Beitrag zu körperlichen Problemen 62
    beobachten 79
    berühmte Personen 70
    beschreiben 146, 147
    Beziehungsprobleme 29
    Chemie im Gehirn 278
    chronische 32, 62, 63
    durch freizügige und autoritäre
        Erziehung 281
    durch Hilfe verschlimmern 295
    Entstehung und Ursachen 277
    Erwartungen 300

Folgen 28
Fragenkatalog 35
Gegenwart, Vergangenheit und Zukunft 265
Gene 66
gesellschaftliche Kosten 29
Gespräch 310
Gewichtstraining 181
Gründe 66
Hauptursachen 65
helfen 294
Herzerkrankungen 30
Hilfe suchen 28, 33
Hyperventilation 198
Kava Kava 232
konfrontieren 151
Kontrolle 127
Körperempfindungen 31
Kosten 27, 28, 29
Kostenübersicht 29
Leistungsfähigkeit 120
liebevoll akzeptieren 300
Mineralien 230
miteinander reden 293
modernes Leben 28
mögliche Folgen 27
Motivation 75
Nahrungsergänzungmittel 230
nützliche Funktionen 54
Partner 296
Problemschwelle 55
Psychoanalyse 311
Rede halten 94
reden über 293
Risiken bei Nichtbehandlung 33
selbst in Angriff nehmen 36
Selbstmord 28
Selbstwertgefühl 257
sich stellen (Kinder) 283
Sport gegen 172
sprechen über 27
statistische Einordnung 28
Stoffwechsel 29
studieren und beobachten 252
Symptome 27
überwinden 79
Urängste 48
Verlust von Produktivität 30
Vermeidung 309

versus Entspannung 199
Vitaminmangel 229
wegblasen 198
Yoga 182
Angstattacke, körperliche Reaktionen 31
Angst auslösendes Wort 130, 134
   Kategorien 130
Angstauslöser 93
Angstniveau 149, 153
Angst stoppen
   Ablenkungen 307
   Ad-hoc-Strategien 305
   aerobes Training 306
   angstvolles Denken hinterfragen 306
   Atemtechnik 305
   den Augenblick wahrnehmen 308
   den Körper entspannen 306
   Gespräch mit einem Freund 305
   Musik hören 307
   Sex 307
Angststörung 32, 39, 56, 59, 125, 128
   Alkohol und Drogen 322
   Ausfallzeiten 29
   autogenes Training 211
   bei Kindern 273
   Eltern und Kinder 29
   Gefühle zeigen 291
   Hyperventilation 198
   körperliche Folgen 29
   Medikamente 240
   Schuldfrage 294
Angststörung, generalisierte 28
   Literatur 327
Angststörungen 325
   Literatur 326
Angstsymptom 30, 33, 39, 55
   Krankheiten als Auslöser 59
Angsttagebuch 80
Angstturm 147, 148, 151, 153, 154, 156, 297
Annahme
   ausgewogene 123
   beruhigende 111
   Definition 111
   nützliche Funktionen 111
   quälende *siehe* Quälende Annahme
   testen 113
   Verletzbarkeits-Annahme 115
   vernünftigere entwickeln 124

Stichwortverzeichnis

Anspannung 39, 41, 57, 60, 66, 130, 145
    lösen 306
    Massage 214
    Symptome 199
Anthropologe 252
Anzeichen für Therapiebedarf
    Alkoholmissbrauch 322
    Ängste mit Depressionen 320
    erfolglose Selbsthilfeversuche 320
    Hoffnungslosigkeit 320
    Posttraumatische Belastungsstörungen 322
    Schlaflosigkeit 322
    Selbstmordgedanken 319
    Spannungen am Arbeitsplatz 321
    Spannungen zu Hause 321
    Zwangsstörungen 321
Appetitmangel 57
Aroma 213, 214
Aromatherapie 213
Arthritis 145, 230
Arzt 227, 248
Asthma 62
Atelophobie 32
Atem 90
Atemnot 44, 47, 60, 68
Atemtechnik 197, 305
    Panikatmung 201
    sanftes Ein- und Ausatmen 203
Atemübung 144, 199, 200, 201
Atmen
    Ängste 198
    Körperfunktion 198
Atmung 267
    Bauchatmung 199
    Buchatmung 201
    flache 198
    Hyperventilation 198
    kontrollierte 200
    Mantra-Atmung 202
    Panikatmung 202
    sanftes Ein- und Ausatmen 203
    Stress 198
    überprüfen 199
Aufrechterhaltung 76, 316
Ausdauer, Sport 172
Auslöser 79, 92, 93, 95, 146
Ausrede
    für mangelnde Veränderungsbereitschaft 71
    für Status quo 73

Motivation 74
Stress 75
Autogenes Training 209, 211
    Angststörungen 211

B

Bad, warmes 189
Baldrian 231, 233
Banzai-Selbststarter-Plan 177
Barnow, Sven 325
Basketball 180
Bauchatmung 199, 285
Becker, Eni S. 327
Bedrohung
    unvorhergesehene 68
Beesdo, Katja 327
Befehlswort 137
    ersetzen 138
Behinderung 104
Beispiel
    Abhängigkeits-Annahme 122
    Agoraphobie 47, 296
    Akzeptanz 251
    Albträume loswerden 192
    Alles-oder-nichts-Wörter 132, 137
    Anerkennungs-Annahme 120
    Angst auslösende Worte 129
    Ängste beobachten 253
    Angstniveau protokollieren 79
    Angststörungen 171
    Angst vor Konflikten 77
    Auslöser 92, 93, 94
    autoritative Eltern 281
    bröckelndes Selbstvertrauen 68
    Delegieren 167
    eigene Unzulänglichkeiten akzeptieren 260
    Entspannung durch Geschichten
        (Kinder) 287
    Extremwörter 130, 136
    Fingerfalle 252
    freizügige versus autoritäre Elternteile 281
    Gedanken und Gefühle beobachten 96
    Gedanken von Gefühlen unterscheiden 88, 91
    Geduld und Ungeduld 256
    geführte Visualisierung 217
    Generalisierte Angsterkrankung 41
    Heilkräuter und Alkohol 229
    Herausbildung quälender Annahmen 116

Herausbildung quälender Annahmen
  in der Kindheit 116
Katastrophisierung, negative Prognosen 34
Kleine-Fische-Szenarien 102
kleine Schritte 75
Konfrontation 143, 146
  bei generalisierter Angsterkrankung 152
  bei Panikattacken 155
  bei spezifischen Phobien 154
  mit Kindern 284
  mit Unterstützung des Partners 296
  und Reaktionsverhinderung 159, 160
Kontroll-Annahme 121
Kosten-Nutzen-Analyse 118, 119, 120, 121, 122
Medikamente nach Traumata 239
Motivation 74
Nahrungsergänzungsmittel 228
negative Befürchtungen 262
Nein sagen 169
Opferwörter 134, 139
Panikattacken 45, 171, 253
Panikstörungen 68
Perfektionismus 258
postraumatische Belastungsstörung 50
Prioritäten 163
Problembewältigungskompetenz 103, 105
Prüfungsangst 73
quälende Annahmen 113
Risiken überschätzen 100
Risikobewertung 99, 100
schädliche Hilfe (Beschwichtigungen) 295
Schlafprobleme 191
schlimmste Fälle 104
Schulangst 273
Sorgenvokabular 135
Sozialangst 42, 75
spezielle Phobie 48, 49
steigende Anforderungen 68
Strategie »bester Freund« 107
Tagebuchschreiben 82
unvorhersehbare Bedrohungen 68
Ursachen von Ängsten 65
urteilende Wörter 133
Verletzbarkeits-Annahme 120
Vermeidung 56, 309
Vor- und Nachteile abwägen 77
Werte ermitteln mit Zeit-Logbuch 165
Widerstandskräfte 138

Zeit-Logbuch 167
Zwangsstörung 54
Belohnung 173, 295
  hinausschieben 278
  Sport 175, 176
  unmittelbare 175
Benommenheit 44, 50, 57
Benzodiazepin
  Gegenanzeigen 245
  Nebenwirkungen 245
  Risiken und Nebenwirkungen 244
  Wechselwirkungen mit Alkohol 245
Beratung
  psychologische (Ängste bei Kindern) 273
Beruhigungsmittel 151
Berührung 214
Beschimpfung 133
Beschreibung
  gemäßigte 136
Beschwichtigung
  negative Auswirkungen 294
  Tipp 295
Betablocker 247
Bettnässen 187
Bewegung 171, 172, 177, 266
  als Teil einer Verhaltenstherapie 34
  einplanen 179
  lebenslange Angewohnheit 289
Beweis 34
  Gefühle 98
  gewichten 98
  sammeln 97, 124, 125, 126, 128, 139, 306
Bewusstlosigkeit 198
Bipolare Störung 55
Blutdruck 89, 116, 118
  Atemübungen 200
  Sport 180
Bluthochdruck 62
Brustkrebs
  Sport 172
Buchatmung 201

C

Cholesterin (HDL) 173
Cholesterin (LDL) 172
Cholesterinspiegel
  Sport 180
Circadianer Rhythmus 186

D

Dankbarkeit 81, 84
Darmkrebs
    Sport 172
Darwin, Charles 70
Debatte
    Status quo versus Weiterentwicklung 73
Delegieren 167, 168
Denken 87, 91
    angstvolles 31, 306
    Atemübungen 200
    beobachten 252
    positives 108
    realistisches 131
    ruhiges 107, 209
    und Fühlen 93
    verzerrtes 34, 173
    vorbildliches 283
Depression 29, 55, 58, 70, 125, 325, 327
    Anzeichen 185
    beim Partner erkennen 292
    professionelle Hilfe 320
    SAM-e 230
    Sport 172
    Symptome 320
    und Angst 320
DeWolf, Rose 326
Diabetes 63
    Sport 172
Dopamin 230, 246
Drogenmissbrauch 57, 88, 176, 322
Durchblutung
    Atemübungen 200
Durchfall 46, 57, 58, 60, 63

E

Ego 261
Ein- und Ausatmen
    sanftes 203
Einsamkeit
    Angstverstärker 305
Einschlafproblem 185, 187, 189, 191
Einstein, Albert 70
Eisoptrophobie 32
Eltern 66, 67
    ängstliche 274, 282
    autoritäre 281
    autoritative 281
    freizügige 280
    Kinder durch Konfrontation begleiten 285
    phobische 280
    Reaktion auf Bedürfnisse von Kindern 277
    vorhersagbares versus nicht vorhersagbares Verhalten 277
Emotionale Störung 55
Empfindung
    ausdrücken 27
Ende 76, 316
Engegefühl 39, 40, 48
Entspannung 35, 39, 144, 145, 197, 199, 205
    angewandte Entspannung 211, 212
    Aromen 213
    autogenes Training 209
    durch Geschichten 287
    durch Klänge 212
    durch Musik 212
    durch Vorstellungskraft 218
    für Kinder 285
    Gerüche 213
    in fünf Minuten 197
    Körperentspannung 204
    progressive Muskelentspannung 204
    Sex 307
    über die Sinne 212
    versus Angst 199
    warmes Bad 189
Entspannungstechnik 35, 47, 146, 189
    angewandte Entspannung 211, 212
    autogenes Training 209
    Kinder 285
    Panikattacken 47
    progressive Muskelentspannung 204
Entspannungsübung
    Atemtechniken 197
    Körperentspannung 197
    sensorische Erfahrungen 197
    unangenehme Gefühle 205
Enzym 227
Erbarmen
    mit sich selbst 253
Erbrechen 58, 60
Ereignis
    Auslöser 93
    Bedeutung ermitteln 92
    positives 81
    quälendes 67

Risiken überschätzen 100
Rückfall auslösend 314
unangenehmes 126
unvorhergesehenes 254
vergangene 262
verzerrte Interpretation 44
Erfahrung
    sensorische 197
Erfolg
    einschätzen 83
Erfolgserlebnis
    im Sport (Kinder) 288
Erinnerung
    sich aufdrängende 50
Erlebnis
    auslösendes 49
    traumatisches 49
Ernährung 82
Erregungszustand 57, 58
    Sport gegen 172
Erziehung 65, 66, 67, 81
    Ängste verbergen 291
    autoritative 281
    Stile 280
Erziehungsfaktor 67
Essstörung 125, 325
Etikettierung 133, 137
Etikettierungswort 137
    ersetzen 138
Extremwort 131, 136
    Beispiele 131

F

Familie
    Hilfe suchen 37
Fettsucht 176
Fibromyalgie 230
Field, Tiffany 215
Fischer, Wolfgang 325
Flexibilität
    Sport 172
    Yoga 182
Fluchtimpuls 48
Flucht in Sensationen
    Gefühle meiden 88
Flugangst 99
Fragebogen
    Ängste beobachten 252

Auslöser 93
    Selbstakzeptanz 69
Fragenkatalog 113
    angstvolle Gedanken hinterfragen 97
    Fragen rund um Therapeuten 322
    Problembewältigungskompetenz 103, 104, 105
    Risikobewertung 100
    Strategien bei Ängsten 35
    Überzeugungen und Annahmen 113
    ultimative Problembewältigungskompetenz 106
    Werte 163, 164, 165
Freeman, Arthur 326
Freyberger, Harald J. 325
Frustration
    ertragen 278

G

Gamma-Aminobuttersäure 231
Gartenarbeit 171
Gebot 133
Gedächtnisstörung 60
Gedanke 30, 51, 52, 262
    Alternativen entwickeln 108
    angstvoller 93, 264
    erfassen und untersuchen 93
    herausfordern 96
    hinterfragen 96
    mit Auslösern in Verbindung bringen 95
    ruhiger 107, 108
    sich aufdrängender 276
    störender 71
    und Gefühle 92
    ungewollter 276
    von Gefühlen unterscheiden 87, 91
Gedanken-Detektiv 87, 93
Gedankengericht 97
Gedankentherapie 95, 96
Gedeihstörung
    fehlender Körperkontakt 215
Geduld 256
Gefühl 79, 88, 90
    abwehren 89
    Anpassung 91
    beschreiben 90
    bestätigen 279
    beunruhigendes 35

Erziehung 291
Funktionen 91
gefühlsfeindliche Sätze 89
mit Auslösern in Verbindung bringen 95
negatives 291
positives 84
und Gedanken 92
unerwünschtes 89
Vermeidungsstrategien 88
wahrnehmen 90, 91
Gefühlswort 90
Gegenanzeige 245
Gegenwart 262
Wahrnehmungsübung 263
Zerstörung durch Gedanken an Zukunft und Vergangenheit 262
Gehirnchemie 237
Ängste 278
Gelassenheit 256
Gelassenheitsgebet (Reinhold Niebuhr) 257
Gen 65, 66
Generalisierte Angsterkrankung 40, 41, 147, 152, 154, 243
bei Kindern 275
Generalisierte Angsterkrankungen
angewandte Entspannung 212
Generalisierte Angststörung 41
Geraskophobie 32
Geruch 213
Geruchssinn 221
Geschmacksexperiment 222
Geschmackssinn 222
Geschwür 62
Gespräch
versus Jammern 310
Gesundheitsangst 294
Gesundheitsrisiko
Ängste 32
Gewichtstraining 180, 181
Ängste 181
Gewohnheit
Auswirkung schlechter 176
ersetzen 124
Gingko Biloba 234
Ginseng 234
Gleichgewichtssinn
Sport 172
Yoga 182, 183

H

Haltung 90
Händewaschen 53
Hausarzt 314, 319, 322
Hayes, Steven 209
Heile-Welt-Perspektive 108, 109
Heilkräuter 35, 233, 235
Nebenwirkungen 233
Schwangere und Stillende 234
Helfen
Ausmaß 298
Belohnung 298
eigene Gefühle 298
Erfolge 298
ermutigen 298
Frustration 294
Konfrontationen 298
loben 298
Rolle des Helfers 298, 301
Verantwortung 294, 298
Voraussetzungen 298
Herzerkrankung 30
Herzfrequenz-Zielbereich 181
Beispiele 181
Herzinfarkt
Atemübungen 200
Sport 172
Herzklopfen 57, 58, 60
Herzrasen 35, 40, 48, 59
Herzrhythmus
Atemübungen 200
Herzrhythmusstörung 62
Hier und Jetzt
Konzentration auf die Gegenwart 261
Hilfe
finden 36, 322
Freunde und Familie 37
professionelle 36, 40, 70, 319
schädliche 294
Hindernis
Sport 173
Hitzewallung 57, 58
Hoffmann, Nicolas 327
Hoffnung
auf Wunder 310
Hoffnungslosigkeit 320
Höhenangst
Konfrontation 154

Hopfen 234
Hören trainieren 220
Hormon
　Adrenalin 60
　Noradrenalin 60
Hormonstörung 60
Horten 53
Hoyer, Jürgen 327
Hughes, Howard 70
Hyperventilation
　Angst 198
　Angststörungen 198
　Panikattacke 198
　Symptome 198
Hypnophobie 32
Hypoglykämie 59
Hyposomnie *siehe* Schlaflosigkeit

I

Immunsystem, geschwächtes 62
Impotenz 58
Innerer Dialog
　bewerten und richten 254
　negative Sprüche 253
　zum Schweigen bringen 263
Innere Stimme 129
Isolation 56

J

Jacobson, Dr. Edmund 204
Jetlag 230
Jogging 171, 180
Johanniskraut 235

K

Kamille 234
Kanfer, Frederick H. (Verhaltenstherapeut) 325
Katastrophe
　zukünftige 262
Katastrophisierung 34, 131, 137
Kava Kava 231, 232
　Dosierung 232
　Gegenanzeigen 232
　Herkunft 232
　Wirksamkeit 232
　Zulassung in Deutschland 233

Kavalactone 232
Kind
　Ängste 282
　ängstliches 282, 288
　autoritäre Eltern 281
　Bauchatmung üben 285
　durch Ängste führen 283
　Entspannung durch Geschichten 287
　Entspannung durch Sport 288
　Erfolge loben 284
　Erfolgserlebnisse ermöglichen 278
　Erziehung zur Angst 280
　freizügige Eltern 280
　Geduld zeigen 284
　Gefühle regulieren lernen 279
　Gefühle unterdrücken 291
　gegen Ängste impfen (Tipps) 280
　harmlose Rituale 276
　Kampfsport 288
　Konfrontationen 284
　Leichtathletik 288
　Massage 215
　Missbrauch und Traumata 277
　Nachtangst 187
　Phobien 275
　progressive Muskelentspannung (Übung) 286
　Schlafstörungen 282
　Schwimmen 288
　seltene Ängste 276
　Tanzen 288
　Zwangsstörungen 276
Kindheit
　Ängste überwinden lernen 271
　emotionale Feinabstimmung 278
　Entstehung quälender Annahmen 116
　quälende Annahmen 128
Kindheitsangst 271
　Allein sein 283
　Gewitter 283
　Große Höhen 283
　Insekten 283
　normale 271, 273
　problematische 273
　vorbildliche Reaktionen 283
Klang 212
　Entspannung 212
　im Geiste reproduzieren 220
Kleine-Fische-Szenario 101
Klosko, Janet S. 326

Koffein 58
   Schlafen 190
Kognitive Therapie 34
Kognitive Verhaltenstherapie 311
Kommunikationsproblem
   vermeiden 293
Konfrontation 34, 143, 144, 226
   Alkoholprobleme 144
   Angsttypen 151
   aufteilen 146
   Aufteilung in Schritte 154
   Drogenprobleme 144
   mit Kindern 284, 285
   mit Reaktionsverhinderung 157, 159
   ohne Krücken 151
   Sport 183
   tatsächliche (Anleitung) 149
   Trainer 296
   Verhaltenstherapie 34
   vorgestellte 148, 157
Konfrontationshelfer 150
Konfrontationshierarchie 147
Konfrontationsplan 296
Kontemplation 76, 316
Kontroll-Annahme 121
   Alternativen 127
Kontrolle 113, 114
Konzentrationsfähigkeit 31
Konzentrationsschwierigkeit 198
Kopfschmerzen 57, 58, 60, 121
Körperempfindung 30, 218, 262
   bei Angstattacken 31
   beunruhigende 35
   entdecken 308
   wahrnehmen 91
Körperentspannung 197
   Methoden 204
Körperkontakt
   Vorteile bei Kleinkindern 215
Körperreaktion
   bei Gefahr 60
Kortisol 29
Kosten
   Kontroll-Annahme 121
Kosten-Nutzen-Analyse 117
Krafttraining 182
Krakow, Barry J. 192, 193
Krankheit
   als Auslöser von Angstsymptomen 59

   psychische 237
   schwere 104
Kräuter 231
   Nebenwirkungen 231
Kräutertee 221, 234, 312
   Schlafen 190
Kreuzschmerz
   Sport 172
Kribbeln 198
Kritik
   beleidigende 260
   richtiger Umgang mit 260
Kurzatmigkeit 41, 44, 58, 60

L

Lachanophobie 32
Lazarus, Arnold A. 326
Lazarus, Clifford N. 326
Liegestütz 182
Linden, Michael 325
Lindenmeyer, Johannes 327

M

Magenproblem 35, 41, 57, 62
Magnesium 231
Mantra 202
Mantra-Atmung 202
MAO-Hemmer 241, 243
   Nebenwirkungen 241
Massage 214
   Frühgeborene 215
   thearpeutische 214
Medikament 33, 35, 312
   Abhängigkeit 238
   Abneigung 238
   ACE-Inhibitoren 58
   Angst minderndes 240
   Antidepressiva 241, 242, 244
   auf der Basis von Heilkräutern 235
   Beeinträchtigung anderer Therapieformen 238
   bekannte Empfindlichkeiten 240
   Benzodiazepine 58, 151, 241, 244, 312
   Betablocker 58, 241, 247
   Bronchotherapeutika 58
   Cholesterin-Synthese-Hemmer (Statine) 58
   Depressionen 239

Erkältungsmittel 59
frei verkäufliches 59
Gegenanzeigen 243
Hormonersatzpräparate 58
Kalziumblocker 57
Kodein 57
langfristige Auswirkungen 238
MAO-Hemmer 241, 242
Nachteile 238
Nebenwirkungen 171, 228, 237, 238, 242, 244, 245, 312
neue Entwicklungen 246
Schlafproblem 190
Schwangerschaft und Stillzeit 238
Serotonin-Wiederaufnahmehemmer 58, 241, 242
Serotonin-Wiederaufnahmehemmer (Libido) 244
Suchtpozenzial 190
Tranquilizer 241, 244, 245, 246
trizyklische Antidepressiva 241, 242
Ulkustherapeutika 57
verschreiben 249
Vorteile 239
Wechselwirkungen vermeiden 240
Wirkung auf Chemie im Gehirn 278
Melatonin 188, 230
Nebenwirkungen 230
Metabolit 227
Miesmacherei 174
Milchsäure 183
Mineralien 227
Ängste 230
Missbrauch
bei Kindern 277
Mitgefühl 134
Motivation 71, 74, 121, 144, 171, 174
Sport 173, 176
Müdigkeit 57, 58, 60, 121, 186
Mundtrockenheit 41
Musik
Ängste stoppen 307
Entspannung 212
Muskelentspannung für Kinder 286
Muskelkrampf 198
chronischer 62
Muster 79, 80, 95
suchen 95

N

Nachtangst 187
Kinder 187
Nahrungsergänzungsmittel 227
Nebenwirkungen 228
Schwangere und Stillende 234
Übersicht 230
Verkauf und Beratung 228
Narkolepsie 186
Naturkatastrophe 104
Nebenwirkung 238, 242
Libido 244
Orgasmusfähigkeit 244
Neidhardt, Joseph 192, 193
Nein sagen 168
Neophobie 32
Nervosität 44, 58, 60
Neuorientierung 28
Neurotransmitter 241
Niedergeschlagenheit 88
Nikotin
Schlafen 190
Noradrenalin 60
Norepinephedrin 247
Norepinephrin 242

O

Opferwort 134, 139
Ophidiphobie 32
Orientierungslosigkeit 198
Ösophagusreflux 62

P

Panik 43, 46, 59, 60, 155, 201
Sport 183
Panikatmung 202
Panikattacke 27, 44, 45, 59, 68, 152, 155, 239, 243
Atemübungen 200
Atmung 199
Hyperventilation 198
Sport 183
Panikstörung 28, 40, 44, 45, 46, 60, 68, 152, 156, 243
angewandte Entspannung 212
bei Kindern 276

Stichwortverzeichnis

genetische Zusammenhänge 63
Konfrontation 155
Sport 183
Partner
  als Trainer 296
  alternative Lebensgestaltung 299
  Ängste feststellen 291
  Depressionen erkennen 292
  gemeinsame Interessen und Aktivitäten
    pflegen (Beispiele) 299
  Gespräch statt Auseinandersetzung 293
  Gespräch über Ängste (Tipps) 293
  Hilfe bei Konfrontationen 295
  Hinweise auf Ängste 292
  ins Gespräch kommen 291
  lieben 300
  Mitgefühl zeigen 294
  Probleme des anderen 294
  Schuld 294
  über Verletzlichkeit reden 293
  Unterstützung bei Konfrontationen
    (wichtige Aspekte) 298
  Veränderung 300
Perfektionismus 31, 112, 113, 114, 117, 118,
  120, 124, 253
  Entspannung 205
  Gefahren 125
Perfektionismus-Annahme 117, 124
  Alternative 124
Personal Trainer 179
Persönlichkeitsstörungen 325
Perspektive
  alternative 108
  sachliche 252
  wechseln 107
Phobie 33, 40, 48, 147, 152, 154, 243
  bei Kindern 275
  Definition 32
  Kinder impfen 280
  Quiz 32
  Triskaidekaphobie 32
Phobophobie 32
Platzangst 40
Posttraumatische Belastungsstörung 40, 49, 50,
  151, 240, 243, 245, 321
  Albträume 192
  bei Kindern 276, 277
Präkontemplation 76, 316
Präparation 76, 316

Priorität 163, 164
  setzen 166
  Zeit 174
Problembewältigung
  eigene Fähigkeiten unterschätzen 102
Problembewusstsein 76
Progressive Muskelentspannung 204, 208
  positive Auswirkungen 208
  Übungen 205
  Vorbereitungen 205
  Zeitaufwand 209
progressive Muskelrelaxation (PMR)
  siehe Progressive Muskelentspannung
Prozac 242
Prüfungsangst 94
Pseudoephedrin 59
Psychiater 40, 248, 319
Psychoanalyse 311
Psychologe 40, 248, 319
  Ausbildung 248
Psychopharmaka 325
Psychophobie 32
Psychose 56
Psychosen 325
Psychotherapie 325
Puls 44, 45, 57, 59, 60, 89, 198

Q

Quälende Annahme 111, 112, 123, 128
  aufspüren 112
  Entwicklung 115
  Folgen 123
  Fragenkatalog 114
  Herausbildung 116
  in Frage stellen 122
  Kategorien 112
  Kosten-Nutzen-Analyse 119

R

Radfahren 180
Rapid Eye Movement 186
Rastlosigkeit 57, 58, 60
Rauchen 176
Reizbarkeit 50, 58, 59, 60
Reizdarmsyndrom 62, 63
REM-Schlaf 186, 190
Reziproke Inhibition 199

Risiko 99
Risikobewertung 97, 105
   Auto fahren 117
Ritual 52, 276
   harmloses (bei Kindern) 276
   Zwangsstörungen 52
Roosevelt, Eleanor 70
Rückenschmerz 62, 145
Rückfall 313
   professionelle Hilfe 316
Rückfall wegstecken
   Ängste akzeptieren 317
   Ängste erwarten 313
   Arzt konsultieren 314
   Auslöser erkennen 314
   nicht katastrophisieren 313
   sich Hilfe holen 315
   Strategien 314, 315
   Stufe der Veränderung 316
   Therapie auffrischen 316
Rudern 180
Ruhe 80, 185
   schaffen 108
   Yoga 183

S

Sachse, Claudia 327
Sachse, Rainer 327
SAM-e 230
   Gegenanzeigen 231
   Nebenwirkungen 231
Scham 137
Schema-Therapie 326
Schilddrüsenüberfunktion 60
Schizophrenie 29
Schlaf 118, 185, 186
   Bett 189
   Dauer 188
   Essen und Trinken 190
   Funktion 188
   traumloser 186
   Verhaltenstherapie 34
   Vorbereitung 189
Schlafapnoe 187
Schlafgewohnheit 186, 187
Schlaflabor 187
Schlaflosigkeit 322
   Aromatherapie 214

Baldrian 233
Bett 191
Kava Kava 232
progressive Muskelentspannung 208
Schlafproblem 50, 189
   chronisches 190
   Medikamente 190
   Melatonin 230
Schlafstörung 186
   häufig vorkommende 186
   Kinder 187
Schlafumgebung 186, 188
Schlafzimmer
   einrichten 188
Schlaganfall
   Sport 172
Schluckbeschwerden 41
Schmelzer, Dieter (Verhaltenstherapeut) 325
Schmerz 44, 47, 60, 63, 145
   angewandte Entspannung 212
   Massage 214
   Panikatmung 202
   progressive Muskelentspannung 208
   Sport gegen 172
Schnarchen 187
Schreckhaftigkeit 41, 50
Schreibblockade 102
Schulangst 272
   Beispiel 273
   erfolgversprechende Strategie 274
Schuld 294
Schultz, Johannes Heinrich 209
Schwächegefühl 41
Schwarzsehen 31
Schwarzweiß-Foto 131
Schwarzweiß-Wort *siehe* Alles-oder-nichts-Wort
Schweißausbruch 35, 40, 44, 48, 57, 58, 59, 60
Schwimmen 171, 180
Schwindel 35, 39, 44, 57, 58, 60, 68
Schwitzen 41
Sehen 198
Selbstakzeptanz 68, 70
Selbstbeobachtung 96
Selbstbeschimpfung 133
Selbsthilfe 36, 261, 319, 326
   Literatur zu besonderen Störungen und Problemen 326
   weiterführende Literatur 325
Selbsthilfebuch 36, 261, 319

Stichwortverzeichnis

Selbsthypnose 209
Selbstmord 125
Selbstmordgedanke 319
Selbstvertrauen
    bröckelndes 68
    durch Aktivität 289
Selbstvorwurf 68, 260
Selbstwert-Ballon 258
Selbstwertgefühl 251, 257
    Folgen der jahrzehntelangen Förderung 261
    Selbstwert-Ballon 258
    zu viel 258
    zu wenig 258
Sequipedalophobie 32
Serotonin 67, 230, 231, 241
Serotonin-Wiederaufnahmehemmer
    Gegenanzeigen 243
    Nebenwirkungen 243
Sex 307
Sexualstörungen 325
Situp 182
Skaten 180
Sorge 41, 66
    Altersvorsorge 255
    aufschreiben 80
    Ausmaß 255
    Erziehung 291
    wegen zukünftiger und vergangener Ereignisse 262
Sorgentagebuch 306
Sorgenvokabular 130, 134
Sozialangst 28, 40, 42, 152, 154
    Wahrnehmung von außen 43
Spannungskopfschmerz 62
Spinnenphobie 33
Sport 171
    aerobe Sportarten 180
    ängstliche Kinder 288
    Belohnung 175
    Blutdruck 180
    Cholesterinspiegel 180
    einplanen 179
    Geräte 178
    Gewichtstraining 181
    Herzfrequenz-Zielbereich 181
    Hindernisse ausräumen 177
    Krafttraining 182
    Minderung von Risiken 172
    Möglichkeiten für Kinder 288

Motiviationsstrategie 177
Panik 183
positive Auswirkungen auf Ängste 172
Puls messen 180
Symptome 183
Trainingspartner 178
Unterstützung 178
Vorteile 176
Yoga 182
Sportart 180
    aerobe 180
Sportgerät
    preiswertes 178
Sportkurs 178
Squash 171, 180
Stabilität 68
Stavemann, Harlich H. 326
Stimmungsschwankung 60
    Vitaminmangel 229
Störungen, psychische 325
    Literatur 326
Störungen, somatoforme 325
Strategie 35, 37
    Absichten in die Tat umsetzen 72
    achtsames Gehen 267
    angstvolle Gedanken herausfordern 96
    Auswahl 282
    bester Freund 107
    Gedanken, Gefühle und Auslöser aufspüren 95
    Gedankengericht 97
    kleine Schritte 75, 76
    Konfrontationen 143
    Konfrontation mit Reaktionsverhinderung 157
    Leben einfacher gestalten 163
    Motivation für Sport 177
    Nein sagen 169
    Risikobewertung 97
    Rückfall 314
    Sex 307
    ungünstigsten Fall annehmen 97
    Vor- und Nachteile abwägen 77
Strategien
    alternative Sichtweisen entwickeln 108
Stress 62, 63, 89, 214
    achtsames Gehen 267
    Ausrede 75
    chronischer 229

Massage 214
Mineralien 230
Spazieren 299
Stressbewältigung
   Blutzuckerspiegel 63
Stresshormon
   Kortisol 29
   Massage 215
Stressmanagement 30, 299
Stressreduzierung 211
Supergau 101
Symptom 33, 39
   Agoraphobie 46
   Anspannung 39, 41, 57, 60, 66, 130, 199
   Appetitmangel 57
   Atemnot 44, 47, 60, 68
   Benommenheit 44, 50, 57, 156
   Blutdruck 89, 116, 118, 135
   Depressionen 320
   Durchfall 46, 57, 58, 60, 63
   Engegefühl 39, 40, 48
   Erbrechen 58, 60
   Erregbarkeit 57
   Erregungszustände 57, 58, 172
   Fluchtimpulse 48
   Gedächtnisstörungen 60
   Generalisierte Angsterkrankung 41
   Herzklopfen 57, 58, 60
   Herzrasen 40, 48, 59
   Hitzewallungen 57, 58
   Hyperventilation 198
   Impotenz 58
   Konzentrationsschwierigkeiten 292
   Kopfschmerzen 57, 58, 60, 121
   körperliches 35
   Krämpfe 63
   Kurzatmigkeit 41, 44, 58, 60
   Magenprobleme 41, 57
   Müdigkeit 57, 58, 60, 121, 186
   Mundtrockenheit 41
   Muskelverspannungen 172
   Nervosität 44, 58, 60, 292
   Panikattacke 44, 45
   posttraumatische Belastungsstörung 49
   Puls 44, 45, 57, 59, 60, 89
   Rastlosigkeit 57, 58, 60
   Reizbarkeit 50, 58, 59, 60
   Schlaflosigkeit 57, 58, 186, 187, 190
   Schlafprobleme 50, 55, 57, 189, 292
   Schlafstörungen 292
   Schluckbeschwerden 41
   Schmerzen 44, 47, 60, 63, 172
   Schreckhaftigkeit 41, 50
   Schwächegefühl 41
   Schweißausbrüche 40, 44, 48, 57, 58, 59, 60
   Schwindel 39, 44, 57, 58, 60, 68, 156
   Schwitzen 41
   Selbstzweifel 292
   Sozialangst 42
   Sport 183
   Stimmungsschwankungen 60, 229
   Trauma 49
   Übelkeit 40, 44, 47, 57, 58, 60, 68, 121
   Verstopfung 63
   Verwirrung 57
   Zittern 40, 41, 44, 57, 58, 59, 60, 62
   Zuckungen 41, 58
   Zwangsverhalten 60

T

Tabelle
   alternative Perspektiven entwickeln 108
   Ängste beschreiben 147
   Angstniveau 80
   angstvolle Gedanken hinterfragen 98
   Aufteilung einer Aufgabe in kleine Schritte 75
   Debatte Status quo versus Weiterentwicklung 73
   Gedankentherapie 95
   Geschätzte Freunde mit Macken 260
   häufig verschriebene Benzodiazepine 245
   Kosten-Nutzen-Analyse 118
   Normale Kindheitsängste 272
   Tagebuch positive und negative Erlebnisse 82
   Vor- und Nachteile abwägen 77
   vorbildliches Reaktionen auf Kindheitsängste 283
   Vorlage
      Gründe für Ängste 69
   Werte-Fragenkatalog 164
   Wirksamkeit und Gefahren von Heilkräutern 234
Tagebuchschreiben 82, 83, 84, 89
   Studie 83, 84
   Vorteile 80
Tapinophobie 32

Tastsinn trainieren 219
Taubheitsgefühl 44
Technik 107
    Albträume loswerden 192
    bester Freund 107
    Panikatmung 202
Telefonseelsorge 319
Tennis 171, 180
Terror 104
Therapeut
    Fragenkatalog 322
    Musiktherapeuten 212
    qualifizierter 37
Therapeutenliste 322
Therapie 33, 128, 305, 311
    angeborene Angst 66
    Ängste 208
    auf das Denken zielende 34
    auf das Verhalten zielende 34
    chronische Schmerzen 208
    kognitive Therapie 34
    Rückfall 316
    Schlaflosigkeit 208
    Selbsthilfebuch 319
Tod 104, 106
Todesangst 44
Trainer 296
Training 175
    aerobes 180
    kardivaskuläres 180
    Panikstörung 183
    Sportgeräte 178
    Vorteile 176
Trainingseinheit 180
Trainingspartner 178
Trainingsplan 171
Trainingsprogramm 177, 179
Tranquilizer 246
    Gegenanzeigen 247
    Produkte 246
Trauma 49, 65, 68, 81, 83
    bei Kindern 277
    Beispiele 239
    Medikamente 239
    quälende Annahmen 128
Trennungsangst 274
Trennungsangststörung
    bei Kindern 274
Triskaidekaphobie 32

Tugend, übertriebene 257
Typ
    Denker 36
    Fühler 36
    Macher 36
Tyramin 241

U

Übelkeit 40, 44, 47, 57, 58, 60, 68, 121
Überzeugung 30, 124
    testen 113
Übung
    achtsames Essen 265
    achtsames Gehen 266
    Ängste wegatmen 305
    Autogenes Training 210
    Bauchatmung 199
    Bauchatmung für Kinder 285
    Buchatmung 201
    die Gegenwart wahrnehmen 262, 263
    Gefühle wahrnehmen 90
    geführte Visualisierung (am Strand
        ausspannen) 224
    geführte Visualisierung (Trüffelpraline) 221
    geführte Visualisierung (Wald) 220
    geführte Visualisierungen (Badewanne) 218
    geführte Visualisierungen (Strand) 219
    geführte Visualisierungen (Waldfantasie) 225
    Geruchssinn 221
    Geschmackssinn 222
    Hören 220
    Mantra-Atmung 203
    Panikatmung 202
    Progressive Muskelentspannung 205
        für Kinder 286
    sanftes Ein- und Ausatmen 203
    Tastsinn 219
    Vorstellungskraft 223
Umgebung 66
Ungünstigsten Fall annehmen 97
Unsicherheit 254
    akzeptieren 255
    anerkennen 267
    ertragen 256
Unterdrücken
    Gefühle meiden 88
Unterstützung 173, 305, 315
    Sport 174, 178

Unzulänglichkeit
  bei anderen tolerieren 259
  eigene akzeptieren 259
Urteil 133, 137
Urteilendes Wort 132
  Beispiele 133
  Etikettierungen 133
  Gebote 133
  Kategorien 133, 135
  Urteile 133
Urteilswort 137
  ersetzen 138

V

Veränderung 70, 72, 128, 197, 316
  Akzeptanz 300
  Argumente für 73
  Erwartungen 300
  Kosten-Nutzen-Analyse 117
  Rückfall 316
  Stufen 76
  Tabelle mit Gründen 78
  Voraussetzungen 300
  Zeit 83
Verdrängung
  Kosten 89
Verhalten
  bei Gefahr 61
  vorbildliches 283
Verhaltenstherapie 34
Verhaltensweise
  ängstliche 30
  zwanghafte 276
Verletzbarkeit 112, 113, 126
Verletzbarkeits-Annahme 115, 116, 120, 126
  Alternativen 126
Vermeidung 32, 33, 40, 42, 56, 88, 89, 123, 235
  Kosten 89
  Strategien 309
Vermeidungshaltung 33
Verspannung 35
Verwandtschaft 66
Verwirrung 57
Visualisierung 223
  geführte 217
  geführte (eigene Bilderreise) 225
  geführte (Einschlafhilfe) 225
  geführte (Gestaltungstipps) 226

geführte (mehrere Sinne) 223
geführte (Übung) 219, 220, 221
geführte (Übungen) 218
Vorbereitung 218
Vitamine 227, 229
Vitaminmangel
  Ängste 229
Vorbereitungsphase 76
Vorhersagbarkeit 68
Vorhersage
  negative 263
Vorstellung
  visuelle 222
  Wirkung auf Ängste 222
Vorstellungskraft
  visuelle 223

W

Wahnvorstellung 56
Wahrscheinlichkeit 34
  Beispiele 101
  einschätzen 100
  statistische 101
Walken 171, 180
Werte 163, 164
  ermitteln 165
Widerstandsfähigkeit 66
Willenskraft 71, 173, 175
  fehlende 173
Wirkungslose Strategie
  Alkohol 311
  auf Wunder hoffen 310
  Bestätigung suchen 310
  Jammern 310
  krampfhafte Bemühungen 312
  Kräutertees 312
  Psychoanalyse 311
  schnelle Lösungen suchen 311
  sich nur auf Medikamente verlassen 312
  Vermeidung 309
Wittchen, Hans-Ulrich 327
Woodman, Catherine 63
Workoholismus
  Gefühle meiden 88
Wort
  Angst auslösendes 129

Y

Yoga 180, 182, 205, 299
    Ängste 182
Young, Jeffrey E. 326

Z

Zeit-Logbuch 165, 167
    Beispiel 166
Ziel 136, 163
    Fernziel 76
    konkretes 167
    realistisches 151
    Zwischenziel 76
Zitronenmelisse 234
Zittern 40, 41, 44, 57, 58, 59, 60, 62, 198

Zoophobie 32
Zuckung 41, 58
Zwang 52, 53, 321, 325
    bei Kindern vorkommender 276
    Definition 52
    Merkmale 53
Zwangsgedanke 51, 52, 53, 321
    bei Kindern 276
    Definition 51
    Merkmale 52
Zwangshandlung 53
Zwangsritual 158
Zwangsstörung 40, 51, 52, 54, 125, 152, 157, 243, 321, 325, 327
    bei Kindern 276
Zwangsverhalten 60

COMPUTERGRUNDLAGEN / BETRIEBSSYSTEME

Außerdem erhältlich:

Mac OS „Tiger"
für Dummies
ISBN 3-527-70182-6

PC Troubleshooting
für Dummies
ISBN 3-527-70104-4

Unix für Dummies
ISBN 3-527-70265-2

SuSE Linux 10.0
für Dummies
ISBN 3-527-70205-9

Windows 2000
Professional
für Dummies
ISBN 3-527-70018-8

Windows XP für Dummies
ISBN 3-527-70264-4

3-527-70069-2   3-527-70127-3   3-527-70150-8

OFFICE

Außerdem erhältlich:

Access 2000 für Dummies
ISBN 3-527-70008-0

Access 2002 für Dummies
ISBN 3-527-70049-8

Access 2003 für Dummies
ISBN 3-527-70116-8

Excel 2000 für Dummies
ISBN 3-527- 70007-2

Excel 2002 für Dummies
ISBN 3-527-70052-8

Excel-Formeln und
-Funktionen für Dummies
ISBN 3-527-70230-X

Office XP für Dummies
ISBN 3-527-70051-X

Office 2000 für Dummies
ISBN 3-527-70009-9

PowerPoint 2003
für Dummies
ISBN 3-527-70119-2

Statistik mit Excel
für Dummies
ISBN 3-527-70169-9

Word 2000 für Dummies
ISBN 3-527-70006-4

Word 2002 für Dummies
ISBN 3-527-70050-1

3-527-70115-X   3-527-70117-6   3-527-70128-1

DATENBANKEN / BÜROSOFTWARE

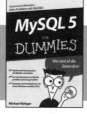

Außerdem erhältlich:

Crystal Reports 9
für Dummies
ISBN 3-527-70076-5

PHP- und MySQL-
Applikationen
für Dummies
ISBN 3-527-70212-1

Microsoft SQL Server 2005
für Dummies
ISBN 3-527-70289-X

SQL für Dummies
ISBN 3-527-70168-0

Webdatenbanken
für Dummies
ISBN 3-527-70062-5

3-527-70054-4   3-527-70088-9   3-527-70118-4

INTERNET, NETZWERKE UND SERVER

3-527-70204-0

3-527-70126-5

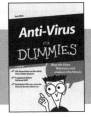
3-527-70203-2

Außerdem erhältlich:

Ahnenforschung online
für Dummies
ISBN 3-527-70120-6

eBay-Schnäppchen
für Dummies
ISBN 3-527-70147-8

Google-Suche Dummies
ISBN 3-527-70282-2

Hacken für Dummies
ISBN 3-527-70113-3

Netzwerke für Dummies
ISBN 3-527-70206-7

Netzwerksicherheit
für Dummies
ISBN 3-527-70058-7

TCP/IP für Dummies
ISBN 3-527-70109-5

VoIP für Dummies
ISBN 3-527-70262-8

Windows 2000 Server
für Dummies
ISBN 3-527-70021-8

Windows Server 2003
für Dummies
ISBN 3-527-70096-X

Wireless LAN
für Dummies
ISBN 3-527-70170-2

WEBSEITENPROGRAMMIERUNG

3-527-70181-8

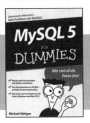
3-527-70118-4

3-527-70209-1

Außerdem erhältlich:

Java und XML
für Dummies
ISBN 3-527-70075-7

Java 2 für Dummies
ISBN 3-527-70174-5

PHP 5 für Dummies
ISBN 3-527-70102-8

PHP- und MySQL-
Applikationen
für Dummies
ISBN 3-527-70212-1

Visual Web Developer
2005 Express Edition
für Dummies
ISBN 3-527-70290-3

Webdatenbanken
für Dummies
ISBN 3-527-70062-5

XML für Dummies
ISBN 3-527-70222-9

GRAFIK / BILDBEARBEITUNG

3-527-70210-5

3-527-70234-2

3-527-70164-8

Außerdem erhältlich:

Digitale Fotografie für
Dummies, XXL-Edition
ISBN 3-527-70151-6

Erfolgreich digital foto-
grafieren für Dummies
ISBN 3-527-70166-4

Digital Video für Dummies
ISBN 3-527-70105-2

InDesign CS2 für Dummies
ISBN 3-527-70232-6

Photoshop 7 für Dummies,
XXL-Edition
ISBN 3-527-70100-1

Photoshop CS für
Dummies, XXL-Edition
ISBN 3-527-70146-X

PROGRAMMIERUNG

3-527-70231-8   3-527-70112-5   3-527-70093-5

Außerdem erhältlich:

C++ für Dummies
ISBN 3-527-70172-9

Game Programming
für Dummies
ISBN 3-527-70097-8

Objektorientierte
Programmierung
für Dummies
ISBN 3-52-70057-9

PHP 5 für Dummies
ISBN 3-527-70102-8

PHP- und MySQL-
Applikationen
für Dummies
ISBN 3-527-70212-1

Programmieren
für Dummies
ISBN 3-527-70124-9

VBA für Dummies
ISBN 3-527-70167-2

Visual Basic 6 für Dummies
ISBN 3-527-70091-9

BUSINESS

3-527-70152-4   3-527-70213-X   3-527-70153-2

3-527-700171-0   3-527-70177-X   3-527-70108-7

Außerdem erhältlich:

Businessplan für Dummies
ISBN 3-527-70178-8

Coaching für Dummies
ISBN 3-527-70044-7

Consulting für Dummies
ISBN 3-527-70024-2

Erfolgreich führen
für Dummies
ISBN 3-527-70090-0

Erfolgreich präsentieren
für Dummies
ISBN 3-527-70175-3

Erfolgreich verhandeln
für Dummies
ISBN 3-527-70241-5

Erfolgreich verkaufen
für Dummies
ISBN 3-527-70041-2

Management für Dummies
ISBN 3-527-70240-7

Mein eBay-Shop
für Dummies
ISBN 3-527-70204-0

Mitarbeiter motivieren
für Dummies
ISBN 3-527-70071-4

PR für Dummies
ISBN 3-527-70053-6

Projektmanagement
für Dummies
ISBN 3-527-70048-X

Six Sigma für Dummies
ISBN 3-527-70207-5

RFID für Dummies
ISBN 3-527-70263-6

Statistik mit Excel
für Dummies
ISBN 3-527-70169-9

Zeitmanagement
für Dummies
ISBN 3-527-70092-7

SPORT

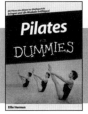

3-527-70162-1

3-527-70248-2

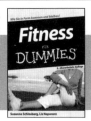

3-527-70149-4

Außerdem erhältlich:

Basketball für Dummies
ISBN 3-527-70107-9

Fit über 40 für Dummies
ISBN 3-527-70136-2

Golf für Dummies
ISBN 3-527-70033-1

Golfregeln und Golfetikette
für Dummies
ISBN 3-527-70106-0

Golf-Fitness für Dummies
ISBN 3-527-70140-0

Kurzes Spiel beim Golf
für Dummies
ISBN 3-527-70176-1

Krafttraining
für Dummies
ISBN 3-527-70208-3

Laufen für Dummies
ISBN 3-527-70083-8

Marathon-Training
für Dummies
ISBN 3-527-70132-X

Radsport für Dummies
ISBN 3-527-70025-0

Segeln für Dummies
ISBN 3-527-70089-7

T'ai Chi für Dummies
ISBN 3-527-70163-X

Tauchen und Schnorcheln
für Dummies
ISBN 3-527-70022-6

Tennis für Dummies
ISBN 3-527-70085-4

Walking für Dummies
ISBN 3-527-70084-6

Yoga für Dummies
ISBN 3-527-70238-5

KUNST UND MUSIK

3-527-70246-6

3-527-70098-6

3-527-70129-X

Außerdem erhältlich:

Blues für Dummies
ISBN 3-527-70011-0

E-Bass für Dummies
ISBN 3-527-70133-8

E-Gitarre für Dummies
ISBN 3-527-70130-3

Gitarre für Dummies
ISBN 3-527-70013-7

Jazz für Dummies
ISBN 3-527-70010-2

Kunst für Dummies
ISBN 3-527-70242-3

Mozart für Dummies
ISBN 3-527-70260-1

Oper für Dummies
ISBN 3-527-70099-4

Piano für Dummies
ISBN 3-527-70012-9

Shakespeare für Dummies
ISBN 3-527-70243-1

SPASS UND SPIEL

3-527-70273-3

3-527-70249-0

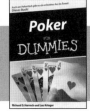

3-527-70258-X

Außerdem erhältlich:

Sudoku für Dummies
ISBN 3-527-70244-X

Mehr Sudoku
für Dummies
ISBN 3-527-70245-8

Noch mehr Sudoku
für Dummies
ISBN 3-527-70251-2

Mehr Kakuro
für Dummies
ISBN 3-527-70281-4

Ahnenforschung online
für Dummies
ISBN 3-527-70120-6

Schach für Dummies
ISBN 3-527-70221-0

Zaubern für Dummies
ISBN 3-527-70094-3

KÖRPER UND GEIST

3-527-70123-0

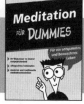
3-527-70031-5

3-527-70137-0

Außerdem erhältlich:

Astrologie für Dummies
ISBN 3-527-70239-3

Astronomie für Dummies
ISBN 3-527-70148-6

Babys erstes Lebensjahr
für Dummies
ISBN 3-527-70237-7

Diät für Dummies
ISBN 3-527-70020-X

Ernährung für Dummies
ISBN 3-527-70019-6

Pilates für Dummies
ISBN 3-527-70162-1

Rotwein für Dummies
ISBN 3-527-70134-6

Schach für Dummies
ISBN 3-527-70221-0

Schwangerschaft
für Dummies
ISBN 3-527-70139-7

Stressmanagement
für Dummies
ISBN 3-527-70023-4

T'ai Chi für Dummies
ISBN 3-527-70163-X

Weißwein für Dummies
ISBN 3-527-70135-4

Yoga für Dummies
ISBN 3-527-70238-5

Zaubern für Dummies
ISBN 3-527-70094-3

3-527-70267-9

3-527-70144-3

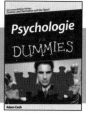
3-527-70145-1

RELIGION UND GEISTESGESCHICHTE

3-527-70143-5

3-527-70216-4

3-527-70217-2

Außerdem erhältlich:

Die Bibel für Dummies
ISBN 3-527-70253-9

Frauengestalten der Bibel
für Dummies
ISBN 3-527-70252-0

Islam für Dummies
ISBN 3-527-70215-6

Philosophie für Dummies
ISBN 3-527-70095-1

FÜR DUMMIES

Haustiere für Dummies

ALLES ZUM RICHTIGEN UMGANG MIT IHREM HUND

Ältere Hunde für Dummies
ISBN 3-527-70159-1

Golden Retriever für Dummies
ISBN 3-527-70220-2

Hunde für Dummies
ISBN 3-527-70161-3

Hunde erziehen für Dummies
ISBN 3-527-70157-5

Hundegesundheit und -ernährung für Dummies
ISBN 3-527-70158-3

Labrador Retriever für Dummies
ISBN 3-527-70219-9

Welpen für Dummies
ISBN 3-527-70254-7

ALLES ZUM RICHTIGEN UMGANG MIT IHREM „PELZTIGER"

Frettchen für Dummies
ISBN 3-527-70156-7

Kätzchen für Dummies
ISBN 3-527-70218-0

Katzen für Dummies
ISBN 3-527-70160-5

ALLES ZUM RICHTIGEN UMGANG MIT IHREN EXOTEN

Aquarium für Dummies
ISBN 3-527-70180-X

Meerwasser-Aquarium für Dummies
ISBN 3-527-70154-0

Reptilien und Amphibien für Dummies
ISBN 3-527-70155-9

BESCHWERDEN ERKENNEN UND KENNEN LERNEN

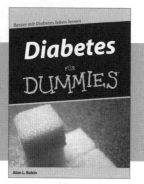

Alzheimer für Dummies
ISBN 3-527-70283-0

Bluthochdruck für Dummies
ISBN 3-527-70255-5

Diabetes für Dummies
ISBN 3-527-70256-3

Migräne für Dummies
ISBN 3-527-70257-1

Sodbrennen und Reflux für Dummies
ISBN 3-527-70259-8

Rückenschmerzen für Dummies
ISBN 3-527-70266-0